Thanks for the Feedback

일의
99%는
피드백이다

더글러스 스톤·쉴라 힌 지음 | 김현정 옮김

Thanks
for the
Feedback

하버드
협상연구소에서
알려주는
대화의 기술

21세기북스

세상에서 가장 멋진 나의 부모님

앤 스톤과 돈 스톤에게 이 책을 바칩니다.

두 분은 제게 무엇이 중요한지 가르쳐주셨습니다.

_더글러스 스톤

내가 가진 결점에도 불구하고 나를 받아들여줄 뿐 아니라

어떤 때는 그런 결점 때문에 나를 더욱 사랑해주는

존과 벤자민, 피터, 애들레이드에게 이 책을 바칩니다.

_쉴라 힌

우리는 피드백의 바다에서 헤엄을 친다.

매년 미국의 모든 학생들이 일인당 300건에 달하는 과제와 보고서, 시험을 처리하고 평가를 받는다. 수백만 명의 아이들이 원하는 팀에 들어가거나 교내 연극 무대에 서기 위한 오디션을 치르며 평가를 받는다. 약 200만 명에 달하는 십대 청소년이 SAT 점수를 받아들고 대학의 결정을 기다린다. 4000만 명이 넘는 사람들이 온라인상에서 데이트 상대를 찾기 위해 다른 누군가를 평가하며, 그중 71퍼센트는 첫눈에 사랑을 판단할 수 있다고 믿는다. 어디 그뿐인가. 25만 건의 결혼이 취소되고 87만 7000명의 배우자가 이혼을 신청한다.[1]

직장에서는 그보다 더 많은 피드백이 우리를 기다린다. 1200만 명의 사람들이 일자리를 잃고, 무수히 많은 또다른 사람들은 어쩌면 다음은 자신의 차례일지도 모른다고 우려한다. 50만 명이 넘는 기업가가 처음으로 회사 문을 열고, 거의 60만 명에 달하는 기업가가 회사 문을 닫는다. 수천 개의 기업들이 살아남기 위해 안간힘을 쓰는 가운데 이사회 회의와 회사 복도에서는 회사가 고군분투하는 '이유'에 대한 갖가지 논의가 넘쳐난다. 그야말로 피드백으로 그득하다.[2]

업무 평가는 어떤가? 올해만 해도 피고용인 중 50~90퍼센트가 업무 평가를 받으리라 예상할 수 있다. 업무 평가 결과에 따라 연봉 인상, 보너스, 승진이 결정된다. 업무 평가 결과가 자부심에 영향을 미치는 경우도 있다. 전세계의 모든 조직이 매년 업무 평가를 준비하고 실제로 업무 평가를 하는 데 무려 8억 2500만 시간이 소모된다. 총 9만 4000년에 달하는 시간이다. 업무 평가가 끝나고 나면 모두들 1000년쯤 늙어버린 기분이 든다. 그렇지만 평가에 이토록 많은 시간을 투자하는 만큼 우리는 과연 더 현명해질까?[3]

마지는 '기대에 부응했다'라는 평가를 받았다. 그러나 마지에게 '기대에 부응했다'라는 평가는 '당신은 정말로 여태껏 여기서 일하고 있나요?'라는 이야기로 들린다.

학교에서 열린 학부모 초청 행사에서 2학년에 재학 중인 당신의 아이가 내놓은 '소리 지르는 엄마'라는 미술 작품이 화제가 되었다.

배우자가 당신의 특정한 성격에 대해 수년 동안 불만을 토로해왔다. 당신은 배우자의 이런 행동이 당신에게 '피드백을 제공'하기보다 당신을 '짜증나게 만든다'라고 생각한다.

로드리고는 자신에게 주어진 360도 피드백 보고서를 여러 번에 걸쳐 꼼꼼하게 읽었다. 그럼에도 보고서를 완전히 이해하기는 힘들었으나 한 가지는 확실히 달라졌다. 그는 이제 동료들이 불편했다. 동료들과 관련된 모든 점이 이상하게 느껴졌다.

이 책은 피드백을 받는 사람이 직면하는 심오한 도전 과제를 다루고 있다. 좋은 피드백이건 나쁜 피드백이건, 올바른 피드백이건 잘못된 피드백이건, 경솔한 피드백이건 사려 깊은 피드백이건 냉담한 피드백이건 종류를 불문한 모든 피드백은 피드백을 받는 당사자에게 도전 과제를 안긴다. 이 책은 개선을 위한 찬가가 아니며 실수와 친해지는 방법을 알려주는 격려 연설도 아니다. 물론 격려를 주는 내용도 있다. 하지만 이 책의 주된 목적은 피드백이 어려운 이유를 솔직하게 파헤치고, 쉽사리 인정하기 어려운 정보, 머리가 지끈거릴 정도로 골치 아픈 정보를 받아들여 통찰력과 성장의 발판으로 삼는 데 도움이 되는 틀과 도구를 제시하는 것이다.

· · ·

우리는 1999년에 친구이자 동료인 브루스 패튼과 함께 《대화의 심리학》(2018년에 《우주인들이 인간관계로 스트레스받을 때 우주정거장에서 가장 많이 읽은 대화책》이라는 제목으로 개정 출간)이라는 책을 발표했다. 그후부터 지금까지 우리는 하버드 로스쿨에서 강의를 해왔으며 문화, 산업 분야에서 활동하는 여러 대륙의 다양한 클라이언트를 상대해왔다. 우리는 그동안 경영자, 기업가, 석유 굴착장치 운영 책임자, 의사, 간호사, 교사, 과학자, 엔지니어, 종교 지도자, 경찰관, 영화 제작자, 변호사, 언론인, 구조대원 등 놀라울 정도로 다양한 사람들과 함께 일하는 영광을 누렸다. 심지어 무용 강사나 우주 비행사와 일해본 적도 있다.

이러한 과정에서 한 가지 사실을 깨달았다. 만나는 사람들에게 가장 어려운 대화를 열거해보라고 하면 '항상' 피드백이 등장한다는 것이었다. 어떤 사람인지, 어디에서 일하는 사람인지, 무엇을 하는 사람인지, 우리를 초청한 이유가 무엇인지는 중요하지 않았다. 질문을 받은 사람들은 하나같이 솔직한 피드백을 주기가 매우 힘들다고 토로했다. 심지어 솔직한 피드백이 절실하게 필요한 상황에서도 그러기가 쉽지 않다고 이야기했다. 그들은 필자들에게 몇 년 동안 해결되지 않은 성과 문제에 대해 털어놓은 다음 상대에게 피드백을 줬을 때 상황이 호전되는 경우가 드물다고 했다. 피드백을 받은 동료는 마음이 상해 방어적으로 굴었고, 그들의 의욕은 커지기는커녕 사라진다는 것이다. 피드백을 주려면 엄청난 용기가 필요하며 많은 에너지를 쏟아부어야 하는데, 이를 감안하면 실망스럽기 짝이 없는 결과다. 도대체 누가 이런 일을 원할까?

결국 집단 내 누군가가 피드백을 '받는 것'이 쉽지 않다고 이야기를 꺼낸다. 피드백이 부당하거나 엉터리라고 한다. 피드백을 전달한 시기가 적절치 않았으며 전달 방식도 좋지 않았다고 불평한다. 피드백 제공자가 어째서 자신이 의견을 전달하기에 적합한 사람이라고 생각하는지도 모르겠다. 피드백 제공자가 상사라 하더라도, 그들은 피드백을 받는 사람이 무슨 일을 하고 있는지, 어떤 제약을 받고 있는지 명확히 이해하지 못한다. 결국 제대로 인정받지 못한 듯한 기분에 사로잡히고, 의욕을 상실하며, 치밀어오르는 분노를 느낀다. 도대체 누가 이런 일을 원할까?

재미있는 일이다. 우리는 피드백을 제공할 때 상대가 피드백을 잘 받

11

아들이지 못한다고 느낀다. 반대로 피드백을 받는 입장에 섰을 때는 피드백을 주는 사람이 피드백을 제대로 주지 못한다고 생각한다.

우리는 피드백을 주고받기가 이토록 어려운 이유가 무엇인지 궁금했다. 따라서 사람들이 들려주는 딜레마와 투쟁, 승리에 관한 이야기에 열심히 귀를 기울였다. 그 과정에서 우리 역시 똑같은 문제를 겪고 있다는 사실을 깨달았다. 피드백에 다르게 접근할 방법을 찾기 위해 노력하는 과정에서 상황을 변화시키려면 피드백을 주는 사람이 아니라 받는 사람이 바뀌어야 했다. 또한 이런 변화가 직장에서 업무 평가에 대처하는 방식뿐 아니라, 업무상의 역할과 개인적인 삶 속에서 배우고, 이끌고, 행동하는 방식까지 바꿔놓는다는 사실을 알게 됐다.

피드백이란 무엇인가?

당신에게 주어지는 당신에 관한 정보도 피드백에 포함된다. 넓은 의미에서 보면, 피드백은 우리의 경험과 다른 사람들을 통해서 우리 자신에 대해서 알아가는 방식, 즉 인생을 배워나가는 방식을 뜻한다. 연례 업무 평가, 사내 분위기 조사, 현지 음식 비평가의 레스토랑 평가 등이 모두 피드백이다. 또한 수많은 청중 속에서 당신의 모습을 발견한 아들의 반짝이는 두 눈, 당신이 보지 않는다고 생각한 순간 당신이 손수 떠준 스웨터를 몰래 벗어버리는 친구의 행동도 피드백이 될 수 있다. 계속해서 서비스 갱신 계약을 체결하는 오랜 고객, 도로 한편에 서서 참고 들어야만 하는 경찰관의 설교 역시 피드백이다. 나날이 기력이 떨어지고 있음을 은밀히 시사하는 부실한 무릎 상태, 열다섯 살 난 자녀의 입에서 터져나오는 비난과 솔직한 사랑이 뒤섞인 혼란스러운 이야기 등도 모두 피드백이다.

다시 말해서, 누군가의 평가 외에도 감사를 표현하거나 의견을 표시하는 일, 집으로 초대하는 일, 관계를 끊는 일 역시 피드백이다. 피드백은 공식적일 수도 있고 비공식적일 수도 있다. 또한 직접적일 수도 있고 암시적일 수도 있다. 직설적일 수도 있고 세련될 수도 있다. 명확하게 느껴질 수도 있고 너무도 미묘해서 '무슨 뜻인지' 확신이 들지 않을 수도 있다.

당신의 배우자가 "바지를 그렇게 입으니까 별로 보기 안 좋아"라는 피드백을 던졌다고 가정해보자. 이런 말을 들을 때 드는 생각은 이렇다. '무슨 뜻이지? 이렇게 입으니까 보기가 안 좋다니? 이 바지 자체가 마음에 안 든다는 뜻인가? 아니면 내가 살이 좀 쪘다고 간접적으로 공격하는 건가? 내가 여전히 과거 속에서 살아가고 있고 패션 감각이 없다고 또 떠들어대는 건가? 내가 파티에서 좀더 근사해 보일 수 있도록 도와주려는 건가? 아니면 이런 식으로 조금씩 틈을 벌리다가 이혼을 요구하려는 걸까?(내가 과민 반응하고 있다는 건 또 무슨 뜻일까?)'

피드백의 간략한 역사

'피드-백feed-back'이라는 표현이 처음 등장한 것은 산업혁명이 한창이던 1860년대였다. 당시 피드-백은 기계 시스템 내에서 에너지, 운동량, 신호 등의 산출물을 시작점으로 돌려보내는 방식을 뜻했다.[4] 1909년, 노벨상 수상자 칼 브라운은 전자 회로를 구성하는 부품 간의 결합과 고리를 묘사하기 위해 피드-백이라는 표현을 사용했다. 그로부터 10년이 흐른 후, 음향 증폭 장치(고등학교 강당이나 지미 헨드릭스 음반에서 들었던 귀청을 찢어놓을 듯 시끄러운 소리를 떠올려보기 바란다) 내의 재순환 음향 루프를 표현하기 위해 '피드'와 '백'을 하나로 결합시킨 '피드백'이라는 단어가 사용되기 시작했다.

제2차 세계대전이 끝난 후에는 노사 관계에서 직원 관리와 성과 관리를 언급하기 위해 피드백이라는 표현을 사용했다. 잘못된 것을 바로잡기 위한 정보를 시작점에 전달하는 것. 여기서 시작점이란 당신이 될 수도, 조직에서 일하는 직원이 될 수도 있다. 어떤가! 이쪽에서 단단하게 조여서 저쪽으로 다이얼을 돌린다. 마치 닥터수스 만화에 등장하는 기계처럼 사람들은 모두 뛰어난 성과를 낼 수 있는 최적의 상태로 만들어진다.

오늘날의 직장에서는 인재를 양성하고, 사기를 진작시키고, 동일한 목표를 중심으로 여러 팀을 하나로 묶고, 문제를 해결하고, 수익성을 개선하는 데 피드백이 중요한 역할을 한다. 하지만 이것이 전부가 아니다. 최근에 실시된 연구에 참여한 응답자 중 무려 55퍼센트가 업무 평가가 부당하거나 부정확하다고 답했다. 또한 25퍼센트의 응답자가 업무로 인해 발생하는 그 어떤 일보다 업무 평가가 두렵다고 답했다.[5]

관리자들 역시 비슷한 입장이다. 인사 전문가들 중 28퍼센트는 관리자들이 단순히 서식을 채우는 데 집중할 뿐이라고 생각한다. 설문조사에 참여한 경영자 중 63퍼센트는 피드백에 관한 까다로운 논의를 진행할 용기와 능력이 부족한 관리자야말로 효과적인 성과 관리를 방해하는 가장 큰 문제라고 이야기한다.[6]

무언가 문제가 있는 것이 틀림없다. 조직은 효과적으로 피드백을 '주는' 방법을 감독관, 관리자, 리더들에게 가르치기 위해 매년 수십억 달러를 지출한다. 피드백을 제공하려고 할 때 피드백을 받는 상대가 저항하거나 거부 의사를 표현하더라도 끈기를 갖고 피드백을 제공해야 한다고 가르친다. 좀 더 강력하게 '밀어붙이는' 방법을 가르치는 것이다.

그러나 이런 방법에는 문제가 있다.

들어가는 말

밀어붙이는 피드백보다는 끌어당기는 피드백

관리자들에게 피드백을 '주는' 방법(좀더 효과적으로 밀어붙이는 방법)을 가르치는 것이 도움이 될 수도 있다. 하지만 피드백을 받는 사람에게 피드백을 수용할 의향이나 능력이 없으면 피드백을 주는 사람이 제아무리 끈기를 갖고 덤벼들고, 노련하게 전달하더라도 그뿐이다. 피드백을 제공하는 사람이 얼마나 많은 권한이나 권력을 갖고 있는가는 중요하지 않다. 어떤 것은 받아들이되 어떤 것은 받아들이지 않을지, 상대가 하는 말을 어떤 식으로 이해할지, 변화하는 쪽을 택할지 말지를 결정하는 것은 피드백을 받는 사람이다.

좀더 세게 밀어붙이는 피드백은 진정한 학습에 좀처럼 도움이 되지 않는다. 피드백을 주는 사람에게 효과적인 방법을 가르치는 데 초점을 둬서는 안 된다. 피드백의 효과를 높이려면 직장에서건 가정에서건 피드백을 '받는 사람'에게 초점을 둬야 한다. 즉 우리 모두가 좀더 노련하게 학습할 수 있는 사람이 돼야 한다.

'진정한 효과를 발휘하는 것은 끌어당기는 피드백이다.' 끌어당기는 힘을 만들어낸다는 것은 곧 자기 자신의 학습에 도움이 되는 기술을 익힌다는 뜻이다. 다시 말해서 자신의 저항을 인식하고 관리하는 방법, 자신감과 호기심을 갖고 피드백 대화에 참여하는 방법, 피드백이 잘못된 것처럼 느낄 때조차 자신의 성장에 도움이 되는 통찰력을 기르는 방법 등을 익힌다는 뜻이다. 이것은 우리 자신의 있는 그대로의 모습과 세상을 바라보는 방식을 옹호하고 필요한 것을 요구하는 방법을 배운다는 뜻이기도 하다. 또한 피드백을 통해서 교훈을 얻는 방식에 관한 것이기도 하다. 그렇다. 피드백이 완전히 엉터리거나 부당하다고 느낄 때, 피드백을 잘못 전달받거나 심지어 피드백을 수용할 기분이 전혀 아닐 때조차 피드백을 통해 무언가를 배우기 위한 방법에 관한 것이다.

우리는 '끌어당긴다_{pull}'라는 단어를 좋아한다. 너무도 자주 외면당하곤 하는 진실, 즉 자신의 성장을 위한 핵심 변수는 교수나 상사가 아니라 '자기 자신'이라는 사실을 강조하기 때문이다. 물론 특별한 멘토나 코치를 기대해도 좋다(마음속에 떠오르는 사람이 있다면 소중하게 여기기 바란다). 하지만 그렇다고 해서 그런 사람이 나타날 때까지 학습을 연기해서는 안 된다. 남달리 뛰어난 교사나 멘토는 드물다.

우리 삶은 대개 특별하지 않은 사람들로 넘쳐난다. 최선을 다하지만 좀더 나은 방법을 모르는 사람, 우리에게 시간을 내어주기에는 너무 바쁜 사람, 자기 자신의 일만으로도 이미 힘겨운 사람, 피드백을 제공하거나 코치를 하는 솜씨가 형편없는 사람 말이다. 이런 사람들로부터 대부분의 교훈을 얻을 수밖에 없다. 따라서 성장과 개선을 진심으로 원한다면 모든 사람이 내놓는 피드백에서 피가 되고 살이 되는 교훈을 스스로 찾아내는 능력을 길러야 한다.

학습의 욕구와 있는 그대로 받아들여지길 원하는 갈망

학습이 그다지 어렵지 않다고 생각할 수도 있다. 인간은 결국 학습을 하도록 타고났기 때문이다. 학습 욕구는 젖먹이 때부터 명확하게 드러나며 걸음마를 시작하는 유아기에는 한층 강해진다. 다 자란 후에도 야구에 관한 각종 수치를 외우고, 은퇴 후에는 여행을 즐기며 요가를 배운다. 발견과 진전이 커다란 기쁨을 주기 때문이다. 사실 행복에 관한 연구를 보면 지속적인 학습과 성장이 인간의 삶에 만족을 주는 핵심 요인이라는 사실을 밝히고 있다.

인간이 학습을 하도록 타고났을 수도 있다. 하지만 '우리 스스로에 대한' 학습이라면 이야기가 완전히 다르다. 자기 자신을 학습하는 일은 고통스러울 수 있다. 경우에 따라서는 잔혹할 정도로 고통스러울 수도 있다. 또한 피드백을 주는 사람이 상대를 자극하는 요인을 전혀 고려하지 않은 채 무신경하게 피드백을 제공할 수도 있다. 이때 피드백은 '학습이라는 선물'이라기보다 끔찍한 장 내시경 검사처럼 느껴질 수도 있다.

톰의 상사는 톰의 '조직 관리 기술'을 비난한다. 톰은 차를 운전해 집으로 돌아가면서 상사의 부족한 점을 하나하나 떠올린다. 급기야 길옆에 차를 세우고 상사의 약점을 일목요연하게 정리해 하나의 목록을 만든다.

인사부문 책임자 모니샤는 분위기 조사에서 나온 암울한 결과가 고위급 경영진 사이에서 변화의 필요성에 대한 대화를 유도하리라 기대했다. 하지만 모니샤는 최고재무책임자CFO로부터 설문조사의 수학적 결함을 줄줄이 나열한 짤막한 이메일 한 통만을 건네받았을 뿐이다. 그는 결과를 부정하며 모니샤의 동기에 의심을 표했다.

켄드라의 시누이는 켄드라가 아이들을 병적으로 과잉보호한다는 다른 가족들의 생각을 실수로 내뱉고 말았다. 정확한 표현은 달랐을 수도 있다. 하지만 시댁 식구들과 함께하는 일요일 저녁 식사를 준비하는 켄드라의 머릿속에서 시누이의 말은 떠나지 않고 내내 맴돌았다.

상대가 받아들이기 어려운 피드백을 줄 때 돌아서서 도망치고 싶은 유혹을 느끼는 것은 전혀 이상한 일이 아니다. 하지만 우리는 감정적인 진공 상태에 스스로를 안전하게 봉인한 채 다른 사람들이 하는 이야기를 모두 외면하고 그저 즐겁게 살 수만은 없다는 사실을 잘 알고 있다. 우리는 어렸을 때부터 이런 말을 수없이 들어왔다. '피드백은 너한테 유익해. 운동이나 브로콜리와 마찬가지지. 피드백은 너를 더욱 강인하게 만들고 네가 한층 성장할 수 있도록 도와준단다.' 그렇지 않은가?

그렇다. 그동안의 경험에 비춰봐도 그렇다. 자신의 재능을 키워주고 누구도 자신을 믿어주지 않을 때 있는 그대로 자신을 믿어주는 코치나 가족이 누구에게나 있다. 우리에게는 냉엄한 진실을 있는 그대로 보여주고 불가능한 장애물을 스스로 넘을 수 있도록 우리를 도와주는 친구가 있다. 우리는 자신감이 높아지고, 역량이 늘어나며, 관계가 바로 서고, 내면의 다듬어지지 않고 날카로운 부분들이 부드러워지는 모습을 지켜봐왔다. 또한 과거를 곰곰이 돌아보면 당시에는 그저 끔찍하게만 느꼈던 전 배우자나 고압적인 상사조차도 우리의 편에 서서 우리에게 도움을 줬던 사람 못지않게 우리 자신에 대해 많은 것을 가르쳐줬다는 사실을 인정할 수밖에 없다. 물론 쉽진 않다. 하지만 그 덕에 우리는 스스로를 좀더 잘 이해하고 스스로를 좀더 좋아하게 되었다.

그렇다. 피드백은 한편으로는 선물과 같으면서 다른 한편으로는 장 내시경 검사와 같다. 꿋꿋하게 버티며 피드백을 받아들여야 할까, 아니면 등을 돌리고 재빨리 달아나야 할까? 학습을 위해 고통을 감내할 필요가 있을까?

우리는 갈등에 빠진다. 이런 갈등을 느끼는 데는 이유가 있다. 사람은 누구나 학습과 개선의 욕구를 갖고 있다. 하지만 그와 동시에 근본적인 무언가를 원한다. 즉, 있는 그대로의 모습으로 사랑받고 받아들여지고 존경받고 싶은 욕구를 갖고 있다. 사람들이 피드백에 거부감을 느끼는 이유는, 피드백에는 있는 그대로의 자신의 모습이 바람직하지 않다는 의미가 숨어 있기 때문이다. 그래서 사람들은 발끈한다. 왜 있는 그대로의 내 모습과 내가 살아가는 방식을 받아들이지 않는 겁니까? 왜 항상 무언가를 조정하고 개선해야 하는 걸까요? 왜 나를 이해하는 게 '그토록 어려운'가요? 이것 봐요, 상사 양반! 이것 봐요, 우리 팀 사람들! 마누라! 아빠! '여기 내가 있잖아요. 이게 나라고요.'

피드백 수용은 정확히 두 욕구가 교차하는 지점에 위치한다. 첫번째는 학습의 욕구고 두번째는 받아들여지고 싶다는 갈망이다. 이런 욕구는 강렬하다. 상반되는 두 욕구 간의 긴장은 쉽사리 사라지지 않는다. 하지만 이런 긴장을 관리하기 위해 개개인이 할 수 있는 일은 많다. 노력에 따라 피드백을 받는 상황에서 얼마든지 불안감을 누그러뜨려 두려움을 극복하고 학습할 수 있다. 타고난 특성이 아니라 얼마든지 발전시킬 수 있는 '기술'이다. 물론 많은 어려움이 따를 수도 있다. 하지만 얼마든지 익힐 수 있다. 당신이 스스로를 피드백을 잘 받아들이는 사람이라고 생각하건 피드백을 잘 받아들이지 못하는 사람이라고 생각하건 좀더 효과적으로 피드백을 받아들이는 방법을 배울 수 있다. 이 책이 그 방법을 알려줄 것이다.

피드백을 잘 받아들인다는 것

피드백을 잘 받아들인다는 것이 항상 피드백을 '있는 그대로 수용한다'라는 의미는 아니다. 그것은 곧 대화에 노련하게 참여하고 현명하게 결정한다는 뜻이다. 피드백 제공자와의 대화를 토대로 상대가 제공한 정보를 활용할지, 만약 활용할 생각이라면 어떤 방법을 택할지, 상대의 피드백을 통해 어떤 교훈을 얻을지 결정해야 하는 것이다. 감정적인 자극을 효과적으로 관리해 다른 사람의 이야기를 수용하고 자기 자신을 새로운 방식으로 바라보는 데 개방적인 태도를 취한다는 뜻이다. 또한 9장에서 구체적으로 살펴보겠지만 피드백을 잘 받아들인다는 것에는 경계선을 정해놓고 거절한다는 의미도 담겨 있다.

피드백을 잘 받아들이면 확실한 이익을 얻을 수 있다. 인간관계가 한 층 풍요로워지고 자부심이 더욱 강해진다. 뿐만 아니라 당연하게도 많은 것을 배울 수 있다. 여러 가지 일을 좀더 능숙하게 해낼 수 있게 되고 이에 기분이 좋아진다. 마지막으로, 피드백을 잘 받아들이면 가장 냉정한 피드백조차도 다소 덜 위협적으로 느끼게 된다. 이 마지막 요소를 가장 중요하게 여기는 사람들도 있다.

직장에서의 피드백을 단순히 참아내야 할 대상으로 여기기보다 적극적으로 추구해야 할 대상으로 여기면 커다란 도움이 된다. 피드백을 좇는 행위는 좀더 높은 업무 만족도, 뛰어난 업무 창의성, 새로운 조직이나 역할에 신속하게 적응하는 능력, 낮은 이직률과 관련이 있다. 또한 '부정적인' 피드백을 구하기 위해 노력하면 성과 평가가 높아지는 경향이 있다.[7]

놀라운 사실은 아니다. 자기 자신을 기꺼이 돌아보는 사람들과는 함께 일하고 함께 지내기 수월하다. 쉽게 흔들리지 않으면서도 개방적인 사람과 함께 있으면 활력이 샘솟는다. 피드백에 열린 태도를 갖고 있으면 업무 관계가 커다란 신뢰와 즐거운 유머로 가득 차게 되며, 생산적으로 쉽게 협력할 수 있고, 문제를 쉽게 풀 수 있다.

사적인 인간관계에서는 불만, 요구, 좌절 등에 노련하게 대처하고 친구들과 사랑하는 사람들로부터 조언을 구하는 능력이 매우 중요하다. 사람들은 최상의 관계를 맺고 있을 때조차 서로에 대해 좌절을 느끼고 의도치 않게 상처를 주고받는다. 물론 가끔씩 의도적으로 상대에게 상처를 입히는 경우도 있다. 자신의 감정, 자신이 화가 난 이유, 서로 마찰하는 지점 등을 구분할 수 있게 되면 장기적으로 관계를 더욱 건강하고 행복하게 발전시키는 데 도움이 된다. 결혼 전문가 존 고트먼은 배우자의 영향력과 의견을 받아들이려는 개인의 의지와 능력이 건강하고 안정적인 결혼 생활을 위한 핵심 변수라는 사실을 발견했다.[8]

반면 피드백을 차단하거나 언쟁으로 맞서거나 방어적인 태도로 일관하는 사람과 함께 일하거나 생활하면 몹시 피곤하다. 이런 사람이 곁에 있으면 항상 눈치를 보게 되고 무의미한 갈등이 생길지도 모른다는 두려움에 빠진다. 솔직한 토론은 사라지고 피드백은 입 밖으로 나오지 않는다. 결국 피드백을 받는 입장에 놓여 있는 사람이 무엇이 잘못됐는지, 문제를 어떻게 해결해야 할지 이해할 수 있는 기회를 놓친다. 가장 간단한 방식으로 문제를 해결하려 해도 터무니없을 정도로 높은 거래 비용이 들며 중요한 생각이나 경험을 표현할 길이 없다. 문제는 서서히 곪아가고 관계는 정체된다. 피드백이 차단되면 결국 고립된다.

이런 상태가 되면 울적한 기분에 빠진다. 하지만 여기서 끝이 아니다. 이런 상태는 파괴적이기까지 하다. 오늘날에는 특히 그렇다. 칼럼니스트 토머스 프리드먼은 이렇게 기술했다. "우리는 개인의 포부와 끈기에 점차 커다란 보상을 제공하는 세상, 기여를 하는 사람이 누구이며 그렇지 않은 사람이 누구인지 정확하게 측정할 수 있는 세상에 발을 들여놓고 있다. 당신은 스스로 동기를 부여하는 자율적인 사람인가? 그렇다면 이 세상은 당신을 위한 곳이다. 모든 경계선은 더 이상 존재하지 않는다. 하지만 당신이 자발적으로 동기를 부여하는 부류의 사람이 아니라면 이 세상 자체가 하나의 도전 과제가 될 것이다. 그동안 사람들을 보호해왔던 벽과 천장은 물론 바닥마저 사라지고 있기 때문이다."[9]

물론 모든 일엔 커다란 보상이 따른다. 하지만 위험 역시 그 어느 때보다 커졌다. 이런 변화는 우리 세대뿐 아니라 자녀들에게도 영향을 미친다. 업무 평가 결과가 불공정하다고 생각할 때 자녀들 앞에서 올바르게 대처하는 모습을 보이면, 야구 경기 한 게임을 통째로 날려버린 오심에 대처하는 방법을 자녀들에게 가르칠 수 있다. 자녀들은 우리가 힘겨운 도전 과제에 직면했을 때 어떻게 대응하는지 기억해뒀다가 비슷한 난관에 봉착했을 때 같은 방식으로 대처한다. 불량배가 내뱉는 욕설이 아이들의 자아를 갉아먹을까? 우리가 눈앞에 닥친 도전 과제에 어떻게 대응하는가에 따라 이 질문에 대한 답은 달라진다. 격려의 말이나 잔소리를 늘어놓는 것보다 훌륭하게 난관을 헤쳐나가는 모습을 보여주는 것이 아이들에게 회복력에 대한 교훈을 주는 데 훨씬 큰 도움이 된다.

직장에서도 모범을 보임으로써 변화를 이끌어내는 것이 중요하다. 당신이 다른 사람의 조언을 구하면 직속 부하들도 적극적으로 조언을 구할 것이다. 당신이 자신의 실수에 대해 책임을 지면 동료들 역시 실수를 인정할 가능성이 크다. 당신이 동료의 조언을 실천하려고 노력하면 동료들 역시 더 적극적으로 당신의 조언을 실천하려들 것이다. 조직 내에서 직급이 높아질수록 모범 효과modeling effect가 더욱 중요해진다. 피드백을 받아들이는 경영진의 능력만큼 조직의 학습 문화에 큰 영향을 미치는 것은 없다. 물론 조직 내에서 직급이 높아지면 솔직한 조언을 해주는 사람이 점차 줄어든다. 따라서 직급이 높아지면 솔직한 조언을 구하기 위해 더 열심히 노력해야 한다. 그렇게 직급이 높은 사람이 다른 누군가의 조언을 얻기 위해 노력하면 적극적으로 조언을 구하는 분위기가 조성되고 학습과 문제 해결, 뛰어난 적응력을 토대로 뛰어난 성과를 중시하는 조직 문화가 만들어진다.

배설물 속에서 조랑말을 찾는 소년

항상 긍정적으로 생각하는 소년에 관한 우스갯소리가 있다. 아들에

22

게 세상을 좀더 현실적으로 바라보는 방법을 가르치고 싶었던 부모는 고민 끝에 아들의 생일에 말의 배설물이 가득 담긴 커다란 자루를 선물로 주었다. 소년의 할머니가 고약한 냄새에 코를 찡그리며 물었다.

"생일 선물로 받은 게 뭐니?"

소년이 신이 나서 말의 배설물을 파헤치며 외쳤다.

"모르겠어요. 하지만 자루 속 어딘가에 조랑말 한 마리가 있을 것 같아요."

피드백을 받는 것이 배설물이 가득 담긴 주머니 속에서 조랑말을 찾는 것과 같을 수도 있다. 항상 유쾌하지만은 않다. 하지만 어딘가에 조랑말이 있을 수도 있다.

피드백을 가로막는
세 가지 자극

먼저 좋은 소식부터 살펴보자. 모든 피드백이 힘들지는 않다. 아들의 담임교사가 놀랍게도 당신의 아들이 뛰어난 사회성을 가졌다고 칭찬한다. 고객이 제안한 주문 처리 방식에 관한 기발한 의견이 업무를 신속하게 처리하는 데 도움이 된다. 앞머리를 내려달라고 이야기하자 미용사가 더 나은 방안을 제시한다. 그리고 결국 미용사가 제안한 스타일이 당신에게 잘 어울린다. 우리는 항상 이런 종류의 피드백을 받는다. 피드백이 도움이 될 때도 있고 그렇지 않을 때도 있다. 어떤 경우건 우리는 이런 피드백에 그다지 신경을 쓰지 않는다.

사람들은 대부분 긍정적인 피드백에 거부감을 갖지 않는다. 물론 칭찬조차 불편하게 느끼는 경우도 있다. 아마도 상대의 칭찬이 진심이라는 확신이 들지 않거나 그런 칭찬이 자신에게 가당치 않다고 생각하기 때문인 듯하다. 하지만 거래를 성사시키거나, 오랫동안 존경해왔던 누군가가 오히려 당신을 존경한다는 사실을 깨닫거나, 당신의 능력을 한 단계 상승시키는 데 도움이 되는 완벽한 조언을 얻으면 짜릿함을 느낄 수 있다. 무언가를 해내고, 도움이 되는 방법을 찾아내고, 누군가가 자신을 좋아한다는 사실을 깨닫는 것은 기분 좋은 일이다.

자, 이번에는 좀더 어려운 부분으로 넘어가보자. 혼란을 초래하거나 분노를 안기거나 허둥지둥하게 만들거나 기를 죽이는 피드백 말이다. 당신, 지금 '내' 아이, '내' 경력, '내' 인격을 공격하는 건가요? 저를 팀에서 제외시키려는 건가요? 정말 나에 대해서 그렇게 생각하시나요?

이런 식의 피드백은 우리를 자극한다. 심장이 곤두박질치고 위장이 뒤틀리고 이런저런 생각이 머릿속을 파고들었다 금세 사라진다. 우리는 대개 이와 같은 감정의 소용돌이를 '방해물'이라고 생각한다. 애써 털어내 버려야 할 쓸데없는 생각이나 극복해야 할 장애물쯤으로 치부해버리는 것이다. 우리를 자극하는 반응에 사로잡히면 결국 기분이 엉망이 되고 생각이 뒤죽박죽 뒤엉킨다. 이런 상태에서는 이 세상이 암울해 보이고 일상적인 의사소통 기술을 활용하기 힘들다. 생각을 할 수도 없고 무언가를 배울 수도 없다. 그런 탓에 자신의 입장을 옹호하거나 상대를 공격하거나 패배감에 사로잡혀 물러서게 된다.

하지만 자극으로 인해 생겨난 반응을 외면해 마치 아무 일도 없는 듯 구는 방법은 답이 될 수 없다. 이런 반응이 나타나는 원인을 찾기 위해 노력하지 않고 자극으로 인한 반응을 무조건 외면하려 드는 것은 화재를 진압하려 하지는 않으면서 시끄러운 소리를 내는 화재경보기를 끄는 것과 같다.

불편한 반응을 초래하는 이런 자극이 '오직' 장애물의 역할만 하는 것은 아니다. 자극은 장애물인 동시에 정보다. 문제의 근원을 찾을 수 있도록 도와주는 일종의 지도와 같다. 자극에 대한 반응을 관리하고 대화에 노련하게 참여하려면 자극을 이해하고 자극을 주는 원인을 해결하는 것이 무엇보다 중요하다.

세 가지 피드백 자극

많은 사람들이 건네는 피드백에 귀를 기울이다보면 자신에게 무수한 단점이 있는 듯한 기분이 든다. 그런 탓에 우리는 피드백이 셀 수 없이 다양한 방식으로 우리를 자극한다고 상상한다. 하지만 또다른 반가운 소식이 있다.

우리를 자극하는 요인은 단 세 가지뿐이다.

세 가지 자극이란 '진실 자극truth trigger', '관계 자극relationship trigger', '정체성 자극identity trigger'이다. 각각의 자극 요인은 각기 다른 이유로 우리를 자극하며 각기 다른 반응과 대응을 초래한다.

진실 자극을 초래하는 것은 피드백의 본질 그 자체다. 즉 피드백에 오류가 있거나, 피드백이 아무런 도움이 되지 않거나 아예 사실이 아닐 때 우리는 진실 자극을 받는다. 이런 상황에 처한 사람들은 분개하고 부당하다고 여기며 몹시 화를 낸다. 열세 살이 된 시댁 조카의 유대교 성인식 행사에 참석한 자리에서 남편이 "당신은 사교성이 떨어지는 데다 냉담하다"라고 비난하자 미리엄은 진실 자극을 느꼈다. 남편의 말에 마음이 상한 미리엄은 "내가 어째서 사교성이 떨어진다는 거야? 그럼 테이블 위에 올라가 탭 댄스라도 춰야 해?"라고 답했다. 미리엄의 반응은 말도 안 된다. 완전히 잘못된 반응이다.

관계 자극은 피드백을 주는 상대로 인해 생겨나는 자극이다. 모든 피드백은 피드백을 주는 사람과 받는 사람의 관계로부터 영향을 받는다. 또한 피드백을 주는 사람에 '대한' 생각(이 문제에 대해서는 저 사람의 말을 믿을 수 없어!), 피드백을 주는 사람이 우리를 '대하는' 태도에 대한 주관적인 느낌(내가 그동안 어떻게 해왔는데 이제 와서 별것도 아닌 일로 이렇게 나를 비난하다니!) 등에 따라 피드백을 받는 우리의 반응은 달라진다. 관계 자극이 주어지면 피드백 자체에서 피드백을 제공하는 사람의 무례함(저 사람이 악의를 갖고 있는 것일까, 아니면 그냥 어리석은 것일까?)으로 초점이 옮겨간다.

정체성 자극은 피드백과 피드백을 제공하는 사람, 둘 중 무엇과도 관련이 없다. 정체성 자극은 '자기 자신'에 관한 것이다. 피드백이 옳건 그르건 현명하건 어리석건 피드백과 관련된 무언가로 인해 정체성이 무너진다. 정체성 자극이 주어지면 당황스러운 기분에 사로잡히거나, 위협을 느끼거나, 창피해 하거나, 평정심을 잃는다. 스스로에 대해 어떻게 생각해야 할지 갑작스레 확신을 잃고 내가 누구인지 의문을 품게 된다. 이런 상황에 놓이면 과거가 저주스럽게 보이고 미래가 절망적으로 느껴질 수도 있다. 이 모든 감정이 정체성 자극 때문이다. 일단 정체성 자극이 주어지면 장점과 약점에 대해 미묘한 대화를 나누기가 불가능해진다. 그저 살아남기 위해서 애쓸 뿐이다.

지금까지 설명한 세 가지 반응에 어떤 문제가 있을까? 피드백이 정확하지 않거나, 피드백 제공자가 신뢰할 수 없는 사람이거나, 위협을 느껴 평정심을 잃었는데도 이런 반응을 보이는 것은 합리적인 일 아닐까?

그렇다. 자극에서 비롯된 반응이 장애물 역할을 하는 것은 이런 반응 자체가 비합리적이어서가 아니다. 자극이 장애물이 돼버리는 것은 자극이 노련하게 대화를 이끌어나가는 데 방해가 되기 때문이다. 피드백을 잘 받는다는 것은 피드백을 적절히 분류하고 걸러낸다는 뜻이다. 다른 사람들이 어떤 시각으로 세상을 바라보는지 익히고, 처음에는 이상하게 느꼈던 아이디어를 시도하기 위해 노력하고 실험한다는 뜻이기도 하다. 모든 것을 따져본 후 피드백의 내용 중 옳지 않거나 지금 당장 필요치 않은 것으로 여겨지는 부분이 있으면 미뤄두거나 버려야 한다는 뜻이기도 하다.

또한 비단 피드백을 받는 사람만 무언가를 배우는 것은 아니다. 대화가 제대로 흘러가면 피드백 '제공자' 역시 자신의 조언이 도움이 되지 않는 이유, 자신의 평가가 부당한 이유가 무엇인지 깨닫는다. 그리고 나면 양측 모두가 관계를 좀더 명확하게 바라볼 가능성이 커진다. 양측 모두가 자신이 상대에게 어떻게 반응하는지 깨달은 후라면 대화를 나누기 전에 각자 상상했던 것보다 더 건설적인 방식으로 앞으로 나아갈 방향을 찾을 수 있다.

하지만 피드백으로 인해 자극을 받은 상태에서는 이 모든 것이 거의 불가능하다. 이런 이유로 우리는 커다란 가치가 내재돼 있을지도 모르는 피드백을 폐기해야 할 피드백으로 분류하는 실수를 저지른다. 이뿐만 아니라 그에 만만치 않게 파괴적인 실수, 즉 잊어버려야 할 피드백을 마음에 새기는 실수를 저지르기도 한다.

다음으로 세 가지 자극을 하나씩 자세히 살펴보고 자극 관리에 효과적인 방법을 알아보자.

진실 자극 :
피드백이 잘못됐어, 부당해, 도움이 되지 않아

피드백을 거부해야 할 그럴듯한 이유는 너무도 많다. 그중에서도 가장 눈에 띄는 이유는 다름 아닌 '피드백이 틀렸다'는 것이다. 형편없는 충고야. 부당한 평가야. 그 사람이 나에 대해서 그렇게 생각하는 건 지금의 내 모습을 잘 모르거나 나를 제대로 알지 못하기 때문이야. 이때 우리는 상대의 피드백을 거부하거나 스스로를 방어하거나 상대에게 역공을 가한다. 실제로 대화를 하는 도중에 이런 반응을 드러내보이는 경우는 많지 않다. 하지만 머릿속에서는 항상 이런 반응이 나타난다.

피드백을 공정하게 평가할 수 있을 정도로 제대로 이해하기는 생각보다 훨씬 힘들다. 지금부터 세 가지 이유를 설명하고 도움이 되는 방법을 소개하고자 한다.

인정, 조언, 평가를 구분하라

피드백을 이해하고자 할 때 발생하는 첫번째 문제는 상대의 발언이 피드백인지 아닌지 파악하기가 힘들다는 것이다. 사실 이런 경우가 대단히 많다. 이뿐만 아니라 설사 상대방의 말을 피드백이라고 생각하더라도 정확하게 어떤 유형의 피드백인지, 어떤 식으로 도움이 될지 파악하기 힘들다. 그렇다, 우리는 피드백을 요청했다. 그러나 상대가 무슨 말을 했건 방금 내게 들려준 그런 이야기를 요구하지는 않았다.

'피드백'이라는 단어를 다양한 의미로 해석할 수 있다는 사실 또한 문제다. 등을 가볍게 두드리는 행위는 피드백이다. 질책도 마찬가지다. 도움이 되는 충고 역시 피드백이다. 투표 결과에 따라 섬에서 쫓겨나는 것 또한 피드백이다. 이런 피드백을 단순히 긍정적인 피드백 혹은 부정적인 피드백으로 나눌 수는 없다. 각각의 피드백은 그 근본적인 유형 자체가 전혀 다르고 목적 또한 완전히 다르다.

피드백을 평가할 때 가장 먼저 해야 할 일은 우리에게 주어진 것이 어떤 유형의 피드백인지 파악하는 것이다. 개략적으로 이야기하면, 피드백은 인정(고마움), 조언(더 나은 방법을 제시하는 것), 평가(자신의 현재 위치를 알려주는 것) 등 크게 세 가지 형태로 나뉜다. 피드백을 받는 사람은 한 가지 유형의 피드백만을 원하거나 상대의 말을 한 가지 유형의 피드백으로만 해석하는 경우가 많다. 피드백을 제공하는 사람이 실제로는 다른 이야기를 하고 있다는 사실을 인정하지 않는 것이다. 화가가 직업인 친구에게 직접 그린 자화상을 보여주는 장면을 떠올려보자. 아마추어 화가인 당신에게 필요한 것은 "이것 봐. 진짜 멋진데. 계속 열심히 해봐"라는 몇 마디 말과 약간의 격려다. 하지만 화가 친구는 격려를 하는 대신 수정을 필요로 하는 열두 곳을 알려준다.

반대의 경우를 생각해볼 수도 있다. 당신은 직업 화가인 친구가 어떤 부분을 고쳐야 할지 알려주리라는 기대를 품고 친구를 찾아가 자화상을 보여준다. 하지만 친구는 문제점을 구체적으로 알려주는 대신 "이것 봐, 진짜 멋진데. 계속 열심히 해봐"라고 이야기한다. 격려의 말이 그림 실력을 갈고닦는 데 무슨 도움이 되겠는가? 스스로 무엇을 원하는지 파악하고 상대가 당신에게 들려준 말이 무엇인지 이해해야 한다.

먼저 이해하라

피드백을 어떻게 처리해야 할지 궁리하기 전에 피드백을 먼저 이해해야 한다. 당연하게 들리고, 간단하게 느껴지는가? 어쩌면 이미 그렇게 하고 있다고 생각할지도 모른다. 하지만 피드백을 받는다는 맥락에서 보면 다른 사람의 말에 어떤 의미가 내포돼 있는지 '이해하는 것(상대가 무엇을 알고 있는지, 상대가 무엇을 걱정하는지, 상대가 무엇을 추천하는지)'은 그리 쉬운 일이 아니다. 사실 상대의 말을 제대로 이해하기란 매우 힘들다.

킵과 낸시의 경우를 살펴보자. 두 사람은 인기 있는 해외 일자리에 파견할 인재를 채용하는 조직에서 일한다. 킵은 낸시로부터 '비전통적인' 배경을 갖고 있는 지원자들에게 편견을 갖고 있는 것 같다는 이야기를 들었다. 낸시는 면접을 진행할 때 킵의 편견이 '배어나온다'라고 이야기했다.

낸시의 이야기를 들은 킵이 가장 먼저 보인 반응은 피드백을 무시하는 것이었다. 킵은 실제로 자신이 편견을 갖고 있지 않기 때문에 편견이 '배어나오지' 않는다고 생각했다. 사실 낸시가 미처 몰랐을 뿐 킵은 비전통적인 배경을 갖고 있었다. 킵은 자신이 진취성을 갖고 나름의 방식대로 삶을 개척해나가는 사람들을 오히려 선호하는 것이 아닌지 우려했다.

킵의 입장에서 보면 낸시의 피드백은 한마디로 잘못된 것이다. 그런데도 킵이 낸시의 피드백을 받아들여야 할까? 물론 그렇지 않다. 하지만 킵은 낸시의 피드백이 실제로 무엇을 '의미하는지' 제대로 이해하지 못하고 있었다. 킵이 가장 먼저 해야 할 일은 낸시가 어떤 이유로 그러한 걱정을 하는지 정확하게 이해할 수 있도록 노력하는 것이었다.

킵은 결국 낸시를 찾아가 피드백에 대해 좀더 구체적으로 설명해달라고 부탁했다. 낸시는 킵에게 다음과 같이 이야기했다.

"너는 전통적인 배경을 갖고 있는 지원자를 면접할 때는 해당 직무와 관련된 일반적인 도전 과제를 제시한 후 지원자들이 어떤 식으로 논리를 풀어나가는지 살펴봐. 하지만 비전통적인 지원자들을 면접할 때는 직무와 관련된 이야기를 하지 않아. 지원자가 커피 장사를 했던 이야기나 상선을 타고 선원들과 함께 여행했던 이야기를 느닷없이 꺼내 한담을 나누는 식이지. 그 사람들을 진지하게 대하지 않는 거야."

낸시의 피드백을 이해한 킵은 낸시에게 자신의 생각을 밝혔다.

"나는 그 사람들을 매우 진지하게 생각해. 그 사람들의 끈기와 지략에 관한 이야기를 듣고 싶어서 그러는 거야. 경계가 모호하고 환경이 열악한 해외에서 일을 하려면 이런 능력이 필요하니까. 아직 일어나지도 않은 가상의 도전 과제를 제시하는 것보다 훨씬 나은 방법이지."

'먼저' 이해해야 한다는 지침을 따른 덕에 킵은 낸시가 그런 이야기를 한 이유가 무엇인지 이해할 수 있게 됐고 낸시는 킵이 어떤 생각을 갖고 있는지 알게 됐다. 훌륭한 시작이다. 하지만 이어 살펴보겠지만 여전히 갈 길이 멀다.

사각지대를 찾아라

사각지대는 피드백을 이해하려는 욕구를 한층 복잡하게 만든다. 물론 '당신'에게는 사각지대가 없다. 하지만 당신의 동료와 가족, 친구들에게 사각지대가 있다는 사실은 잘 알고 있을 것이다. 이것이 바로 사각지대의 본질이다. 우리는 자신에 관한 몇 가지 사실을 제대로 보지 못할 뿐아니라 자신에게 어떤 문제가 있다는 사실도 깨닫지 못한다. 하지만 나를 제외한 모든 사람들은 짜증날 정도로 명확하게 나의 사각지대를 훤히 꿰뚫고 있다.

이것이 바로 피드백에 관한 대화를 나눌 때 혼란이 발생하는 주원인이다. 틀렸다고 생각하는 피드백이 실제로 틀린 경우도 있다. 하지만 틀렸다고 생각하는 피드백이 실제로는 사각지대와 관련된 경우가 있다.

킵과 낸시의 이야기로 다시 돌아가보자. 낸시는 킵이 보지 못하는 중요한 문제를 꿰뚫어보고 있었다. 낸시는 실제로 면접이 이뤄지는 상황에서 킵이 어떻게 행동하고 어떤 이야기를 하는지 보고 들었다. 낸시는 킵이 비전통적인 배경을 갖고 있는 지원자들을 면접할 때 더 활발한 태도이긴 해도 평소보다 큰 목소리로 이야기하고 자주 방해를 해 이들에게 나름의 주장을 펼칠 수 있는 충분한 시간을 주지 않는다는 사실을 깨달았다. 심지어 시간을 거의 주지 않는 경우도 있었다.

킵은 믿기 어려운 낸시의 설명을 듣고 매우 놀랐다. 자신이 그런 행동을 하고 있다는 사실 자체를 인지하지 못했던 킵에게 낸시의 이야기는 경악할 만했다. 낸시의 말이 옳다면 자신의 좋은 의도가 오히려 자신이 가장 선호하는 지원자들을 가장 불리하게 만든 셈이었다. 비전통적인 지원자를 선호하는 킵의 경미한 편향이 실제로는 이들에게 불리하게 작용한 것이다.

킵과 낸시는 대화를 통해 새로운 사실을 배웠다. 낸시는 좀더 관대한 관점에서 킵의 의도를 이해하게 됐고 킵은 자신의 행동이 면접에 어떤 영향을 미쳤는지 이해했다. 대화가 완전히 끝나지는 않았지만 킵과 낸시 두 사람 모두 상황을 바로잡을 수 있는 더 나은 위치에 설 수 있게 됐다.

무언가 배울 것이 있는 것처럼 가식적으로 행동하거나 실제로는 그렇지 않으면서 옳다고 생각한다고 이야기하는 것은 진실 자극을 관리하는 방법이 아니다. 진실 자극을 제대로 관리하려면 실상은 항상 겉으로 보이는 것보다 복잡하다는 사실을 깨닫고 먼저 이해하기 위해 열심히 노력해야 한다. 또한 피드백의 90퍼센트가 과녁을 빗나갔다 하더라도 나머지 10퍼센트가 당신의 성장을 위해 반드시 필요한 통찰일 수도 있다.

관계 자극 :
'당신'한테 이런 피드백을 듣고 싶지 않아

피드백에 대한 인식은 피드백을 주는 사람이 누구인지에 따라 달라질 수밖에 없다(심지어 피드백을 주는 사람으로 인해 피드백의 본질이 훼손되는 경우도 있다). 피드백을 제공하는 사람과 관련된 무엇, 즉 제공자의 진실성(진실성 부족), 신뢰성(신뢰하기 어려운 점), 동기(의심스러운 동기) 등이 상대를 자극할 수 있다. 마찬가지로 피드백 제공자가 상대를 대하는 방식에 자극받을 수도 있다. 피드백 제공자가 피드백을 받는 사람을 인정하는가? 피드백 제공자가 피드백을 전달할 때 존중하는 마음을 함께 드러내 보이는가? 실제로 문제가 되는 것이 자기 자신인 줄도 모르고 지금 상대를 비난하고 있는가? 20년 동안 쌓여온 관계의 역사로 인해 반응이 한층 격렬해질 수도 있다. 하지만 재미있게도 관계가 지속된 시간이 단 20초에 불과해도 관계 자극이 생겨날 수 있다.

선로를 변경하지 마라

관계 자극은 상처와 의심을 만들어낸다. 관계 자극이 분노를 초래하는 경우도 있다. 이런 감정에서 벗어나려면 피드백과 피드백이 촉발한 관계를 구분하고 두 가지 모두를 각각 명료하게 논의해야 한다.

사실 사람들은 대부분 이런 노력을 거의 하지 않는다. 피드백을 받은 사람들은 대개 상대가 의도한 피드백은 잊어버린 채 관계 문제로만 피드백을 받아들인다. 피드백 제공자의 관점에서 보면 그들이 상대에게 제공하는 피드백(늦지 마)에서 상대가 그들에게 주는 피드백(나한테 그런 식으로 얘기하지 마)으로 주제가 완전히 바뀌어버리는 셈이다. '누가'라는 주제가 '무엇'이라는 주제를 압도해버린 탓에 애당초 전달하고자 했던 피드백이 차단된다. 이런 역학이 바로 '선로 변경switchtracking'이다.

유대교 성인식 행사에 참석한 미리엄의 이야기로 다시 돌아가보자. 미리엄은 진실 자극과 더불어 관계 자극을 경험하고 있다. 남편 샘으로부터 냉담하다는 비난을 받은 미리엄은 인정받지 못한다는 기분을 느꼈을 뿐 아니라 상처를 입었다. 미리엄은 결국 선로를 변경했다. "이 행사에 참석하기 전에 내가 얼마나 많은 일을 겪었는지 당신이 알아? 엄마가 투석 받는 날짜도 조정하고, 당신이 이름조차 기억하지 못하는 '당신' 조카 파티에서 남부끄럽지 않게 보여야 할 것 같아서 마틸다를 씻기고 옷도 입혔어."

미리엄은 인정과 가사 분담에 관한 중요한 문제를 언급했다. 하지만 미리엄은 친화력이 떨어지는 자신의 성격에 대한 샘의 피드백을, 자신의 진가를 제대로 인정하지 않는 샘의 태도에 대한 자신의 기분이라는 주제로 전환했다. 샘이 가족을 따뜻하게 대하지 않는 아내의 태도를 진심으로 걱정하는 것이라면 해당 문제와 관련한 대화를 나누는 일 역시 중요하다. 남편으로부터 제대로 인정받지 못하는 미리엄의 기분에 대한 대화 못지않게 중요한 것이다. 하지만 이 두 가지는 주제가 전혀 다르다. 따라서 두 차례에 걸쳐 개별적인 대화를 나눠야 한다.

동시에 두 가지 주제에 대해 이야기하는 것은 애플파이와 라자냐를 하나의 팬에 몽땅 섞은 후 오븐 속으로 밀어넣는 것과 다르지 않다. 얼마나 오랫동안 굽든 결국 엉망진창의 결과물이 나올 뿐이다.

관계 시스템을 파악하라
첫번째 유형의 관계 자극은 피드백 제공자에 대한 우리의 반응(나는 저 사람이 나를 대하는 방식이 마음에 들지 않아, 나는 너의 판단을 믿지 않아)에서 비롯된다. 피드백 자체가 관계와 아무런 관련이 없을 때조차 이런 반응이 나타날 수도 있다. 어쩌면 상대는 내게 테니스공을 치는 법이나 수표책을 결산하는 방법을 알려주는 것인지도 모른다.

하지만 피드백은 관계의 맥락에서 생겨날 뿐 아니라 관계로 인해서 생겨나는 경우도 많다. 모든 관계의 복잡성 이면에는 민감성, 선호도, 성격 등의 독특한 조합이 자리한다. 두 사람이 갖고 있는 개인적인 성질이 아니라 두 사람의 조합으로 인해 충돌이 발생하는 것이다. 피드백 제공자는 우리에게 바뀔 필요가 있다고 이야기한다. 하지만 우리는 상대의 이야기를 듣고서 "'내'가 문제라고 생각하는 거야? 그거 재미있는데? 문제가 '당신'이라는 건 정말 명확한 사실이거든'이라고 생각한다. '과도하게' 민감한 내가 문제가 아니라 '둔감한' 상대가 문제라고 생각하는 것이다.

또다른 경우를 생각해보자. 당신은 내게 동기를 부여할 목적으로 공격적인 매출 목표를 정한다. 하지만 공격적인 목표는 동기를 부여하기는 커녕 의욕을 꺾는다. 내가 목표 달성에 실패하자 당신은 나를 '좀더 자극할 목적으로' 더 높은 목표를 내놓는다. 이제 나는 '더욱' 무력해진다. 당신과 나는 서로를 비난한다. 하지만 둘 중 누구도 문제 자체를 언급하지 않는다. 우리가 서로 상대에게 비난을 전가함으로써 상황을 더욱 악화시키는 증강 고리 속에 갇혀버렸고 둘 모두 고리를 영속시키는 행위를 지속하고 있다는 사실을 둘 중 그 누구도 깨닫지 못한다.

사실, 관계 속에서 이뤄지는 피드백은 당신 '또는' 나에 관한 이야기가 아니다. 이런 피드백은 당신'과' 나에 관한 이야기인 경우가 많다. 다시 말해서 관계 시스템에 관한 이야기다.

당신을 향한 누군가의 비난이 부당하다고 느낄 때 상대에게 비난의 화살을 돌리는 것은 아무런 도움이 되지 않는다. 상대를 비난하면 오히려 상대는 이 상황이 부당하다는 생각을 갖게 된다. 설상가상으로 상대는 당신이 발뺌을 하려든다고 가정할 것이다. 따라서 상대가 당신을 비난할 때는 무턱대고 상대를 비난하기보다 다음과 같은 방식으로 이해하기 위해 노력해야 한다. "우리 두 사람 사이에 어떤 역학이 있는 것일까 그리고 우리 두 사람은 각각 문제에 어떤 영향을 미치고 있을까?"

정체성 자극 :
그 피드백은 위협적이야, 나는 균형을 잃어버렸어

정체성이란 우리 자신과 앞으로 다가올 미래에 대해 우리가 스스로에게 들려주는 이야기다. 누군가 비난의 성격이 짙은 피드백을 내놓으면 이 이야기는 공격을 받게 된다. 경보 시스템이 삐뽀삐뽀 소리를 내면 뇌의 방어 기제가 작동하고 피드백 제공자가 두번째 문장을 내뱉기도 전에 역공을 취할 태세를 갖추거나 의식을 잃고 만다. 가벼운 아드레날린 분출에서부터 심각한 불안 증세에 이르기까지 반응은 다양하다.

뇌 배선과 기질의 차이를 이해하라
동일한 자극이 주어졌다고 해서 모든 사람이 동일한 방식으로 혹은 동일한 시간 동안 피드백을 차단하지는 않는다. 이것이 바로 정체성 자극을 이해하는 과정에서 발생하는 첫번째 도전 과제다. 전적으로 생물학적인 차원에서 보면 인간은 모두 다른 특징을 갖고 있으며, 스트레스를 유발할 가능성이 큰 정보에 각자 다른 방식으로 반응한다. 롤러코스터를 탈 때 저마다 다른 식으로 반응하는 것과 마찬가지다. 어떤 이는 롤러코스터를 한 번 타고 난 후 계속 타고 싶어서 안달을 한다. 반면 다른 이는 롤러코스터를 타면 인생이 통째로 망가질지도 모른다고 생각한다. 당신이 갖고 있는 개인적인 기질과 대다수의 인간이 갖고 있는 보편적인 성향 패턴을 이해하면 당신이 보이는 반응의 원인을 알 수 있고, 다른 사람들이 당신의 예상과 다른 반응을 보이는 이유를 설명할 수 있다.

왜곡을 무너뜨려라

라일라의 경우를 살펴보자. 성향 때문인지 인생 경험 때문인지 아니면 둘 모두가 원인인지 알 수 없지만 라일라는 피드백에 지나치게 민감하다. 어떤 피드백이 주어져도 라일라는 피드백을 왜곡하고 과장해서 받아들인다. 라일라는 실제로 피드백 제공자의 입에서 나온 말에 반응하지 않고 상대의 말에 대한 왜곡된 인식에 반응한다.

상사가 라일라에게 다음날 진행될 회의에서는 '자네 방식대로 게임'을 할 필요가 있다고 이야기했다. 상사의 이야기를 들은 라일라는 그렇다면 자신이 지금까지 누구를 위한 게임을 해왔다는 것인지 궁금했다. '내가 뭘 하고 있는지 제대로 이해하지 못한다고 생각하는 걸까? 내가 회의의 중요성을 제대로 이해하지 못한다고 생각하는 걸까?' 라일라는 그동안 상사와 상호작용했던 기억을 떠올리며 상사가 자신을 신뢰한 적이 있기는 했는지 의문을 품었다. 뿐만 아니라 자신이 엉망진창인 점을 감안하면 상사가 자신을 신뢰하는 것이 옳은 것인지 의심했다. 15년 동안 저지른 수많은 실수가 머릿속에 떠올랐다. 라일라는 밤새 잠을 이루지 못했고 다음날 열린 회의는 엉망이 됐다.

라일라는(그리고 우리 모두는) 다행스럽게도 객관적인 시선으로 피드백을 바라보는 방법을 얼마든지 학습할 수 있다. 객관적인 시각을 저절로 갖기 어려운 경우라 하더라도 마찬가지다. 라일라는 자신이 어떤 식으로 피드백을 왜곡하는지, 자신의 사고가 어떤 패턴을 따르는지 깨달아야 한다. 일단 깨닫고 나면 왜곡 요인을 체계적으로 없앨 수 있다. 이런 노력은 안정을 되찾고 피드백을 적극 수용해 교훈을 얻는 데 도움이 된다.

성장형 정체성을 길러라

라일라는 피드백을 왜곡하는 성향을 갖고 있다. 더불어 사고방식에도 문제가 있다. 라일라는 세상 전체를 하나의 거대한 시험으로 여긴다. 직장에서의 하루하루, 모든 회의, 상사나 친구와의 모든 상호작용이 시험이라 여긴다. 따라서 모든 피드백은 일종의 시험 결과, 즉 평결이라고 생각한다. 그런 탓에 다른 누군가가 자신에게 조언을 하거나 격려가 담긴 말을 건네더라도(내일은 자네 방식대로 게임을 해보게!) 라일라는 상대의 말을 자신을 향한 비난 섞인 평가로 받아들인다.

스탠포드 대학은 사람들이 자신의 정체성과 관련된 이야기를 할 때 서로 전혀 다른 두 가지 방식을 활용하며, 각 방식이 사람들이 비난과 도전 과제, 실패를 받아들이는 방식에 영향을 미친다는 사실을 연구를 통해 알아냈다. 정체성에 관한 첫번째 이야기는 우리가 갖고 있는 특성이 '고정'돼 있다고 가정한다. 능력 있는 사람이건 실수투성이인 사람이건, 사랑스러운 사람이건 까다로운 사람이건, 똑똑한 사람이건 멍청한 사람이건 사람은 결국 변하지 않는다는 것이다. 첫번째 가정에 의하면 열심히 일하고 연습하는 것이 아무런 도움이 되지 않는다. 타고난 모습 그대로 살 수밖에 없다. 피드백은 '우리가 어떤 사람인지' 알려준다. 따라서 피드백이 많은 일의 성패를 가른다.

자극에서 비롯된 반응	학습된 반응
진실 자극 그건 틀렸어. 그건 도움이 되지 않아. 나는 그렇지 않아.	인정과 조언, 평가를 구분하라 먼저 이해하라 : '그건 잘못됐어'에서 '좀 더 말해줘'로 자신의 사각지대를 파악하라 : 자신이 어떻게 보이는지 파악하라
관계 자극 내가 그동안 너한테 어떻게 했는데? 네가 뭔데 그런 말을 해? 네가 문제야.	선로를 변경하지 말라 : 피드백과 관계를 분리하라 관계 시스템을 확인하라 : 세 걸음만 뒤로 물러서라
정체성 자극 내가 모든 걸 망쳤어. 난 망했어. 난 나쁜 사람이 아니야. 혹시 내가 나빠?	개인의 성향이 피드백을 받아들이는 방식에 어떤 영향을 주는지 파악하라 왜곡을 없애라 : 피드백을 '실제 크기'로 바라봐라 성장형 정체성을 길러라 : 조언을 구하라

좀더 생산적으로 피드백을 처리하는 사람들은 전혀 다른 가정을 토대로 하는 정체성을 갖고 있다. 이런 부류의 사람들은 자기 자신을 끊임없이 발전하고 성장하는 존재로 여긴다. 이들이 갖고 있는 것은 바로 '성장형growth' 정체성이다. 이들에게 지금의 모습은 단순히 현재의 모습에 불과하다. 또한 지금의 모습은 금으로 만들어진 액자에 끼워진 유화가 아니라 현재의 모습을 연필로 가볍게 스케치한 그림에 불과하다. 이들은 열심히 하는 것이 중요하다고 여긴다. 도전과 실패는 학습과 개선을 위한 최고의 방법이다. 성장형 정체성을 갖고 있는 사람들에게 피드백은 자신이 현재 어디에 서 있으며 앞으로 한층 더 발전하기 위해 어떤 노력을 해야 하는지에 관한 귀중한 정보다. 이런 사람들에게 피드백은 기분

나쁜 결과가 아니라 반가운 정보다.

. . .

우리가 속한 팀, 가족, 회사, 지역사회를 생각해보자. 우리는 모두 그 안에서 함께 살아간다. 스스로 학습하면서 성장에 도움이 되는 놀라운 사실을 깨닫고 성장의 기회를 추구하도록 구성원들을 독려하면 조직과 팀 내에서 서로를 끌어당기는 힘을 만들어낼 수 있다. 또한 이 과정에서 서로 균형을 유지하도록 도와줄 수 있다.

이 책에 등장하는 모든 이름은 가명이다. 하지만 모든 이야기는 사람들이 실제 경험한 내용을 토대로 한다. 이 책을 읽는 독자는 스스로를 인정하고, 항상 자신감을 갖고, 홀로 외로운 투쟁을 하고 있는 것이 아니라는 사실을 깨닫기 바란다. 그리고 서로 힘을 모으면 어디로 나아갈 수 있을지 상상해보기 바란다.

PART 1

진실 자극

진실과 마주하기

지금부터 총 세 장에 걸쳐 피드백의 세 가지 유형의 자극 중 첫 번째인 진실 자극에 대해 살펴볼 것이다. 진실 자극에 관한 내용의 핵심은 '보는' 것이다.

1장에서는 세 가지 유형의 피드백을 구별하는 방법을 소개하고 자신에게 주어진 피드백이 어떤 유형이며 자신이 원하는 유형의 피드백을 파악하는 일이 왜 중요한지 설명할 것이다. 피드백에는 항상 목적이 있다.

2장에서는 피드백을 해석하는 방식에 대해 살펴볼 것이다. 즉 피드백이 어디에서 비롯되는지, 피드백이 어떤 식으로 다르게 행동할 것을 제안하는지, 당신과 피드백 제공자의 의견이 다른 이유가 무엇인지 살펴볼 예정이다. 피드백을 이해하는 것이 그토록 어려운 이유가 무엇인지 살펴본 다음 피드백을 이해하는 데 도움이 되는 도구를 소개할 것이다.

3장에서는 사각지대를 살펴보고 자신에게는 사각지대가 없다고 생각하는 사람들에게도 사각지대가 있다는 근거를 제시할 것이다. 사각지대가 어떤 영향을 미치는지 설명하면서 다른 사람들과 같은 시각으로 자기 자신을 바라보는 것이 유독 어려운 이유를 살펴볼 것이다. 그러고 나서 사각지대를 극복하는 데 도움이 되는 방법과 사각지대의 존재에도 불구하고 학습에 도움이 되는 방안을 제시할 것이다.

본문을 읽어나가다 보면 다음과 같은 질문이 머릿속을 맴돌 것이다. 내가 다른 사람에게 피드백을 '줄' 때는 그 피드백이 옳은 듯한 기분이 들 때가 많은데, 내가 피드백을 '받는' 입장이 되면 그 피드백이 잘못된 듯한 기분이 들 때가 많은 이유가 무엇일까? 3장을 읽고 나면 이 질문에 대한 답을 찾을 수 있을 것이다.

01

나는 어떤 피드백을
원하고 있는가

따사로운 봄날, 어느 토요일.

아빠는 배팅 연습을 시켜줄 요량으로 쌍둥이 딸, 애니와 엘시를 야구장에 데려간다. 아빠는 아이들에게 자세를 어떻게 바로잡고 공에서 시선을 떼지 않으면서 스윙 높이를 유지하는지 보여준다.

애니는 배팅 연습이 매우 즐겁다. 애니는 깔끔하게 정돈된 잔디 위에서 아빠와 함께 즐거운 시간을 보내고 있다고 생각한다. 게다가 야구방망이를 한 차례 휘두를 때마다 실력이 조금씩 좋아지는 것 같다. 반대로 엘시는 침울한 모습이다. 엘시는 야구장 울타리에 등을 기대고 주저앉아, 야구방망이를 언제 휘둘러야 할지 적절한 타이밍을 알려줄 테니 타석에 서 보라고 회유하는 아빠를 노려보며 불평한다.

"아빠는 내가 잘 못한다고 생각하잖아요. 아빠는 항상 나를 비난해요!"

아빠는 엘시의 말을 바로잡는다. "아빠는 널 비난하지 않아. 엘시, 네가 더 잘할 수 있도록 도와주려는 거야."

"지금도 그러잖아요." 엘시가 투덜거린다. "아빠는 내가 충분히 잘하지 못한다고 생각하잖아요."

화가 잔뜩 난 엘시가 쿵쿵거리며 밖으로 걸어가자 야구방망이가 땅에 끌리며 달그락 소리를 낸다.

아빠는 한 명, 반응은 두 가지

아빠는 당황스럽다. 아빠는 자신이 쌍둥이 딸들을 똑같이 대한다고 생각한다. 하지만 똑같은 피드백을 받은 두 딸은 정반대의 반응을 보인다. 한 아이는 아빠의 조언을 토대로 기량을 닦고 자신감을 키우는 등 아빠가 의도한 대로 조언을 받아들인다. 반면 다른 아이는 좌절감에 빠진 채 시도 자체를 거부하고 심지어 아빠가 의견을 내놓기만 해도 화를 낸다.

사실 아빠는 두 아이를 '똑같이' 대하고 있다. 똑같은 말투로 똑같은 충고를 한다. 외야석에 앉아 아빠와 두 아이를 지켜본다면 차이를 전혀 발견할 수 없을 것이다. 하지만 두 아이가 타석에 서서 생각하는 방식에는 극명한 차이가 있다. 두 아이의 귀에 아빠의 말은 다르게 들린다. 애니에게 아빠의 조언은 스트라이크 존 한가운데로 날아 들어오는 커다란 소프트볼 공과 같지만 엘시에게 아빠의 조언은 자신의 몸을 향해 인정사정없이 날아드는 공과 같다.

이것이 바로 피드백을 받는 사람이 경험하는 역설적인 측면 중 하나다. 우리는 이따금씩 애니와 같이 반응한다. 감사하고, 열망하고, 활력을 느낀다. 하지만 엘시처럼 반응할 때도 있다. 상처받고 방어하고 분개하는 것이다. 피드백에 대한 우리의 반응이 피드백을 주는 사람의 전달 기술이나 피드백의 내용에 따라 항상 달라지는 것은 아니다. 사실 피드백에 대한 우리의 반응을 결정하는 것은 '상대의 말을 어떻게 받아들이는가'와 '상대가 지금 내게 어떤 유형의 피드백을 주고 있는 것처럼 느끼는가'다.

피드백의 세 가지 유형

당신이 재직중인 회사가 최근 다른 기업에 인수됐다. 당신의 역할도 바뀌고 팀도 개편됐다. 혼란스럽고 불확실한 시간이다. 업무가 끝나면 회사가 인수되기 전부터 함께 일하고 있는 동료와 만나 회사 건너 바에 앉아 과도기적인 상황에 대해 의견을 교환하곤 한다.

어느 날 저녁, 당신은 친구에게 새로운 상사 릭이 어떤 피드백도 주지 않는다고 이야기한다. 깜짝 놀란 친구가 이렇게 대꾸한다.

"릭이 바로 어제 회의에서 만난 모든 사람들에게 자네가 팀의 일원이어서 얼마나 감사한지 모른다고 이야기했잖아. 그게 바로 피드백이지. 도대체 뭘 원하는 거야? 트로피라도 받을 셈이야?"

물론 릭은 당신의 진가를 '인정한다.' 좋은 일이다. 하지만 실제로는 또다른 문제가 있다. "문제가 하나 있어. 난 전에 마이애미 일대의 마케팅을 책임졌지. 하지만 지금은 환태평양 지역의 제품 캠페인을 맡고 있어. 난 환태평양이 '뭔지도' 모르는 걸."

물론 트로피도 좋다. 하지만 당신이 진심으로 필요로 하는 것은 '조언'이다. 몇 주가 지난 후, 친구가 상황이 어떻게 흘러가고 있는지 묻는다. 대체로 좋은 상황이라며 친구에게 이렇게 설명한다.

진실 자극

"릭을 찾아가서 어떻게 하는 게 좋을지 알려달라고 이야기했어. 그래서 매주 릭을 만나 업무 현황을 보고하고 궁금한 것들을 물어봐. 릭은 환태평양 지역에 대해 상당한 통찰력을 갖고 있어."

친구가 부러운 듯 이야기한다. "그러니까 릭이 너의 진가를 인정하는 모양이군. 릭이 조언을 제공하고 있잖아. 이제 피드백이 원활하게 제공되는 것처럼 들리네."

하지만 당신은 그렇게 생각하지 않는다. 또다른 문제가 있다. 합병 이후부터 당신은 조직 내에서 자신의 위치가 어디쯤인지 확신할 수가 없다. 합병으로 인해 두 기업의 직책과 역할이 겹치게 된 데다 감원에 대한 소문이 끊임없이 돌고 있다. 결국 친구에게 본심을 털어놓는다.

"릭이 이 역할에 어울리는 좀더 나은 배경을 지닌 사람을 찾아낼 때까지 내가 그저 빈자리만 채우고 있는 게 아닌가 하는 의심이 들어. 나는 내가 할 수 있는 범위 내에서 최대한 빠른 속도로 업무를 익히고 있어. 하지만 내가 릭의 장기적인 비전에 포함돼 있는지 임시방편에 불과한 존재인지 모르겠어."

친구가 릭을 찾아가 직접 이야기를 해볼 것을 권하자 당신은 친구의 의견을 따른다. 릭은 당신의 업무 성과를 철저하게 '평가'하고 있으며 업무 성과가 매우 뛰어난 편이라고 말한다. 그러고는 자신이 모기업으로 옮겨갈 날을 대비해 당신을 후계자로 양성중이라는 속내를 털어놓는다.

그날 저녁 당신은 친구를 만나 좋은 소식을 전한다. 친구는 진심 어린 축하의 말을 건넨다. 그러고 나서 친구가 덧붙여 말한다.

"피드백 이야기가 나와서 말인데 너는 왜 나에게는 너에 관한 피드백을 구하지 않아?"

친구의 이야기를 들은 당신이 대꾸한다.

"왜냐면 너는 내게 줄 만한 피드백이 없잖아."

잠깐 동안 어색한 침묵이 흐른 후 당신은 다시 입을 연다.

"알았다구. 얘기해봐."

친구는 예상 외로 공격적인 태도를 보이며 이렇게 이야기한다.

"너 마지막으로 음식 값을 낸 게 언제야? 너 자신이 아닌 다른 누군가에 관한 이야기를 가장 마지막으로 한 게 언제야?"

이럴 수가!

당신의 친구는 이것이 피드백이라 생각한다. 하지만 당신은 친구가 지금 시비를 걸고 있다고 생각한다.

당신과 릭이 나눈 대화, 그리고 당신과 친구가 나눈 대화는 우리가 흔히 이야기하는 '피드백'에 인정, 조언, 평가가 모두 포함된다는 사실을 강조한다. 각 피드백은 중요한 목적을 달성하는 데 도움이 되고, 각기 다른 요구를 충족시킨다. 뿐만 아니라 각 피드백에는 각각 다른 도전 과제가 뒤따른다.[1]

인정

상사가 "자네가 우리 팀의 일원이라니 정말 감사한 일이야"라고 이야기한다면 그것은 곧 당신의 진가를 인정한다는 뜻이다.

인정이라는 것은 근본적으로 관계, 즉 사람 간의 연결에 관한 것이다. 말 그대로 해석하자면 인정한다는 것은 곧 '고맙다'라는 말이다. 하지만 그 외에도 인정에는 '난 널 이해해', '난 네가 얼마나 열심히 일하는지 알고 있어', '넌 내게 중요해'라는 의미가 포함돼 있다.

다른 사람으로부터 인정받고 이해받는다는 느낌은 매우 중요하다. 어린 시절에는 놀이터 건너편을 향해 소리를 지를 때조차 이런 욕구가 명확하게 드러난다. "엄마! 엄마! 엄마-아!! 이것 좀 봐요!" 어른이 되면 어릴 때처럼 겉으로 분명하게 드러나도록 조르는 법과는 다른 방법을 배운다. 하지만 어른이 된다고 해서 다른 사람으로부터 '와, 너 진짜 멋지다!'라는 말을 듣고 싶은 욕구가 사라지는 것은 아니다. 뿐만 아니라 '그래, 난 널 이해해. 네 말이 무슨 뜻인지 알겠어. 넌 중요한 존재야'라는 인정의 말을 듣고 싶은 욕구 역시 여전하다.

다른 사람의 인정은 우리에게 동기를 부여한다. 인정은 우리를 춤추게 만들고 한층 더 많은 노력을 쏟아부을 수 있도록 새로운 에너지를 공급한다. 직장에서 피드백을 충분히 받지 못한다는 불평 섞인 말에는 실제로 '다른 사람들이 내 존재를 알아차리기나 할까?'라거나 '다른 사람들이 내가 얼마나 열심히 일하는지 관심이나 있을까?'라는 뜻이 숨어 있는 경우가 많다. 다시 말해서 충고를 원하는 것이 아니라 다른 사람의 인정을 원하는 것이다.

조언

상사를 찾아가 자신을 이끌어달라고 이야기하는 것은 조언을 구하는 방법이다.

조언은 상대가 학습하거나 성장하거나 변화할 수 있도록 돕는 것을 목표로 한다. 상대가 기술이나 아이디어, 지식, 특정한 습관, 외모, 성격 등을 개선할 수 있도록 도움을 주는 것이 조언의 핵심이다.

스키 강사, 애플 지니어스 바[애플의 서비스 센터]에서 일하는 직원, 업무 첫날 여러 가지 요령을 가르쳐주는 베테랑 웨이터, 엉망이 돼버린 사생활에 대해 조언을 해주는 공감 능력이 뛰어난 친구 등은 모두 어떤 의미에서 코치와 같다. 상사, 고객, 조부모, 동료, 형제자매, 직속 부하, 자녀

등도 마찬가지다. 물론 '예상치 못하게' 코치 역할을 하는 사람도 있다. 바로 뒤에서 포르쉐를 운전하는 멍청한 녀석이, 운전을 할 때는 항상 휴대전화를 끄고 차선을 준수해야 한다는 교훈을 줄 수도 있다.

조언은 서로 다른 두 가지 필요성에서 비롯한다. 첫번째는 역량을 강화하고 새로운 도전 과제에 대처하기 위해 지식이나 기술을 개선해야 할 필요성이다. 합병된 회사에서 새로운 역할을 맡은 후 환태평양 지역의 시장, 제품, 경로, 문화, 지역적 특성 등을 이해하기 위해 열심히 노력하는 것이 이런 경우에 해당한다.

피드백 제공자가 두번째 유형의 조언 피드백을 제공하는 경우를 생각해보자. 이 경우에는 피드백 제공자가 특정한 기술을 발전시키고 싶다는 당신의 요구에 응답하는 것이 아니다. 이들이 피드백을 제공하는 것은 당신과의 관계에서 문제를 발견했기 때문이다. 즉 무언가를 놓쳤다거나 무언가가 잘못됐다는 판단 때문이다. 상처, 두려움, 불안, 혼란, 외로움, 배신, 분노 등의 감정이 이런 유형의 조언으로 이어진다. 피드백 제공자는 상황이 바뀌기를 원한다. 또한 상대방의 이런 피드백 속에는 '당신'이 바뀌기를 바란다는 의미가 숨어 있는 경우가 많다. 다음과 같은 피드백을 떠올려보기 바란다. "당신은 가족을 가장 우선시하지 않아.", "왜 내가 항상 사과해야 하지?", "너 마지막으로 음식 값을 낸 게 언제야?" 이런 유형의 피드백을 제공하는 사람이 조언을 통해 해결하고자 하는 '문제'는 자신이 느끼는 감정, 즉 자신이 느끼는 관계의 불균형이다.

평가

"자네는 업무 성과가 매우 훌륭해. 자네를 내 뒤를 이을 후계자로 양성하고 있는 거야"라는 상사의 말은 평가다(이 경우에는 긍정적인 평가라고 볼 수 있다). 평가는 당신이 지금 어디쯤 서 있는지 알려준다. 상사의 평가는 서열이나 순위라고 볼 수 있다. 중학교 성적표, 단축 마라톤 완주 시간, 최우수상을 수상한 체리 파이, 연인의 청혼 승낙 등은 모두 평가다. '평균 이상의 뛰어난 성과', '기대 충족', '개선 필요' 등 업무 평가 내용 또한 일종의 평가다. 당신이 없는 자리에서 팀원들이 붙여준 별명 또한 평가다.

어떤 의미에서 보면 평가라는 것은 항상 함축적이거나 명시적인 방식으로 타인이나 특정한 기준을 대상으로 비교한 결과다. '당신은 좋은 남편이 아니야'라는 말은 결국 '내가 갖고 있는 남편에 대한 기대치와 비교했을 때 당신은 좋은 남편이 아니야'라는 문장을 줄인 것이다. 혹은 '성자나 다름없는 우리 아빠와 비교했을 때 당신은 좋은 남편이 아니야' 라거나 '당신을 만나기 전에 함께 살았던 세 명의 배우자와 비교했을 때 당신은 좋은 남편이 아니야'라는 말을 줄였을 수도 있다.

평가는 기대치를 조정하고 결과를 명확하게 하며 의사 결정에 도움을 준다. 평가는 무엇을 기대해야 하는지, 어떤 결과가 나올 가능성이 있는지 알려준다. 업무 평가는 보너스에 영향을 미치고 배영 기록은 예선 통과 여부를 결정짓는다. 평가가 어려운 이유 중 하나는 발생 가능한 결과에 대한 우려 때문이다. 물론 발생 가능한 결과 가운데는 실제적인 것도 있고 상상 속에서만 일어나는 가상의 결과도 있다. 예선 통과에 실패했다는 사실은 실제 결과지만 앞으로 영영 예선을 통과하지 못할 것이라는 결론은 예측이나 상상이다.

뿐만 아니라 단순한 평가를 넘어선 판단이 평가에 포함되는 경우도 있다. 예컨대 '너는 배영 예선을 통과하는 데 실패했어'라는 평가 속에 '뿐만 아니라 다음에 예선을 통과할 수 있을 거라고 생각한다면 그건 네가 너무 순진한 거야. 나는 네가 수영을 해서는 성공할 수 없을 거라고 생각해'라는 판단이 숨어 있을 수도 있다. 너무 순진하다거나 수영을 해서는 성공할 수 없을 것이라는 판단은 평가, 즉 경기 결과를 토대로 하는 것이 아니라 평가 결과에 의견을 추가한 것이다. 사람들이 피드백에 대해 불안감을 느끼는 것은 부정적인 판단(자기 자신이나 다른 사람의 판단)이라는 채찍 때문이다.

'너는 할 수 있어'라거나 '나는 널 믿어'와 같이 상대를 안심시키는 말 역시 평가와 판단이 더해진 표현이다. 다만 긍정적인 판단이 더해졌다는 차이가 있을 뿐이다.

가짜 피드백에 넘어가지 마라

6년 동안 클래식 바이올린 연주 수업을 받은 덕에 루크는 기교를 익힐 수 있었다. 하지만 오랜 연습에도 불구하고 바이올린을 향한 진심 어린 애정은 없었다. 그러던 중 루크는 누군가가 건넨 우쿨렐레의 매력에 빠져들었다. 루크는 머지않아 인근에서 유명인사가 됐다. '아메리카 갓 탤런트(America's Got Talent, 재능 있는 인재를 발굴하는 쇼 프로그램-옮긴이)'가 자신이 살고 있는 도시를 방문한다는 소식을 들은 루크는 오디션에 지원했다. 열일곱 살의 루크는 5,000명에 달하는 관객 앞에서 우쿨렐레를 연주했다. 환한 조명 때문에 관객의 모습이 흐릿하게 보였다. 하지만 발밑에서 붉은 빛으로 번쩍이는 세 개의 X 표시는 더없이 선명했다. 심사위원인 샤론 오스본은 고개를 저었고 또 다른 심사위원인 하워드 스턴은 마치 연극을 하듯 이야기했다.

"우리 어머니는 제게 클라리넷을 가르쳤죠. 루크 군의 어머니가 루크 군이 '절대로' 우쿨렐레를 연주하지 못하도록 막았으면 좋았을 텐데요."

진실 자극

수천 명의 관객들은 웃음을 터뜨렸다.

루크는 놀라서 할 말을 잃은 채 비틀거리며 무대를 내려왔다. 루크가 무대에서 내려서자 보조 카메라 촬영기사가 따라와 물었다.

"기분이 어때요? '심사위원들의 피드백을 어떻게 생각하시나요?"

좋은 질문이었다.

이후 며칠 동안 붉게 번쩍이는 X가 등장하는 악몽에 시달린 끝에 루크는 프로그램의 주된 목적이 개별 참가자를 위해 각 참가자의 재능을 사려 깊게 평가하는 것이 아니라는 사실을 깨달았다. 프로그램의 주된 목적은 텔레비전 시청자들에게 즐거움을 선사하는 것이다. 심사위원이 루크에게 주었던 피드백은 너무나 막연했다. 심사위원들의 말은 평가였다. 어쩌면 평가를 서투르게 모방한 것이라고 보는 편이 옳을지도 모른다. 심사위원들은 프로그램의 미래를 고려했을 때 루크의 위치가 어디쯤인지 이야기했을 뿐 아니라 우쿨렐레라는 악기에 대한 경멸을 표현했다.

제3자와 관련된 일에 직면했을 때는 재미를 위한 말과 진짜 피드백을 구분하기가 쉽다. 하지만 루크처럼 상황의 중심에 놓인 사람의 입장에서는 둘을 구분하기가 쉽지 않다.

재미를 위한 말과 진짜 피드백을 구분하는 방법을 익히는 것이 그 어느 때 보다 중요해졌다. 온라인에 등록된 의견, 메시지 게시판, 블로그, 전화 토론 프로그램, 리얼리티 프로그램 등 '피드백의 탈을 쓰고 있긴 하지만 실제로는 독설로 가득한 공간이 점차 늘어나고 있다. 이런 공간들은 가차 없는 비난과 악의적인 공격, 익명성이라는 방패 뒤에서 마구 쏟아져 나온 거침없는 말로 가득하다. 독자들은 이런 말에 환호나 야유를 보낸다. 의견을 개진하는 사람들은 기발하거나 통렬하거나 사람들의 주목을 끌 만하다고 생각하는 말을 쏟아내기 위해 노력한다. 뿐만 아니라 독설을 쏟아내는 사람들이 샌드백으로 사용하는 자신들의 글이 실존하는 사람들을 대상으로 한다는 사실을 인식하지 못할 수도 있다.

루크는 지금도 열심히 연주를 한다.

"무대에 다시 서기가 쉽지 않았습니다. 3주 후에 같은 무대에 다시 올라야 했기 때문에 더욱 그러했습니다."

루크는 '아메리카 갓 탤런트' 오디션에 참가하기 전에 해당 지역에서 열린 청소년 재능 경연대회에 참여했고 바흐와 시나트라, 로큰롤을 경쾌하게 뒤섞은 연주를 높이 평가받아 우승을 차지한 바 있었다. 이후 청소년 재능 경연대회 우승자 자격으로 공개 연주회를 진행해줄 것을 요청받았다.

이제 루크는 온 세상을 줘도 '아메리카 갓 탤런트'에서의 경험과 바꾸지 않겠다고 이야기한다.

"나 자신에 대해서 많은 것을 깨달았습니다. 이제 그 무엇도 두렵지 않습니다."

루크는 미소를 지으며 말을 이었다.

"일어날 수 있는 최악의 일이 무엇일까요? 이미 그런 일이 제게 일어났죠. 그리고 저는 살아남았습니다."

세 가지 피드백이 모두 필요하다

각 피드백(인정, 조언, 평가)은 인간이 갖고 있는 각기 다른 욕구를 충족시킨다. 우리가 어디쯤 서 있는지 파악하고, 기대치를 정하고, 안심하거나

진실 자극

안전하다는 확신을 갖기 위해서는 평가가 필요하다. 학습 속도를 높이고, 실제로 중요한 곳에 시간과 에너지를 집중시키고, 건강하고 효과적인 관계를 유지하려면 조언이 필요하다. 일과 관계에 쏟아부은 모든 땀과 노력이 그럴 만한 가치가 있다는 느낌을 받으려면 인정이 필요하다.

피드백 유형	피드백 제공자의 목적
인정	이해, 인정, 교류, 동기 부여, 감사
조언	피드백을 받는 사람의 지식 향상, 기술 발전, 역량 개선을 위한 도움 혹은 피드백 제공자의 기분이나 관계 불균형에 관한 대응
평가	일련의 기준을 대상으로 평가 또는 순위 설정, 기대치 조정, 의사 결정에 필요한 정보를 제공

평가 피드백의 문제점

평가는 무척 요란하기 때문에 평가를 받는 사람에게 상처를 줄 수 있다. 따라서 피드백 가운데 평가를 제외하고 싶은 생각이 들 수도 있다. 제외해도 과연 괜찮을까?

조언이 목적이라면 평가를 제외하는 것이 '현명한 방법이다.' 실제로는 '개선을 위한 방법이 있어'라는 말을 할 생각이면서 '너는 잘할 수 없어'라고 말해서는 안 된다.

하지만 평가를 아예 배제하면 도리어 침묵이 두드러진다. 새로운 직위에 지원해야 할까? 괜히 시간만 낭비하는 것일까? 이 관계가 어디로 가고 있는 것일까? 우리가 동거하려는 목적이 조만간 약혼을 하기 위해서일까, 그렇지 않으면 좀더 나은 사람을 기다리는 동안 돈을 절약하기 위해서일까?

사람들은 모두 다른 사람들이 자신을 평가하고 판단한다는 사실을 걱정스럽게 받아들인다. 하지만 그와 동시에 두 발을 딛고 서는 토대 역할을 하며 지금껏 잘해왔다는 확신을 주는 '평가 기반evaluative floor'을 필요로 한다. 내가 있어야 할 곳에 제대로 자리잡고 있으며 관계가 영속되리라는 확신을 먼저 가져야 상대의 조언이나 인정을 받아들일 수 있다.

평가가 없으면 조언과 인정을 토대로 스스로가 어디쯤 서 있는지 파악하려 든다. 고객을 좀더 효과적으로 대하는 방법과 관련해 상사가 내게 그토록 많은 조언을 하는 까닭이 무엇일까? 첫번째 단체 이메일에서는 내가 대표로 인정받았는데 두번째 이메일에서는 인정받지 못한 이유는 무엇일까? 걱정할 필요가 있는 일일까? 명확한 신호를 포착하지 못하면 바닥에 귀를 대고 무언가가 지나가면서 소리를 내지 않는지 끊임없이 관심을 기울일 수밖에 없다.

인정 피드백의 문제점

세 가지 유형의 피드백 중 인정이 가장 중요하지 않은 듯 보인다. 도대체 어느 누가 화려한 미사여구로 가득한 말이나 아첨을 필요로 하겠는가? 월급을 계속 받고 있지 않은가? 혹은 결혼 생활은 아직 끝나지 않았다. 그렇지 않은가?

하지만 어떤 관계에서건 인정 피드백이 없으면 관계에 커다란 구멍이 생길 수 있다. 개인적인 관계든 업무적인 관계든 마찬가지다. 물론 개선 방법도 궁금하다. 하지만 그와 동시에 내가 얼마나 열심히 일하는지, 얼마나 열심히 노력하는지, 특별한 무언가를 얼마나 잘해내는지 다른 사람들이 알아주기를 원한다. 상대가 인정 피드백을 제공하지 않으면 상대의 조언에 귀를 기울일 수 없다. 우리가 듣고 싶은 말은 조언보다 인정이기 때문이다.

작가 마커스 버킹엄과 커트 코프만은 저서 《유능한 관리자》에서 8000명의 근로자를 대상으로 실시한 갤럽의 기념비적인 설문조사에 대해 설명했다. 설문조사 결과 열두 개의 중요한 질문에 대한 '네'라는 답변과 직원 만족도, 높은 직원 보유율, 높은 생산성 사이에 밀접한 연관성이 있다는 사실이 밝혀졌다. 열두 개의 질문 중 다음과 같은 세 질문은 인정과 직접적으로 관련이 있다.[2]

질문 4 : "지난 일주일 동안 일을 잘했다고 인정받거나 칭찬받은 적이 있습니까?"

질문 5 : "상관 혹은 직장 내 누군가가 한 인간으로서 당신에게 관심을 보인다고 생각하십니까?"

질문 6 : "직장 내에 당신의 발전을 독려하는 사람이 있습니까?"

직원들이 위 질문에 모두 '아니오'라고 답을 한다고 해서 반드시 상사가 관심을 갖지 않거나 '고맙다'는 말을 하지 않는다는 뜻은 아니다. 하지만 중요한 방식으로 관심을 갖거나 감사를 표현하지 않는다고 볼수는 있다.

인정의 뜻을 제대로 전달하려면 다음과 같은 세 가지 요건이 충족돼야 한다. 첫째, 구체적이어야 한다. 구체적으로 인정의 말을 전하기는 쉽지 않다. 대부분의 사람들은 '잘했어!'라거나 '자네, 굉장했어!'라거나 '전부 고마워!'라는 두루뭉술한 말로 인정의 말과 긍정적인 평가를 함께 전달한다.

모호함으로 가득한 인정의 말과는 반대로 부정적인 피드백(혹은 '개선이 필요한 부분')은 수많은 세부사항으로 이뤄진 경우가 많다. 우리가 부정적인 피드백에 주목하는 것은 즉각적인 문제에 관심이 쏠리기 때문이다. 다음과 같은 피드백을 받는다고 생각해보자. "자네는 대체로 일을 잘 처리했어. 하지만 지금 우리가 해야 할 일은 최근에 발생한 공급망 문제나 제품 배치 문제를 처리하는 거야." 일을 처리해야 한다는 압박감에 짓눌리면 문제점에 대한 두려움과 불안, 좌절, 분노가 인정받고 있다는 기쁨을 압도한다. 실제로 '인정받고' 있는 경우라 하더라도 말이다.

시간이 흐르면 인정 결핍appreciation deficit이 자리를 잡는다. 흥미롭게도 인정 결핍은 양방향으로 진행된다. "당신이 나를 인정하지 않는 것 같아. 내가 하는 모든 일, 내가 견디고 있는 모든 걸 인정하지 않는 것 같아. 당신은 내가 당신을 인정하지 않는다고 생각해. 당신이 하는 모든 일을 내가 인정하지 않는다고 생각하고 있어." 이런 현상을 상호 인정 결핍 장애Mutual Appreciation Deficit Disorder, MADD라 부르면 어떨까? 상호 인정 결핍 장애에 빠지면 업무 관계에 문제가 생길 수밖에 없다.

둘째, 인정의 말을 전할 때는 피드백을 받는 상대가 가치 있게 여기고 기꺼이 귀를 기울일 법한 형태의 표현을 사용해야 한다. 게리 채프먼도 자신의 저서 《5가지 사랑의 언어》에서 사랑에 관한 비슷한 주장을 펼쳤다. 상대의 말(사랑해)을 듣고 상대가 자신을 사랑한다고 생각하는 사람도 있지만 상대의 행동, 상대가 할애하는 시간, 물리적 접촉, 선물 등을 통해 상대의 사랑을 판단하는 사람도 있다. 사랑받지 못하고 있다는 느낌이 든다면 상대가 나를 사랑하지 않아서일 수도 있고 상대방이 내가 받아들이지 못하는 형태로 사랑을 표현하기 때문일 수도 있다.[3]

인정도 마찬가지다. 매달 월급을 받는 것만으로도 충분히 인정받고 있다고 느끼는 사람이 있는 반면 모든 팀원에게 발송되는 단체 이메일, 회의에서 이뤄지는 공개적인 칭찬, 조직 차원에서 수여하는 상 등 공개적인 인정을 더 중요하게 여기는 사람도 있다. 혹은 급여가 동일하거나 오히려 줄어든다 하더라도 승진이나 좀더 높은 직위를 원하는 사람도 있다. 또한 다른 사람들이 자신을 신뢰를 갖고 조언을 구할 만한 상대나 없어서는 안 될 직원으로 여긴다는 사실을 깨닫는 것만으로 인정받는다고 생각하는 사람들도 많다. 함께 있을 때 웃는 일이 많다거나 어려운 일에 처했을 때 항상 자신을 가장 먼저 찾는다는 이유로 상대가 자신을 인정한다고 여기는 경우도 있다.

셋째, 의미 있는 인정에는 진정성이 있어야 한다. 너 나 할 것 없이 아주 사소한 일(예컨대 '오늘 출근을 해줘서 고마워'라는 식의 인정)을 해내고도 인정을 받는다는 사실을 모든 직원들이 깨닫기 시작하면 인정 인플레이션이 파고들어 인정이라는 통화가 가치를 잃는다. 실제로는 인정하지 않으면서 이를 꽉 깨물고서 어쩔 수 없이 인정하는 방법도 효과가 없기는 마찬가지다. "이렇게 일을 엉망으로 처리하다니 믿을 수가 없을 정도군. 그렇긴 하지만 뭐 인정할 거리가 없나 한번 찾아봐야지. 그래, 잘했어!" 어떤 사람도 이런 식의 인정에 속아넘어가지 않는다. 뿐만 아니라 이런 말은 신뢰를 오히려 떨어뜨린다.

조언 피드백의 문제점

조언 관계에는 상당한 노력을 필요로 하는 조언 관계도 있고 거의 불가사의할 정도로 단순한 조언 관계도 있다. 하지만 어떤 경우건 조언이 효과를 발휘하면 조언을 주는 사람과 받는 사람 양쪽 모두 매우 커다란 만족을 느낄 수 있다.

물론 조언 역시 많은 스트레스와 혼란을 야기하고, 기대한 효과를 내지 못할 가능성이 있다. 조언을 제공하는 데 대해 공식적인 보상이 전혀 없으며 이런 활동을 '중요하게' 여기지 않는 조직도 있다. 이런 조직에서 일하는 사람들은 조언을 제공하기 위해 별다른 노력을 기울이지 않는다. 조직 차원에서 조언을 장려할 때조차 사람들은 누군가를 도우려는 멘토들의 노력이 오히려 상황을 악화시키거나 도움을 주려는 노력이 괜한 시간 낭비로 이어지거나 조언이 논쟁으로 발전하거나 상대가 자신의 조언을 전혀 감사하게 여기지 않는 상황을 몇 차례 경험한 후 조언을 하기 위해 노력할 필요가 없다는 결론을 내리는 경우도 많다.

선의를 갖고 도움을 주려는 사람과 조언을 받는 사람 양쪽 모두가 좌절감을 느끼는 경우도 있다. 코치를 하거나 코치를 받으려는 '노력'에도 불구하고 반대에 부딪히거나 인정받지 못하거나 기대한 효과를 얻지 못한 탓에 결국 조언이 부족해지는 현상이 벌어지기도 한다. 조언이 부족하면 학습과 생산성, 사기, 관계 등에 모두 문제가 생긴다. 관계를 이루는 양측 모두가 선의를 토대로 열심히 노력하는 경우라면 특히 비극적이다.

교차 거래를 조심하라

피드백 대화와 관련된 가장 어려운 문제 중 하나가 상황이 꼬이는 경우가 많다는 점이다. 다음과 같은 두 가지 상황이 문제가 된다. 첫째, 내가 원하는 피드백의 유형과 피드백 제공자가 실제로 주는 피드백의 유형이 서로 다른 경우다. 예컨대 나는 인정을 원하는데 상대가 평가 피드백을 제공할 수도 있다. 둘째, 내가 피드백 제공자의 의도를 오해하는 경우다. 예컨대 피드백 제공자는 조언을 했지만 나는 그것을 평가의 말로 오해할 수도 있다. 일단 이런 상황이 벌어지면 엉킨 실타래를 풀기 힘들다.

에이프릴과 코비, 이블린이 근무하는 법률 사무소에서 피드백이 어떤 문제를 초래했는지 살펴보자. 셋은 모두 도널드라는 파트너에게 보고를 한다. 사실 도널드는 피드백을 제공하는 솜씨가 그리 좋지 않은 사람이다. 인사부서의 조언과 조직 차원에서 진행되는 연례 성과 캠페인에 힘입어 세 사람은 좀더 많은 피드백을 얻기 위해 각각 도널드와 면담을 했다.

도널드의 비서인 에이프릴이 가장 먼저 면담을 했다. 도널드는 에이프릴이 자발적으로 피드백을 요청하자 기분이 좋았다. 도널드는 업무 공간을 효율적으로 정리하는 방법, 좀더 적극적으로 거절하는 방법 등 에이프릴이 업무 시간을 효과적으로 관리하는 데 도움이 될 만한 구체적인 방법을 몇 가지 알려주었다. 에이프릴은 감사를 표한 후 도널드의 사무실을 나와 그 안에서 대체 무슨 일이 있었는지 생각에 잠겼다.

에이프릴은 그저 자신을 인정하는 몇 마디 말을 원했을 뿐이다. 8년째 도널드의 비서로 일해온 에이프릴은 도널드가 무엇을 필요로 할지 미리 예측하고 대응하는 솜씨가 나날이 발전했다. 사람들은 에이프릴을 가리켜 지칠 줄 모르는 사람이라고 이야기한다. 하지만 에이프릴도 스트레스를 받고 힘들 때가 많다. 도널드는 일을 잘했다고 칭찬하는 법도, 고맙다고 인사하는 법도 없었다. 사실 도널드는 에이프릴의 존재 자체에 별다른 관심이 없는 것처럼 보였다. 에이프릴은 도널드가 따뜻하게 등을 두드려주며 진심을 담아 '자네가 나를 위해 얼마나 많은 일을 하고 있는지 잘 알고 있어'라는 감사의 말을 건네기를 간절히 바랐다.

하지만 에이프릴에게 돌아온 것은 조언이었다. 일을 좀더 잘해내는 데 도움이 될 만한 조언.

도널드와의 대화는 에이프릴에게 커다란 상처를 안겼다. 에이프릴은 자신이 그 어느 때보다 더욱 눈에 띄지 않는 존재가 된 것 같다고 생각했다. 에이프릴은 회사를 관둬야 할지 고민했다. 도널드가 잘못된 피드백을 제공하거나 옳지 않은 방식으로 피드백을 전달한 것은 아니었다. 도널드의 조언은 사려 깊었으며 사실 제법 유용하기까지 했다. 에이프릴이 괴로움을 느끼는 것은 교차 거래cross-transaction 때문이었다. 다시 말해 에이프릴이 원한 피드백과 에이프릴이 실제로 얻은 피드백 간의 괴리가 문제인 것이다.

1년차 변호사 코비도 에이프릴과 비슷한 상황에 처했다. 코비는 지난 목요일 도널드에게 조사에 관한 메모를 제출하면서 앞으로 관련 과제에 좀더 효율적으로 접근할 수 있도록 구체적인 제안을 기대했다. 코비는 업무 도중 방황하는 듯한 기분이 들 때가 잦았고 조사에 생각보다 오랜 시간이 걸릴 때가 많다는 사실도 잘 알고 있었다. 코비는 조언을 원했다. 도널드는 코비가 제출한 메모를 꼼꼼하게 읽은 후 미소를 지으며 코비를 안심시켰다.

"이 메모와 그동안 자네가 해온 다른 업무를 토대로 자네가 1년차 변호사답게 일을 잘해내고 있다고 얘기해주고 싶군."

코비에게 돌아온 것은 평가다. 에이프릴과 마찬가지로 코비는 크게 실망했다. '저런 말이 내가 일을 잘 처리하는 데 어떤 도움이 되는 거지?' 코비는 그 어느 때보다 혼란스러운 채로 다음 과제를 맞이했다.

이블린은 파트너 자리에 도달하기 위한 과정에서 자신이 서 있는 지점이 어딘지 궁금한 선임 변호사다. 이블린이 자신이 무엇을 기대하는지 자세하게 늘어놓는 도중에 도널드가 불쑥 끼어들었다.

"이블린, 난 사실 칭찬을 그리 잘하는 사람이 아니야. 하지만 자네가 늦게까지 야근하고 주말에도 회사에서 일하는 모습을 볼 때마다 매우 고마워. 나도 자네가 열심히 일하는 걸 잘 알고 있어. 그동안 이런 얘기를 자주 하지 못해서 미안하게 생각하네."

이블린에게 돌아온 것은 인정이다. 에이프릴이 갈구했던 진정한 감사의 말도 곁들여졌다. 하지만 이블린이 원했던 것은 인정이 아니라 평가였다. 이블린은 조만간 파트너로 승진할 사람이 결정되는 상황에서 동료들과 비교했을 때 자신의 위치가 어디쯤인지 알고 싶었다. 이블린은 자신을 인정하는 도널드의 발언을 감사하게 받아들였다. 하지만 그 어느 때보다 불안한 마음이 컸다. 이블린은 언제나 상담 시간 실적이 높은 편이었다. 하지만 최근에 상담 시간 실적이 높은 선임 변호사 두 명이 새로운 비즈니스를 따내지 못했다는 이유로 파트너 승진에 실패한 사례가 있었다. 이블린은 고맙다는 도널드의 말에 '고마워. 그리고 잘 가(일이 잘 풀리지 않을 것임을 시사하는 간접적인 방식)'라는 의미가 숨어 있는 것이 아닌지 의아했다. 대화를 끝낸 이블린은 도널드가 남긴 인정의 말 속에서 자신이 필요로 하는 평가의 흔적을 찾은 것이다.

도널드는 세 사람과 대화를 나눴다. 훌륭한 피드백 대화라는 관점에서 보면 세 번의 대화가 진행되는 동안 도널드가 얻은 점수는 0점이다. 다르게 표현하면, 교차 거래라는 관점에서 볼 때 도널드는 세 번의 대화가 진행되는 동안 총 3점을 얻은 셈이다. 다시 앞의 대화를 떠올려보자. 에이프릴은 인정을 원했지만 조언을 얻었고, 코비는 조언을 원했지만 평가를 얻었으며, 이블린은 평가를 원했지만 인정을 받았다. 상대에게 엉뚱한 피드백을 건네는 동안 도널드는 피드백을 제공하는 훌륭한 능력이 자신에게 있다는 사실에 즐거워하며 어쩌면 자신이 파트너들을 대상으로 피드백 제공 방법을 가르치는 사내 교육 프로그램을 이끌어나갈 적임자일지도 모른다는 즐거운 상상에 빠졌다.

상황을 더욱 복잡하게 만드는 문제

다시 야구장으로 돌아가보자. 아빠는 쌍둥이 딸들에게 자신의 의사를 정확하게 전달하기 위해 노력했다. 아빠는 조언을 하고자 하는 자신의 의도를 정확하게 전달하고 있다고 생각했다. 애니는 아빠가 의도한 대로 아빠의 말을 조언으로 받아들였다. 하지만 엘시는 아빠의 말을 평가로 받아들였다. "아빠는 내가 잘 못한다고 생각하잖아요. 내가 충분히 잘하지 못한다고 생각하잖아요." 엘시는 아빠가 자신이 잘하지 못한다고 생각할까봐 걱정했다.

아빠가 피드백의 목적에 대해 충분히 고민을 한 후에도 '여전히' 교차 거래가 해결되지 않았다. 엘시는 왜 조언을 평가로 받아들일까? 여러 가지 이유가 있을 수 있다. 어쩌면 아빠가 자신과 애니를 은연중에 비교한다고 느낄 수도 있고, 자신의 운동 능력에 자신감이 없어서일 수도 있으며, 아빠가 항상 공정하지는 않다고 생각할 수도 있다. 어쩌면 일주일 내내 아빠와 함께할 시간을 고대하긴 했으나 엘시가 진심으로 원한 것은 야구가 아닌 다른 것이었을지 모른다. 혹은 단순히 잠을 잘 자지 못했거나 아침식사를 제대로 못했을 수도 있다.

엘시와 아빠 사이에 무슨 문제가 있건, 의사 전달이 이처럼 잘못되는 데는 구조적인 원인도 있다. 즉 모든 조언에는 어느 정도 평가가 포함돼 있는 것이다. '이렇게 하면 개선에 도움이 될 거야'라는 조언의 메시지에는 '지금까지는 네가 해낼 수 있는 최대치만큼 잘해내지 못했어'라는 평가의 메시지가 들어 있는 것이다.

아빠는 평가의 말을 피하기 위해 최선을 다했다. 아빠는 "나는 너희 둘 다 평가하고 있어. 애니, 너는 몸을 잘 움직이고 있구나. 엘시, 넌 그렇지 않아"라고 이야기하지 않는다. 이런 식의 표현은 명백한 평가다(물론 아빠의 입에서 나온다고 보기에는 다소 이상한 표현이다). 그런데도 조언에는 항상 평가의 의미가 내포돼 있기 때문에 평가를 완전히 피할 수는 없다. 애니에게는 이 사실이 아무런 문제가 되지 않는다. 애니는 아빠의 말을 조언으로 여길 뿐 평가라고 생각하지 않는다. 반면 엘시는 아빠의 말 속에 오직 자신을 평가하는 내용만이 담겨 있다고 생각할 뿐 다른 의미로는 받아들이지 않는다.

아빠의 피드백에 대한 엘시의 반응으로 미뤄보면, 피드백 제공자는 피드백을 받는 사람이 조언과 평가 사이에서 균형을 잡는 방식을 부분적으로 통제할 수 있을 뿐이다. 상식적인 조언을 제공하는 차원에서 상대에게 운전대에 두 손을 모두 올려놓으라고 이야기했지만 상대는 이 말을 '넌 무책임해'라는 평가로 받아들일 수도 있다.

피드백을 받는 입장에 있는 사람들은 자신에게 끊임없이 주어지는 피드백을 평가나 조언으로 구분한다. 여자친구와의 관계가 어떤가에 따라 "어머니한테 전화 좀 드려"라는 여자친구의 제안을 단순히 상기시켜주는 말로 느낄 수도 있고 책망하는 말로 느낄 수도 있다. 줄을 잘못 섰다고 알려주는 차량관리부 직원의 말은 어떨까? 줄을 잘못 섰다는 말이 조언(이렇게 하면 시간이 절약될 겁니다)일까, 평가(이런 얼간이 같으니라고, 이렇게 간단한 지시조차 따르지 못하다니!)일까?

특히 직장에서 이런 일이 일어나는 경우가 잦다. 성과 관리 시스템은 평가와 조언을 비롯한 몇 가지 중요한 조직적 목적을 달성할 수 있도록 설계돼 있다. 조직은 직원들에게 성과에 걸맞은 승진과 임금을 제시하고, 직원들이 인센티브와 자신의 지위를 명확하게 파악하도록 지원하며, 직원들의 효율적인 업무 처리를 돕기 위해 직원들을 평가한다. 직원들이 곧이어 다가올 더 큰 성공에 대비하고 성장하고 발전할 수 있도록 코치한다.

하지만 조언을 위한 피드백이 평가로 받아들여지는 경우가 너무나 많다(당신은 지금 내게 개선을 위한 방법을 알려주겠다고 말하지만 실제로는 내가 이 일에 적합하지 않다고 이야기하고 있지). 뿐만 아니라 멘토로부터 조언을 구하기 위해 노력했는데도 결국 평가로 가득한 피드백만 되돌아오는 경우도 많다. 이때 피드백은 학습에 보탬을 주기보다 방어적인 태도와 좌절로 이어진다.

피드백의 목적과 유형에서 시작하라

피드백을 제공하는 사람과 받는 사람이 서로 다른 생각을 갖고 있을 때 교차 거래가 발생한다. 이런 문제를 해결하려면 어떻게 해야 할까? 피드백의 목적을 드러내놓고 이야기해야 한다. 너무 당연한 이야기 같은가? 하지만 유능하며 선의를 가진 사람들조차도 이런 부분을 언급하지 않고 대화를 하는 경우가 많다.

이 책의 내용은 대개 피드백을 받는 사람을 위한 것이다. 하지만 잠깐 동안 피드백을 주는 사람과 받는 사람 모두에게 도움이 되는 내용을 살펴보자. 먼저 스스로에게 다음과 같은 세 가지 질문을 던져보기 바란다.

- 이런 피드백을 주거나 받는 목적이 무엇인가?
- 내 관점에서 봤을 때 목적이 적절한가?
- 상대의 관점에서 봤을 때 목적이 적절한가?

당신이 피드백을 주거나 받는 주된 목표가 무엇인가? 조언인가, 평가인가, 인정인가? 개선을 원하는가? 평가를 원하는가? 감사를 전하고 지지의 뜻을 밝히고자 하는가? 뒤죽박죽 복잡하게 얽혀 있는 우리의 삶을 항상 이와 같이 명확한 범주로 나눌 수 있는 것은 아니다. 하지만 시도해볼 만한 가치는 있다. 대화를 시작하기 전에 먼저 대화의 목적을 고민하면 한층 명확하게 대화에 임할 수 있다. 목적을 분명하게 정리하지 못한다 하더라도 자신의 목적이 약간 혼란스럽다는 사실을 이해하는 것만으로도 대화에 도움이 된다. 상대방뿐 아니라 당신에게도 도움이 된다.

대화를 하는 동안 주기적으로 확인을 해야 한다. "난 지금 조언을 주려는 거야. 네 귀에 조언처럼 들리니? 넌 어떤 피드백을 원하니?" 피드백을 받는 사람이 "내가 제대로 '하는 일이 있다면' 그게 무엇인지 알고 싶다"라고 답할 수도 있다. 이런 답변은 '인정과 긍정적인 평가'를 원한다는 뜻이라 볼 수 있다.

무엇에 관한 대화라고 생각하는지, 어떤 대화가 당신에게 가장 도움을 준다고 생각하는지 명확하게 밝혀야 한다. 그런 다음 논의를 하고, 쌍방이 서로 다른 것을 필요로 한다는 사실이 밝혀지면 협상을 해야 한다. 솔직한 의견 충돌이 암묵적인 오해보다 낫다는 사실을 기억하기 바란다. 솔직한 의견 충돌은 상황을 명확하게 정리하는 데 도움이 되며 서로 다른 요구를 충족시키기 위한 첫걸음이다.

피드백을 받는 사람이 정면으로 맞서야 할 수도 있다. "지금 조언을 하시는군요. 하지만 간략하게 평가를 먼저 해주시는 편이 낫겠어요. 제가 전반적으로 잘하고 있나요? 그렇다면 편안한 마음으로 조언에 귀를 기울일 수 있을 듯해요." 혹은 이렇게 이야기할 수도 있다. "이게 조언이라는 말씀이군요. 하지만 제가 듣기엔 평가 같아요. 제가 뒤쳐져 있다고 말씀하시는 게 맞지요?"

이런 대화가 결국 엘시와 아빠에게 커다란 도움이 됐다. 아빠는 공을 내려놓고 물었다. "엘시, 무슨 일이니?"

아빠의 물음에 엘시는 울음을 터뜨렸다. 아빠는 엘시가 인정을 원한다는 사실을 깨달았다. 한 주 내내 야구 연습을 했던 엘시의 머릿속은 토요일 오전에 멋진 솜씨로 아빠를 감동시킬 생각으로 가득했다. 하지만 아빠와 함께 야구 연습을 하는 중요한 순간에 멋진 타격을 자랑하지 못했고 엘시는 결국 무너지고 말았다. 엘시는 아빠가 공을 더 잘 치는 데 도움이 되는 조언을 들려주기보다는 자신의 노력을 인정하고 실망한 마음을 다독여주기를 바랐다.

평가를 조언 및 인정과 분리하라

평가가 내는 시끄러운 나팔 소리는 조언과 인정이라는 조용한 멜로디를 덮어버린다.

성과를 개선할 방법을 배울 생각으로 업무 평가에 임하는 경우라 하더라도 평가가 학습을 방해할 수 있다. '기대 이상'이라는 평가를 기대했으나 실제로 돌아온 것이 '기대 충족'이라는 평가에 불과하면 어떤 조언도 귀에 들어오지 않을 가능성이 크다. 상사의 조언이 내가 원하는 것, 즉 내년에 기대 이상의 성과를 내는 데 도움이 되는 경우라 하더라도 마찬가지다. 이런 상황에 처하면 조언에 귀를 기울이기보다 내면의 목소리가 떠들어대는 생각과 감정에 집중하게 된다. '그동안 본사와의 관계에서 발생한 문제를 해결할 수 있도록 애쓴 공은 다 어디로 갔지? 당신 도대체 왜 그러는 거야? 나한테 무슨 문제라도 있는 걸까? 이런 평가가 내연봉에 어떤 영향을 미칠까?'

조직 내에 매년 한두 차례의 피드백 대화를 갖도록 규정하는 공식적인 제도가 있는 경우라면(가령, 상사와 부하직원이 구체적인 기술, 목표, 결과 등을 언급하며 이듬해를 위한 목표나 학습 계획을 수립하는 경우) 평가를 위한 대화와 조언을 위한 대화를 별도로 진행하는 것이 좋다. 둘 사이의 간격을 최소한 며칠 정도는 유지해야 하며, 가급적이면 그보다 더 오랜 간격을 두고 대화를 별도로 진행하는 것이 좋다.

또한 평가 대화를 먼저 진행하는 것이 낫다. 교수가 학생에게 학점을 매긴 보고서를 돌려주면 학생은 보고서의 맨 뒤쪽을 펼쳐 점수를 먼저 확인한다. 그런 다음에야 교수가 적어놓은 글에 눈길을 준다. 직장인들 역시 마찬가지다. 자신의 위치를 파악하기 전에는 개선에 도움이 되는 이야기에 관심을 기울이기 힘들다.

1년 내내, 매일매일, 새로운 프로젝트를 진행할 때마다 조언과 인정을 받는다면 그보다 좋을 수 없을 것이다. 운전을 할 때와 같다. 초록불이 들어왔는데도 앞에 있는 자동차가 움직이지 않을 때 이런 생각을 하는 사람은 없다. '저 운전자에게 어떤 이야기를 해줘야 할지 생각해뒀다가 연말에 전해줘야겠군.' 신호가 바뀌었는데 앞차가 움직이지 않으면 즉시 경적을 울린다. 앞차 운전자가 가속 페달을 밟아야 할 순간이 바로 지금이기 때문이다. 앞차 운전자가 '조언'을 필요로 하는 순간은 바로 지금이다.

．．．

　지금 내게 주어지는 피드백이 인정인지, 조언인지, 평가인지 이해하는 것이 첫 단계다. 하지만 피드백을 주는 사람과 피드백을 받는 사람의 목적을 일치시킨다 해도 피드백을 이해하기 어려운 경우가 많다. 뿐만 아니라 피드백이 무시되는 경우도 많다. 관련 내용을 2장에서 살펴보자.

02

상대방은 어떤 피드백을
주고 있는가

국선 변호인 사무소에서 수석 변호사로 일하는 어원은 최근 새로 고용
한 홀리에게 고객의 사생활에 '지나치게 깊이' 개입한 나머지 직업적으
로 적절한 거리를 유지하지 못한다고 충고했다. "자네는 그 사람들의 엄
마가 아니야"라는 경고도 덧붙였다. 홀리가 항변하듯 대꾸했다.

"변호사님, 저도 이런 동네에서 어린 시절을 보냈어요. 자신을 위해
진심으로 싸워주는 사람이 어딘가 있다는 사실이 어떤 의미인지 저는
잘 알고 있어요."

어원은 답했다. "그렇다 해도 선을 그어야 해."

홀리는 어원의 경고를 마음에 새기겠다고 말했다. 하지만 따르지 않
을 생각이었다. 올바른 피드백이라고 해도 받아들이기가 쉽지는 않다.
홀리는 잘못된 피드백에 시간을 낭비할 생각이 없었다.

홀리는 대다수의 사람들과 비슷하다. 우리는 타당하지 않거나 도움

이 되지 않는 피드백을 받아들이려 하지 않는다. 옳지 않다고 생각되는 피드백을 차단한다. 상대가 이런 피드백을 제공하면 우리의 머릿속에는 다음과 같은 질문이 떠오른다. '뭐 이런 피드백이 다 있어?' 그러고는 거의 언제나 그 피드백에서 문제점을 찾아낸다.

잘못된 피드백

직장에서 피드백을 받아본 적 있는가? 혹은 시아버지나 장인의 피드백은? 그렇다면 온갖 형태와 크기의 잘못된 피드백이 존재한다는 사실을 잘 알고 있을 것이다.

- **2+2=5와 같은 명백한 잘못** 말 그대로 잘못된 피드백이다. 내가 회의에서 무례하게 굴었다는 피드백은 터무니없다. 나는 애당초 회의에 참석조차 하지 않았다. 그리고 내 이름은 마이크가 아니다.
- **관점의 차이에서 비롯된 잘못** 우주 어딘가에 존재하는 탄소로 이뤄진 생명체라면 내 이메일을 보고 기분이 나쁠 수도 있을 것이다. 하지만 여기 지구에 사는 사람이라면 누구나 내 말이 농담이라는 사실쯤은 잘 알고 있다.
- **과거에 머무르는 잘못** 내가 제안한 마케팅 계획을 비판하는 것은 당신이 호랑이 담배 피우던 시절에나 통했던 마케팅 방법에 사로잡혀 있기 때문이다. 인터넷이 발달하기 전이나 전기가 사용되기 전의 마케팅 말이다.
- **나를 잘 모르는 사람에게 정보를 얻은 잘못** 나를 그렇게 보는 사람도 있다. 하지만 다음에는 누가 됐든 나를 적으로 여기지 않는 사람을 붙들고

진실 자극

이야기해보기 바란다.

- **맥락의 잘못** 내가 비서에게 소리를 지르는 것은 사실이다. 그리고 비서도 내게 소리를 지른다. 우리 관계는 그런 식으로 돌아간다. 여기서 반드시 기억해둬야 할 것은 그런데도 관계가 '돌아간다'라는 것이다.
- **당신에게 옳은 것이 내게도 옳다고 여기는 잘못** 우리는 체형이 각기 다르다. 당신에게는 아르마니 정장이 잘 어울리는지 몰라도 내게는 후드 셔츠가 잘 어울린다.
- **피드백 자체는 옳지만 때가 어긋난 잘못** 내가 살을 좀 뺄 수도 있어. 다섯 쌍둥이가 집을 떠나면 금방 뺄 거야.
- **어쨌든 도움이 되지 않는 잘못** 좀더 훌륭한 멘토가 되라고 말하는 것이 내가 좀더 훌륭한 멘토가 되는 데 도움이 되는 것은 아니다. 당신은 도대체 어떤 유형의 멘토일까?

피드백의 문제점을 찾아내기가 이토록 쉬운 이유가 무엇일까? 피드백에는 거의 항상 잘못된 '무언가'가 있기 때문이다. 피드백 제공자가 당신, 당신이 처한 상황, 당신을 힘겹게 하는 제약 조건에 대해 간과하거나, 부당하게 대처하거나, 오해하는 부분이 있게 마련이다. 또한 모호한 피드백은 문제를 더욱 복잡하게 만든다. 피드백 제공자가 모호한 피드백을 내놓으면 피드백을 받는 사람이 피드백 제공자의 말을 간과하고 부당하게 취급하고 오해한다.

하지만 피드백의 문제점만 파고들다보면 잘못된 피드백과 더불어 학습의 기회까지 사라져버리고 만다.

이해라는 첫 단추

피드백이 옳은지 그른지 결정하기 전에 피드백을 먼저 '이해해야' 한다. 당연하게 들리는가? 하지만 우리는 대개 피드백을 제대로 이해하려는 노력을 건너뛴 채 판단에 즉각 돌입한다.

'나는 그런 노력을 건너뛰지 않아'라고 생각하는 사람도 있을 것이다. '피드백에 담긴 의미가 뭔지 잘 알고 있어. 피드백에 어떤 의미가 담겨 있는지 이야기를 이미 들었는걸. 그 사람들은 내게 피드백을 줬고, 난 잘 들었어.' 출발이 좋다. 하지만 이것만으로는 충분하지 않다.

일반적인 라벨로 포장된 피드백

피드백이 '수프'나 '콜라'라는 라벨을 붙인 채 슈퍼마켓에 진열돼 있는 물건처럼 평범하게 포장되는 경우가 많다. 피드백 제공자가 사용하는 라벨은 얼핏 명확해 보인다. 가령 '좀더 주도적으로 굴라'거나 '이기적으로 굴지 말라'거나 '나이에 걸맞게 행동하라'라는 식이다. 하지만 라벨 자체에는 별다른 내용물이 없다. 수프 캔에 붙어 있는 라벨을 먹을 수는 없다. 마찬가지로 피드백 라벨에도 가치가 전혀 없다.

어윈이 홀리에게 했던 충고를 떠올려보자. 어윈은 홀리에게 '자네는 고객의 사생활에 지나치게 개입해'라는 피드백과 더불어 '직업적으로 적절한 거리를 유지해', '선을 그어야 해' 등의 피드백을 제공했다. 어윈의 피드백은 모두 라벨이다('자네는 그 사람들의 엄마가 아니야'라는 피드백 역시 마찬가지다). 어윈의 충고를 따르기로 결정한다면 홀리는 정확히 어떤 식으로 다르게 행동해야 할까?

홀리는 어윈의 피드백 속에 담긴 의미가 명확하다고 생각한다. 각 사건에 할애하는 시간을 줄이고, 패소하더라도 지나치게 속상해 하지 말고, 피고의 눈을 보면서 믿는다고 이야기하지 말고, 자신이 살아온 투쟁과 구원에 관한 이야기를 들려주지 말라는 의미라고 생각한다. 간단하게 말해서 관심을 줄이라는 뜻이라고 생각한다. 하지만 홀리는 관심을 줄일 생각이 없기 때문에 어윈의 피드백을 받아들이지 않는다.

어윈의 피드백 라벨을 이렇게 해석할 수도 있다. 어윈이 위와 같은 의도로 피드백을 제공했다고 생각할 수 있지만 실제로는 그렇지 않았다. 사실 어윈은 피고와 끈끈한 유대관계를 맺는 것이 중요하다고 생각한다. 뿐만 아니라 피고에게 변호인이 자신의 편에 서있다는 확신을 심어주는 것은 중요하다고 여긴다. 어윈은 피고를 염려하는 마음이나 노력, 신뢰에 제약을 두기를 바라는 마음에서 피드백을 준 것이 아니었다.

그렇다면 어윈의 피드백에는 어떤 의미가 담겨 있었을까? 어윈의 이야기를 들어보자.

"국선 변호를 하려면 경계를 명확하게 해야 합니다. 피고들이 홀리에게 10~20달러를 달라고 이야기하는 것을 우연히 듣게 됐습니다. 홀리는 피고들에게 돈을 주더군요. 홀리에게 10달러가 필요하다고 말할 정도면 실제로는 10달러보다 훨씬 많은 돈이 필요한 거지요. 돈이 필요한 사람들이 상황을 정리할 수 있도록 제도적인 장치를 소개하는 편이 훨씬 좋습니다. 국선 변호 활동을 처음 시작했을 때 어느 피고인에게 개인적으로 매우 강한 애착을 느꼈습니다. 그래서 절대로 거절을 하지 못했습니다. 머지않아 그 사람이 나를 이용하기 시작했습니다. 그보다 더 심각한 건 그 피고인이 변호사로서 내가 하는 충고를 더이상 신뢰하지 않았다는 겁니다. 나를 만만하게 갖고 놀 수 있는 또다른 멍청이라고 여긴 거지요."

어원의 피드백에 담겨 있는 진정한 속뜻을 이해한다면 홀리가 어원의 피드백에 동의할까? 그럴 수도 있다. 혹은 그러지 않을 수도 있다. 하지만 적어도 결정을 내리기에 좀더 유리한 입장에 설 수 있다.

물론 라벨도 도움이 된다. 수프 라벨과 마찬가지로 피드백 라벨 또한 피드백의 전반적인 내용을 파악하는 데 도움이 된다. 뿐만 아니라 차후에 동일한 문제를 언급해야 할 때 라벨을 활용하면 이전의 대화를 간단하게 떠올릴 수 있다. 하지만 라벨은 진짜 음식이 결코 아니다.

피드백을 주는 사람과 받는 사람은 라벨을 다르게 해석한다

피드백을 주는 사람이 사용하는 라벨 이면에는 항상 구체적인 의미가 숨어 있다. 남자 형제, 상사, 친구, 동료 등 당신과 가까운 누군가와 관련해 신경 쓰이는 부분을 떠올려보자. 아마도 머릿속에 일종의 라벨이 떠오를 것이다.

"그는 너무 _____해."
"그녀는 너무 _____해."
"내 배우자는 절대 _____하지 않아."
"내 동료는 좀 _____하지 않아."

우리 머릿속에서는 이런 라벨에 숨어 있는 의미를 생생하게 보여주는 고화질 영화가 상영된다. 다시 말해서 나쁜 행동, 화가 난 듯한 말투, 그동안 참아오긴 했지만 성가시다고 느꼈던 습관 등을 라벨로 포장해서 이야기하는 것이다. 라벨을 사용할 때 머릿속에서는 상대방에 대한 한 편의 영화가 상영된다. 영화는 고통스러울 정도로 선명하다. 우리는 다른 사람에게 라벨을 전달할 때 영화가 함께 전달되지 않는다는 사실을 잊어버리곤 한다. 상대의 귀로 들어가는 것은 몇 마디 모호한 말뿐이다. 상대가 피드백을 '받아들인다' 하더라도 피드백의 의미를 잘못 해석하기 쉽다.

니콜라스는 상사 아드리아나로부터 매장에서 '좀더 적극적으로' 행동하라는 이야기를 들었다. 아드리아나의 전설적인 판매 기술은 아드리아나가 관리자로 승진하는 데 도움이 됐다. 니콜라스 역시 아드리아나의 충고를 따르고 싶었다. 그날 오후, 아드리아나는 니콜라스가 어느 고객을 상대로 '매장을 떠나기 전에, 오늘, 지금 당장' 거래 조건에 동의할 것을 강요하는 장면을 목격한다.

충격을 받은 아드리아나는 니콜라스에게 고객을 위협하는 이유가 무엇인지 묻는다. 당황스러운 감정에 사로잡힌 니콜라스는 아드리아나에게 "시키신 대로 좀더 적극적으로 행동한 것뿐"이라고 설명한다. 맙소사!

아드리아나는 거래가 성사될 가능성이 있는 상황에서 고객을 응대하는 니콜라스의 태도를 관찰한 결과를 토대로 충고를 한 것이었다. 아드리아나는 니콜라스의 느긋하고 활력 없는 태도가 고객이나 제품에 별다른 관심이 없다는 인상을 줄까봐 걱정했다. '좀더 적극적으로' 행동하라는 아드리아나의 충고에는 사실 니콜라스가 받아들인 것과 전혀 반대의 뜻이 숨어 있었다. 아드리아나가 사용한 라벨 속에 숨어 있는 의미는 다음과 같다. "좀더 활동적으로 굴어. 좀더 신나는 모습을 보여. 자네의 개성이 반짝반짝 빛을 내도록 만들어. 적극적이고 관심 가득한 태도로 고객을 사로잡아." 하지만 니콜라스는 아드리아나의 말을 정반대로 받아들였다.

조언을 주고받을 때 피드백을 받는 사람의 '귀에 들리는 말'과 피드백을 주는 사람이 염두에 둔 '실제 의미'가 서로 다른 경우가 놀라울 만큼 많다.

조언	귀에 들리는 말	실제 의미
자신감을 가져.	실제로 네가 모른다 하더라도 잘 알고 있다는 인상을 줘.	모르는 게 있다면 솔직하게 이야기할 수 있을 정도로 자신감을 가져.
데이트 상대를 너무 까다롭게 고르지 마.	너도 그렇게 매력적인 상대는 아니야. 그러니 근사한 상대를 만날 자격이 없지.	나와 같은 실수를 저지르지 마. 나처럼 되지 마.
네가 너무 독선적이지 않았으면 좋겠어.	다른 사람에게 이야기하는 데 너무 열을 올리지 마. 무관심하고 단조롭게 굴어.	넌 내 말이나 다른 사람의 이야기에 귀를 기울이지 않아. 널 상대하는 건 정말 피곤해.

평가 피드백 역시 혼란스러울 수 있다.

조언	귀에 들리는 말	실제 의미
자네는 올해 5점 중 4점을 받았어.	작년에 나는 4점을 받았어. 올해 나는 훨씬 열심히 일했는데 또 4점을 받았어. 열심히 일해도 아무도 알아주지 않아.	5점을 받은 사람은 아무도 없어. 4점을 받은 사람도 드물어. 그런데 자네는 벌써 두번째 4점을 받았어. 자네는 정말 훌륭하게 일을 해내고 있어.
다음에 또 만나고 싶어요.	당신은 나의 소울메이트예요.	재미있었어요.

사람들은 피드백을 주고받을 때 라벨을 활용하는 경우가 많다. 그런 탓에 어떤 피드백이든 의미가 변질될 수 있다는 사실이 다소 놀랍다.

상상 초월 피드백

아일랜드의 크리에이티브 팀 마크 센리와 패디 트레이시는 모호하고 이해하기 어려운 고객 피드백에 진절머리가 났다. 이러한 좌절감을 승화시켜 두 사람은 자신들이 가장 좋아하는 고객 피드백을 한데 모은 '광고 포스터'를 만들기로 결정했다.

짧은 시간 내에 '광고 포스터'를 만들어낸 두 사람은 지금껏 고객들이 얼마나 이해가 안 되는 조언을 해왔는지 알리기 위해 그래픽디자인 커뮤니티에서 활동하는 친구들을 초청했다.

마음에 드는군요. 하지만 눈이 좀 더 따뜻해 보이도록 만들 수는 없을까요?

머리카락이 너무 양쪽으로 뻗어 있네요.

지구본과 여권이 여행을 상징한다는 확신이 들지 않네요.

차가운 느낌을 조금 줄일 수 있을까요? 그런 다음 재미를 주는 요소를 약 25%가량 늘리면 어떨까요?

라벨을 찾아라

인생을 살다보면 피드백을 전달하는 솜씨가 매우 뛰어난 사람들을 만나게 된다. 이런 부류의 사람들은 "내가 어떤 뜻으로 하는 이야기인지 설명해볼게요. 내 말이 타당한지 확인하고 싶다면 얼마든지 질문을 해도 좋습니다"라는 식으로 이야기를 꺼낸다. 하지만 사람들은 대부분 피드백을 전하는 솜씨가 그리 뛰어나지 않다. 따라서 피드백을 받는 사람이 라벨 이면에 어떤 의미가 숨어 있는지 찾아내야 한다. 피드백의 진정한 의미를 찾아내는 데 도움이 되는 가장 확실한 방법은 라벨을 먼저 찾는 것이다.

일단 마음을 먹기만 하면 라벨을 찾는 일은 어렵지 않다. 다만 라벨을 찾아야 한다는 사실을 기억하기가 쉽지 않다. 누군가가 '그리고'라는 단어를 몇 번이나 사용하는지 헤아리는 것과 다르지 않다. 의식적으로 노력하지 않으면 상대가 '그리고'라는 단어를 몇 번이나 사용하는지 헤아릴 수 없다. 하지만 일단 귀를 기울이기로 마음을 먹고 나면 간단해진다. 라벨도 마찬가지다. 일단 라벨을 찾아내려고 귀를 기울이면 어디에서건 라벨을 찾을 수 있다.

라벨을 찾고 나면 2단계에 돌입해야 한다. 즉 자신이 생각해낸 의미를 라벨 속에 채워넣지 않도록 주의해야 한다. 라벨 속에 숨어 있는 의미가 무엇인지 이미 '알고' 있다면 상대의 피드백을 통해 배울 것도 없고 호기심을 가질 이유도 없다. "'좀더 다정다감하게 굴라고?' 좋았어. 내가 더 자주 성관계를 갖자고 주도하기를 바라는군." 하지만 '좀더 다정다감하게 굴라'라는 라벨이 실제로도 그 의미일까? 다음과 같은 의미로도 얼마든지 해석 가능하다.

진실 자극

"공개적인 장소에서 손을 잡고 다니자."

"집안일을 좀더 열심히 도와줘."

"좀더 유쾌하고 사랑스러운 사람이 돼봐."

"적어도 10년에 한 번쯤은 날 사랑한다고 이야기해줘."

정답이 무엇일까? 상대와 이야기를 해보기 전에는 알 수 없다. 하지만 자신이 이미 정답을 알고 있다고 가정하는 사람은 상대와 피드백의 의미에 대해 이야기를 나누려들지 않을 것이다.

라벨 뒤에 무엇이 숨어 있는가?

피드백에 관한 가장 흔한 충고는 구체적이어야 한다는 것이다. 좋은 충고다. 하지만 충분히 구체적이지 않다. 구체적이어야 한다는 것은 어떤 의미일까? '무엇'이 구체적이어야 한다는 의미일까?

이 질문에 답하려면 다음과 같은 사실을 먼저 기억해야 한다. 라벨을 벗겨내고 피드백의 속살을 파헤치면 그 안에서 과거와 미래를 모두 발견할 수 있다. 다시 말해서 피드백에는 '과거를 회고하는' 요소(나는 과거에 이런 사실을 알아차렸지)와 '미래지향적인' 요소(넌 이렇게 할 필요가 있어)가 모두 포함돼 있다. 하지만 흔히 사용되는 피드백 라벨이 과거나 미래에 대해서 별다른 정보를 제공하지 못하는 경우가 많다.

따라서 라벨 뒤에 숨어 있는 피드백을 분명하게 전달하려면 다음의 두 가지를 '구체화해야' 한다.

- 피드백은 어디에서 오는가
- 피드백은 어디로 가는가

예를 들어 생각해보자. 당신은 나를 난폭한 운전자라고 부른다. 이것이 바로 라벨이다. 난폭한 운전자라는 라벨은 '어디에서 오는가?' 내 차를 타고 함께 이동하면서 내가 난폭하게 운전하는 모습을 목격했을 수도 있고, 내가 운전중에 당신에게 전화를 걸었을 수도 있으며, 작년에 내가 일으킨 접촉사고 후 줄곧 나의 운전 방식에 두려움을 느꼈을 수도 있다. 난폭한 운전자라는 라벨이 어디에서 비롯했는지 알고 있으면 해석이 좀더 수월해진다.

그렇다면 피드백은 '어디로 가는가?' 어떤 충고를 하려는 것일까? 내가 더이상 다른 차 뒤에 바짝 붙어서 달리지 않기를 바라는가? 야간에 운전을 할 때 안경을 쓰기를 바라는가? 인근의 좁은 길을 달릴 때 속도를 줄이기 바라는가? 그렇지 않으면 장거리 여행을 떠나기 전날 밤 긴 시간 숙면을 취하기를 바라는가?

지금부터 피드백이 어디에서 오고 어디로 가는지 논의하고 이해하는 방법을 좀더 심층적으로 살펴보자. 먼저 피드백이 '오는' 쪽을 살펴보면 중요한 차이점을 발견할 수 있다. 피드백 제공자의 '데이터'(피드백 제공자가 관찰한 것)와 해석(관찰한 것을 토대로 찾아낸 의미) 간에 차이가 있는 것이다. 다음으로 피드백이 '가는' 쪽을 살펴보면 충고를 위한 조언 피드백과 결과를 명확하게 알려주는 평가 피드백 간의 차이를 확인할 수 있다. 다음 쪽 도표에 이런 차이점을 표시해뒀다.[1]

진실 자극

어디에서 오는가   어디로 가는가

데이터   해석   라벨   충고
결과

피드백이 어디에서 오고 어디로 가는지 이해하려면 연습이 필요하다. 몇 번에 걸쳐 실제로 연습을 해보면 제2의 천성이 된다.

피드백 제공자는 두 단계를 통해 라벨을 만들어낸다. 첫 단계는 데이터를 관찰하는 것이다. 두번째 단계는 데이터를 해석하는 것이다. 데이터를 해석한다는 것은 곧 피드백 제공자가 데이터가 의미하는 바에 대한 이야기를 들려준다는 뜻이다.

피드백의 과거 1 : 관찰

피드백 내용은 피드백 제공자의 관찰을 토대로 한다. 다시 말해서 피드백 제공자가 보거나, 느끼거나, 듣거나, 냄새 맡거나, 만지거나, 맛보거나, 기억하거나, 읽은 것이 피드백의 토대가 된다. 학계 논문에서는 이런 것들을 '데이터'라고 부른다. 물론 이때 데이터란 단순한 사실과 숫자 그 이상을 의미한다. 누군가의 행동, 말, 말투, 의상, 업무 성과, 연초부터 지금까지의 매출, 바닥에 널브러져 있는 양말, 사무실에서 떠도는 소문 등 직접 관찰한 모든 것이 데이터가 될 수 있다. 예컨대 다음과 같은 데이터가 피드백의 토대가 될 수 있다.

- 너무 바빠서 도와줄 수 없다고 동료에게 이야기하는 장면을 상사가 목격했다.

- 내가 더이상 점수를 기억하지 못한다는 사실을 테니스 파트너가 알아차렸다.
- 보고서를 쓸 때 온라인 판매와 오프라인 판매를 구분하지 않았다.
- 조용히 저녁을 먹다가 아이들을 향해 갑자기 소리를 질러댔다.

피드백 제공자의 감정 반응 역시 데이터에 포함된다. "내 이메일을 보고도 답신을 하지 않아서 실망했어.", "계속 반차를 내길래 보고 무슨 문제가 있는지 걱정했어.", "당신이 운전중에 앞차에 너무 바짝 붙는 걸 보면 등에 식은땀이 주르륵 흐를 정도로 겁이 나."

피드백의 과거 2 : 해석

사람들은 대개 자신이 관찰한 내용 그대로를 피드백으로 전달하지 않는다. 사람들은 먼저 과거의 경험, 가치관, 가정, 세상에 대한 암묵적인 규칙을 토대로 자신이 관찰한 것을 '해석'하거나 걸러낸다. 이런 과정을 거쳐 당신의 상사는 "자네가 너무 바빠서 도와줄 수 없다고 거스에게 이야기하는 걸 들었어"라고 이야기하지 않고 "자네는 팀의 일원으로 일하기에 적합하지 않은 사람이야"라고 이야기한다.

아드리아나 역시 성공적인 거래를 위한 표현, 고객의 질문에 응대하는 방식, 니콜라스의 말투와 보디랭귀지 등 니콜라스에 관한 데이터를 갖고 있다. 뿐만 아니라 아드리아나는 니콜라스와 직접적인 관계가 없는 다량의 데이터도 갖고 있다. 아드리아나는 그동안 수십 명의 영업사원들이 고객과 상호작용하는 모습을 봐왔으며 오랜 세월 동안 직접 판매를 하며 풍부한 데이터를 수집해왔다.

아드리아나는 이런 사실을 인지하지 못한 채 자신이 관찰한 데이터를 '해석'한 후 자신이 직접 수집한 데이터를 토대로 니콜라스가 '지나치게' 느긋하다고 판단했다. 니콜라스는 고객에게 확실한 관심을 보이지 않는다. '고객의' 관심을 사로잡으려면 영업사원이 먼저 고객에게 관심을 보여야 한다. 그런데 니콜라스는 얼마든지 성사시킬 수 있는 거래마저도 놓치고 있다고 말이다.

이런 것들은 모두 데이터에 대한 해석이다. 누군가가 '지나치게 느긋하다'라는 것은 관찰의 결과가 아니다. '느긋하다'라는 것 자체가 관찰된 행동에 대한 판단이다. 뿐만 아니라 '지나치게' 느긋하다는 것은 가장 적절한 수준의 느긋함을 기준으로 하는 판단이다. 아드리아나가 거래 성사에 실패하는 니콜라스의 모습을 목격했을 수도 있다. 하지만 니콜라스가 다르게 행동했더라면 거래를 성사시킬 수 있었을 것이라는 생각은 추측에 불과하다. 이런 추측에는 니콜라스가 사용한 접근 방법에 대한 가정과 니콜라스가 변화를 택할 경우에 발생할 미래에 대한 예측이 포함돼 있다. 하지만 실제로 미래가 오기 전까지는 추측에 불과하다. 다시 말해서 아드리아나가 관찰한 데이터에 대한 아드리아나의 해석에 불과한 것이다.

모든 충고는 자전적이라는 말이 있다. 지금껏 설명한 내용도 결국 같은 의미다. 사람들은 자신의 경험과 가정, 선호, 우선순위, 세상이 돌아가는 방식, 세상의 옳고 그름에 대한 암묵적인 규칙을 토대로 자신이 본 것을 해석한다. 나는 그동안 내가 살아온 삶을 기준으로 다른 사람의 인생을 이해한다. 내가 당신에게 주는 충고의 밑바탕이 되는 것은 나 자신이다.

피드백의 과거 3 : 혼동

여기까지 읽은 독자라면 이렇게 생각할 수도 있다. '피드백을 제공하는 사람이 데이터를 공유하면 대화가 훨씬 쉬울 텐데. 피드백을 주는 사람이 "자네가 내놓은 보고서는 혼란스럽고 깊이가 부족해"라고 이야기하기보다 데이터를 제공하는 게 낫지. "보고서를 보니 자네가 온라인 판매와 오프라인 판매를 구분하지 못했더군. 그럼 이야기를 해보지.'"

물론 피드백 제공자들이 데이터를 공개하면 좋을 것이다. 하지만 피드백 제공자들은 대개 데이터를 공개하지 않는다. 비밀을 숨기려는 것도 아니고 확실치 않아서도 아니다. 데이터를 해석하는 과정 자체가 눈 깜빡할 사이, 거의 부지불식간에 진행된다. 인공지능 전문가 로저 솅크는 이런 현상을 두고 다음과 같이 설명한다. "컴퓨터는 '데이터'를 관리하고 '데이터'에 접근할 수 있도록 조직돼 있지만 인간의 지능은 '이야기story'를 중심으로 조직돼 있습니다."[2] 우리는 선별적으로 데이터를 받아들여 즉시 해석에 돌입한다. 그 결과, 즉각적인 판단을 토대로 하는 라벨이 탄생하는 것이다. '저 회의는 정말 시간낭비야', '네 치마가 너무 짧아', '옆 테이블에 있는 사람들은 부모 역할을 제대로 하지 못할 거야.'

만일 누군가가 우리에게 무엇을 목격했는지 질문을 한다면 우리는 아마 이렇게 답을 할 것이다. "어느 부부가 부모 역할을 형편없이 하는 장면을 목격했습니다." 사람들은 이것이 실제 데이터라고 생각한다. 자신이 목격한 장면을 이런 식으로 기억 속에 저장해두기 때문이다. 하지만 실제 데이터는 엄마가 아이를 바라보던 방식, 혹은 아이가 울부짖을 때 아빠가 대응했던(혹은 대응하지 않았던) 방식이다. '잘못된 양육'은 데이터가 아니라 눈앞에서 목격한 상황을 토대로 내가 나름대로 만들어낸 이야기다.

이해가 됐는가? 그렇다면 앞서 아이들을 향해 '소리를 질렀다'라는 사실을 데이터로 인용한 사례를 떠올려보지. 사실 '소리를 질렀다'라는 표현 자체가 행위에 대한 해석이다. 똑같은 행위를 목격한 또다른 누군가는 '소리를 질렀다'라고 표현하지 않고 퉁명스럽게 굴었다거나 예민하게 굴었다고 표현할 수도 있다. 심지어 냉철하게 굴었다고 이야기하는 사람도 있을 것이다. 해석(소리를 질렀다)과 데이터(실제로 들린 소리)를 혼동하기는 쉽다.

피드백 제공자가 라벨 뒤에 숨어 있는 진짜 관찰 내용을 공개하는 경우는 드물다. 진짜로 관찰한 내용을 아예 인지하지 못하기 때문이다. 피드백 제공자가 실제로 관찰한 내용을 정리할 수 있도록 돕는 것은 당신의 몫이다. 당신의 목표는 해석 자체를 무시하거나 일축하는 것이 아니다. 데이터는 중요하다. 하지만 해석도 중요하다. 적어도 피드백 제공자의 해석에는 한 사람의 관점이 반영돼 있다. 그러니 지금부터 데이터와 해석 둘 모두를 자세히 살펴볼 필요가 있다.

아드리아나로부터 좀더 적극적으로 굴 필요가 있다는 이야기를 들은 니콜라스는 머릿속에서 아드리아나의 이야기를 다음과 같은 방식으로 분해해볼 수 있다. "'좀더 적극적'이라는 말은 하나의 라벨이다. 나는 그 말이 어디로 가는지 혹은 어디에서 왔는지 전혀 모른다. 먼저 그 말이 어디에서 왔는지 생각해보면, 어떤 데이터가 내가 적극적이지 못하다는 해석의 근거가 됐는지 알고 싶다. 아드리아나가 무엇을 보고 들었는지 알고 싶다. 또한 아드리아나가 어떤 식으로 데이터를 해석한 것인지 궁금하다.'

니콜라스가 데이터를 요청하면 아드리아나는 잠깐 동안 우물쭈물할 것이다. 아드리아나가 "자네가 매장에서 너무 느긋하게 굴었어"라고 답할 수도 있다. 대화가 올바른 방향으로 나아간다고 볼 수 있다. 하지만 앞서 언급했듯이 '느긋하다는 것'은 데이터가 아니라 해석이다. 아드리아나가 어떤 행동을 '느긋하다'라고 보고, 어떤 말투를 '느긋하다'라고 느끼는지 정확하게 이해하려면 해석의 근거가 되는 관찰 데이터를 파악해야 한다. 논의가 좀더 필요할 것이다. "내 말투가 느긋한가요? 내가 사용하는 보디랭귀지가 문제인가요? 어떤 것이 문제인지 알려주세요."

지금까지 피드백의 과거를 살펴봤다. 이번에는 피드백의 미래에 대해 이야기해보자.

모든 피드백에 미래 지향적인 요소가 있는 것은 아니다. 당신은 테니스 파트너가 자신의 점수를 기억하지 못한다는 사실을 깨달았다. 이러한 관찰 결과를 테니스 파트너의 배우자에게 알릴 때 도움이 될 만한 충고를 함께 곁들이지 못할 수도 있다. "치매에 걸렸을 가능성을 암시하는 세 가지 행동 변화가 있어요"라고 이야기할 '수도 있다.' 하지만 배우자에게 관찰 결과를 알려주기만 해도 얼마든지 목적을 달성할 수 있다.

이렇듯 피드백에는 미래 지향적인 요소가 포함돼 있는 경우가 많다. 조언에 포함돼 있는 미래 지향적 요소는 충고이며, 평가에 포함돼 있는 미래 지향적 요소는 결과와 기대다.

피드백의 미래 1 : 조언 피드백

어떤 경우건 다른 사람의 충고를 따를 수도 있고 그렇지 않을 수도 있다. 하지만 충고 내용이 명확한지 확인하고 싶다면 다음과 같은 질문을 던져보라. "제가 충고를 따르기를 '바라신다면' 어떻게 해야 할지 구체적인 방법을 말씀해주실 수 있습니까?"

'그건 어렵다'라는 대답이 돌아오는 경우가 제법 많다. 충고가 지나치게 모호한 탓이다. "토니 상을 수상한다면 반짝반짝 돋보이는 수상 소감을 발표하도록 해", "아이들은 사랑을 필요로 해. 하지만 그와 동시에 예측 가능성과 제약을 필요로 하지", "직장에서 두각을 나타내고 싶다면 없어서는 안 될 존재가 돼야 해."

이런 충고에는 두 가지 문제가 있다. 첫째, 충고에 실제로 어떤 의미가 내포돼 있는지 알 수 없다. 둘째, 충고에 내포된 의미를 설사 알고 있다 하더라도 충고의 내용을 실천하려면 어떻게 해야 하는지 모른다. '반짝반짝 돋보이는 수상 소감'이라는 것이 도대체 무슨 의미일까? 마법 같은 빛을 만들어내려면 어떻게 해야 할까?

따라서 피드백 제공자가 좀더 명확한 피드백을 전달할 수 있도록 피드백을 받는 사람이 도움을 줘야 한다. "반짝반짝 돋보이는 수상 소감이라고? 그게 무슨 뜻인지 자세히 좀 얘기해줘. 반짝반짝 돋보이는 수상 소감이 어떤 건지 몇 가지 예를 좀 들어줘. 바람직하지 못한 수상 소감이 어떤 건지 사례를 같이 소개해주면 좋겠어." 바람직한 사례와 바람직하지 못한 사례를 대비해서 살펴보면 피드백의 의미를 이해하는 데 도움이 되는 경우가 많다. 또한 두 가지 사례를 모두 살펴보면 좀더 근사한 수상 소감을 발표하는 기술을 익힐 수 있다.

또다른 사례를 살펴보자. 톰은 직장에서 과도한 업무로 어려움을 겪고 있다. 톰의 친구 리즈는 그런 톰에게 '거절하는 법을 익혀야 한다'라고 충고한다. 이런 충고는 도움이 되지도 않을뿐더러 톰을 더욱 짜증스럽게 만든다. 오히려 직장 상황이 어떻게 돌아가는지 리즈가 전혀 이해하지 못한다는 생각이 들 뿐이다.

하지만 톰은 리즈의 충고를 일축하기 전에 리즈가 생각하는 '거절'이 무엇인지 따져봐야 한다. 톰은 리즈에게 "거절하라는 조언을 받아들인다면 구체적으로 어떻게 행동해야 할지" 묻는다. 질문을 받은 리즈는 그동안 부당한 요구를 거절하기 위해 자신이 어떤 노력을 해왔는지 설명한다.

"내게 도움이 됐던 방법을 소개할게. 팀원들과 함께 앉아서 내가 느끼는 딜레마에 대해 이야기했어. 주어진 일을 밀어내고 싶지는 않았지만 모든 업무가 내게 몰리는 탓에 내가 업무의 흐름을 방해하고 있다는 사실을 깨달았다고 설명했어. 업무가 주어질 때마다 내가 원하는 만큼 멋지게 일을 해낼 수 없었다고도 이야기했어."

딜레마를 공유하자 팀원들도 문제를 해결할 수 있도록 힘을 보탰다. 딜레마를 공유하는 것만으로도 많은 도움이 됐다. 하지만 팀원들은 단순히 딜레마를 공유하는 데서 그치지 않고 리즈 혼자만의 힘으로는 찾기 어려운 창의적인 해결 방안을 찾기 위해 노력했다.

리즈는 자신이 새롭게 정한 개인적인 방침에 대해서도 톰에게 이야기한다.

"어떤 요청을 받는 바로 그 순간에 답을 하지 않아. 대신 분류를 위한 질문을 던져."

리즈는 '어제 필요하다고 이야기했던 업무보다 이 일이 더 급해?'라거나 '이 일과 관련해서 다른 부분보다 더 중요한 부분이 있어? 그렇다면 그 이유가 뭐야?'라는 질문이 가장 도움이 된다는 사실을 발견했다. 리즈는 이런 질문을 던진 다음 부탁을 한 사람에게 다시 이야기한다. '내가 당장 처리해야 할 일을 확인한 다음에 다시 이야기해줄게.' 이런 방법을 활용한 덕에 리즈는 요청에 반사적으로 응하려는 충동을 억누르고 업무량과 우선순위를 팀 전체의 문제로 만들 수 있게 됐다.

상대방의 충고를 이와 같은 방식으로 심층 분석하면 충고를 시각화할 수 있다. 또한 일단 시각화에 성공하면 '거절해'라는 라벨로 포장된 채 전달받는 순간에는 쓸모없게 느껴졌던 피드백이 유용할 수도 있다는 사실을 깨닫게 된다.

피드백의 미래 2 : 평가 피드백

충고의 의미를 분명히 하기는 쉽지 않다. 평가에서 비롯되는 결과와 기대를 분명히 하기는 더욱 힘들다. 그 이유가 무엇일까? 평가의 여파에서 벗어나기가 쉽지 않기 때문이다. 평가로 인해 기쁨을 느끼건 비탄에 빠지건 일단 평가를 듣고 나면 더 깊이 파고들고 싶은 호기심이 생기지 않는다.

하지만 평가 피드백을 받을 때는 피드백에 내포된 미래 지향적인 요소를 이해하는 것이 특히 중요하다. '이런 평가가 내게 어떤 의미가 있을까? 이제 어떤 일이 벌어질까? 내게 어떤 기대를 갖고 있는 것일까? 지금의 내 위치를 고려했을 때 나는 어떻게 해야 할까?'

대개 다음과 같은 일이 벌어진다.

평가 다양한 검사를 받은 끝에 맥스는 주파수가 높은 소리를 듣는 능력이 약 80퍼센트 감퇴했다는 이야기를 듣는다.

맥스의 대답 "정말인가요? 놀라운데요."

당시에 던져봤으면 좋았을 질문 "그런 문제가 생긴 이유가 무엇입니까? 더욱 나빠지지 않도록 예방하려면 어떻게 해야 할까요? '주파수가 높다'라는 말이 정확하게 어떤 의미입니까? 소리를 듣는 데 그게 중요합니까? '약 80퍼센트 감퇴했다'라는 말은 무슨 뜻입니까? 내 청력이 또래에 비해 어떤 수준이지요? 이런 변화가 소리를 듣는 능력에 어떤 영향을 미칩니까? 악화될 수도 있나요? 그렇다면 얼마나 빠른 속도로 악화될까요?"

평가 마지는 새로운 부서장으로 임명되지 않았다.

마지의 대답 "실망스럽네요. 누가 승진했어요?"

당시에 던져봤으면 좋았을 질문 "제가 어떤 부분에서 그 역할에 부족하다고 생각하시는지 좀더 자세히 이야기해주실 수 있나요? 사람들이 저의 어떤 부분을 걱정했던 거죠? 경력이나 기술 측면에서 더 갈고닦아야 할 부분이 있을까요? 이번 결정이 제가 진행하는 여러 프로젝트에 어떤 영향을 미칠까요? 올해 그리고 내년에 얼마만큼의 보수를 받게 될까요?"

평가 휴일이 지나갔다. 3년째 동거중인 당신의 여자친구는 여전히 결혼을 거부한다.

대답 아무 말도 하지 않는다.

당시에 물어봤으면 좋았을 질문(지금 질문해볼 수도 있다) "우리의 미래가 어떨 거라고 생각해? 결혼에 확신이 없는 거야, 나에게 확신이 없는 거야? 우리의 관계에 대해서 이야기를 해봐야 할 부분이 있을까? 내일이 되면 준비가 될 것 같아? 내년에는? 언제가 돼도 준비가 되지 않을 것 같아? 어떻게 하면 준비가 될 것 같아? 헤어질까? 헤어지는 게 좋겠어?"

사람들은 누구나 미래 지향적인 질문을 던지는 기술을 갖고 있다. 그 기술을 어떻게 활용하느냐가 관건이다. 낙하산의 줄을 당기는 것과 마찬가지다. 낙하산의 줄을 당기는 것 자체는 전혀 어려운 일이 아니다. 하지만 필요한 순간에 낙하산의 줄을 당겨야 한다는 사실을 기억해내는 것이 중요하다. 따라서 평가를 위한 대화를 시작하기에 앞서 평가를 받은 후 어떤 질문을 하면 좋을지 먼저 생각해두는 것이 좋다.

낙하산 줄을 당겨야 한다는 사실을 잊어버리면 다음 기회는 없다. 하지만 중요한 질문을 던지지 않았다면 차후에 다시 대화를 해볼 수 있다.

옳고 그름이 아닌 차이에 집중하라

지금까지 피드백 제공자의 라벨 뒤에 무엇이 숨어 있는지, 피드백을 받는 사람이 피드백이 어디에서 와서 어디로 가는지 파악하기 위해 제대로 된 질문을 던지려면 어떻게 해야 하는지 살펴봤다. 피드백 제공자의 머릿속에는 여러 가지 아이디어가 숨어 있다. 지금까지 피드백 제공자의 머리에서 아이디어를 끄집어내 당신의 머릿속으로 옮기는 방법에 대해 이야기했다.

하지만 그동안 우리가 외면한 것이 있다. 당신은 피드백 제공자의 아이디어를 아무런 편견 없이 '텅 비어 있는' 머릿속에 집어넣으려고 노력하지 않는다. 당신은 이미 이런저런 생각으로 '가득한' 머릿속에 피드백 제공자의 아이디어를 쑤셔넣으려 든다. 상대방이 제공한 피드백에 대한 나름대로의 관점과 의견, 직접 수집한 데이터와 해석, 직접 겪은 인생 경험, 가정, 가치관 등이 이미 당신의 머리를 가득 메우고 있다. 피드백 제공자의 머릿속에서 피드백이 형성되는 데 영향을 미친 모든 요소들이 당신의 머릿속에 그대로 파고든다.

우리가 피드백의 오류를 찾아낼 수 있는 것은 바로 이런 이유 때문이다. 피드백이 옳거나 정확하지 않다고 생각하는 이유는 우리가 나름대로의 경험과 관점을 갖고 있을 뿐 아니라 우리의 관점이 피드백 제공자의 관점과 다르기 때문이다. 다시 말해서 우리는 우리의 경험과 관점을 토대로 피드백 제공자의 경험과 관점이 옳지 않다는 결론을 내린다. 그 외의 유일한 대안은 피드백 제공자의 관점은 옳고 우리의 관점이 틀렸다고 생각하는 것이다. 하지만 상대가 옳고 자신이 틀렸다고 생각할 가능성은 높지 않다.

또다른 방식으로 생각해볼 수도 있다. 피드백을 받는 입장에 섰을 때 자신의 관점을 근거로 피드백 제공자의 관점을 묵살해서도 안 되지만 자기 자신의 관점을 묵살해도 안 된다. 피드백 제공자의 관점을 '먼저 이해하기' 위해 노력한다고 해서 마치 아무런 경험이나 의견이 없는 것처럼 굴 필요는 없다. 자기 자신의 관점을 인지하는 동시에 상대의 관점을 이해하기 위해 노력해야 한다. '그건 틀렸어'라는 태도를 버리고 '좀더 많은 이야기를 들려줘. 우리가 서로 다르게 생각하는 이유를 찾아보자'라는 태도를 갖지 않으면 자신의 관점을 인지하는 동시에 상대의 관점을 이해할 수 없다.

피드백을 주는 사람과 피드백을 받는 사람이 똑같은 피드백을 다르게 받아들이는 것이 둘 중 한 사람이 틀렸기 때문이 아니라면 두 사람이 서로 다른 반응을 보이는 이유가 무엇일까? 두 가지 이유가 있다. 첫번째 이유는 우리가 저마다 다른 데이터를 갖고 있다는 점이다. 두번째 이유는 우리가 저마다 다른 방식으로 데이터를 해석한다는 점이다. 먼저, 우리는 피드백을 이해하기 위해 피드백 제공자의 데이터와 해석을 탐색했다. 그런 다음, 이따금씩 상대의 관점과 우리의 관점이 다른 이유를 파악하기 위해 상대의 관점과 우리의 관점을 나란히 놓고서 양측의 데이터와 해석을 비교한다.

서로 다른 데이터

사람들이 주목하는 데이터는 저마다 다르다. 우리는 모두 다른 사람이기 때문이다. 우리는 저마다 다른 역할을 맡고 있고, 각자 다른 공간에서 생활하며, 다른 몸을 가지고 살아간다. 교육 수준과 감수성, 관심사도 제각각이다.

접근성의 차이가 데이터의 차이를 초래하는 경우도 있다. 가령 당신의 상사는 당신의 동료들이 급여를 얼마 받는지 알고 있지만 당신은 알지 못한다. 카이로에서 일하는 직원들은 런던 본사에서 일하는 직원들과 달리 현지 문화에 대해 잘 알고 있다. 연인들은 서로의 눈을 응시할 때 상대방이 미처 깨닫지 못하는 모습을 꿰뚫어볼 수 있다.

조직 내의 위치 또한 데이터에 영향을 미친다. CEO와 안내원이 갖고 있는 데이터는 다를 수밖에 없다. 각자 다른 장소에서, 다른 방식으로 시간을 보내며, 맡고 있는 일이 다르기 때문이다. CEO는 이사회와 충돌하는 이유와 주요 고객들이 좌절감을 느끼는 이유, 시장 분석가들이 걱정하는 요인을 잘 알고 있다. 안내원은 이사, 납품업체, 새로 채용한 직원, 잡역부, 기자 등 사무실을 오가는 모든 사람들을 관찰하며 이들이 대기실에서 하는 이야기를 엿듣는다. 안내원은 사람들이 주고받는 말을 통해 온갖 소문과 불평을 파악하고, 이사회와 주요 고객, 시장 분석가들과의 문제를 해결하기 위해 CEO가 활용하는 접근 방법 중 사람들이 어떤 것을 좋아하고 어떤 것을 싫어하는지 파악한다.

똑같은 데이터에 접근할 수 있다 하더라도 사람들이 관심을 갖는 대상은 저마다 다르다. 우리는 모두 똑같은 길을 따라 걷고 있다. 하지만 역사가는 벽돌에 관심을 가질 테고, 조깅을 즐기는 사람은 무릎에 얼마나 무리가 가는지 유의해서 살필 테고, 휠체어를 타고 다니는 사람들은 어떤 장소가 접근성이 떨어지는지 관찰할 가능성이 크다.

우리는 정보에 사로잡혀 있다. 정보량이 너무 많은 탓에 모두 받아들이기가 힘들 정도다. 그래서 우리는 그중 일부를 선택해 관심을 기울이고 나머지는 외면한다. 독자들도 지금 당장 하던 행동을 잠깐 멈추고 지금까지 존재 자체를 미처 깨닫지 못했던 대상에게 관심을 기울여보기 바란다. 잡음이 들려올 수도 있고, 산들바람이 느껴질 수도 있으며, 길 건너편에 서 있는 사람의 '패션 감각'이 눈에 들어올 수도 있다. 불과 몇 초 전까지만 하더라도 여러분은 이 모든 정보를 걸러냈다. 물론 정보를 걸러내고 있다는 사실 자체를 아예 의식하지 못했을 가능성이 크다. 의식하지 못하는 대상 자체를 의식하지 못하기 때문에 의식하지 못하고 있다는 '사실'을 의식하지 못하는 것이다.

서로 다른 데이터에 접근하거나 서로 다른 데이터를 받아들이면 메이비스가 겪고 있는 문제를 설명하는 데 도움이 된다. 메이비스는 영업, 생산, 법률 담당자들과 고객 관리자로 이뤄진 다기능 제품 팀의 변호사다. 각 팀은 처음부터 끝까지, 고객 유치 단계에서부터 최종 단계에 이르기까지 담당 고객을 응대한다.

메이비스는 연례 평가에서 고객 담당 관리자인 데이비스로부터 직설적인 피드백을 받았다.

"자네는 '비즈니스적인 요소'를 이해하지 못해. 지나치게 꼼꼼하게 법률을 검토하는 탓에 프로세스 진행 속도가 느린 데다 발 빠르게 움직이는 경쟁 상대에게 밀리고 있어."

메이비스는 이 같은 평가에 좌절했다. 고객들과 데이비스의 생각은 한마디로 같지 않다. 메이비스는 변호사의 입장에서 다른 팀원들이 보지 못하는 여러 가지 사항을 살핀다. 메이비스는 법적인 문제에 대해 잘 알고 있다. 하지만 그것이 전부가 아니다. 메이비스는 얼마나 많은 거래가 소송으로 이어지는지, 소송이 자사의 재정 상태와 평판에 얼마나 큰 피해를 초래할지 정확하게 알고 있다. 뿐만 아니라 메이비스는 법률 자문위원의 지시를 충실히 따르고 있다. 법률 자문위원은 메이비스에게 이렇게 이야기했다.

"규제기관들이 엄중하게 단속하고 있어. 단 하나의 빈틈도 없이 비즈니스를 해야 해. 우리 회사 영업사원들은 최고야. 하지만 그 사람들을 적절히 제어하는 게 우리의 역할이야."

메이비스는 무의식적으로 데이비스를 비롯한 다른 팀원들이 자신과 같은 정보를 갖고 있다고 가정했다. 하지만 실제로는 그렇지 않다. 물론 다른 팀원들이 메이비스와 같은 정보에 접근할 수 있는 경우도 있다. 하지만 다른 팀원들은 그런 정보에 관심을 갖지 않는다. 뿐만 아니라 대개는 메이비스가 갖고 있는 정보에 접근조차 할 수 없다. 메이비스와는 달리 법률 자문위원이 주재하는 법무팀 회의에 참석하지도 않으며 소송 보고서도 읽지 않는다.

이번에는 데이비스의 입장을 살펴보자. 데이비스는 고객을 직접 상대하며 고객이 무엇을 필요로 하고 그 이유가 무엇인지 파악한다. 데이비스는 거래를 트기 위한 노력이 거래 성사로 이어지는 비율에 관한 통계 자료가 포함된 주간 판매 보고서를 읽는다. 데이비스는 다른 기업들이 고객에게 어떤 약속을 하는지 정보를 수집하며 메이비스가 법적인 이유를 들어 거부한 거래 조건이 다른 회사에서 승인되는 경우가 많다는 사실도 잘 알고 있다. 데이비스 역시 영업 환경이 변화하고 있다는 사실을 모르는 바가 아니다. 요즘에는 가격과 효율성이 무엇보다 중요하다. 시장을 뛰어넘지 못하면 거래를 성사시킬 수 없다. 거래가 성사되지 않으면 회사도 없고, 데이비스도 없고, 메이비스도 없다. 농담이 아니다.

'우리가 서로 다른 생각을 갖고 있는 이유가 뭐죠? 제가 어떤 데이터를 갖고 있지 않은 겁니까?'라는 질문을 던지지 않으면 메이비스는 앞으로 나아갈 수 없다. 데이비스와 메이비스는 상대가 갖고 있지 않은 퍼즐 조각을 갖고 있다. 각자 손에 쥐고 있는 퍼즐 조각을 테이블 위에 모두 늘어놓기 전에는 결코 퍼즐을 완성할 수 없다.

서로 다른 데이터에 대한 질문을 주기적으로 던진다면 우리의 삶이 훨씬 수월해질 것이다. 하지만 우리는 이런 질문을 던지지 않는다. 그 이유가 무엇일까? '차이점을 찾아내는 것보다 상대의 잘못을 찾아내는 것'이 훨씬 흥미롭기 때문이다. 내가 보지 못하는 것을 상대가 알고 있다는 사실을 깨닫는 것은 상대가 무엇을 잘못했는지 귀 기울이는 것에 비해 그다지 흥미롭지 않다. 뿐만 아니라 일단 상대의 잘못을 찾아내고 나면 가만히 있을 수가 없다. 불쑥 끼어들어 상대의 실수를 기어이 바로잡고야 만다. 하지만 이런 본능에 맞서 싸워야 한다. 의식적으로, 끈덕지게 상대방의 데이터에 대해 질문을 던지고 자신이 갖고 있는 데이터를 공유해야 한다.

사람들이 차이점을 찾아내기보다 상대의 잘못을 찾는 데 열을 올리는 또다른 이유가 있다. 무언가는 의식하면서 또다른 무언가는 의식하지 못하는 것은 무작위성 때문이 아니다. 피드백 제공자가 당신을 좋아하고 당신이 매우 유능하다고 생각하는 사람이라면 당신이 하고 있는 모든 훌륭한 일을 알아차릴 것이다. 굳이 노력을 해서라도 당신의 장점을 찾아낼 것이다. 당신이 뿜어내는 광채 역시 피드백 제공자가 자신이 관찰한 데이터를 해석하는 데 영향을 미친다. 당신이 설령 실수를 저지르더라도 그 실수가 당신이 대체로 얼마나 유능한 사람인지 알려주는 예외라고 여길 것이다. 어쩌면 아예 실수가 아니라고 여길 수도 있다.

하지만 이런 관계가 무너지면(새롭게 시작된 사랑으로 인한 열병이 서서히 사라지거나, 위험성이 커지거나, 불쾌감이 자리잡는 경우) 편향이 이동한다. 자, 이번에는 피드백 제공자가 당신이 제대로 하는 일은 깡그리 외면하면서 잘못에만 집중한다고 생각해보자. 이제 '위험을 감수하려는 의지'는 '위험

천만'한 행동으로 여겨지고 '상황을 철저하게 통제하려는 노력'은 그 어떤 것도 손에서 내려놓지 않겠다는 의지로 비춰진다. 사람은 누구나 자신이 갖고 있는 편향을 확인시켜주는 데이터를 찾는다. 긍정적인 편향이건 부정적인 편향이건 다르지 않다. 이것이 인간의 본성이다.[3]

뿐만 아니라 우리는 자기 자신에 대해서도 편향을 갖고 있다. 모든 것이 똑같다고 가정했을 때, 우리는 자신의 행동을 설명하고 정당화하는 데 도움이 되는 호의적인 이야기를 찾으려든다. 우리는 자신의 올바른 행동을 기억한다. 또한 3장에서 자세히 살펴보겠지만 우리는 대개 자신이 좋은 의도를 갖고 있다고 생각한다. 미국 운전자 중 93퍼센트는 자신이 평균 이상의 운전 실력을 갖고 있다고 생각한다. 《비즈니스위크》가 2007년에 실시한 설문조사에 참여한 관리자 중 90퍼센트는 자신의 업무 성과가 상위 10퍼센트에 속한다고 답했다.[4]

이런 편향 때문에 서로의 차이점에 주목하기가 한층 힘들다. 피드백을 받는 사람과 주는 사람 양측 모두가 상대방이 편향돼 있다고 생각하기 때문이다. 사실 우리는 모두 편향돼 있다. 그리고 우리는 서로를 필요로 한다. 그래야만 세상을 명확하게 바라볼 수 있기 때문이다.

해석의 차이

피드백을 제공하는 사람과 달리 피드백을 받는 사람이 피드백이 타당하지 않다고 여기는 두번째 이유는 양측이 똑같은 데이터를 보더라도 각자 '다르게 해석하기' 때문이다.

제니는 리플리에게 "당신은 집을 깨끗이 유지하는 데 아무런 기여를 하지 않는다"라고 불평한다. 제니의 이야기에 들은 리플리는 제니에게 변화를 위해 노력하겠다고 약속한다. 그리고 나서 리플리는 자신이 정말로 변했다고 생각한다. 하지만 집이 여전히 엉망진창이라고 생각하는 제니는 심각할 정도로 스트레스를 많이 받는다. 제니는 실제로는 아무런 노력도 하지 않으면서 자신이 집안일을 돕고 있다고 이야기하는 리플리의 태도를 이해할 수 없다. 리플리는 문제가 해결됐는데도 제니가 불평을 계속 늘어놓는 이유를 이해할 수 없다.

리플리와 제니는 똑같은 데이터에 접근하지만 데이터를 각자 다르게 해석하고 있다. 제니는 집을 둘러볼 때마다 온갖 물건이 널브러져 있는 장면을 목격하고는 자신의 인생이 엉망이 돼버린 것 같아 절망한다. 제니는 회사 일과 집안일을 모두 소화하기가 버겁다고 느낀다. 뿐만 아니라 친정 엄마가 집안 꼴을 보면 어떤 소리를 할지 상상만 해도 낯이 뜨거워진다. 리플리도 똑같이 엉망인 집을 바라본다. 하지만 리플리는 그 속에서 아이가 아이답게 살아갈 수 있는 기쁨과 에너지로 가득한 풍요로운 가정을 엿본다. 리플리는 어지럽게 흐트러져 있는 집을 편안하게 느낀다.

제니와 리플리는 서로를 잘 이해하고 있다고 가정한다. 두 사람 모두 똑같은 집(제니에게는 엉망진창인 집, 리플리에게는 안락한 집)을 바라보고 있기 때문이다. 하지만 똑같은 데이터를 두 사람은 각기 다른 방식으로 해석한다. 제니의 관점에서 온통 흐트러진 집이 무엇을 의미하는지 생각해보지 않으면 리플리는 제니의 피드백을 결코 이해하지 못할 것이다.

데이터를 해석하는 방식의 차이는 피드백을 이해하는 데 매우 중요하다. 따라서 해석에 내재돼 있는 몇 가지 중요한 요소를 자세히 살펴보는 것이 좋다.

우리가 데이터를 다르게 해석하는 중요한 원인 중 하나는 상황이 어떻게 '돌아가야 하는지에' 대해 서로 다른 규칙을 갖고 있기 때문이다.

하지만 우리는 머릿속에 들어 있는 규칙을 '우리가 정해놓은' 규칙이라고 생각하기보다 '모두가 지켜야 할 절대적인' 규칙이라고 생각한다.

옛 직장에서 함께 일했던 동료들은 모두 당신을 좋아했다. 새 직장 사람들은 정반대다. 새 동료들은 당신을 상대하기 어려운 사람이라고 이야기한다. 하지만 당신은 변하지 않았다. 새 직장 동료들도 충분히 정상적인 사람들로 보인다. 그렇다면 무엇이 달라진 것일까? 정답은 바로 상호작용을 지배하는 암묵적인 규칙이다. 옛 직장에서는 필요할 때 엄하게 꾸짖으며 문제를 처리하는 등 직설적인 방식이 널리 사용됐다. 하지만 새 직장에서는 모두가 '상냥하게' 굴어야 한다. 사실 당신은 상냥하게 구는 것을 그리 좋아하지 않는다. 그동안의 경험에 미뤄봤을 때 상냥하게 굴려면 직설적으로 이야기할 수 없고, 직설적인 대화가 이뤄지지 않으면 수동적으로 공격성을 드러낼 수밖에 없다. 또한 수동적인 공격성은 곧 좌절과 비효율성으로 이어진다. 당신은 새로운 환경이 힘겹다. 암묵적인 규칙을 깨닫자 다른 사람들이 당신을 불편하게 여기는 이유가 무엇인지 이해가 된다.

조직문화, 지역문화, 심지어 가족문화조차도 '여기에서 일을 처리하는 방식'에 관한 암묵적인 규칙의 집합이다. 하지만 모든 사람은 나름대로 규칙을 갖고 있다. 암묵적인 규칙은 구체적인 문제에도 적용할 수 있다. 예컨대 어떤 사람에게는 '시간을 지킨다'라는 것이 자리에 앉아 갈 채비를 모두 끝낸다는 뜻이지만 또다른 사람에게는 이리저리 돌아다닌다는 뜻일 수도 있다. 뿐만 아니라 인생이 '흘러가는' 방식이나 친구의 의미 등 좀더 보편적인 문제에도 암묵적인 규칙이 적용될 수 있다. 이런 규칙을 서로 정반대로 해석하는 경우도 있다.

- 서로 잡아먹고 잡아먹히는 세상이야.

  VS 웃어라, 온 세상이 너와 함께 웃을 것이다.
- 충돌은 나빠.

  VS 충돌은 건강한 거야.
- 다른 사람의 호감을 사는 게 중요해.

  VS 다른 사람의 존경을 받는 게 중요해.

해석 이면에 숨어 있는 암묵적인 규칙을 이해하면 앞뒤가 맞지 않는 듯 느껴졌던 피드백이 갑작스레 이해될 수도 있다. 가령, 이전에는 회의에서 질문을 하는 것이 곧 참여를 의미한다고 생각했지만 암묵적인 가정을 이해하고 나면 회의에서 질문을 하는 행위가 무례하고 도발적인 인상을 준다는 사실을 깨달을 수도 있다.

영웅과 악당

우리는 머릿속으로 자신의 경험을 구성할 때 대개 스스로를 호감 가는 영웅이라 여긴다. 작가 데이비드 포스터 월레스는 캐니언 대학 졸업반 학생들 앞에서 '모든 경험의 한가운데 있는 것은 바로 여러분 자신'이라며 우리 모두는 각자 '두개골만한 조그만 왕국을 다스리는 영주'라고 연설했다.[5] 사람들은 자신의 이야기 속에서 스스로를 도로시나 공주, 루돌프라고 여기지, 마녀나 완두콩, 루돌프를 제외한 나머지 순록이라고 생각하지 않는다.

이런 현상이 피드백을 더욱 복잡하게 만든다.

아들이 수술 후 회복 중인 아버지를 방문한다. 병실에 도착한 아들은 아버지가 엄청난 고통에 힘들어하는 모습을 보고 몸서리친다. 하지만 의

사는 고통을 줄일 수 있도록 약물을 더 많이 투여해달라는 아들의 요청을 묵살한다. 아들은 복도를 걸어가 외과 책임자에게 담당 외과의의 무정한 치료 방식을 폭로한다. 의사는 외과 책임자에게 눈을 고정시킨 채 눈빛으로 자신의 생각을 전달하려 한다. '까다로운 환자 가족이 또다른 환자를 치료하는 데 쓰여야 할 귀중한 시간을 낭비하게 만드는군요.'

데이터도 이런 문제를 초래하는 원인 중 하나다. 외과의사와 아들은 각자 상대방이 갖지 못한 정보의 관점에서 아버지의 고통을 바라본다. 아들은 아버지에 대해서 '잘 알고 있다.' 전쟁 영웅이자, 축구 스타며, 극기심이 뛰어나다는 사실을 말이다. 그런 아버지가 고통 속에서 몸부림을 친다는 것은 참기 힘들 정도로 고통이 극심하다는 뜻이다. 의사는 수술이 미치는 영향과 회복 기간에 대해 '잘 알고 있다.' 수술 후에 느끼는 극심한 통증은 단기간 내에 사라진다. 뿐만 아니라 의사는 그동안 진통제에 중독된 환자를 여러 차례 목격했고 진통제 중독이 환자 본인과 가족들에게 어떤 영향을 미치는지도 잘 알고 있다.

의사와 아들은 모두 각자 자신이 만들어낸 이야기 속에서 스스로를 영웅으로 여긴다. 이런 태도는 상황을 더욱 복잡하게 만든다. 두 사람 모두 자신이 아버지 혹은 환자를 고통으로부터 보호하고 있다고 생각한다. 또한 두 사람은 기껏해야 상대방을 잘못 알고 있는 사람쯤으로 여긴다. 흥분이 극에 달하면 심지어 상대방을 악당으로 여기기도 한다. 두 영웅이 누가 진정으로 선량한지 다투는 것이다. 두 사람은 상대에게 비단 약에 대한 피드백뿐 아니라 도덕성에 대한 피드백을 주고 싶어한다.

무엇이 옳은지 질문하라
피드백을 받는 입장에 있을 때에는 차이점을 찾는 것(서로 상황을 다르게 바라보는 이유가 정확히 무엇인지 가능한 한 구체적으로 이해하는 것)이 무엇보다 중요하다. 먼저 피드백이 어디에서 오는지, 충고가 무엇인지, 충고를 실천하려면 어떻게 해야 하는지, 특정한 상황을 서로 다르게 바라보는 이유가 무엇인지 이해하기 위해 노력해야 한다.

이 단계에 도달했다면 상대의 피드백이 '옳은' 것이 되려면 어떤 방식으로 해석을 해야 할지 목록을 만든다. 이때 주의를 기울여야 한다. 피드백의 옳은 점을 찾으려다가 틀린 점을 찾게 될 수도 있기 때문이다. 무엇이 옳은지 찾으려다가 옳고 그름을 따지는 이분법적 틀에 빠질 수도 있다. 뿐만 아니라 옳은 것을 찾으려다가 결국 그른 것을 찾게 되는 경우도 많다.

따라서 객관적인 진실에 관한 최종 결정을 표현하기 위해 '옳다'라는 단어를 사용해서는 안 된다. 그것은 오히려 사고방식이라고 볼 수 있다. 예컨대 상대방이 하는 말 중 타당한 내용, 시도해볼 만한 가치가 있다고 느끼는 것, 상대방이 도움이 되는 피드백을 전달하고자 하는 선의를 갖고 있다는 가정하에 피드백의 의미를 다르게 해석하는 방식 등을 생각해 보기 바란다. 숲을 거닐며 나무가 아니라 새를 발견하는 것과 같다. 새를 발견한다고 해서 나무가 '틀린' 것은 아니다.

100쪽의 메이비스와 데이비스 사례로 돌아가보자. 메이비스가 자신과 데이비스가 상황을 다르게 바라보는 이유가 무엇인지 질문을 던질 수 있다. 하지만 데이비스의 피드백 중 무엇이 옳은지 질문을 던질 수도 있다. 속도가 중요하다는 데이비스의 피드백은 옳다. 영업팀 직원들이 좌절감을 느낀다는 피드백도 옳다. 일부 경쟁기업들이 거래 조건에 대해 법률적으로 다른 판단을 내린다는 피드백도 옳다. 거래를 성사시키는 것이 메이비스와 데이비스, 회사 모두에게 중요하다는 피드백도 옳다. 피

진실 자극

피드백	자극에서 비롯된 반응	학습된 반응
데이비스가 메이비스에게, "자네 때문에 우리가 새로운 사업을 놓치고 있어."	실질적인 소송 위험, 법률 자문위원의 경고, 거래를 트기 위한 노력이 거래 성사로 이어지는 비율, 다른 기업이 하고 있는 활동 등 서로 다른 데이터를 갖고 있다.	속도가 중요하다. 다른 기업들이 또다른 방식으로 법률적인 판단을 내린다면 그 이유가 무엇인지 파악하고 우리가 그런 방식에 동의하는지 그렇지 않은지 판단해야 한다. 거래를 성사시키는 것은 모두에게 중요한 일이다.
마지는 새로운 부서장으로 임명되지 않았다.	의사 결정권자들은 승진을 하려면 어떤 기술이 필요한지, 다른 사람들이 마지의 리더십 능력에 대해 어떻게 이야기하는지 잘 알고 있다. 마지는 그동안 자신이 업무에 많은 시간을 쏟고 회사를 위해 열심히 노력한 사실을 잘 알고 있다. 마지와 상사가 갖고 있는 암묵적인 규칙도 다르다. 마지는 연공서열이 중요하다고 생각한다. 승진이 노고에 대한 보상이라고 생각하고, 새로운 역할을 수행하기 위한 기술은 새로운 역할을 직접 수행하면서 배우면 된다고 생각한다. 마지의 상사는 새로운 역할을 수행하기 위한 기술을 익혀야만 승진이 가능하다고 생각한다.	다른 지원자들과 비교했을 때 마지가 예산 수립 과정과 관련해 충분히 경험을 쌓지 못했다는 사실은 옳다. 마지가 동의하건 그렇지 않건 승진 기준을 정확하게 알고 있으면 좀더 정확한 정보를 토대로 목표와 다음 단계에 대해 결정을 내릴 수 있다.
동거중인 여자 친구가 결혼을 원하지 않는다.	두 사람의 관계나 결혼에 대해 서로 다른 가정과 느낌을 갖고 있을 수도 있다. 여자친구가 결혼을 약속할 만큼 상대방을 충분히 알아야 하는 시기에 대해 다른 암묵적인 규칙을 갖고 있을 수도 있고 과거의 경험으로 인해 결혼에 불안감이 있을 수도 있다. 가장 밝은 희망에 집중하는 남자와 달리 여자는 가장 커다란 두려움에 주목하고 있을 수도 있다.	여자친구가 아직 준비가 되지 않았다는 피드백은 옳다. 원인을 이해하면 두 사람이 똑같은 목표와 생각을 갖고 있는지 이해하는 데 도움이 된다는 피드백은 옳다. 정보가 항상 불완전할 수밖에 없는 만큼 스스로를 위해 좋은 선택을 내릴 책임이 있다는 것 역시 옳다.

드백 내용 중 옳은 부분을 찾기 위해 노력하면 두 사람이 대화를 통해 공통의 해결 방안을 찾는 데 도움이 된다. 또한 데이비스의 피드백을 고민 없이 묵살해버리지 않는 데도 도움이 된다.

그럼에도 불구하고 동의할 수 없는 피드백

상대의 피드백이 어디에서 오고 의미하는 바가 무엇인지 정확하게 이해하고 있는데도 피드백에 동의할 수 없는 경우가 있다. 사실 피드백을 제대로 이해했기 때문에 피드백이 그 어느 때보다 정확하지 않거나 공정하지 않게 느껴질 수도 있다.

피드백을 제공하는 사람과 받는 사람 모두에게 불만스럽고 어려운 상황일 수도 있다. 하지만 의사소통이라는 관점에서 보면 성공한 셈이다. 당신의 목표는 피드백 제공자를 이해하는 것이고 피드백 제공자의 목표는 당신을 이해하는 것이다. 따라서 최종적으로 피드백이 도움이 된다고 판단되면 피드백을 받아들이면 된다. 반대로 피드백이 도움이 되지 않다고 판단한 경우라 하더라도 최소한 피드백이 어디에서 오는지, 피드백이 무엇을 제안하는지, 당신이 피드백을 거부한 이유가 무엇인지 이해할 수 있다. 평가도 마찬가지다. 평가의 근원과 결과를 정확하게 이해하면 평가에 동의하지 않는 이유를 정확하게 설명할 수 있다.

피드백에 대한 당신의 반응을 투명하고 솔직하게 전달한다는 것은 곧 솔직하게 호기심을 표현한다는 뜻이다. 피드백을 전달받은 후 어떤 생각이 드는지 솔직하게 이야기해도 된다.

진실 자극

- 그런 이야기를 들으니까 마음이 상하네.
- 그런 피드백은 상상도 못했어.
- 내가 생각하는 내 모습, 혹은 내가 보이고 싶은 내 모습과 너무도 달라. 뭐라고 해야 할지 모르겠어. 왜 그런지 설명을 하고 싶어. 하지만 내가 네가 한 말을 제대로 이해한 건지 확실하게 해두고 싶기도 해.

이런 표현을 사용한다고 해서 대화가 단절되는 것은 아니다. 오히려 이런 표현은 자신의 반응을 상대와 공유하고 피드백의 의미를 이해하기 위해 지속적으로 노력하는 데 도움이 된다. 그렇긴 하지만 이쯤에서 연구를 통해 찾아낸 이론을 소개하는 것이 좋을 것 같다. 사실 우리는 피드백을 좀더 정확하게 이해할수록 피드백에서 유용한 '무언가를' 찾아낼 가능성이 크다는 사실을 발견했다. 적어도 자신이 어떤 식으로 오해를 받고 있는지, 오해를 받는 이유가 무엇인지 이해하는 데 도움이 된다.

피드백이 객관적일 수만은 없는 이유

이런 의문을 갖는 것은 어쩌면 당연한 일이다. 주관성과 해석으로 인해 피드백이 그토록 어려워진다면 객관적인 피드백만 전달하고 사실만 고수하면 될 텐데 그렇게 하지 못하는 이유가 무엇일까? 많은 조직들이 객관적인 피드백을 제공하기 위해 역량 모델과 행동 지침을 개발하고 성과 측정을 위한 공식과 지표를 활용하고 있다. 이런 도구를 활용하면 기대치를 조정하고 기준을 분명히 하는 데 도움이 된다. 하지만 이런 도구를 활용한다고 해서 피드백의 주관성이 사라지지는 않는다. 어떤 방법을 활용하더라도 피드백에서 주관성을 배제하기는 힘들다.

어떤 지표를 내놓건 지표 '뒤에는' 주관적인 판단이 들어 있게 마련이다. X가 가장 중요한 이유가 무엇이며, Y를 포함시키지 않은 이유는 무엇인가? 지표를 적용하는 방식에도 주관적인 판단이 포함돼 있다. 예컨대, 누군가가 '기대치를 충족시켰다'라고 판단하는 근거는 바로 자신의 기대치다. 이런 기대치가 공정한 것일까? 그럴까? 그렇지 않을까? 우리가 어떻게 알 수 있을까? 결국 누군가의 판단이 기대치를 결정하는 토대가 된다.

그렇다면 이윤은 어떨까? 객관적일까? 어떤 의미에서 보면 그렇다. 이윤은 숫자로 표시되며 누군가의 주관적인 희망이나 믿음이 영향을 미치지 않는다. 하지만 그 숫자는 무엇을 '의미하는가?' 시장 평균보다 0.5퍼센트 높으면 좋다고 봐야 할까, 나쁘다고 봐야 할까? 기대 이윤의 두 배를 달성하는 것이 좋은 일일까, 그렇지 않으면 애당초 기대 이윤 자체를 완전히 잘못 계산한 것일까? 그렇다면 CEO의 성과와 이윤의 관계는 어떤가? 이런 부분에 대해서도 얼마든지 논쟁을 벌일 수 있다. 그렇지 않은가?

기준과 지표를 얼마나 명확하게 정의하건 누군가가 또다른 사람의 성과에 기준을 적용해야 한다. 그 과정에서 판단이 개입될 수밖에 없다. 모든 충고가 자전적이라면 평가 역시 마찬가지다. 다른 사람에 대한 평가에는 우리의(혹은 우리가 속한 조직의) 선호도, 가정, 가치관, 목표가 반영돼 있다. 선호도나 가정, 가치관, 목표 등이 많은 사람들의 공감을 사는 경우도 있고 특이하게 여겨지는 경우도 있다. 하지만 어떤 경우건 결국 평가에는 우리의 판단이 반영돼 있다.

사실 그래야만 한다. 노련한 코치나 평가관이 가치를 인정받는 이유는 이들이 갖고 있는 뛰어난 판단 능력 때문이다. 아이폰 앱은 노래를 하는 사람이 정확한 음정을 내는지 알려준다. 반면 보이스 코치를 고용해 전문적인 판단과 오랜 경험을 토대로 하는 견해를 구할 수도 있다. 보이스 코치는 사람들을 '감동시키는' 노래를 부르도록 도와줄 수 있다. 앱은 당신이 효과적으로 조직을 이끌고, 응집력과 끈기, 에너지를 만들어내고 있는지 알려주지 못한다. 하지만 당신의 지휘를 받는 사람들은 그럴 수 있다.

해석이나 판단을 완전히 배제하는 것을 목표로 삼아서는 안 된다. 충분한 고민을 통해 판단을 내리고 일단 판단을 한 후에는 가능한 한 판단 내용을 투명하게 전달하고 토론 가능성을 활짝 열어두는 것을 목표로 삼아야 한다.

피드백을 이해하기 위한 대화

피드백을 받는 사람이 진실 자극 반응을 보이는 동시에 피드백을 이해하기 위해 열심히 노력하는 대화 사례를 살펴보자. 먼저 어떤 상황에서 대화가 이뤄지는지 간략하게 살펴보자. 인사팀 책임자 모니샤는 CEO 폴로부터 고위급 경영진이 어떤 부분을 개선해야 할지 파악할 수 있도록 직원 분위기 조사를 계획하고 실시해달라는 요청을 받았다. 모니샤는 팀원들과 함께 몇 달 동안 세계 각지에서 활동하는 직원들을 상대로 데이터를 수집했다. 조사 결과는 심상치 않았다.

모니샤는 조사 결과를 고위급 경영진에 전달한 후 최고재무책임자 요한과 날카로운 대화를 주고받았다.

요한　　모니샤, 직원들이 경영진을 무능하게 여긴다는 사실을 전달하기 위해 얼마나 다양한 방법을 동원할 셈이야? 이제 무슨 말인지 알

앉어. 하지만 솔직하게 말할게. 나는 자네가 내놓은 자료 중 어떤 것도 그리 신뢰하지 않아.

모니샤 결과가 놀랍다는 사실은 잘 알고 있습니다. 하지만 중요한 게 있습니다.

요한 무가치한 데이터를 집어넣으면 무가치한 데이터가 나온다. 무슨 말인지 알고 있지?

모니샤 제가 드린 자료에 대해서 구체적으로 질문할 사항이 있으신가요? 저희가 어떤 방법을 사용했는지 알려드릴 수 있습니다.

요한 자네가 사용한 방법에 대해 할 말이 많을 거라고 생각하네. 하지만 안타깝게도 우리는 일을 하러 가야 해.

이 말을 끝으로 요한은 밖으로 나가버렸다.

폴은 요한의 대화 방식이 마음에 들지 않았지만 솔직히 말해서 요한과 비슷한 좌절과 회의를 느꼈다. 회의가 중단됐다. 폴은 모니샤에게 인사팀이 프로젝트를 얼마나 열심히 진행했는지 잘 알았으며 결과 자체는 만족스럽지 않지만 직원들에 대해 좀더 알고 싶다고 이야기했다. 폴은 모니샤에게 이야기를 나누고 싶으니 다음 날 사무실에 들러달라고 부탁했다.

폴의 첫번째 반응은 피드백이 조직에 대한 자신의 생각과 일치하지 않는다는 것이었다. 하지만 모니샤와 대화를 하는 목적은 피드백을 받아들이거나 거부하는 것이 아니라 먼저 이해하기 위해서였다. 폴은 호기심을 잃지 않고 라벨을 찾아내고, 모니샤가 내놓은 데이터와 해석을 분명히 하기 위해 노력할 생각이었다. 또한 폴은 자신의 생각과 견해를 모니샤와 공유하기로 마음먹었다.

진실 자극

폴   모니샤, 우리가 좀더 깊이 파고들어 논의해봐야 할 부분이 많은 것
같네. 피드백을 받은 직후에 두 가지 생각이 들었네. 첫번째는 '사람
들이 이렇게 느끼고 있다면 정말 주의를 기울일 필요가 있겠는 걸.
피드백을 더 잘 이해할 수 있도록 노력해야 해'라는 것이었어. 하지
만 그와 동시에 '피드백 내용 중 일부는 내가 느끼는 조직 분위기와
일치하지 않아'라는 생각도 했어. 그래서 혼란스럽다네. 내가 자네
를 불러서 이야기를 하려는 것도 바로 이런 이유 때문이야.

해설   바람직한 발언이다. 폴의 말에는 기꺼이 학습하려는 태도가 반영돼 있다.
그와 동시에 폴은 자신이 지금 어떤 생각을 하고 어떤 감정을 느끼는지 솔
직하게 이야기한다.

모니샤 제가 드린 피드백을 무시하실 수도 있습니다. 그러고 싶은 마음도 이
해합니다. 하지만 진실을 외면하면 어떤 문제도 해결할 수 없습니다.

해설   폴이 기대했던 대응은 아니다. 하지만 미끼를 물어서는 안 된다. '나는 진실
을 외면하는 게 아니야'라고 항의해서는 안 된다. 폴은 설문조사 결과가 의
미하는 것, 설문조사를 유용하게 활용하는 방법 등 대화의 주제에서 벗어
나지 말아야 한다.

폴   피드백 내용은 그동안 내가 생각했던 것과 맞지 않아. 하지만 그렇
다고 해서 내 생각이 옳다는 뜻은 아니야. 나는 그런 차이가 발생한
이유를 좀더 심층적으로 분석하고 이해하고 싶네.

모니샤 설문조사를 통해 찾아낸 중요한 사실은 중간급 관리자들이 무력감

과 소외감을 느낀다는 겁니다.

폴 구체적으로 이야기해줄 수 있겠나? '무력감과 소외감'을 느낀다는 것이 무슨 뜻인가?

해설 훌륭한 대화. 폴은 '중간급 관리자들을 모든 결정에 참여시킬 수는 없어'라는 식의 말로 자신의 입장을 변호하지 않는다. 대신, 라벨 뒤에 숨어 있는 피드백을 찾아내기 위해 질문을 한다.

모니샤 저희는 일반 직원에서부터 부사장에 이르기까지 모든 사람들을 상대로 조사를 실시했습니다. 경영팀이 적극적으로 의사소통하지 않고, 다른 직원들의 의견을 구하지 않으며, 직원들의 기여를 적절하게 평가하지 않는다는 인식이 팽배해 있었습니다.

폴은 그렇게 생각하는 직원의 숫자, 설문조사를 설계한 방식 등 모니샤가 언급한 내용에 관한 질문을 던진다. 모니샤는 폴이 요구하는 정보를 제시한다.

폴 그럼, 이번에는 구체적인 사례를 얘기해주겠나?

모니샤 많은 직원들이 윤리 프로그램을 언급했습니다. 고위급 경영진들은 두 시간 동안 진행되는 워크숍에 단 한 번만 참석하는데 자신들은 1년에 몇 번씩 윤리 워크숍에 참석해야 한다는 사실이 불만인 사람들이 많았습니다.

폴 사실 경영팀은 그 누구보다 가치 추구를 위해 많은 노력을 하고 있어. 다만 그런 노력에 '윤리 워크숍'이나 '윤리 회의'라는 이름을 붙이지 않는 것뿐이야. 나는 변호사, 규정 준수 전문가, 위험 관리 전문가 등을 끊임없이 만난다네. 내가 하는 모든 활동의 핵심에 윤리와 가치관이 놓여 있다네.

해설 폴이 이런 생각을 하는 것이 타당한 듯 보인다. 또한 폴이 이런 생각을 공유하는 것 역시 타당한 듯하다. 하지만 이런 식의 표현보다는 대화를 계속해서 이어가는 데 도움이 되는 방식으로 자신의 생각을 전달하는 것이 좋다. 가령, 다음과 같은 방식으로 대화할 수 있다.

폴 직원들이 윤리 프로그램을 냉소적이라고 여기거나 고위급 경영진이 윤리 프로그램을 지원하지 않는다고 여긴다는 말이군. 그렇다면 직원들이 좌절감을 느끼는 이유가 무엇인지 상상이 되는군. 내 생각에는 내가 하는 일 중 상당 부분이 윤리와 관련이 있는 것 같아. 나는 변호사와 규정 준수 전문가, 위험 관리 전문가들을 만나지. 그게 내가 하는 일이야. 하지만 중간급 관리자들은 다르게 바라보는 모양이야. 그게 문제군.

모니샤 네, 그렇습니다. 중간급 관리자들은 다르게 생각합니다. 인식의 문제, 혹은 메시지 전달의 문제라고 볼 수도 있습니다. 하지만 좀더 근본적인 문제가 있습니다. 태도 문제지요.

폴 무슨 뜻인지 잘 모르겠군. 메시지 전달 문제와 태도 문제라는 게 무슨 뜻이지?

해설 괜찮은 대화다. 상대방의 말을 충분히 이해하지 못했다면 대화의 속도를 늦추고 질문을 해야 한다.

모니샤 메시지 전달 문제와 태도 문제는 다릅니다. 고위급 경영진이 두 시간 동안 윤리 교육을 받는 주된 이유가 무엇인가요?

폴 윤리 교육이 정말로 중요하다는 메시지를 전달하기 위해서지.

모니샤 하지만 실제로는 직원들에게 '고위급 경영진은 윤리 교육을 필요로 하지 않는다'라는 메시지를 전달하고 있는 것 같습니다. 의도한 메시지는 아니겠지요. 하지만 사실 이 메시지가 고위급 경영진의 태도를 '정확하게' 반영하는 겁니다.

폴 이거 흥미로운데. 그러니까 우리가 의도치 않은 메시지를 보냈지만 그 메시지가 곧 진실이라는 거군.

모니샤 네, 그렇습니다.

폴 분명히 해두고 싶어서 묻는 건데, 직원들은 내가 개인적으로 그런 인식을 갖고 있다고 생각하나? 내가 고위급 경영진에게는 윤리 교육이 필요치 않다는 생각을 갖고 있다고 다들 그렇게 믿고 있는 건가?

해설 도움이 되는 질문이다. 이런 주제에 대한 논의가 이뤄지지 않으면 폴이 모니샤가 언급한 대상이 자신을 제외한 나머지 고위급 경영진이라는 인상을 품은 채 대화를 마무리하게 될 수도 있다.

모니샤 사람들이 이런 문제와 관련해 CEO를 어떤 시각으로 바라보는지 구체적인 정보를 갖고 있지 않습니다. 하지만 제가 한 가지 질문을 드릴게요. 고위급 경영진과 윤리 교육에 대해서 어떤 태도를 갖고 계신가요?

폴 자네가 말한 것과 같아. 나는 내가 윤리 문제에 훨씬 많은 시간을 할애한다고 생각해. 그런 탓인지 워크숍에 별도로 참여할 필요가 있다고 생각하지는 않아. 하지만 이런 생각이 잘못된 메시지를 보내는군.

모니샤 두 가지 방법 중 하나를 택하실 수 있어요. 먼저 고위급 경영진에게는 윤리 교육이 필요치 않지만 다른 직원들에게는 윤리 교육이 필요한 이유를 좀더 명확하게 설명하는 방법이죠. 그렇지 않다면 고위급 경영진에게도 윤리 교육이 필요하다는 진심어린 믿음을 토대로 적극적으로 참여하실 수도 있습니다. 아마도 제 이야기를 들으면서도 '윤리 교육에 참여하기에는 너무 바빠'라고 생각하실 것 같네요.

폴 맞아, 바로 그 생각을 하고 있었어. 윤리 교육에 참여할 수 있다면 가장 이상적이겠지. 하지만 너무 바빠.

모니샤 그렇기 때문에 직급이 낮은 직원들이 '고위급 경영진이 너무 바빠서 윤리 교육을 받을 수 없다면 윤리 교육은 그다지 중요하지 않다'라고 생각하는 거지요. 혹은 직원들이 윤리 교육이 중요하다고 생각할 수도 있을 겁니다. 다시 말해서 고위급 경영진에게도 윤리 교육이 중요하다고 생각할 수 있다는 겁니다.

폴 이제 알겠네. 직원들이 억울한 마음을 갖거나 고위급 경영진이 위선적이라고 느끼는 이유가 무엇인지 조금씩 이해가 되는군. 약간 충격적이군. 어쨌든 고민을 많이 해봐야 할 것 같아. 게다가 설문조사와 관련된 다른 내용은 아직 살펴보지도 못했군. 하지만 지금껏 살펴본 내용만으로도 직원들이 경영진을 어떻게 바라보는지, 그런 시각을 갖는 이유가 무엇인지 좀더 명확하게 이해하는 데 도움이 됐네.

폴과 모니샤의 대화는 쉽지 않았다. 하지만 중요한 대화다. 무엇보다 중요한 것은 목적과 사고방식이다. 폴은 피드백에 찬성해야 할지 반대해야 할지, 혹은 자신의 입장을 대변해야 할지 피드백을 수용해야 할지 고민하지 않았다. 폴은 그저 피드백을 이해하기 위해 노력했다. 대화의 목적은 문제 해결이 아니라 이해다. 폴이 본능을 따랐다면 처음부터 모니샤의 피드백에 반대했을 테고 대화가 곧바로 끝났을 수도 있다. 하지만 폴은 라벨에 귀를 기울이고 라벨 뒤에 숨어 있는 내용을 파악하기 위해 노력했다. 또한 모니샤의 말에 어떤 의미가 숨어 있는지 확실치 않을 때는 그냥 넘어가지 않고 질문을 했다.

. . .

피드백 제공자의 잘못을 찾아내는 것을 포기하기란 쉽지 않다. 사실 완전히 포기할 필요는 없다. 얼마든지 주말에 친구들과 맥주를 마시며 재미 삼아 잘못을 찾아볼 수 있다. 논쟁하고, 비난하고, 감정을 터뜨리고, 부인하면 피드백을 주는 사람과 받는 사람 모두 힘든 시간을 보내게 되겠지만 재미삼아 피드백 제공자의 잘못을 찾으면 장난으로 끝낼 수 있다.

그러나 피드백이 중요한 경우, 피드백 제공자에게 중요한 의미가 있는 피드백을 받는 경우, 당신에게 도움이 될 만한 피드백을 받는 경우에는 피드백 제공자의 잘못을 찾으려 해서는 안 된다. 차이점을 능숙하게 찾아내야 하며 피드백의 옳은 점을 찾기 위한 기술도 이따금씩 발휘해야 한다. 진정한 학습을 위해서는 이처럼 힘들지만 보람찬 스포츠를 계속해야 한다.

03

사각지대를 찾아라

애너벨은 슈퍼스타다. 애너벨은 재빠르고 창의적이며 지칠 줄 모르고 세심하다. 애너벨은 주변 사람들의 생일을 기억한다. 하지만 애너벨이 대체 불가능한 존재가 될 수 있었던 이유는 무엇보다 뛰어난 분석 능력과 오묘하고 기발한 매력을 두루 갖추고 있기 때문이다.

그렇지만 애너벨과 같은 팀에서 일하는 모든 직원들은 애너벨에게 넌더리를 낸다. 긴박한 상황은 아니다. 애너벨은 다른 사람을 괴롭히거나 뒤에서 다른 사람에게 해를 끼치지 않는다. 사실 정반대다. 애너벨은 팀원들에게 관심을 갖고 있으며 직원들이 행복을 느낄 때 생산성이 가장 높아진다고 생각한다.

하지만 팀원들은 행복하지 않다. 애너벨은 이 사실을 잘 알고 있다. 3년 만에 실시된 360도 피드백 평가를 통해 알아차렸기 때문이다. 360도 피드백 보고서에는 애너벨이 '까다롭고', '조급하며', '존중하는 마음을 갖고 직원들을 대하지 않는다'라고 적혀 있다. 애너벨은 이 같은 피드백을 받아들이기가 쉽지 않다. 애너벨은 지난 360도 피드백 평가 결과를 확인한 후 존중하는 마음을 표현하기 위해 줄곧 노력해왔다. 3년 동안 노력을 해왔는데 팀원들은 자신이 얼마나 열심히 노력했는지 인정해주지는 않은 채 똑같은 불만을 늘어놓고 있다.

애너벨은 무언가 다른 일이 벌어지고 있을지도 모른다고 생각한다. 어쩌면 부하직원들이 권모술수를 부리거나 익명성 뒤에 숨어 상사를 공격하는 것을 즐기고 있는지도 모른다. 어쩌면 투사 때문인지도 모른다. 사람들은 모든 관계를 부모와 자식 간의 관계에 투사하려 들기 때문에 권력을 갖고 있는 사람이 실제로 자신과 아무런 관련 없는 성장 문제까지 짊어지게 되는 경우가 가끔 있다.

애너벨이 옳다. 무언가 다른 일이 벌어지고 '있다.' 하지만 팀원들이 권모술수를 써서 애너벨을 곤란에 빠뜨리고 있는 것도, 가상의 부모를 향해 공격을 하는 것도 아니다.

애너벨이 존중하는 마음으로 팀원들을 대하려고 노력하는 것은 사실이다. 하지만 애너벨이 보내는 무의식적인 신호가 이런 '노력'을 좀먹고 있다. 토니의 설명을 들어보자.

"애너벨이 압박감을 느낄 때면 그녀와 함께 일하기가 몹시 힘듭니다. 부탁한다는 말과 고맙다는 말을 하긴 합니다. 하지만 그 이면을 들여다 보면 초조함과 경멸로 가득합니다. 사무실을 찾아가 질문을 하면 눈알을 마구 굴려대며 날카롭게 답합니다. 그런 다음 나가라고 하죠. 쾌활한 말투로 언제든 찾아와도 좋다고 이야기하긴 합니다."

애너벨은 자신이 다른 직원들에게 어떤 사람으로 보이기를 '바라는지' 잘 알고 있다. 하지만 자신이 실제로 다른 직원들에게 어떤 영향을 미치는지 깨닫지는 못하고 있다. 비단 애너벨만 그런 것이 아니다.

조는 자신이 새로운 아이디어를 적극 지지한다고 생각한다. 하지만 언제나 가장 앞장서서 창의적인 제안을 꺾어버리는 사람이 바로 조다.

메멧은 중립적인 질문(주말 잘 보냈어?)을 비난(내가 주말을 잘 보내지 못했을 거라 생각하는 모양이지?)으로 받아들인다. 하지만 다른 사람들이 자신을 까다로운 사람이라고 여기는 이유가 무엇인지 알지 못한다.

가야 한다는 신호를 보냈는데도 쿨은 계속 이런저런 이야기를 늘어놓는다. 심지어 당신이 자리를 이미 떴는데도 이야기를 멈추지 않을 때도 있다.

이 사람들은 주변 사람들의 마음을 어째서 이토록 알아채지 못할까? 우리 역시 이 사람들처럼 주변인들의 생각을 전혀 알아채지 못하는 일이 있을까?

그렇다. 사실 우리가 다른 사람들에게 보여주고 싶은 모습과 다른 사람들이 바라보는 우리의 모습 간에는 항상 차이가 있다. 다른 사람들의 피드백 속에 들어 있는 스스로의 모습을 인정하지 못할 수도 있다. 모든 사람들이 입을 모아 그 피드백이야말로 자신이 누구이며 어떤 사람인지 잘 보여준다고 이야기할 때조차 인정하지 않으려 들 수도 있다.

내가 생각하는 스스로의 모습과 다른 사람들이 생각하는 나의 모습이 이토록 다른 이유가 무엇일까? 한 가지 좋은 소식이 있다. 다른 사람들이 나를 이해하고 오해하는 방식이 놀라울 정도로 체계적이고 예측 가능하다는 사실이다.

격차 지도

격차 지도는 내가 보이고자 하는 방식과 실제로 내가 보이는 방식에 영향을 미치는 핵심 요인들을 강조한다. 왼쪽에서부터 오른쪽으로 읽어나가면 사각지대가 생기는 이유를 이해할 수 있다.

먼저 가장 왼쪽에 있는 생각과 느낌에서부터 출발해보자. 여기에서부터 의도(하고자 하는 것, 일어나기 바라는 일)가 만들어진다. 우리는 의도를 이루기 위해 무언가를 행하고 이야기하며 사람들 앞에서 행동을 한다. 이런 행동은 다른 사람들에게 영향을 미친다. 또한 다른 사람들은 이런 영향을 토대로 우리의 의도와 성격에 관한 이야기를 만들어낸다. 사람들은 피드백의 형태로 자신이 생각하는 바를 전달한다. 다른 사람들이 묘사하는 당신의 모습이 당신이 알고 있는 '당신'과 아주 약간만 닮은 것처럼 느껴질 수도 있다. 우리는 움찔하며 눈을 가느다랗게 뜨고 고개를 젓는다. 우리는 자신의 모습을 인정하지 않는다.

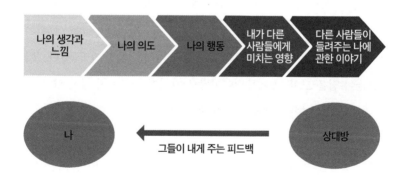

이 과정 어딘가에서 메시지가 왜곡된다. 정보가 어떤 식으로 지도를

진실 자극

따라 이동하는지 좀더 자세히 살펴보면 메시지가 어디에서, 왜 왜곡되는
지 정확하게 찾아낼 수 있다.

격차 지도를 활용해 애너벨에게 어떤 일이 일어나고 있는지 설명해
보자.

애너벨이 어떤 상황에 놓여 있는지 다시 간략하게 정리해보자. 3년
전에 시행된 첫번째 360도 피드백 평가를 통해 애너벨은 자신의 부하직
원들이 존중받지 못한다는 느낌을 받는다는 사실을 알게 됐다. 부하직원
들이 불행하다는 사실에 충격을 느낀 애너벨은 진심으로 직원들이 좀더
행복해지기를 바랐다. 이후 애너벨은 부하직원들을 '존중'하기 위해 노
력해왔다.

이제 격차 지도로 돌아가 어떤 일이 벌어지고 있는지 살펴보자. 애너
벨은 자신의 행동 변화(세번째 글상자)에 주목하고 있다. 하지만 애너벨의
생각과 느낌(첫번째 글상자)은 변하지 않았다. 이것이 문제다.

그렇다면 애너벨은 자신이 관리하는 팀에 대해 실제로 어떤 생각과
느낌을 갖고 있을까? 오랜 세월 동안 누적된 기대와 가정에 애너벨의 실
제 생각과 느낌이 반영돼 있다. 애너벨은 스스로에게 높은 기준을 갖고
있으며 주변 사람들에게도 높은 기준을 적용한다. 애너벨의 이런 성향은
개인적인 기질, 유년기의 가정생활, 조용히 지략을 발휘하는 모습을 높
게 평가받았던 학창 시절과 사회생활 경험에서 비롯된 것이다. 강굽이에
서 서서히 형태를 갖추는 도시와 마찬가지로 이런 경험들이 누적돼 '훌
륭하다'거나 '능력 있다'라는 말이 의미하는 바에 대한 기대, 가정, 가치
관으로 이뤄진 마을이 탄생한다.

이렇게 해서, 애너벨의 주위에서 소용돌이치는 횡류에 다다랐다. 애
너벨은 팀원들이 만약 자신이라면 직접 답을 찾으려고 노력해볼 법한

질문을 들고 사무실을 찾아올 때마다 깜짝 놀라곤 한다. 팀원들이 충분히 노력하지 않거나 관심을 기울이지 않는다고 생각하기 때문에 초조한 기분이 들고, 짜증스럽고, 팀원들에게 실망하곤 한다.

이로 인해 애너벨의 솔직한 생각과 느낌(첫번째 글상자)과 애너벨의 의도(두번째 글상자)가 어긋난다. 애너벨은 자신의 실질적인 생각과 느낌이 의도와 일치하지 않는다는 사실을 잘 숨기고 있다고 생각한다. 하지만 실제로는 얼굴 표정과 말투, 몸짓을 통해서 애너벨의 생각과 느낌이 행동(세번째 글상자)에 배어나오고 있다.

팀원들은 행동을 통해 배어나온 생각과 감정을 '읽고서' 애너벨의 의도가 무엇인지 의문을 갖는다. 애너벨은 자신이 긍정적인 의도를 갖고 있다고 생각한다. "나는 팀원들이 존중받고 있다고 느끼기 바랍니다. 따라서 존중하는 마음을 표현하기 위해 노력하고 있습니다." 하지만 팀원들의 이야기는 다르다. 팀원들은 애너벨이 기만적이라고 생각한다. 심지어 애너벨이 자신들을 교묘히 조종하고 있다고 생각한다. "실제로는 그렇지 않으면서 우리를 존중한다고 '믿게 만들려는 거잖아요.' 그런 행동을 하니 이제는 단순히 무례한 수준을 넘어서 엉큼하기까지 해요."

팀원들이 느끼는 불행감과 좌절감이 더욱 커졌다. 두번째 360도 피드백 평가를 통해 이 같은 사실이 명확하게 밝혀졌다. 애너벨은 평가 결과를 전달받은 후 충격에 빠졌을 뿐 아니라 자신의 노력이 인정받지도, 이해받지도 못한다고 느꼈다. 애너벨과 팀원들이 힘겨운 하향 주기에 빠져든 것이다.

지금부터 우리의 눈에는 보이지 않지만 다른 사람들의 눈에는 보이는 것(사각지대)에 관해 살펴보자. 그런 다음, 세 개의 '증폭 장치'를 살펴보자. 증폭 장치란 다른 사람들이 들려주는 나에 관한 이야기와 내가 직

진실 자극

접 하는 내 자신에 관한 이야기 간의 체계적인 차이를 뜻하는 것으로, 지도상에서 격차를 더욱 벌려놓는 역할을 한다.

자신만 못 보는 사각지대

사각지대란 우리의 눈에는 보이지 않지만 다른 사람들의 눈에는 '보이는' 것을 의미한다. 사람들은 저마다 다른 사각지대를 갖고 있다. 하지만 모든 사람들이 공통적으로 갖고 있는 사각지대도 있다.

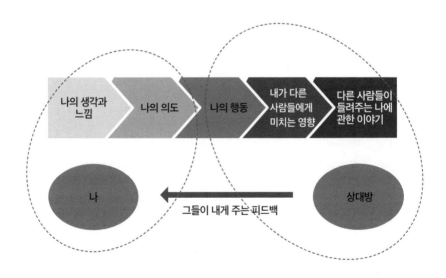

격차 지도에서 '내가 알고 있는 것'과 '상대방이 알고 있는 것'에 동그라미를 그려보면 내가 어떤 행동을 하는지 잘 알고 있는 것은 내가 아니라 피드백을 제공하는 '상대방'이라는 사실을 깨닫게 된다. 상호작용

을 할 때 이런 일이 벌어진다는 사실을 모르는 사람은 없다. 하지만 행동을 하는 당사자가 정작 자신이 어떤 행동을 하는지 인지하지 못한다는 사실은 다소 놀랍다.

속마음을 보여주는 얼굴

누가 당신의 얼굴을 볼 수 있을까? 모두가 볼 수 있다. 그렇다면 당신의 얼굴을 볼 수 없는 사람은 누구일까? 바로 당신이다.

우리는 얼굴 표정을 통해 엄청난 양의 정보를 전달한다. 하지만 얼굴은 사각지대다. 인체 해부학적으로 사람은 자신의 얼굴을 볼 수 없다. 우리는 모두 밖을 바라보지만 정작 자신이 어떤 표정을 짓는지 볼 수는 없다. 물론 화장실 거울 속에서 자신이 어떤 얼굴을 하고 있는지 잘 알고 있다. 하지만 실제 세상에서 몸을 움직여가며 사람들과 상호작용하고 실제로 발생하는 사건에 대처할 때 우리가 어떻게 보이는지는 알 수 없다.

1950년대 B급 영화에 등장하는 외계인들이나 착용할 법한 쇠고리 사슬처럼 생긴 장치를 활용한다면 가능할지도 모른다. 자신의 얼굴이 한눈에 들여다보이는 장치를 이용하면 사람들이 특정한 방식으로 반응하는 이유를 파악할 수 있을 것이다. "아, 네가 왜 내가 방어적이라고 생각하는지 '이제' 알겠어. 내 얼굴이 정말 방어적으로 보이는군."

얼굴 표정이 이토록 많은 정보를 전달하는 이유가 무엇일까? 인간의 얼굴이 놀라울 정도로 투명하거나 표현력이 풍부해서가 아니다. 우리는 마치 뉴스 피드를 배포하듯 이마에 감정 상태를 적어두지 않는다. 얼굴 표정을 통해서 다량의 정보가 전달되는 이유는 대부분의 사람들이 '다른 사람'의 얼굴을 놀라울 정도로 잘 읽어내기 때문이다. 인간의 이러한 능력은 수천 년에 걸쳐 발전해왔다. 진화론적인 측면에서 인간이 성공할 수 있었던 것은 인간이 가장 강하거나 가장 똑똑해서가 아니다. 인간이 성공적으로 진화할 수 있었던 것은 협력 때문이다. 인간은 덩치가 큰 짐승을 사냥하는 일을 비롯해 혼자서는 할 수 없는 일을 해내기 위해 다른 사람들과 협력할 수 있다.

하지만 우리는 단순히 협력'만' 하는 것이 아니다. 협력을 하는 동시에 경쟁도 한다. 누군가는 내게 도움을 주려 하지만 다른 누군가가 내게 상처를 입히려들면 사회생활은 금세 복잡해진다. 협력과 경쟁이 공존하는 환경에서는 친구와 적을 확실하게 구별할 수 있는 사람에게 보상이 돌아간다. 이를 위해서는 다른 사람들의 기분과 동기를 현명하게 짐작하는 능력이 필요하다.[1]

상대의 기분과 동기를 짐작하려면 어떻게 해야 할까? 우리는 자신의 기분과 동기에 대해 다른 사람들이 늘어놓는 이야기에 귀를 기울인다. 하지만 그것만으로는 충분하지 않다. 만일 상대가 우리를 속이려 드는 것이라면 어떨까? 속임수에 넘어가지 않기 위해서 상대방의 의도적인 의사소통에만 전적으로 의존하기보다 다양한 요소들을 고려해 상대방의 감정과 동기를 평가할 방법을 찾아야만 한다. 우리 인간은 상대의 얼굴과 말투에서 뉘앙스를 읽는 능력을 발전시켜왔으며 이런 능력을 토대로 자신과 상호작용하는 대상에 대한 '마음 이론theory of mind'[2]을 발전시켰다.

감정과 동기를 읽는 능력이 사라지면 다른 사람의 마음을 능숙하게 읽어내기가 얼마나 어려운지 명확하게 알 수 있다. 자폐를 앓는 사람들이 이런 어려움에 처하는 경우가 많다. 자폐 환자들은 다른 사람의 눈을 보지 못하며 얼굴이나 말투를 통해서 전달되는 사회적 신호를 읽지 못한다.[3] 사람들은 대부분 이런 언어를 타고나지만 자폐 환자들은 힘겨운 학습을 통해 이런 언어를 익혀야만 한다.

　대다수의 사람들은 거의 무의식적으로 상대방의 얼굴과 말투에서 끊임없이 신호를 읽어낸다. 과학저술 작가 스티븐 존슨은 다음과 같이 기술한다. '우리는 다른 사람의 눈이나 입꼬리를 관찰하는 것만으로 상대의 기분을 파악할 수 있다. 이것이 바로 전면적인 프로세스에 반영되는 배경 프로세스다. 다시 말해서, 우리는 이런 활동을 통해 얻은 통찰력은 자각하면서 우리가 실제로 어떤 식으로 그 정보를 얻었는지, 우리가 그런 정보를 습득하는 데 얼마나 능숙한지는 자각하지 못한다.'[4]

속마음을 보여주는 말투

　말투 역시 우리의 감정과 관련된 방대한 양의 정보를 전달한다. 사람들은 입 밖으로 나오는 말 자체가 아니라 '말을 하는 방식'을 근거로 말의 의미를 해석한다. 정확한 비율을 이야기하기는 힘들다(말을 하는 방식이 해석에 약 38퍼센트의 영향을 미친다고 주장한 연구가 있다).[5] 말을 하는 방식이 말의 의미를 해석하는 데 어느 정도의 영향을 미치건 말투에 많은 정보가 숨어 있다는 사실은 변치 않는다.

　배우는 100개의 의미를 전달하기 위해 100개의 다른 방식으로 '사랑한다'라는 말을 할 수 있다. 열정이나 체념의 표현일 수도 있으며, 자신감이나 의심의 표현일 수도 있다. 선언 혹은 의문일 수도 있다. 내가 당신을 사랑한다는 걸 '알아?' 내가 당신을 사랑하는 '걸까?' 당신은 '날' 사랑해? 말투, 목소리의 높낮이, 억양(언어학자들은 '음조 곡선'이라 표현한다) 등은 말뜻을 강화하거나 뒤엎으며 말을 하는 사람이 어떤 감정을 느끼는지 풍부한 정보를 제공한다.

　유아들은 귀 바로 위에 위치한 상측 두구를 통해서 청각 정보를 분류

한다. 생후 4개월쯤 되는 아이들의 상측 두구는 엄마 목소리, 자동차 경적 소리 등 모든 청각 정보에 관심을 기울인다. 하지만 7개월에 접어든 아이들의 상측 두구는 사람의 목소리만을 관심을 기울여야 할 대상으로 분류하기 시작한다.[6] 목소리에 감정이 실려 있으면 상측 두구의 활동 수준이 특히 높아진다. 인간의 두뇌에서 작은 부분을 차지하는 상측 두구는 언어를 받아들인 후 말투와 의미를 읽어내는 역할을 한다.

하지만 한 가지 기억해둬야 할 사항이 있다. 다른 사람의 말을 들을 때는 상측 두구가 활발하게 기능하지만 자신이 말을 할 때는 상측 두구가 '꺼진다'는 사실이다. 우리는 자신의 목소리를 듣지 못한다. 적어도 다른 사람의 목소리를 듣는 것과 같은 방식으로 듣지는 못한다. 누군가로부터 이야기를 하는 '방식'에 관한 피드백을 받고서 깜짝 놀라는 것도 이런 이유 때문이다(말투라니? 나는 그런 말투로 말하지 않아!). 자신의 목소리를 녹음해서 들어보면 무척 낯설게 들리는 것도 같은 이유다. 스피커에서 소리가 나올 때는 상측 두구를 통해서 소리를 듣는다. 따라서 다른 사람들과 같은 방식으로 자신의 목소리를 듣는 것이다(내 말투가 '저렇게' 들려?). 우리는 매일 자신의 목소리를 듣는다. 하지만 제대로 듣지는 못한다.

어쩌면 최고의 오페라 가수들이 이런 이유로 보이스 코치를 두는 것인지도 모른다. 소프라노 르네 플레밍의 이야기를 들어보자. "우리는 보이스 코치를 '바깥쪽에 달려 있는 귀'라고 부릅니다. 노래를 할 때 우리의 귀에 들리는 목소리와 청중의 귀에 들리는 목소리는 다릅니다."[7]

유니버시티 칼리지 런던에서 신경과학을 연구하는 소피 스콧 교수는 '소리를 듣는' 역할을 하는 상측 두구가 자신의 목소리에 주의를 기울이지 않는 것은 자신의 생각에 귀를 기울이는 데 몰두하기 때문이라고 설명한다. 사람은 한 번에 한 가지에만 집중할 수 있다. 따라서 사람들은 자신의 의도에 모든 관심을 쏟아붓는다. 다시 말해서 하고자 하는 일을 해낼 방법을 찾는 데 모든 관심을 집중시키는 것이다. 애너벨 역시 자신의 행동과 말투가 아니라 자신의 생각과 의도에 주목한다.[8]

미처 깨닫지 못하고 있을 뿐 얼굴 표정과 더불어 말투를 통해서도 생각과 감정이 드러나는 경우가 많다. 상대에게 편안하게 이야기하고 있는 듯한 인상을 주기 위해 노력하지만 불편하다는 인상을 줄 수도 있다. 자신감 넘치는 목소리처럼 들리기 바라지만 불안정하고 허풍으로 가득하다는 인상을 줄 수도 있다. 사랑하는 마음을 전하려 하지만 오히려 의심의 씨앗만 심는 경우도 있다.

속마음을 보여주는 패턴

미세한 요소들이 어떻게 사각지대가 돼버리는지 이해하기는 어렵지 않다. 이마를 찡그려 주름을 만들어 보이는 행동, 초조함이 담긴 말투 등이 모두 사각지대가 된다. 하지만 눈에 띄고 명백해 보이기까지 하는 행동 패턴조차 인식하지 못하는 경우가 많다.

어느 날 저녁, 가족들과 함께 몸짓을 보고 무엇을 흉내내는지 알아맞히는 게임을 하던 중 베넷은 이러한 사실을 깨달았다. 다섯 살 난 아들이 전화기에 대고 이야기를 하며 서성거리는 사람의 모습을 흉내내자 딸아이가 신이 나서 말했다. "그건 아빠잖아!" 베넷은 깜짝 놀라 움찔했다. "저게 어떻게 '나야?'" 딸아이가 답했다. "아빠는 '항상' 전화기를 들고 있잖아요."

정말 그럴까? 베넷은 아이들과 함께 있을 때 휴대전화를 사용하는 시간을 줄이려고 열심히 노력한다. 하지만 아이들의 생각은 다르다. 아

진실 자극

이들은 베넷이 전화를 걸거나 받느라 가족들과 함께하는 시간을 망친다고 생각한다. 이와 같은 시각 차이가 발생하는 원인 중 하나로 시간에 대한 인식 차이를 꼽을 수 있다. 우리는 전화를 할 때 시간이 가는 줄도 모른 채 대화에 빠져든다. 주변 사람들은 수화기 너머 상대의 말은 듣지도 못한 채 '반쪽짜리' 대화를 엿듣는다. 어떤 맥락도 없고 이해하기 어려운 반쪽짜리 대화가 있을 뿐이다. 그렇게 시간이 흐른다.

다른 사람들에게는 거의 우스울 정도로 명백하게 보이는 커다란 패턴조차 우리의 눈에 보이지 않을 수도 있다. 당신은 지난 4년 동안 총 여섯 번 연애를 했다. 새로운 연애를 시작할 때마다 모든 친구들에게 '이 사람이야말로 내가 기다려온 바로 그 사람'이라고 선언한다. 사치스러운 여행과 모험으로 점철된 격정기가 지나면 몇 달 동안 안정기가 지속된다. 그러다가 느닷없이 연인에게 이별을 고한다. 여섯 번의 연애와 관련해 놀라운 점이 있다면 그것은 바로, 당신의 친구들은 연애가 시작되는 순간부터 새로운 관계가 어떻게 발전할지 그래프에 그림을 그려넣을 수 있지만 정작 당신은 모든 연애에 공통적인 패턴이 있다는 사실을 까맣게 모른다는 것이다. 가장 친한 친구가 그래프를 보여주기 전까지는 당신에게 어떤 패턴이 있는지 당신은 전혀 알지 못한다.

이메일 보디랭귀지

놀랍게도 사람들은 이메일을 통해서도 감정과 말투를 읽어내려고 노력한다. 좀더 정확하게 표현하면, 상대의 얼굴을 보거나 목소리를 들을 수 없는데도 상대의 기분과 의도를 알아내려는 욕구를 내려놓지 못하는 것이다. 우리는 이런 노력을 통해 가능한 한 많은 단서를 수집한다.

이메일에서도 명백한 신호를 찾아낼 수 있다. 모든 글자가 대문자로 표시돼 있다거나, 느낌표나 물음표가 남발돼 있거나, 참조 표시에 느닷없이 누군가의 이름이 올라와 있다면(전략적인 것일까?) 이것 또한 신호다. 혹은 어휘 선택이나 이메일 발송 시간 등 좀더 미묘한 신호도 있다. 상대가 이렇게 즉각 응답하는 이유가 무엇인지, 혹은 한참 후에 답을 하는 이유가 무엇인지 궁금해진다. 단 세 단어로 이뤄진 답변이 무언가를 시사하는 것일까, 그렇지 않으면 그저 간결하게 작성된 것에 불과할까? 필요 이상으로 많은 말이 적혀 있는 것은 단순히 꼼꼼해서일까, 그렇지 않으면 분노했다는 뜻일까? 상대가 무엇을 '이야기'했는지는 잘 알고 있다. 다만 어떤 '의미'가 담겨 있는지 알고 싶은 것이다.

어쩌면 상대는 우리가 숨기려 애쓰는 모습을 보고 있을지도 모른다

다른 사람들이 우리의 얼굴과 말투, 행동을 읽는다고 해서 그들이 항상 우리를 제대로 이해하는 것은 아니다. 우리의 말과 느낌이 일치하지 않을 때 상대가 그러한 사실을 알아차리는 경우가 많다. 하지만 언제나 그런 것은 아니다.

사람들이 단순히 우리의 생각을 잘못 읽는 경우도 있다. 칵테일 타임이 됐지만 당신은 수줍음 때문에 다른 사람들에게 선뜻 다가가지 못한 채 누군가가 가까이 다가와주기를 바란다. 하지만 문가에서 서성이는 모습을 보고 다른 사람들은 당신이 '냉담'하거나 '우리 같은 사람들과 어울리기에는 너무 괜찮은 사람'이라고 판단한다. 쉽게 다가가지 못하는 행동을 근거 삼아 내린 판단이지만 옳은 해석이 아니다.

다른 사람들이 우리가 숨기려는 것을 정확하게 찾아내는 경우도 있다. 애너벨의 동료들은 애너벨이 숨기고자 하는 것을 정확하게 간파한다. 눈을 굴리는 모습, 한숨을 쉬는 모습, 이를 꽉 깨문 채 억지로 짓는 미소.

진실 자극

애너벨은 진짜 감정을 숨기려고 애쓴다. 하지만 의도치 않게 자신의 감정을 드러내보인다. 굳이 '난 넌더리가 나'라고 이야기할 필요가 없다. 애너벨의 얼굴이 애너벨을 대신해 속마음을 이야기해주고 있기 때문이다.[9]

사각지대를 증폭시키는 3대 요소

타인은 말 그대로 우리의 눈에는 보이지 않는 우리의 모습을 볼 수 있다. 우리에게는 보이지 않는 사각지대가 타인의 눈에는 너무도 명확하게 보이는 것이다. 하지만 서로 눈에 보이는 것이 다르다는 사실은 사각지대로 인해 단절이 발생하는 원인 중 일부에 불과하다. 우리가 스스로를 바라보는 방식과 다른 사람들이 우리를 바라보는 방식 간의 격차를 더욱 강화하는 요소를 살펴보자. 지금부터 소개할 세 개의 사각지대 증폭 장치는 서로 밀접하게 연결돼 있다. 하지만 하나씩 떼어서 살펴볼 만한 가치가 있다.

첫째, 감정 계산

감정은 다른 사람들이 우리를 보는 방식과 우리가 생각하는 자신의 모습 간에 격차가 발생하는 중요한 원인이다. 우리는 등식에서 감정을 뺀다. "그 감정은 진짜 내가 아니야." 하지만 다른 사람들은 우리가 내비친 감정을 두 배로 계산한다. "그 감정이 바로 당신의 '본' 모습이야."

얼마 전, 사샤의 딸이 대학 진학을 위해 집을 떠났다. 사샤는 뜻밖에도 모든 것이 사라진 듯한 상실감에 빠졌다. 한편 어느 모로 보나 사샤의 친구 올가는 사샤에게 생명줄과 같이 소중한 존재다. 그런 탓에, 또다른 친구로부터 올가가 자신을 '자기중심적이고 피해의식에 사로잡혀 있다'라고 표현했다는 이야기를 듣고 사샤는 어안이 벙벙했다.

사샤는 자신이 그런 사람이라는 사실을 인정할 수 없다. 물론 사샤가 외롭다는 이야기를 한 것은 사실이다. 하지만 외동딸이 대학 진학을 위해 집을 떠났는데 외로워하지 않을 사람이 어디 있겠는가? 다만 사샤는 자신이 올가에게 쏟아붓는 불평불만의 냉혹한 본질을 제대로 인식하지 못하고 있다. 사샤는 자신의 행동이 올가에게 어떤 영향을 미치는지 깨닫지도 못하고 올가의 인생에 대해서는 질문조차 하지 않은 채 매일같이 몇 시간씩 쉬지 않고 자신이 느끼는 고통을 올가에게 이야기한다(올가 역시 어려운 일을 겪고 있는 중이다).

사샤에게도 공감이 가고 올가에게도 공감이 간다. 사샤는 괴로움에 빠져 있으며 올가는 항상 자신의 도움을 갈구하는 사샤가 힘겹다. 사샤가 올가에게 불만을 털어놓는 이유가 무엇이며, 올가가 또다른 친구에게 이런 상황을 이야기하는 이유가 무엇인지 쉽게 이해된다. 이 이야기에 등장하는 두 사람에 대해서 판단을 할 필요는 없다. 다만 사샤가 자신의 본모습에 관한 이야기에서 어떤 식으로 감정을 배제하는지 생각해볼 필요가 있다. 감정 계산을 감안하면 피드백에 대한 사샤의 반응을 이해할 수 있다. 사샤는 올가가 함께 알고 지내는 또다른 친구에게 자신에 대한 이야기를 했다는 사실에 상처를 받았다. 그와 동시에 이야기의 내용 또한 당혹스럽기 짝이 없었다. 사샤는 이렇게 생각한다. '그건 사실이 아니야. 올가는 왜 그런 식으로 이야기를 한 거지?'

분노의 감정도 마찬가지다. 화를 내는 당사자는 화를 내면서도 실제로 자신이 화를 내고 있다는 사실을 깨닫지 못하는 경우가 많다.

당신과 동료는 내일 이사회에서 발표할 내용을 마무리하느라 엄청난 압박감에 사로잡혀 정신없이 일을 하고 있다. 한창 야근을 하던 중 완전히 새로운 아이디어를 생각해낸 동료가 열정적으로 떠들어댄다. 하지만 당신은 동료의 말을 단박에 잘라버린다. "처음부터 다시 하겠다는 거야? 지금 이 시간에? 말도 안 돼!" 그러고선 더이상 불필요한 말을 하지 않기 위해 재빨리 회의실을 나가버린다.

다음날, 동료가 전날 밤 이야기를 꺼내며 당신이 큰 소리로 감정을 쏟아낸 후 회의실을 '뛰쳐나갔다'라고 이야기하자 당신은 황당한 기분에 사로잡힌다. "나는 너한테 큰 소리로 얘기한 적 없어. 게다가 회의실을 '뛰쳐나가는' 짓 같은 건 하지 않아." 그렇다. 당신은 결코 소리를 지르거나 뛰쳐나가지 않았다고 생각할 것이다. 우리는 화가 나면 자신의 화를 돋운 대상, 즉 위협에 주목한다. 그리고 나중에도 위협만 기억한다. 동료의 입장에서 보면 우리의 분노가 '곧' 위협이다. 이것이 이야기의 일부에 불과하다고 생각하는가? 그렇지 않다. 이것이 바로 이야기의 핵심이다. 당신이 표출한 분노는 동료가 당신을 이해하고 당신과 상호작용하는 방식에 무엇보다 중요한 영향을 미친다.

앞서 살펴본 사례에서 확인할 수 있듯이 강렬한 감정은 자신의 일부라기보다 환경의 일부처럼 여겨진다. 다시 말해서 이렇게 생각하는 것이다. '나는 화가 나지 않았어. 상황이 날카로웠을 뿐이야.' 하지만 상황은 날카로워지지 않는다. 사람이 날카로워질 뿐이다.

둘째, 상황과 성격

감정 계산은 좀더 포괄적인 역학에 포함되는 부분 집합일 뿐이다. 문제가 발생하고 내가 문제의 일부가 돼버리면 나는 당면한 상황 때문에 그런 행동을 했다고 이야기할 가능성이 크다. 하지만 상대방은 상황이

아니라 성격이 행동의 원인이라고 이야기할 가능성이 크다.[10]

파티에서 마지막으로 남아 있는 케이크 한 조각을 먹어치우면 사람들은 내가 이기적이어서 그런 행동을 하는 것이라고 이야기한다(성격). 하지만 나는 아무도 케이크를 먹지 않았기 때문이라고 이야기한다(상황). 회의에 5분 늦게 도착하면 사람들은 내가 산만해서 그렇다고 이야기한다(성격). 하지만 나는 다섯 가지 일을 한꺼번에 처리하느라 늦었다고 이야기한다(상황). 개인 사정으로 하루 휴가를 내면 사람들은 내가 무책임하다고 이야기한다(성격). 하지만 나는 병든 애들레이드 이모를 위해 차편을 구해야만 했다고 설명한다(상황).

우리가 스스로의 사정을 충분히 고려하기 때문에 이런 차이가 발생하는 것이 아니다. 사실 이런 차이는 이야기를 전달하는 방식일 뿐이다. 사업상 사기를 저지르고 유죄를 인정받은 사람이나 수많은 투자자들을 파산으로 몰고 간 사람들이 자기 자신을 정직하게 살아가는 사회 구성원이라고 여기는 것도 같은 이유 때문이다. "저는 항상 지역사회를 염두에 둘 뿐 아니라 너그럽기까지 한 사람입니다. 누군가에게 상처를 주려는 뜻은 결코 없었습니다. 저는 단지 걷잡을 수 없이 치닫는 상황에 휘말렸을 뿐입니다." 즉 자신이 아니라 상황이 문제라고 생각하는 것이다.

셋째, 영향과 의도

세번째 증폭 요인은 격차 지도에 이미 표시돼 있다. 우리는 자기 자신을 판단할 때 자신의 의도를 근거로 삼는(두번째 글상자) 반면 다른 사람들은 우리가 미치는 영향을 판단의 근거로 삼는다(네번째 글상자). 따라서 좋은 의도가 부정적인 결과로 이어질 수도 있다. 바로 이런 이유 때문에 타인이 들려주는 나에 대한 이야기와 내가 '진실'이라고 생각하는 이야

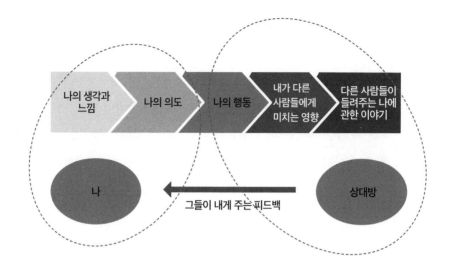

나의 생각과 느낌 → 나의 의도 → 나의 행동 → 내가 다른 사람들에게 미치는 영향 → 다른 사람들이 들려주는 나에 관한 이야기

나 ← 그들이 내게 주는 피드백 ← 상대방

기 사이에 격차가 생긴다.

애너벨 사례에서도 이런 현상을 관찰할 수 있다. 애너벨은 동료들로 인해 좌절감을 느낄 때가 많다. 동료들을 경멸할 때도 많다. 하지만 애너벨은 동료들이 인정받는다고 생각하고 행복하다고 느끼기를 바란다. 그래서 애너벨은 동료들에게 자신이 그들을 존중한다는 인상을 주기로 마음을 먹고 긍정적으로 행동하기 위해 노력한다. 이런 상황에서 어떤 문제가 생길 수 있을까?

문제는 바로 애너벨이 동료들에게 부정적인 영향을 미친다는 사실이다. 애너벨의 동료들은 '애너벨이 비록 우리에게 부정적인 영향을 미치긴 하지만 좋은 의도를 갖고 있다는 사실이 중요하지'라고 생각하지 않는다. 대신, 동료들은 부정적인 결과를 인식한 후 애너벨이 까다로운 데다 진실하지 못한 사람이라고 결론 내린다. 애너벨은 자신의 의도를 토대로 자신을 판단한다. 하지만 동료들은 애너벨이 미치는 영향을 토대로 애너벨을 판단한다.

이런 패턴은 매우 흔하다. 내가 다른 사람들과의 상호작용에 관한 이야기를 할 때는 내가 갖고 있는 의도를 중심으로 이야기를 풀어나간다. 내가 좋은 의도를 갖고 있으며, 도움을 주고, 올바른 방향으로 이끌고, 심지어 코치를 하기 위해 노력한다는 것이 이야기의 중심이 된다. 나의 좋은 의도가 좋은 영향을 미치리라 가정한다. 다시 말해서 상대방이 도움을 받고, 나아갈 길을 안내받고 있다고 느끼며, 자신의 성장을 돕기 위한 나의 노력을 높이 평가할 것이라고 가정한다. 이런 가정을 토대로 다른 사람들이 나를 좋은 사람으로 여길 것이라고 결론 내린다.

하지만 주변 사람들의 생각은 다르다. 주변 사람들은 나의 의도가 아니라 내가 초래한 결과를 중심으로 이야기를 서술한다. 좋은 의도를 갖고 있어도 타인에게 부정적인 영향을 미칠 수 있다. 가령 좋은 의도를 갖고 이야기를 했지만 상대방이 시시콜콜 간섭받는다거나 세세한 부분까지 관리받는다고 느낄 수도 있다. 상대는 그런 행동이 의도된 것이라 가정한다. 혹은 적어도 내가 사사건건 가르치려들고 있다는 사실을 알고 있으면서도 그러지 않으려고 노력하지 않는다고 가정한다. 따라서 상대방은 나를 부정적이거나 태만한 의도를 갖고 있는 나쁜 사람이라고 판단한다. 상대로부터 '사사건건 가르치려들며 모든 것을 통제하려든다'라는 피드백을 받은 나는 어리둥절한 기분에 사로잡힌 채 충격에 빠진다. 나는 상대의 피드백을 버린다. 상대의 피드백이 나의 실제 모습과 일치하지 않기 때문이다. 이런 내 모습을 지켜본 상대는 내가 내 자신의 모습을 제대로 알지 못하거나 방어적인 태도 때문에 명백한 진실을 인정하지 않으려 한다고 결론 내린다.

이런 문제를 해결하려면 피드백에 대해 논의할 때 의도와 영향을 분리해야 한다. 자신이 까다로운 사람이라는 피드백을 받은 애너벨은 자신이 그리 까다로운 사람이 아니라고 항변한다. 애너벨의 말을 요약하면 '나는 긍정적인 의도를 갖고 있기 때문에 긍정적인 영향을 미친다'라는 것이다. 하지만 애너벨은 자신이 어떤 영향을 미치는지 제대로 알지 못한다. 애너벨은 다음과 같은 방식으로 의도와 영향을 분리해서 이야기해야 한다. "나는 좀더 인내심을 갖기 위해 열심히 노력해왔습니다(두번째 글상자, 의도). 하지만 내가 의도한 영향이 나타나지는 않는 것 같군요(네번째 글상자, 영향). 속상한 일이네요. 원인을 찾아봅시다."

피드백을 제공하는 사람 역시 영향과 의도를 혼동한다. 피드백 제공자들은 상대방의 의도를 마음대로 가정한 후 자신의 가정을 토대로 피드백을 내놓는다. 하지만 "넌 다른 사람이 내놓은 아이디어에 대한 공로를 가로채려 했어(의도를 묘사하는 표현을 포함하고 있다)"라고 이야기하기보다 상대의 행동이 자신에게 어떤 영향을 미치는지 설명해야 한다. "그게 네 아이디어라고 말하다니 속상하고 당황스러워. 그 아이디어에 대한 공로가 내게 돌아와야 마땅하다고 생각했어." 하지만 이런 식으로 노련하고 세심하게 피드백을 제공하는 사람은 드물다(이런 식으로 피드백을 제공하는 사람들은 매우 대단한 사람들이다).

나의 의도는 항상 긍정적이다?

사각지대를 증폭시키는 세 가지 요인(자기 자신을 묘사할 때 특정한 감정을 제외하는 경향, 성격이 아니라 상황으로 인해 실수가 발생했다고 여기는 경향, 다른 사람에게 미치는 영향보다 자신의 긍정적인 의도에 주목하는 경향)은 모두 이치에 맞다. 다음과 같은 통계가 나오는 것도 사각지대를 증폭시키는 요인 때문이다. 미국인 중 37퍼센트가 자신이 직장 내에서 괴롭힘을 당하는 피해자라고 말한다. 하지만 자신이 누군가를 괴롭힌다고 이야기하는 사람은 1퍼센트가 채 되지 않는다. 물론 한 사람이 여러 명을 괴롭힐 수도 있다. 하지만 한 사람이 평균 37명을 괴롭힐 가능성은 적다.[11]

그보다는 직장에서 괴롭힘을 당한다고 생각하는 사람들 중 일부가 자신이 어떤 영향을 미치는지 자각하지 못하는 사람들로부터 부당한 처우를 받고 있을 가능성이 크다. 이런 사람들은 자신의 의도를 토대로 스스로를 판단하며(난 그저 일을 바로잡으려 했을 뿐이야) 다른 사람들의 반응은 과민증(성격)이나 주변 상황(이것봐, 날카로운 상황이라고. 누구라도 그런 식으로 반응할 거야) 때문이라고 여긴다. 후자에 속하는 사람들에게 다른 사람들을 괴롭히지 말라고 하는 것은 해결 방안이 될 수 없다. 자신이 다른 사람들을 괴롭히고 있다는 사실 자체를 인식하지 못하기 때문이다. 그보다는 구체적인 행동이 미치는 영향에 대해 논의하면(필요한 경우에 행동을 저지하고) 문제의 행동을 하는 바로 그 순간에 자신의 모습을 직시하고 사각지대의 존재를 깨닫도록 도울 수 있다. 또한 사람들에게 의미 있는 피드백(기분이 상하고 잘못된 것처럼 느껴지는 피드백까지도)을 요청하고 피드백을 이해하는 방법을 가르치면 양측 모두가 좀더 성공적으로 대처하는 데 도움이 될 것이다.

우리는 서로에게 속마음을 숨긴다

이제 질문을 해볼 차례다. 사람들이 우리에게 '말해주지' 않는 이유가 무엇일까? 사샤가 또다른 친구의 지각없는 행동을 통해서야 자신의 이기적인 행동으로 인해 올가의 동정심이 모두 사라져버렸다는 사실을 알게 된 이유가 무엇일까? 애너벨이 3년이 흘러 또다시 360도 피드백 평가가 이뤄진 후에야 동료들을 경멸하는 자신의 마음이 그대로 드러나고 있다는 사실을 깨닫게 된 이유가 무엇일까?

진실 자극

피드백을 주는 입장에 서게 됐을 때, 우리는 다른 사람의 기분을 상하게 하거나 싸움을 시작하고 싶지 않다는 이유로 중요한 피드백을 전하지 않는 경우가 많다. 상대가 이미 잘 알고 있을 것이라고 생각하거나 다른 누군가가 이야기할 것이라고 짐작하거나 정말 알고 싶다면 상대가 질문을 해올 것이라고 생각하기 때문이다.

피드백 제공자가 중요한 내용을 언급하지 않는 탓에 피드백을 받는 사람은 확증적인 견해가 없는 상황에서 그릇된 안락감에 빠지기가 쉽다. 좀더 쉽게 설명하면 이런 생각에 빠지게 된다. '당신이 하는 말이 사실이라면 다른 사람들도 내게 그런 이야기를 했을 거야. 하지만 다른 사람들은 그런 말을 하지 않았어. 고로 당신이 하는 말은 사실이 아니야.' 이것이 바로 우리가 자기 자신을 정확하게 보지 못하는 또하나의 이유다.

자신의 사각지대를 찾는 방법

먼저 도움이 되지 '않는' 것에서부터 시작해보자. 열심히 관찰하는 것만으로는 당신의 모습을 명확하게 볼 수 없다. 그 이유가 무엇일까. 자기 자신을 열심히 들여다볼수록 당신에게는 사각지대가 없으며 피드백이 잘못됐다는 생각이 들기 때문이다. 당신은 옳지 않은 피드백이 어디에서 비롯됐는지 궁금해하고 피드백을 제공한 사람의 숨은 동기나 인격 장애를 따지고들 것이다. 그들이 우리에게 그랬듯 우리도 동일한 격차 지도 반응을 보이게 된다. 다만 반대 방향으로 진행된다는 차이가 있을 뿐이다. 우리는 잘못된 피드백 때문에 기분이 나쁘다는 사실을 인지(네번째 글상자, 영향)하고 나서 다른 사람들이 의도적으로 그릇된 피드백을 전달(첫번째 글상자, 성격)한다고 가정한다. 다시 말해서 피드백 제공자가 특정한 목적이나 심각한 문제를 갖고 있다고 생각하는 것이다.

당신의 반응을 사각지대 경보로 활용하라

위와 같은 사고는 상당히 체계적이기 때문에 효과적으로 활용할 수 있다. 피드백이나 피드백 제공자를 완전히 묵살하지 않고 이런 생각을 사각지대 경보로 활용하면 도움이 된다. 머릿속에 '숨은 의도가 무엇일까?', '저 사람들한테 무슨 문제가 있는 걸까?'라는 질문이 떠오른다면 잇따라 '이 피드백이 나의 사각지대에 놓여 있는 게 아닐까?'라고 질문해보기 바란다.

나의 어떤 면이 나 자신에게 방해가 되는지 질문하라

이 질문에 답을 하려면 평소보다 훨씬 더 구체적으로 피드백을 파고 들어야 한다. 우리가 요청하는 피드백은 지나치게 보편적이다. 혹은 다른 사람들은 우리가 사실은 인정을 요구하는 것이라 가정한다(이런 가정이 옳을 때도 있다). 우리는 "나 요즘 어떤 것 같아?"라거나 "나한테 주고 싶은 피드백 있어?"라는 식의 애매한 말을 한다. 이런 질문을 받은 상대는 우리가 정말로 원하는 것이 무엇인지 고민에 빠진다. '뭐가' 어떻다는 거지? 이 프로젝트 말이야? 우리 관계 말이야? 리더십을 말하는 건가? 인생에 대해서 묻는 건가? 또한 얼마나 솔직하게 말해야 할지 고민한다. 아홉 살짜리 아들이나 딸에게 "오늘 어땠어?"라고 묻는 것과 다르지 않다. 아이가 "좋았어요"라는 미적지근한 답을 내놓더라도 놀라서는 안 된다.

대신 이렇게 질문해야 한다(물론 이제 아홉 살 된 자녀가 아니라 피드백 제공자에게 말이다). "내가 하고 있는 어떤 일 혹은 내가 하지 못한 어떤 일이 내게 방해가 된다고 생각해?" 이 질문에는 당신이 다른 사람들에게 미치는 영향에 대해 관심을 갖고 있다는 사실과 솔직한 대답을 기대하는 바람이 좀더 구체적으로 내포돼 있다. 범위가 더 제한적인 탓에 다른 사람들이 더 쉽게 대답할 수 있는 질문이기도 하다. 처음에는 소극적으로 시작할 수도 있다(그게, 그러니까 가끔씩 이러실 때가 있는 것 같아요). 하지만 당신이 진심 어린 호기심을 보이고 고마움을 표시하면 상대가 더 명확하고 자세하며 유용한 그림을 제시할 가능성이 크다.

패턴을 찾아라

속상한 피드백을 받았을 때 우리는 대개 정반대의 피드백을 찾으려고 노력한다. 그 이유가 무엇일까? 자신을 보호하기 위해서다. 내가 나밖에 모르는 사람이라고? 내가 정말 그런 사람이라면 작년에 지역사회 공로상을 어떻게 받았겠어? 내가 방해꾼이라고 생각해? 자네가 더이상 그런 말을 못하도록 해줄게. 지난주에 자네가 알맹이라고는 하나 없는 프레젠테이션을 하는 내내 가만히 있으려고 무던히도 노력했어.

곧장 정반대되는 피드백을 꺼내들기보다 심호흡을 하고 일관된 피드백을 찾아보자. 두 가지 방식에서 일관성이 있어야 한다. 첫째, 두 사람이 같은 행동을 묘사하지만 다르게 해석하는 수준이 어느 정도인지 고려해야 한다(다음 쪽의 표를 참고하기 바란다). 다른 사람들이 오해하고 있을 수도 있다(수줍음과 냉담함). 혹은 자신이 어떤 영향을 미치는지 제대로 인지하지 못하는 것일 수도 있다(외향적인 태도와 고압적인 태도). 당신이 기대한 피드백이 아닐 수도 있다. 하지만 다시 해석을 해보면 어떤 행동이 피드백을 초래했는지 찾아낼 수 있다.

일관성을 찾기 위한 두번째 방법은 '이전에도 이런 말을 들어본 적

내가 나를 바라보는 방식	타인이 나를 바라보는 방식
수줍음이 많다	냉담하다
긍정적이다	수상쩍다
즉흥적이다	신뢰할 수 없다
진실을 말한다	고약하다
열정적이다	감정적이다
똑똑하다	거만하다
기준이 높다	혹평한다
외향적이다	고압적이다
기발하다	짜증스럽다

있는지' 자문하는 것이다. 이런 피드백을 처음 받았는가, 그렇지 않으면 수년간 다른 사람으로부터(혹은 같은 사람으로부터) 비슷한 피드백을 들었는가? 패턴을 알고 있으면 사각지대에 대한 유용한 단서를 얻는 데 도움이 된다. 1학년 담임선생님과 첫번째 아내가 당신의 위생관념에 불만을 표시했다면 귀담아들어야 할 때가 됐는지도 모른다.

다른 의견을 구하라

중요한 피드백이 전혀 와닿지 않는다면 상대에게 모든 질문을 던져보는 것이 좋다. 그렇다고 "이게 사실일 리가 없어, 그렇지 않아?"라고 물어서는 안 된다. 그보다는 명쾌하게 문제를 짚고 넘어가는 것이 좋다. "이런 피드백을 받았어. 피드백이 잘못된 것 같아. 처음에는 피드백을 부정했어. 하지만 이 피드백이 사각지대와 관련된 것일 수도 있다는 생각이 들어. 내가 이런 식으로 행동하는 걸 본 적이 있어? 있다면 그게 언제

진실 자극

야? 나의 이런 행동이 어떤 영향을 미치는 것 같아?" 상대에게 솔직한 답을 원한다는 사실을 알려야 한다. 그 이유는 다음과 같다.

솔직한 거울과 응원의 거울

피드백을 제공하는 것은 상대가 자신의 모습을 제대로 볼 수 있도록 '거울을 들어올리는 것'과 같다. 하지만 모든 거울이 똑같은 상을 보여주는 것은 아니다. 피드백이라는 거울은 크게 두 가지로 나뉜다. 첫번째 거울은 응원의 거울이고 두번째 거울은 솔직한 거울이다.

응원의 거울은 우리에게 근사한 조명 아래 편안하게 쉬고 있는 가장 멋진 모습을 보여준다. 우리는 안도감을 얻기 위해 응원의 거울을 찾는다. 그렇다, 그 순간에 했던 행동은 그리 바람직하지 않았다. 하지만 그것이 우리의 '실제' 모습은 아니다. 응원의 거울은 이렇게 이야기한다. "그건 별일 아니야. 너에 대한 나쁜 그림에 불과해. 그냥 잊어버려. 넌 좋은 사람이야."

솔직한 거울은 최상의 상태가 아닐 때, 주변 상황이 엉망진창일 때 우리가 어떤 모습인지 있는 그대로 보여준다. 또한 스트레스를 받아 정신이 산만해진 채 은연중에 좌절감을 내비칠 때 다른 사람들이 우리를 어떻게 바라보는지 있는 그대로 보여준다. "그래, 넌 정말 그렇게 보였어. 좋은 일은 아니지."

의식적이건 무의식적이건, 우리는 자신과 가장 가까운 사람들에게 응원의 거울이 되어주기를 요구할 때가 많다. 우리는 구매 담당자의 피드백을 공유하면서 친구에게 같은 편에 서줄 것을 은연중에 요구한다. "그 사람이 과민 반응하는 거야. 그렇지 않아? 내가 좀더 중요한 다른 일에 신경써야 한다는 사실을 이해하지 못하는 것 같아, 그렇지 않아?" 백

설공주에 등장하는 마녀처럼 우리는 거울에게 솔직한 평가를 요구하지 않는다. 우리는 안도감과 지지를 요구한다.

안도감과 지지는 중요하다. 친구, 가족, 연인 등은 다른 사람들과 달리 안도감을 안겨주고 지지를 보내줄 수 있다. 하지만 이런 역할은 이들을 곤경에 빠뜨린다. 우리가 안도감과 지지를 얻기 위해 의지하는 사람들이야말로 우리에게 중요하고 솔직한 피드백을 들려주기를 망설이는 경우가 많다. 어쩌면 이런 피드백이 도움이 될 수도 있다. "그거 알고 있어? 구매 담당 직원의 이야기가 모두 옳다고는 생각 안 해. 그 사람이 가장 바람직한 방식으로 이야기했다고 생각하는 것도 아니야. 하지만 그 사람이 그런 말을 한 이유가 무엇인지 알겠어. 네가 노력할 수 있는 부분이 있어."

친구나 가족, 연인이 이런 말을 쉽게 하지 못하는 것은 비겁해서가 아니다. 이들은 혼란과 우려 때문에 이런 말을 쉽게 꺼내지 못한다. 이들은 우리에게 가장 도움이 되는 일을 하고 싶어한다. 하지만 '단순히' 힘이 되는 역할을 하는 것이 옳은지 확신하지 못한다. 뿐만 아니라 이미 형성된 패턴을 깨뜨려야 할지, 깨뜨린다면 어떤 식으로 깨뜨려야 할지 확신하지 못한다. 이들이 걱정하는 것은 당연한 일이다. 오랫동안 응원의 거울 역할을 해왔던 사람이 갑작스레 솔직한 거울로 변신하면 우리는 허를 찔린 듯한 배신감에 사로잡힐 수도 있다.

솔직한 거울과 응원의 거울이라는 개념을 활용하면 당신이 친구들에게 무엇을 요구하는지 명확하게 짚고 넘어가는 데 도움이 될 것이다. 작업을 막 끝낸 시나리오를 건네거나, 최근에 새롭게 수리한 집을 친구에게 소개할 때 미리 무엇을 원하는지 알려두는 것이 좋다. 당신은 솔직한 의견을 원하는가, 부조건적인 지지를 원하는가? 처음부터 명확하게 의

진실 자극

사를 전달하면 서로 다른 피드백을 주고받는 일을 피할 수 있다.

녹음하라

비디오로 녹화된 자신의 모습을 보거나 오디오로 녹음된 자신의 목소리를 듣는 것은 그리 유쾌하지 않은 일이다. 하지만 이런 활동은 자신의 모습을 제대로 이해하는 데 큰 도움이 될 수 있다. 평소에 자각하지 못했던 나의 말투와 행동을 직접 듣고 볼 수 있기 때문이다.

조는 매주 열리는 브레인스토밍 회의를 녹음한 덕에 자신에게 어떤 사각지대가 있는지 파악할 수 있었다. 조는 자신이 창의성을 적극 육성하는 사람이라는 자부심을 갖고 있었다. 조는 '모든 아이디어를 격추시켜버린다'라는 이유로 동료들 사이에서 자신이 '애니 오클리(미국의 여성 명사수-옮긴이)'라는 별명으로 불린다는 소문을 듣고 충격을 받았다. 조는 팀원에게 스마트폰을 이용해 몇 건의 회의를 녹음해줄 것을 부탁했다. 직접 회의를 녹음하기보다 팀원에게 녹음을 부탁하는 방법은 효과적이었다. 팀원들이 어느 정도 통제권을 갖게 됐을 뿐 아니라 조가 자신에 대한 데이터가 아니라 '팀원들'에 대한 데이터를 수집할지도 모른다는 우려가 사라졌기 때문이다.

조는 녹음 내용을 듣고 정신이 멍해졌다. "내 입에서 나오는 첫 마디는 '항상' 부정적이었습니다. 누군가가 아이디어를 내놓을 때마다 내가 가장 먼저 보인 반응은 이의를 제기하는 것이었습니다. '나는 이런 부분이 걱정돼'라거나 '그 아이디어가 효과가 없을 거라고 생각하는 이유는 말이야'라는 식으로 되받았던 겁니다. 녹음 내용을 들어보니 너무도 분명했습니다. 하지만 그동안 내가 어떻게 행동하는지 전혀 몰랐지요."

조는 그동안 자신이 왜 그렇게 행동했는지 금세 이해했다. 조는 참신한 아이디어가 무엇보다 중요하다고 진심으로 믿는다. 하지만 불필요한 시간 낭비를 걱정한다. 시간을 낭비할 가능성이 있다는 걱정 어린 마음이 대화를 방해했다. 조는 새로운 아이디어를 요청하면서도 헛된 길을 따라 걷느라 시간을 낭비할지도 모른다고 걱정했다. 이와 같은 사실을 깨달은 조와 팀원들은 이런 문제를 함께 해결해 나가기 위해 힘을 모으고 있다.

사각지대에 관한 정보를 수집하기 위한 기술이 나날이 발전하고 있다. MIT 인간 역학MIT Human Dynamics 실험실에서 연구하는 샌디 펜트랜드와 동료들은 사람들이 하루 종일 상호작용을 하는 동안 생성되는 다양한 데이터를 수집하는 전자 배지와 스마트폰 앱을 개발해왔다. 연구팀은 말투, 목소리 높낮이, 속도, 몸짓, 비언어적인 신호를 추적해 이와 같은 사회적 신호들이 생산성과 의사 결정에 어떤 영향을 미치는지 연구한다.[12] 연구팀이 연구 초창기에 찾아낸 몇 가지 사실은 놀라웠다. 비즈니스 팀, 즉석 만남, 정치 여론 조사 등 다양한 상황을 분석한 연구팀은 결과의 차이 중 40퍼센트 가량이 사회적 신호(대개 개개인의 사각지대 내에서 발생하는 행동)에서 비롯된다는 사실을 발견했다. 다시 말해서, 사업을 위한 홍보, 5분간 지속되는 데이트, 여론 조사를 위한 질문 등 대화의 내용 자체는 서로 크게 다르지 않았다. 하지만 성공적으로 비즈니스를 홍보하고, 데이트 상대의 마음을 사로잡고, 설문 조사를 받아낸 사람들은 상대방과 같은 사회적 신호를 보냈다. 이들은 상대에게 말을 건네고 상대의 말을 들을 때 미소를 짓고, 좀더 활발하게 행동하고, 좀더 높은 음조로 이야기하고, 상대와 같은 몸짓을 했다.

MIT 연구진은 이런 신호를 관찰하는 것만으로도 결과가 성공적일지 그렇지 않을지 예측할 수 있었다. MIT 연구진이 개발한 기술은 그동안 자폐 환자들이 사회적 신호를 포착하고 이해하도록 돕는 역할을 해왔다. 머지않아 이런 도구들이 리더, 동료, 가족 구성원의 역할을 수행하면서 우리가 주변인들에게 미치는 영향과 그 결과를 이해하는 데 도움을 줄 것이다.

내면에서 시작해 행동으로 이어지는 변화에 집중하라

동료들로부터 다른 사람들을 업신여기는 것 같다는 피드백을 들었을 때 애너벨은 자신의 행동이 문제라고 생각했다. '내가 경멸을 표현하는 행동을 하기 때문에 싫어하는군. 그러니 이제 상대를 존중하는 것처럼 굴어야겠어.'

하지만 애너벨의 동료들은 마치 '존중하는 것처럼 구는' 태도를 기대한 것이 아니었다. 동료들은 애너벨이 실제로 상대방을 '존중하는 마음을 갖기를' 바랐다. 애너벨은 자신이 아무리 숨기려 해도 사람들이 결국 자신의 진짜 태도와 감정을 읽게 될 것이라고 가정해야 한다. 애너벨은 둘 중 하나를 택할 수 있다. 첫번째는 동료들에게 솔직하게 감정을 털어놓는 것이다. 즉 자신이 동료들에게 불만을 느끼는 이유가 무엇이고, 동료들에게 무엇을 기대하며, 어떤 방법이 도움이 될지 솔직하게 이야기하는 것이다. 두번째는 자신의 감정을 변화시키기 위해 열심히 노력하는 것이다. 다시 말해서 다른 사람들에게 보이는 모습이 아니라 행동의 근거가 되는 솔직한 감정을 변화시키기 위해 노력해야 한다는 뜻이다.

첫번째 방법을 택하면 놀라울 정도로 많은 스트레스가 사라질 수도 있다. 애너벨이 팀원들에 대해 어떤 기대를 하고 있는지 솔직하게 이야기하고 팀원들과 함께 문제를 해결해나갈 수도 있다. 애너벨이 갖고 있는 기대가 현실적인가? 그렇다면 팀원들을 기대치에 도달하도록 만들려

사각지대를 찾아라

149

면 어떻게 해야 할까? 애너벨의 행동 중 어떤 것이 직원들이 앞으로 나아가는 데 방해가 되는가? 애너벨이 계속해서 팀원들의 노력을 뒤늦게 비난하면 팀원들은 머지않아 노력 자체를 아예 하지 않게 될 것이다.

두번째 방법을 활용하려면 애너벨이 자기 자신의 감정 및 태도와 협상을 해야 한다. 사실과 다르게 가식적으로 행동하거나 감춰서는 어떤 문제도 해결할 수 없다. 문제를 해결하려면 진심으로 공감하고 동료들에게 감사하는 마음을 가져야 한다. 동료들의 노력을 새로운 시각으로 바라보고, 팀원들이 개개인으로서 어떤 사람인지 좀더 파악하고, 이들이 어떤 일을 잘 해내는지 이해할 수 있도록 열심히 노력해야 한다.

자기 자신과 협상하는 과정에서 팀원들에게 도움을 청할 수도 있다. "나는 압박감을 느끼면 쉽게 불만스러워지곤 합니다. 미처 깨닫지 못하는 새 그런 감정을 드러내보이고 있다는 사실을 깨달았습니다. 압박감을 느끼는 상황에서 좀더 바람직한 반응을 보이기 위해 노력하고 있습니다. 내가 그런 반응을 보일 때 즉각적으로 알려주면 도움이 될 것 같습니다."

모든 사람들이 이미 알고 있는 패턴을 인정하고 변화를 위해 열심히 노력중이라는 사실을 명확하게 전달하면 된다.

목적을 가져라

이번 장을 요약하자면 '자신이 어떤 사람으로 보이는지 파악하라'다. 피드백을 받는 사람의 입장에서 자신이 어떤 사람으로 보이는지 알아둬야 한다는 뜻이다. 당신이 원하건 원치 않건 다른 사람들이 원하건 원치 않건, 주변 사람들 모두가 당신을 어떤 눈으로 바라보는지 전부 알아둬야 한다는 의미가 아니다.[13] 사람들은 우리에 대해 온갖 복잡한 생각을 갖고

진실 자극

있다. 다른 사람들이 우리에 대해 어떤 부정적인 생각을 갖고 있는지 깨닫고서 깜짝 놀랄 수도 있다. 뿐만 아니라 다른 사람들이 우리에 대해서 어떤 긍정적인 감정을 갖고 있는지 깨닫고 나면 한층 더 놀랄 수도 있다.

대부분의 경우에는 다른 누군가가 우리에 대해 대체로 호의적인 견해를 갖고 있다는 사실을 아는 것만으로 충분하다. 그것이 전부는 아닐지라도 상대가 나에 대해 호의를 갖고 있다는 것은 분명한 사실이다. 뿐만 아니라 다른 사람들이 나를 좋게 생각한다고 느끼는 것만으로도 충분히 도움이 된다. 다른 사람이 내게 호의를 갖고 있다고 생각하면 편안하고 자신감 넘치고 행복한 기분을 느낄 수 있다.

하지만 누군가가 내게 피드백을 전하려 하면 이런 추론이 설 자리를 잃는다. 누군가가 내게 피드백을 전하고자 할 때 상대가 피드백과 관련된 측면에서 나를 어떻게 바라보는지 정확하게 알아두기 위해 노력하는 것이 중요하다. 이런 노력이 피드백 제공자에게 도움이 될 수도 있고 피드백을 받는 사람에게 도움이 될 수도 있기 때문이다. 다시 말해 피드백을 주거나 받을 때 사각지대를 분명하게 해두는 것이 좋다.

PART 2

관계 자극

피드백과 인간관계

피드백을 제공하는 사람의 정체는 중요하지 않은 문제라고 생각할 수도 있다. 피드백을 제공하는 사람이 누구이건 충고는 현명할 수도 있고 어리석을 수도 있으며, 아이디어 역시 가치 있을 수도 있고 쓸모없을 수도 있다고 생각할 수 있다. 하지만 아이디어를 제공하는 사람이 누구인가는 '중요하다.' 피드백을 받는 사람이 피드백 내용 자체보다 피드백을 제공하는 사람으로 인해 자극을 느끼는 경우가 많기 때문이다. 어쩌면 피드백 대화를 망가뜨리는 가장 흔한 요인이 관계 자극인지도 모른다.

1~3장에서 진실 자극, 즉 피드백의 내용이 피드백 받는 사람을 어떤 식으로 자극하는지 살펴봤다. 4장과 5장에서는 피드백의 '내용'이 아니라 피드백을 제공하는 사람, 피드백이 제공되는 장소와 시간, 방식, 피드백의 이유 등이 피드백 대화를 어떻게 방해하는지 살펴보자. 이 모든 요소는 결국 피드백을 제공하는 사람이 누구인가로 귀결된다. 우리는 피드백이 주어진 장소와 방법, 시간, 이유 등을 고려했을 때 피드백을 제공하는 사람이 마음에 들지 않는다는 이유로 피드백을 거부한다.

4장에서는 피드백 제공자의 대우, 즉 피드백 제공자가 우리를 부당하게 대하거나 존중하지 않는다는 이유로 피드백을 거부하는 경우를 살펴볼 것이다. 또한 피드백을 제공하는 사람에 '대한' 우리의 생각을 근거로 피드백을 거부할 수도 있다. 피드백이 제대로 전달되지 않거나, 당신이 좋아하거나 신뢰하지 않는 사람으로부터 피드백을 받는 경우일지라도 피드백에서 교훈을 찾아내고 이익을 얻는 데 도움이 되는 방법을 소개할 것이다.

5장에서는 사실상 관계 자체로 인해 발생하는 피드백을 살펴보자. 당신과 피드백 제공자 간의 차이, 상반되는 성격, 마찰 등으로 인해 피드백이 생겨날 수 있다. 피드백 제공자의 피드백 속에 '네가 바뀌면 문제가 해결될 거야'라는 뜻이 함축돼 있을 수도 있다. 우리는 대개 '내'가 아니라 '상대'가 진짜 문제라는 태도로 대응한다. 관계 내에서의 피드백은 당신'이나' 나에 관한 것이 아니라 당신'과' 나, 그리고 그 사이의 관계 시스템에 관한 것이다. 그 이유를 설명할 것이다. 관계 시스템을 이해하면 남 탓만 하는 어리석은 태도에서 벗어나 공동 책임을 받아들이고, 이처럼 도발적인 주제에 대해 건설적으로 대화를 나누는 데 도움이 된다. 상대가 결국 당신 때문에 피드백 대화를 나누는 것이라 믿고 있다 하더라도 관계 시스템을 제대로 이해하면 문제를 해결하는 데 도움이 된다.

4장과 5장을 읽으면서 그동안 당신에게 피드백을 제공했던 두어 명의 사람들을 떠올려보기 바란다. 그들의 피드백을 가만히 듣고 있기가 그토록 힘들었던 이유가 무엇인가? 그럼에도 불구하고 그들의 피드백을 통해 어떤 교훈을 얻었는가?

04

피드백과 사람을
분리하라

HBO에서 방영되는 시트콤 〈럭키 루이〉의 한 장면을 살펴보자. 하루종
일 자동차 정비소에서 힘들게 일한 루이는 오랫동안 기다려온 아내 킴
과의 낭만적인 주말을 꿈꾸며 집으로 돌아간다. 루이는 야단스러운 몸짓
을 하며 아내에게 붉은 장미를 선물로 건넨다. 킴의 얼굴에는 실망한 표
정이 역력하다. 잠시 후 킴은 루이에게 이렇게 이야기한다.

킴   여보, 내 얘기 오해하지 말고 들어, 알았지? 앞으로 30년 동안 결혼
        생활을 더 해야 할 테니 붉은 장미가 내 취향이 아니라는 걸 알아
        줬으면 좋겠어. 나는 붉은 장미를 정말 좋아하지 않아.

루이 알았어. 나도 당신이 내게 말을 하는 방식에 대해서 이야기 좀 해볼
        게. 그건 별 문제도 아니야. 하지만 당신이 먼저 꽃을 사줘서 고맙
        디고 이야기한 '다음에' 장미에 대해서 이야기해야 한다고 생각해.

킴 하지만 난 전에도 당신한테 붉은 장미가 싫다고 얘기했어. 기억해?

루이 그래. 기억나는 것 같아. 하지만 그래도 이건 선물이잖아. 그게 뭔지는 그렇게 중요하지 않은 것 같은데? 어쨌든 나한테 고맙다고 이야기해야 하는 거 아냐?

다시 대화가 이어진다.

킴 상대가 갖고 오지 말라고 콕 집어서 이야기한 걸 갖다주고서 고맙다는 인사를 기대하는 게 말이 돼?

루이 차라리 이런 질문을 던지는 게 낫겠다. 어떻게 붉은 장미를 갖다 주고 돌아서서 이런 행동을 하냐고![1]

논쟁 1, 낭만적인 주말 0.

무슨 일이 벌어졌는가? 겉으로 드러난 이야기는 매우 명확하다. 루이가 킴에게 장미를 선물한다. 킴은 루이에게 피드백을 준다. 그후, 두 사람은 싸움을 벌인다. 하지만 두 사람의 반응을 보면 이 대화에 좀더 심층적인 무언가가 숨어 있다는 사실을 알 수 있다. 결국 장미가 문제가 아니라 두 사람의 관계가 문제인 것이다.

관계 자극은
대화의 선로를 옮겨놓는다

킴으로부터 피드백을 받은 루이는 관계 자극을 느낀다. 킴의 피드백은 단순하다. "나는 붉은 장미를 좋아하지도 않고 원치도 않아." 이야기의 핵심은 루이가 자신이 붉은 장미를 싫어한다는 것을 모른다는 사실에 킴이 좌절감을 느끼는 것이다. 킴이 기분이 나쁜 것은 루이가 자신의 마음을 읽지 못해서가 아니라 이미 남편에게 수차례에 걸쳐 자신이 붉은 장미를 싫어한다고 이야기했기 때문이다. 오랫동안 남편이 자신의 이야기에 귀를 기울이지 않는다고 생각해온 킴은 붉은 장미가 그 근거라고 생각하는 것이다. 나중에 킴은 루이에게 이렇게 설명한다.

"내가 당신한테 무언가를 이야기하는데 당신이 귀를 기울이지 않으면 나는 엄청난 모욕감을 느껴. 내가 중요하지 않은 사람이 된 듯한 기분이 들어."

그렇다면 루이는 킴의 피드백에 어떻게 반응하는가? 루이는 주제를 바꿔버린다. 완전하고 완벽하게 주제 자체를 바꾼다. 자, 킴도 붉은 장미에 대해 이야기하고 루이도 붉은 장미에 대해 이야기한다. 주제가 똑같다. 그렇지 않은가?

하지만 그렇지 않다. 킴은 남편의 눈에 보이지도 않고 남편의 귀에 들리지도 않는 존재가 된 듯한 서글픔을 전달하기 위해 붉은 장미를 언급한다. 루이는 킴의 감정에 대한 주제를 곧장 지나쳐 꽃을 사들고 왔는데도 감사 인사를 전혀 받지 못한 '자신'의 기분에 대해 이야기한다. 루이의 반응이나 루이가 언급한 주제 자체는 잘못된 것이 아니다. 하지만 킴이 이야기하길 원하는 주제와 전혀 겹치지 않는다. 두 사람 모두 피드백을 주기만 할 뿐 받아들이려 하지 않는다.

루이와 킴이 나눈 방식의 대화는 매우 흔하다. 이런 식의 대화를 '선로 변경 대화switchtrack conversation'라 부를 수 있다. 루이와 킴의 대화는

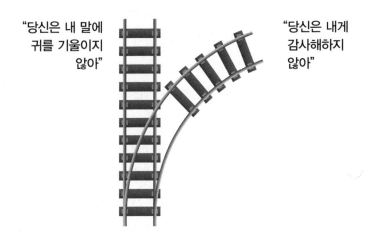

"당신은 내 말에
귀를 기울이지
않아"

"당신은 내게
감사해하지
않아"

마치 철도 선로가 갈라지듯 하나의 주제에서 두 개의 주제로 부드럽게 옮겨간다. 그런 다음 각자 자신이 택한 방향을 고집한다. 앞으로 나아갈수록 두 사람의 거리는 점점 멀어질 뿐이다.

이와 같은 역학에서 가장 중요한 점은 먼저 피드백을 받는 사람이 대화의 주제가 바뀌고 있다는 사실을 인지하지 못한다는 것이다. 루이가 주제를 바꾸는 것은 킴의 피드백을 회피하기 위해서가 아니다. 루이는 자극을 느끼기 때문에 주제를 변경한다. 붉은 장미를 좋아하지 않는다는 아내의 이야기에 루이는 상처를 입고 좌절한다. 루이는 아내가 자신의 행동에 감사를 전하지 않는다는 사실이 대화의 주제라고 생각한다. 루이의 감정은 대화를 엉뚱한 방향으로 이끌고 루이는 새로운 선로를 따라 계속 나아간다.

선로 변경은 피드백에 도움이 되지 않는다

선로 변경은 두 가지 영향(긍정적인 영향과 부정적인 영향)을 미칠 수 있다. 어쩌면 긍정적일지 모르는 영향은 두번째에 등장한 주제가 중요할 수도 있다는 것이다. 오히려 대화의 시발점이 된 피드백보다 중요한 경우도 있다. 그동안 언급하기 꺼렸던 주제가 마침내 밖으로 터져나온 것일 수도 있다. 그동안 감춰져 있던 주제가 밖으로 나왔으니 슬기롭게 대화를 풀어나가면 된다.

선로 변경의 부정적인 영향은 두 가지 주제가 언급된 탓에 대화가 엉켜버린다는 것이다. 두 가지 주제를 한꺼번에 다룬다는 것 자체는 문제가 되지 않는다. 한 번에 두 개나 열두 개 혹은 스무 개의 문제에 대해서도 얼마든지 이야기할 수 있다. 하지만 선로 변경 대화를 하면 서로 다른 두 개의 주제가 있다는 사실을 '깨닫지' 못한다. 대화를 하는 쌍방이 서로 자신이 생각하는 주제라는 필터를 통해 상대의 이야기를 듣기 때문에 대화가 제대로 진행되지 않는다.

"상대가 갖고 오지 말라고 콕 집어서 이야기한 걸 갖다주고서 고맙다는 인사를 기대하는 게 말이 돼?"라는 말을 할 때 킴이 생각하는 주제는 '루이가 내 말에 귀를 기울이지 않는다'라는 것이다. 킴이 이런 말을 하는 것도 바로 남편이 자신의 말에 귀 기울이지 않는다는 생각 때문이다. 하지만 '킴은 감사할 줄 모른다'라는 주제 필터를 통해 킴의 말을 걸러 들으면, 킴의 말 자체가 킴이 도무지 감사할 줄 모르는 사람이라는 사실을 좀더 명확하게 만들어준다. 이와 같은 피드백 대화를 통해서 킴과 루이는 무엇을 배울까? 두 사람 모두 이미 자신들이 잘 알고 있는 것을 '배운다.' 킴은 루이가 귀 기울일 줄 모른다는 비난을 들을 때조차 귀를 기울이지 않는다는 사실을 배운다. 그리고 루이는 킴이 이기적이고 무례한 사람이며 자신이 결코 이길 수 없는 상대라는 사실을 배운다.

소리 없는 선로 변경은 더욱 나쁘다

선로가 변경될 때 두번째 선로가 다른 사람의 눈에 띄지 않게 지하를 달리는 경우가 있다. 피드백을 받는 상황에서 겉으로 반응을 드러내지 않은 채 피드백에 대한 반응을 머릿속에 가둬두는 것이다. 분노를 억누르며 의붓딸이나 부서장의 비난을 참아내고 마음속으로만 반대를 외친다. 대화의 주제는 바뀐 지 오래다. '나한테 진정하라고? 당신이야말로 내가 평생 동안 만나본 모든 사람 중 가장 초조해하고 있어. 그뿐 아니라 당신은 자기가 어떤 사람인지도 제대로 모르는 게 틀림없군.' 그런 다음 우리는 자리를 조용히 벗어나 다른 사람에게 좌절감을 표출한다. (제나는 이 지구상에서 가장 신경이 과민한 사람 아니야? 아니면 이 반구에서만 그런가? 결정을 못 하셨네.) 이런 상황이 되면 갈등의 본질이 흐려지고 어떤 방면으로든 학습을 제대로 하지 못한다.

선로 변경 역학은 피드백을 받는 단계, 관계 자극을 경험하는 단계, 대화 주제를 자신의 느낌으로 전환하는 단계, 동문서답을 하는 단계 등 총 4단계로 구성된다. 대화의 주제를 변경하고픈 충동을 효과적으로 관리하려면 충동을 야기하는 관계 자극을 좀더 정확하게 이해해야 한다. 두 개의 핵심적인 관계 자극은 내가 피드백 제공자에 대해 갖고 있는 생각과 피드백 제공자가 나를 대우하는 방식에 대한 느낌이다.

관계 자극 1 :
피드백 제공자에 '대해' 어떤 생각을 갖고 있는가

상대를 존경해 마지않는 탓에 상대의 행동과 충고를 금과옥조로 삼고 싶은 사람도 있다. 이들의 의견이 지혜롭고, 배려심 있고, 깊이 있다고 가정하기 때문이다. 즉 우리가 반드시 들어둘 필요가 있는 이야기가 상대의 입에서 나온다고 생각하는 것이다. 한 마디도 빼놓지 않고 상대의 말에 귀를 기울이며 상대를 모방하기 위해 노력한다. 상대의 말은 무조건 괜찮다고 생각하는 것이다.

그 외의 다른 사람들이 주는 피드백은 어떨까? 무조건적으로 신뢰하는 대상 외의 사람들이 제공하는 피드백을 피드백으로서의 '자격이 아예 없다고' 여기지 않을 수도 있다. 하지만 우리는 경계 태세를 좀더 강화한다. 또한 온갖 근거를 토대로 피드백 제공자에게 그럴 만한 자격이 없다고 생각할 수도 있다. 사람들이 생각하는 가장 흔한 이유로 믿음, 진실성, 피드백을 제공하는 역량이나 판단력(혹은 이런 요소들의 부재) 등이 있다. 일단 피드백 제공자에게 그럴 만한 자격이 없다고 결론 내린 후에는 두 번 고민할 것도 없이 피드백 내용을 거부한다. 피드백을 제공하는 상대가 '누구'인지를 토대로 피드백 '자체'를 거부하는 것이다.

역량이나 판단력

첫번째이자 가장 손쉬운 표적은 피드백이 제공되는 '시간과 장소, 방법'이다(이 모든 것이 피드백 제공자가 '누구인가'와 직접적으로 연관돼 있다). 피드백 제공자는 피드백을 제공할 때 적절하게 주의를 기울이지 못한다. 피드백 제공자가 피드백을 제공하는 방식을 통해 역량 부족을 여실히 드러낸다. 또한 피드백 제공자가 피드백을 제공하는 장소와 시간을 통해 피드백 제공자의 판단력 부족을 확인할 수 있다.

"왜 내 약혼자 앞에서 그런 이야기를 해?"

"이 이야기를 하려고 지금까지 기다렸던 거야?"

"꽃을 줘서 고맙다고 먼저 이야기한 다음에 장미 이야기를 해야지."

피드백이 제공되는 장소, 시기, 방법에 분노를 느끼면(이런 반응이 타당한 경우도 많다) 전형적인 선로 변경이 발생한다. 우리는 고객 앞에서 분노 조절 문제를 언급하는 것이 얼마나 부적절한지 열띤 논쟁을 펼치지만 대화는 결코 분노 조절 문제로 되돌아가지 않는다. 나는 내가 택한 선로를 따라 움직이고 상대는 상대가 택한 선로를 따라 움직인다. 우리는 머지않아 상대가 시야에서 사라졌다는 사실을 깨닫는다.

신뢰성

피드백 제공자가 지닌 전문성이나 배경, 경험이 부족하다는 사실에 반응할 수도 있다. 그 남자는 사업을 직접 시작해본 적이 없어. 그 여자는 제대로 된 축구팀을 가르쳐본 일이 없어. 그 남자는 캔자스 주 다지 시티에서 평생을 보냈어. 그런데 이주 경험에 대한 '지혜'를 알려주겠다잖아. 그 사람들은 육아에 대한 온갖 조언을 해. 하지만 그 사람들은 애를 낳아본 적도 없는걸. 왜 그 사람들의 이야기에 귀를 기울여야 하지?

모두 타당한 반응이다. 하지만 '보편적으로 일이 진행되는 방식'에 관한 지식에 구애받지 않는 새로운 사람이나 외부인들의 통찰력이 도움이 되는 경우도 많다. '순진무구'하더라도 옳은 질문을 던질 수 있고 독특한 관점을 제시할 수도 있다. 음악 산업에 혁명을 일으킨 MP3 기술이나 이동통신 산업에 변화를 몰고 온 스마트폰 기술이 해당 산업의 울타리 밖에서 등장했다는 사실이 놀랍기만 한 것은 아니다. 전통적으로 신뢰받아온 인물 외의 다른 사람이 참신한 아이디어를 내놓는 경우가 많다. 정해진 틀이 있다는 사실 자체를 모르는 탓에 틀을 자유롭게 벗어나 참신한 사고를 할 수 있기 때문이다. 역사를 돌아보면 훌륭한 아이디어를 제안한 일병의 통찰력 덕에 전쟁에서 승리한 경우가 많다.

개인적인 관계에서도 참신한 관점이 오랜 기간에 걸쳐 쌓아온 복잡한 역사와 정교한 근거를 헤치고 나아가는 데 도움이 될 수 있다. 새로 사귄 친구가 오랜 친구와는 달리 상황을 공평하게 바라볼 수도 있고 오랫동안 굳어온 이복오빠와의 역학관계를 부드럽게 만드는 데 도움이 될 만한 제안을 할 수도 있다. 누군가가 "비즈니스 파트너가 당신을 그렇게 깎아내리도록 내버려두는 이유가 뭡니까?"라고 질문하면 비즈니스 파트너가 어떤 사람이며 비즈니스 파트너를 어떻게 알게 됐는지 설명을 하기 전에 생각을 먼저 해봐야 한다. 그런 다음 상황을 바꿔보라는 제안이 도움이 될지 고민해야 한다.

반응을 유발하는 또다른 유형의 신뢰성 문제는 가치관 및 정체성과 관련이 있다. 다시 말해서 '나는 그런 유형의 리더가 되고 싶지 않다'거나 '그런 부류의 사람이 되고 싶지 않다'라는 생각이 들 때 관계 자극이 발생한다. 이런 생각이 들면 '그런데 내가 왜 저 사람의 조언을 받아들여야 해?'라는 의문이 뒤따르게 마련이다.

그럴 수도 있다. 만일 상대가 배우자를 속이는 법이나 연금 기금을 횡령하는 법을 가르친다면 조심하는 것이 좋다. 하지만 사람들은 대부분 당신에게 복잡한 환경을 헤쳐나가고 이미 눈앞에 모습을 드러내기 시작한 장애물에 대처할 수 있도록 도움을 주기 위해 조언을 한다. 사실 당신이 당신의 가치관과 좀더 일치하는 방식으로 상대방의 충고를 활용하기로 마음먹기만 하면 상대방의 충고에서 도움이 되고 심지어 현명하기까지 한 부분을 찾아낼 수 있다.

신뢰성이나 배경 지식이 피드백과 무관하다는 뜻은 아니다. 피드백 제공자의 경험은 피드백의 유용성에 영향을 미친다. 하지만 피드백 제공자의 경험을 근거로 조언을 반사적으로 거절해서는 안 된다.

믿음

여기서 '믿음'이란 피드백 제공자의 동기를 뜻한다. 다른 사람의 조언을 숙고하고, 상대방의 평가를 받아들이고, 상대방의 감사를 진심이라고 믿기 위해서는 상대방이 갖고 있는 동기에 대한 믿음이 무엇보다 중요하다.

불신을 갖게 되는 이유는 다양하다. 피드백 제공자의 의도가 비도덕적이라는 두려움을 느끼는 경우도 있다. 피드백 제공자가 나를 약화시키거나 통제하려는 의도를 갖고 있을지도 모른다는 의심 때문에 상대방의 피드백을 신뢰하지 못하는 경우도 있다. 혹은 단순히 상대방이 나의 최대 이익을 염두에 두는지 의구심이 들 수도 있다. 아니면 피드백 제공자가 어떤 식으로든 내게 관심을 갖고 있지 않을 수도 있다. 다시 말해서 그저 형식적으로 피드백을 제공할 가능성도 있다.

'당신은 내게 상처를 입히려는 거군요.'
'당신은 지금 당신의 문제를 내게 투영하는군요.'
'당신은 내게 누가 상사인지 보여주고 싶은 거군요.'
'당신은 편파적이에요.'
'당신은 나로 인해 위협을 느끼는군요.'
'당신은 어떤 말도 거르지 않고 내뱉지요. 다른 사람의 마음을 상하게 하는 어리석은 소리를 멈추지 않고 계속 내뱉는군요.'

'당신은 그저 질투하는 거군요.'

'당신은 내 의견에 반대하기 위한 논거를 만들고 있군요.'

'당신은 나를 통제하려 하는군요.'

'당신은 정말 제정신이 아니군요.'

어쨌든 상관없다. 우리는 그저 '상대가 내놓은 피드백'을 확인한 후 우리의 길을 걸어가면 그만이다.

혹은 상대가 진실을 이야기하는지 의심이 들 때도 있다. 진짜 일을 잘 했다고 생각해서 칭찬을 하는 것일까, 그렇지 않으면 우유부단한 성격 때문에 솔직한 생각을 밝히지 못하는 것일까? 내가 없는 자리에서는 어떻게 이야기할까?

피드백에 의도가 명확하게 명시돼 있는 경우는 드물다. 설사 그렇다 하더라도 피드백을 받는 사람이 피드백을 믿을 수도 있고 그러지 않을 수도 있다. 당신이 "그저 도와주려는 것"이라고 이야기한다 하더라도 상대는 '내가 해고당하도록 만들려는 것'이 확실하다고 느낄 수도 있다. 문제는 의도가 눈에 보이지 않는다는 것이다. 피드백에 숨어 있는 진짜 의도는 피드백 제공자의 머릿속에 있다. 물론 피드백 제공자 역시 자신의 머릿속에 진짜 의도가 감춰져 있다는 사실을 제대로 인지하지 못할 수도 있다. 의도를 이해하기 힘든 이유도 이 때문이다. 우리는 피드백 제공자의 의도에 커다란 관심을 갖는다. 하지만 상대의 의도를 정확히 파악하기란 불가능하다.[2] 그래서 상대방의 의도를 추측하기 위해 굴을 파고 들어가 암흑 속을 헤맨다. 마침내 굴 밖으로 빠져나온다 하더라도 확실하지 않기는 매한가지다. 어쩌면 상황이 더욱 악화될 수도 있다. 고민 끝에 상대의 의도를 제대로 파악했다고 생각하지만 실제로는 상대의 의도를 제대로

관계 자극

알지 못하기 때문이다. 그렇다고 해서 무조건 상대가 좋은 의도를 갖고 있을 것이라고 가정해야 한다는 뜻은 아니다. 다만 상대방의 의도를 '모른다는' 사실을 자각해야 한다. 그래야 의도에 관한 논쟁을 멈출 수 있다.

또한 피드백 자체의 정확성이나 유용성은 의도와는 별개다. 피드백 제공자가 질투를 하는 것일 수도 있고, 통제를 원하는 것일 수도 있고, 제정신이 아닐 수도 있다. 그럼에도 불구하고 상대의 피드백이 몇 달 동안 들었던 피드백 중에 가장 정확하고 유용할 수도 있다. 혹은 상대가 진심으로 나의 최고 이익을 염두에 두고 있을 수도 있다. 설사 그렇다 하더라도 몸에 딱 달라붙는 노란색 가죽 바지를 입고 사무실에 출근을 하라는 제안은 받아들이기 힘들다.

따라서 상대방에 대한 믿음과 피드백이 '서로 다르다'는 사실을 기억하고 두 가지를 별개로 여겨야 한다. 피드백 자체를 따져봤을 때 어떤 부분이 옳은지 고민해볼 필요가 있다. 그런 다음 피드백이 당신에게 어떤 영향을 미쳤는지 피드백 제공자와 이야기를 나눠볼 수 있다. 물론 피드백 제공자의 의도를 잘 알고 있다고 주장해서는 안 된다. 또한 신뢰라는 관계 자극을 근거로 피드백을 기계적으로 거부해서는 안 된다.

피드백 게임에 등장하는 의외의 인물들

피드백을 받는 사람이 피드백 제공자에 대해 갖고 있는 생각이 관계 자극에 영향을 미친다는 사실은 가장 친한 친구가 남들은 꺼내지 못할 만한 이야기를 할 수 있는 이유를 설명하는 데 도움이 된다. 상대가 언제나 내게 도움이 되는 이야기를 해줄 것이라는 믿음을 갖고 있고, 특정한 주제(예컨대 경력에 관한 충고는 잘하지만 연애에 대한 충고는 꽝이라거나, 반대로 연애에 대한 충고는 잘하지만 경력에 관한 충고는 잘하지 못하는 경우)에 관해서라면 상대의 말을 믿을 수 있다고 생각하면 상대의 피드백을 좀더 잘 받아들이게 된다.

관계 자극은 가장 가까운 사람들이 좋은 의도를 갖고 있거나 나를 정확하게 알고 있는데도 내게 피드백을 '주지 못하는' 이유가 무엇인지 이해하는 데도 도움이 된다.

프레드가 목발에 기댄 채 카페 메뉴를 살피는데 한 여자가 다가와 프레드의 어깨를 톡톡 두드렸다. "방해하려는 건 아닌데요. 저도 작년에 목발을 그런 식으로 사용했거든요. 그런데 목발을 그렇게 사용하는 건 좋은 방법이 아니에요. 저도 결국 엉덩이를 다쳤지요. 맨 처음 부상을 입고 나서 회복하는 데 6주가 걸렸는데 목발을 잘못 사용한 탓에 발생한 부상에서 회복하는 데 여섯 달이 걸렸어요."

여자는 프레드에게 어떻게 목발을 잡고 움직여야 하는지 보여줬다. 프레드는 기쁨에 들떠 여자친구 에바에게 목발을 제대로 사용하는 법을 보여줬다. 에바는 불같이 화를 냈다. "내가 몇 주 전부터 얘기했잖아. 내 말은 무시하더니 낯선 사람이 나타나 똑같은 얘기를 하니까 그 말을 믿는 거야?"

그렇다. 내용은 똑같았지만 피드백을 주는 사람이 바뀌었다. 여자친구의 피드백을 차단했던 관계 자극이 사라졌기 때문에 프레드는 낯선 여자의 피드백을 받아들일 수 있었던 것이다. 프레드는 에바가 명령조로 이야기하는 것을 좋아한다고 생각한다. 사실 프레드는 에바의 그런 태도를 좋아하지 않는다. 게다가 에바는 목발을 사용해본 적이 없다. 목발을 사용해본 적도 없는데 목발에 대해서 무엇을 알겠는가? 카페에서 만난 낯선 사람은 어떤가? 에바와는 전혀 다르다. 도움을 주려는 의도가 아니었다면 굳이 알지도 못하는 사람에게 말을 걸 이유가 있었을까? 게다가 카페에서 만난 여자는 이야기를 꺼낼 때 자신도 목발을 사용한 적이 있다고 명확하게 밝혔다. 신뢰성도 있고 숨은 속셈도 없으니 피드백을 받아들이지 않을 이유가 없다.

한편 평소에 '가장 까다롭게 구는 사람'이 유익한 피드백 게임에서 의외로 중요한 역할을 하는 경우도 있다. 항상 서류를 내놓으라며 들들 볶는 조달 부서 여직원, 당신을 바보로 여기는 듯한 해외 고객, 온갖 가족 행사는 물론 심지어 장례식에서조차 주인공이 되고 싶어하는 친척…… 이런 사람들 말이다.

당신은 이런 사람들을 믿지도 않고 좋아하지도 않는다. 이런 사람들은 항상 적절하지 않은 시기에 엉뚱한 소리를 떠들어댄다. 그런데도 '이런 사람들이' 내놓는 피드백에 귀를 기울여야 할까?

그렇다. 이들이 당신에 대해 독특한 관점을 갖고 있기 때문이다. 우리는 대개 우리를 좋아하고 우리와 비슷한 사람을 좋아하는 경향이 있다.[3] 대체로 배우자와 별다른 충돌 없이 순조롭게 살거나 동료와 별다른 문제없이 함께 지낸다면 두 사람이 비슷한 스타일과 신념, 습관을 갖고 있을 가능성이 크다. 두 사람의 선호도와 기대가 똑같지 않을 수도 있지만 상호 보완적인 역할을 하는 것이다. 이처럼 편안한 상대와 함께 있으면 최고의 기량을 펼치고 생산성을 최고로 끌어올릴 수 있다.

그렇지만 이런 상대는 당신이 갖고 있는 가장 날카로운 부분을 개선하는 데 아무런 도움이 되지 않는다. 날카로운 면을 아예 보지 못하기 때문이다. 하지만 조달 부서의 여직원은 다르다. 조달 부서 여직원은 당신이 오만하고, 필요 이상으로 화를 내고, 무책임하며, 불친절하고, 퉁명스럽고, 문제를 회피한다고 생각한다. 반면 당신은 조달 부서 여직원이 문제라고 생각한다. 그 여직원이 당신의 가장 추악한 모습을 끄집어내기 때문이다. 그러나 그것이 바로 '당신의' 가장 추악한 모습이다. 스트레스를 느낄 때, 누군가와 대립할 때 표출되는 당신의 모습이다.

사실 가장 추악한 모습은 성장의 여지가 가장 큰 부분이기도 하다. 우리는 스트레스를 느끼거나 대립하는 상황에 놓이면 평소에 발휘하던 역량을 잊어버리고, 자신이 미처 깨닫지 못하는 방식으로 다른 사람들에게 영향을 주며, 어떤 식으로 긍정적인 전략을 수립해야 할지 갈피를 잡지 못한다. 이런 순간에 '필요한 것'이 바로 솔직한 거울이다. 함께 있을 때 가장 힘겨운 상대가 이런 역할을 가장 잘 수행하는 경우가 많다.

해외 고객이 당신을 한심하게 여긴다는 것은 곧 당신이 '이해하지' 못하는 부분이 있다는 뜻이다. 해당 고객의 도움이 없으면 당신은 끝내 문제를 직시하지 못할 수도 있다. 해외 시장에서 효과적으로 비즈니스를 하기 위해서 반드시 이해해야 할 문화적 차이를 이해하지 못하고 있을 수도 있다. 당신이 미처 깨닫지 못하는 사이에 당신의 말투와 어휘가 고객을 짜증나게 만들고 있을 수도 있다. 문제를 찾아내려면 해외 고객의 도움이 필요하다.

단기간 내에 성장을 이뤄내고 싶은가? 그렇다면 곧장 가장 까다로운 상대를 찾아가 당신의 어떤 행동이 상황을 악화시키는지 질문하기 바란다. 그 사람들은 틀림없이 질문에 대한 답을 내놓을 것이다.

관계 자극 2 :
피드백 제공자가 나를 대하는 방식

첫번째 유형의 관계 자극은 '내가 피드백 제공자에 대해 어떤 생각을 갖고 있는가'에서 비롯되며 두번째 유형의 관계 자극은 '피드백 제공자가 나를 어떻게 대한다고 느끼는가'에서 비롯된다.

업무적이든 개인적이든, 무심한 관계든 친밀한 관계든 우리는 다른 사람과의 관계에 많은 기대를 건다. 피드백을 주고받을 때 걸림돌이 되곤 하는 관계에 관한 세 가지 핵심 요소(인정과 자율성, 포용을 향한 갈망)를 살펴보자.

인정

3년 전 여동생에게 뇌졸중이 찾아온 후 당신은 여동생을 줄곧 간호해왔다. 쉽지 않은 일이었다. 체력이 고갈되자 인내심이 서서히 바닥나기 시작했다. 오늘 아침 당신은 동생을 향해 톡 쏘듯 이야기를 했다. 그러자 옆에 있던 조카가 내게 톡 쏘듯 내뱉었다. "우리 엄마한테 '다시는' 그런 식으로 이야기하지 마세요!"

그렇다. 조카의 말이 옳다. 하지만 몇 년 동안 여동생을 돌봐온 노고를 인정해주는 말은 어디로 갔을까? 매일 목욕을 시키고 옷을 갈아입힌 공을 알아주는 말은 어디로 갔을까? 그동안 여동생을 먹이고 움직일 수 있도록 도와주고 데리고 다닌 데 대한 인정의 말은 어디로 간 것일까? 조카가 화를 낸 이유는 이해할 수 있다. 하지만 조금만 거시적으로 바라보면 조카의 피드백은 매우 불공평하고 불균형하다. 어쩌면 혐오스러울 정도로 편파적인 반응인지도 모른다. 적어도 그 순간에 당신이 느낀 감정은 그렇다.

관계가 좋고 당면한 문제가 사소해도 자극을 느끼기도 한다. 어니는 서맨사가 아들을 데리고 몇몇 대학을 방문하느라 휴가를 냈을 때 며칠 동안 기쁜 마음으로 서맨사의 빈자리를 메웠다. 회사로 돌아온 서맨사가 가장 먼저 한 일은 어니에게 왜 고객에게 다시 전화를 걸지 않았냐고 물는 것이었다. 그동안 두 사람 사이에 문제가 있었던 것은 아니지만 어니는 서맨사의 태도에 자극을 느꼈다. 어니의 대답은 "정말 훌륭한 피드백이군요. 시기적절하게 당신 고객들을 대하는 법을 가르쳐주시다니요"가 아니라 "도대체 왜 그러는 겁니까?"였다. 서맨사의 피드백 자체가 틀린 것은 아니다. 하지만 어니는 서맨사의 피드백이 한쪽으로 치우쳐 있다고 느꼈다. 따뜻한 감사 인사를 듣게 될 것이라는 기대가 갑작스레 뒤집혔기 때문이다.

이와 같은 급격한 반전은 루이의 화를 돋우는 데도 한몫했다. "나는 당신을 위해서 친절한 행동을 했어. 그런데 당신은 중립적이지 않고 부정적인 반응을 보였지." 행복감에 사로잡혀 있던 루이는 순식간에 상처를 입고 말았다. 킴의 피드백이 타당하건 그렇지 않건 루이의 귀에는 킴의 피드백이 들리지 않았다. 루이는 여전히 예상치 못한 가시 때문에 통증을 느끼고 있다.

자율성

자율성이란 통제에 관한 것이다. 피드백을 제공하는 사람들이 우리에게 무엇을 해야 하고 어떻게 해야 할지 이야기를 하다가 순식간에 경계선에 발이 걸릴 수도 있다. 누군가가 경계를 침범하기 전까지는 경계가 보이지 않는 경우가 많다. 경계선은 다른 사람들의 눈에 보이지 않을 뿐 아니라 우리의 눈에도 보이지 않는다. 그러다가 누군가가 침범하는 순간 갑자기 윤곽이 선명해진다. 어린 아이들은 부모를 상대로 끊임없이 경계를 협상한다. "유아용 의자 트레이에 놓여 있는 치리오스 시리얼은 '내' 거니까 내가 원할 때 바닥으로 확 쓸어버릴래요." 어른이 돼도 경계에 대한 협상은 계속된다. 당신은 팀원들에게 이메일을 발송하기 전에

관계 자극

이메일 내용에 대해 상사의 피드백을 구하지 않는다. '당신의' 치리오스 마케팅 캠페인에 대해 '당신이' 지휘하는 팀에게 발송하는 '당신의' 이메일이다. 적어도 당신은 그렇게 생각한다.

우리는 자신의 본질 자체를 통제하려 드는 침략 행위에 특히 민감하게 반응한다. 누군가 통제를 하려들면 다음과 같이 반응한다. "그만둬요. 내 태도는 내가 통제합니다. 내 행동도 내가 통제합니다. 나의 성격도 내가 통제합니다. 옷을 입고, 걷고, 이야기하는 방식도 내가 통제합니다. 이런 유형의 피드백을 준다는 것은 곧 경계를 침해하는 겁니다. 뿐만 아니라 내 인생에서 당신이 어떤 역할을 하고 있는지 오해하는 겁니다."

나의 자율성 지도autonomy map와 상대의 자율성 지도가 이따금씩 충돌하는 탓에 누가 결정을 해야 하는가를 두고 의문이 생길 수도 있다. 이것이 바로 협상이며 대화의 중요한 부분이다. 피드백을 받는 사람과 공감하는 상황(팀원들에게 이메일을 보낼 때마다 본사의 허락을 맡아야 한다면 어떤 일도 해내지 못할 거야)과 피드백을 주는 사람의 편을 드는 상황(자네는 여기서 일한 경험이 없잖나. 회사 규범에 맞게 이메일을 작성하도록 확인하는 것이 내 역할이야)을 상상해볼 수 있다. 어떤 선택을 하건, 충고의 내용이 아니라 무엇을 해야 할지 명령을 받았다는 사실 때문에 자극을 느꼈다는 사실을 자각하기만 하면 엉뚱한 문제가 아니라 적절한 문제를 해결하는 데 도움이 된다. 내가 쓴 이메일을 읽고 상대가 제안한 문법 수정 방안이 다당한지 무의미한 논쟁을 벌이기보다 적절한 자율성 경계에 대해 솔직하게 대화해야 한다.[4]

포용

수많은 피드백 대화의 핵심에는 '내 모습을 있는 그대로 수용하지 않는 사람이 제공한 피드백은 받아들이기 힘들다'라는 역설이 자리잡고 있다.

- 아빠는 언제나 충고를 한다. 아빠가 한 번이라도 "그래, 네가 옳았다"라고 이야기해준다면 아빠의 충고에 귀를 기울일지도 모르겠다.
- 상사는 내가 하는 그 어떤 일에도 만족하지 않는다. 내가 팀원이라는 사실만으로도 마음이 불안한 것 같다. 하지만 상사도 팀이 굴러가려면 내가 필요하다는 사실을 잘 알고 있다.
- 전남편은 결국 내가 다른 사람이 되기를 원했다.

복잡한 문제다. 피드백 제공자는 어떻게 해서든 우리를 변화시키고 싶어 한다. 하지만 우리는 굳이 변하지 않아도 괜찮기를 바란다. 당신은 나의 결함에도 불구하고 나를 사랑한다고 이야기한다. 하지만 나는 당신이 그런 점들 '때문에' 나를 사랑했으면 한다.

피드백을 주는 사람과 받는 사람이 수용의 의미를 다르게 정의하는 것 또한 이런 문제가 발생하는 원인이다. 피드백 제공자는 사소한 행동 변화를 추천했을 뿐인데도 피드백을 받는 사람은 자신의 존재 자체가 거부당하는 기분을 느낄 수도 있다.

데이비드와 청도 이런 일을 겪고 있다. 데이비드는 청을 위해 좀더 높은 자리로 올라가려면 어떻게 해야 하는지 충고하곤 한다. "자네보다 재능 있는 사람은 없어. 하지만 이 업계에서는 이미지가 실체 못지않게 중요해. 코러스 라인을 넘어서 주연이 되려면 열심히 노력해서 눈에 띄는 존재가 돼야 해."

청은 데이비드의 조언이 무의미하고 모욕적이라고 생각한다. 청은 데이비드에게 자신은 그런 사람이 아니라고 설명한다. 승진하면 좋긴 하겠지만 그러지 못한다 하더라도 자신의 삶을 원하는 방식대로 살았으니 충분하다. 자기 자신이 어떤 사람인지 떠벌리는, 거짓으로 가득한 허풍쟁이가 되기 위해 정체성의 핵심이랄 수 있는 겸손과 진정성을 희생하는 것은 바람직하지 않다고 생각한다.

데이비드는 청의 반응이 당혹스럽다. 데이비드는 청이 행동을 조금만 수정하면 커다란 보상을 얻게 될 것이라는 판단하에 사소한 변화를 제안하고 있다. '청이 실제로 어떤 사람인가'와는 아무런 관계가 없는 일이다. 데이비드의 제안은 표면적인 것에 불과하다. 그것이 핵심이다. 데이비드은 '나는 이런 사람'이라는 청의 만트라가 비난으로부터 스스로를 보호하기 위한 방어막에 불과한 것이 아닌지 궁금해한다.

있는 모습 그대로를 수용하는 것과 변화를 둘러싼 두번째 골치 아픈 문제를 생각해보자. '내 모습을 있는 그대로 수용해줘'라는 이야기가 정말로 비난을 받아들이지 않겠다는 의미일까? 방과후에 아이들을 데리러 가는 것을 잊어버렸다고? 그게 나야! 새로운 투자자들 앞에서 분노를 드러냈다고? 나는 나야! 파티에서 술을 진탕 마시고서 차 사고를 냈다고? 그게 나라니까!

물론 우리 모두는 있는 그대로 받아들여질 필요가 있다. 하지만 그와 동시에 피드백을 들을 필요도 있다. 우리 행동이 다른 사람에게 영향을 미칠 때는 피드백에 특히 귀를 기울여야 한다. 9장에서 더 자세히 살펴보겠지만 있는 모습 그대로 받아들여진다고 해서 결과에 대한 책임을 피할 수는 없다. 그러니 있는 모습 그대로를 수용해줄 것을 요구해도 좋다. '물론' 아이들과 투자자 그리고 자동차에게는 보상을 한 후에 말이다.

관계 자극을 관리하는 방법

자극 반응을 초래하는 관계 문제를 묵살하는 것이 우리의 목표가 아니다. 앞서 설명했듯이 자극으로 인해 등장한 두번째 주제가 첫번째 주제 못지않게 중요한 경우도 있다. 서로 다른 두 개의 주제가 뒤섞여 있다는 사실을 깨닫고 주제가 뒤섞이거나 상쇄되도록 내버려두지 않고 한 번에 하나의 주제를 취급하는 것이 목표다.

관계 자극을 관리하고 선로 변경을 피하는 데 도움이 되는 세 가지 중요한 방법을 소개하면 다음과 같다. 첫째, 피드백 대화를 나누는 가운데 등장한 두 개의 주제(최초의 피드백과 관계 문제)를 찾아낼 수 있어야 한다. 둘째, 각 주제에 대해 별도로 대화를 나눠야 한다(그리고 두 사람이 동시에 같은 주제에 대해 이야기를 나눠야 한다). 셋째, 피드백 제공자가 최초의 피드백을 좀더 명확하게 설명할 수 있도록 도와줘야 한다. 피드백의 내용이 관계와 관련된 것이라면 특히 그렇다.

두 개의 주제를 찾아내라

첫번째 기술은 자각이다. 주제가 두 개라는 사실을 자각하지 못하면 주제별로 대화를 나눌 수가 없다. 서로 다른 두 개의 주제를 찾아내는 훈련을 해보자. 다음 예시를 보고 어떤 지점에서 선로 변경이 일어나는지 찾아보기 바란다.

딸　엄마! 엄마는 내가 마음대로 외출하도록 내버려두는 법이 없어요. 엄마는 나를 마치 아이 다루듯 해요. 나를 믿지 않는 거죠?

엄마　이렇게 딸한테 많은 관심을 갖고 있는 엄마를 둔 걸 감사하게 생각해.

첫번째 주제는 엄마가 자신을 믿을 수 없는 아이처럼 대한다는 딸의 의견이다. 딸로부터 피드백을 받은 엄마는 선로 변경을 통해 두번째 주제로 넘어간다. 엄마가 언급한 주제는 딸이 자신에게 감사한 마음을 갖지 않는다는 느낌이다. 즉 엄마가 인정 자극을 받은 것이다. 이런 상황에서는 엄마가 첫번째 주제에서 벗어나지 않는 편이 좋다. 엄마는 딸의 피드백과 관련된 질문을 던질 수 있다. "내가 너를 어떻게 대하는지 이야기를 해보자꾸나." 혹은 신뢰에 관한 자신의 생각을 좀더 명확하게 밝힐 수도 있다. "나도 너를 믿고 싶어. 하지만 네가 나의 신뢰를 얻을 수 있도록 행동을 해야지." 첫번째 주제에 관한 대화가 끝나고 나면 엄마는 두번째 주제로 되돌아가 딸이 자신에게 감사한 마음을 갖고 있는지, 딸의 태도가 두 사람에게 어떤 영향을 미치는지 이야기를 나눌 수 있다.

상사   자네는 영업 목표를 달성하지 못했어.

영업직원 휴가를 떠나기 직전에 그런 말씀을 하시는 이유가 뭡니까?

첫번째 주제는 영업 실적이다. 두번째 주제는 영업 실적을 언급하기에 적절한 시기(피드백 제공자의 역량과 판단력)다.

아내   완전 엉망이잖아! 내가 집에 도착하기 전에 애들 밥도 먹이고 목욕도 시키기로 했잖아! 연주회에 꼼짝없이 늦겠다!

남편   나한테 그런 말투로 이야기하지 마. 난 개가 아니야.

아내   지금 나한테 문제가 있다는 식으로 이야기하려는 거야? 당신이 약속했던 일을 하나도 안 해놓고 내 탓을 하려는 거야?

남편   바로 그런 말투 말이야! 내가 말하는 게 바로 그런 말투야!

첫번째 주제는 아이들과 함께 외출할 준비를 끝내놓겠다는 약속을 지키지 않은 남편에 대한 아내의 감정이다. 두번째 주제는 아내의 말투와 남편의 반응(자율성)이다.

신호등이 바뀌기를 기다리며 정지해 있는데 행인이 차를 두드리며 말한다. "횡단보도에 서 있으면 어떻게 해요!" 나는 경적을 빵빵거리며 소리친다. "다시 한번 내 차를 두드리기만 해봐!"

첫번째 주제는 횡단보도를 침범해서는 안 된다는 행인의 피드백이다. 두번째 주제는 차를 두드려서는 안 된다는 우리의 피드백(자율성과 역량)이다. 이런 상황에 처하면 행인이 차를 두드렸다는 사실에만 주목한 채 최초의 피드백은 묵살하고 싶은 마음이 든다. 하지만 최초의 피드백이 타당할 수도 있다. 횡단보도를 일상적으로 침범하는 사람은 아이들과 함께 길을 걷는 사람이나 휠체어를 탄 사람들이 정지선을 넘어선 차량 때문에 길을 편안하게 건너지 못한다는 사실을 깨닫지 못할 수도 있다.

주제를 분리하고 이정표를 세우라

두 개의 주제를 찾아냈다. 이제 어떻게 해야 할까? 두 주제가 동시에 다뤄지고 있다는 사실을 깨닫는 순간 그러한 사실을 큰 소리로 알리고 앞으로 나아가기 위한 길을 제시해야 한다. 선로 변환기가 위치한 지점에서 기차가 어디로 가야 할지 알려주는 표지판처럼 두 개의 선로가 갈라지는 지점을 알려주는 방향 신호를 제안하면 된다.

엘라는 장애아를 돌보는 보조 교사다. 엘라는 방과 전후에 장애아들과 시간을 함께 보내고, 저녁 시간에는 미술 용품을 수집하고 다양한 활

관계 자극

동을 기획한다. 엘라가 보조하는 정교사는 엘라에게 조언을 하지도 않고 엘라의 노고를 인정하지도 않는다. 풍파를 일으키고 싶지 않은 엘라는 어떤 것도 요구하지 않는다.

엘라가 학교에서 장애아들을 돌본 지 여덟 달쯤 됐을 무렵 정교사가 엘라에게 거리낌 없이 이야기한다.

"하워드한테 너무 많은 시간을 할애하는군요. 이 반에는 하워드 말고도 아홉 명의 아이들이 있어요."

충격을 받은 엘라는 생각에 빠진다. '여덟 달 만에 처음으로 준다는 피드백이 한 아동에게 지나치게 많은 관심을 쏟는다는 건가요? 내가 이 아이들에게 얼마나 중요한 사람인지 알기는 하나요? 내가 얼마나 열심히 일하고 있는지 알기는 하나요?' 엘라는 말없이 선로를 변경한다. 엘라는 반대 의견을 소리 내 이야기하지 않는다. 하지만 정교사가 엘라의 속상한 마음을 눈치챘을 가능성이 크다. 피드백을 받은 엘라가 이내 교실 밖으로 나가버렸기 때문이다.

엘라는 마음을 삭히고 상황을 제대로 자각하려 노력한다. '주제가 두 개구나. 하나는 내가 하워드에게 지나치게 많은 시간을 쏟고 있는가에 관한 것이고 다른 하나는 지금 나의 자극 반응을 유도하는 것, 즉 나의 노고를 전혀 인정받지 못한다는 느낌이야. 지금껏 나의 노고를 인정하는 어떤 말이나 나를 위한 조언도 없었는데 이제 와서 내게 그런 말을 하니까 내가 기분이 나쁜 거야.'

다음 단계는 이정표를 세우는 것이다. 엘라는 교실로 돌아가 교사에게 이야기한다.

"하워드에 대해서, 그리고 제가 시간을 보내는 방식에 대해서 이야기를 해보는 게 좋겠어요. 그건 중요하니까요. 당신의 말은 사실 제가 처음으로 받은 피드백이기도 합니다. 그러니 하워드에 대해서 이야기를 한 후에 저에게 어떤 식으로 피드백을 주실 수 있을지, 제가 지금껏 해온 일 중에 긍정적인 면을 보신 적이 있는지 다시 이야기해보고 싶습니다."

이정표 세우기는 이런 식으로 진행된다.

"관련이 있긴 하지만 서로 다른 두 개의 주제에 대해 논의를 해봐야 할 것 같습니다. 둘 다 중요하니까요. 각 주제에 대해 충분히 이야기를 하되 한 번에 하나씩 별도로 이야기를 하는 게 좋을 것 같습니다. 각 주제에 대해 따로 논의하는 거지요. 첫번째 주제에 대한 논의가 끝나면 다시 돌아가 두번째 주제에 대해 논의해봅시다."

물론 사람들은 대부분 이런 식으로 이야기하지 않는다. 사람들에게 이정표 세우기는 자연스러운 과정이 아니다. 이정표를 세우려면 대화에서 한 걸음 벗어나 대화 자체를 바라봐야 한다. 이정표를 세우는 동안은 대화의 흐름이 끊겨버린다. 이러한 특성 역시 이정표 세우기가 유용한 이유 중 하나다. 상황이 어떻게 돌아가고 있는지 필요 이상으로 명쾌하게 짚고 넘어감으로써 상대의 말에 단순하게 반응하는 통상적인 대화를 중단시키는 것이다. 이정표를 세울 때는 자신이 원하는 방식대로 표현을 하되 의사를 명확하게 전달해야 한다.

그렇다면 어떤 주제부터 다뤄야 할까? 두 가지 요소를 고려해야 한다. 첫째, 최초의 피드백에 우위를 두어야 한다. 상대가 이야기하고 싶어 하는 것이 바로 최초의 피드백이기 때문이다. 또한 모든 것이 똑같은 상황이라면 상대가 언급한 주제부터 다루는 편이 낫다. 하지만 고려해야 할 두번째 요소는 감정이다. 감정 자극 반응이 너무도 강렬해서 상대가 하는 말을 받아들이기가 어려운 지경이라면 솔직하게 이야기하고 두번째 주제에 대해 먼저 이야기할 것을 제안해야 한다. 두번째 주제에 대해

관계 자극

이야기를 먼저 하고 나면 첫번째 주제에 대한 상대의 이야기에 귀를 기울이기가 좀더 수월해진다. 결국 이것이 바로 상대가 가장 중요하게 여기는 것이기도 하다.

'조언' 뒤에 숨어 있는 관계 문제에 귀 기울여라

선로 변경의 유혹에 빠지지 않도록 촉각을 곤두세운다 하더라도 흔히 관찰되는 또다른 덫에 빠질 수 있다. 다시 말해서, 피드백 제공자가 제안한 주제(피드백 제공자의 선로) 내에 머물러 있긴 하지만 주제 자체를 오해하는 것이다. 피드백 제공자가 제대로 의사를 전달하지 못한 탓에 이런 일이 생기기도 한다. 피드백 제공자가 당신이 좀더 나은 사람이 될 수 있도록 돕기 위해 '우호적인 조언'을 하겠다고 말하면서 실제로는 좀더 심층적인 관계 문제를 언급하는 경우가 있다. 당신은 상대의 말을 액면 그대로 받아들이고 상대의 말을 이해했다고 가정한다. 하지만 실제로는 그렇지 않다.

루이와 킴의 경우를 생각해보자. 루이에게 맨 처음 조언을 할 때 킴이 어떻게 이야기했는지 살펴보자. 킴은 "나한테 선물을 사주고 싶다면 기억해둬. 난 장미를 좋아하지 않아"라고 이야기한다. 이 말만 떼어놓고 보면 근본적인 관계의 문제라기보다 선물에 관한 우호적인 충고처럼 들린다. 하지만 뒤이어 계속되는 대화를 지켜보면 킴이 제안한 주제는 결국 자신의 이야기에 귀 기울이지 않는 남편에 대한 불편한 감정이라는 사실을 알 수 있다.

이런 경우가 많다. 우리는 상처를 입거나, 좌절감을 느끼거나, 무시당했다고 느끼거나, 불쾌감이나 불안감을 느끼면 감정적인 요소를 배제하려고 노력한다. 우리는 선의의 조언을 가장해 여러 가지 '팁'을 제공한다. 하지만 상대방을 위해 조언을 하는 것은 아니다. 실제로는 상대가 '나'를 위해 변화하기를 바란다.

따라서 다른 사람으로부터 조언을 들을 때마다 스스로에게 이런 질문을 던질 필요가 있다. "내가 성장하고 발전할 수 있도록 도움을 주기 위한 조언인가? 그렇지 않으면 피드백 제공자가 그동안 자신을 힘들게 했던 관계 문제를 제기하기 위해 조언을 제공하는 것인가?"

조언 "좀더 즉각적으로 반응하는 게 좋지 않을까?"
이런 뜻일 수도 "당신이 다시 전화를 걸지 않아서 나는 기분이 좋지 않아."

조언 "밤낮으로 일에 대해서 고민하지 않는다면 당신이 좀더 행복해질 거라고 생각해."
이런 뜻일 수도 "당신이 지나치게 일에 정신이 팔려 있어서 나는 외로워."

조언 "저한테 업무를 일부 넘기시면 중요한 업무에 좀더 많은 시간을 할애하실 수 있을 겁니다."
이런 뜻일 수도 "제게 좀더 많은 책임을 맡기고 저를 신뢰해주시면 좋겠습니다."

조언 "당신은 술을 너무 많이 마셔. 그러면 건강에 안 좋아."
이런 뜻일 수도 "당신이 그렇게 술을 마시니까 걱정이 돼. 당신의 음주가 우리 관계도 방해해."

상대방의 주제를 오해하는 것이 왜 문제가 될까? 물론 상대방이 대화하고자 하는 주제를 오해하더라도 문제가 되지 않는 경우도 있다. 내가 술을 덜 마시면 다른 사람들의 마음도 편해지겠지만 내게도 도움이 된다. 하지만 상대의 조언을 액면 그대로 받아들이면, 즉 단순히 나를 위한 제안으로 받아들이면, 나를 행복하게 만드는 것이 무엇인지 합리적인 근거를 토대로 상대방의 제안을 반박할 수 있다. 예컨대 이렇게 이야기할 수 있다. "사실 일이 줄어들면 나는 마음이 불편해." 이렇게 답하면 이야기가 끝이 나버린다. 하지만 상대방이 자신의 외로움 때문에 피드백을 제공한 것이라면 상대가 이야기하고 싶어하는 진짜 주제를 놓치게 된다.

물론 그렇다고 해서 조언을 하는 사람들이 항상 상처 입은 마음을 조언으로 포장한다는 뜻은 아니다. 상대방의 조언 속에 항상 좀더 심오한 무언가가 숨어 있을 것이라고 가정해서는 안 된다. 대신 이런 질문을 던져야 한다. "우리가 같은 선로 위에 있는 거야? 진짜 주제가 뭐지?"

사실 피드백을 제공하는 당사자조차 조언이 자기 자신의 불안이나 불만에서 비롯된다는 사실을 깨닫지 못하는 경우가 있다. 어머니가 이렇게 묻는다. "너는 왜 아직까지 결혼을 안 하는 거야? 사람들을 만나보려고 노력을 하기는 하는지 모르겠구나." 그렇다. 어머니는 (원치 않는) 조언을 주고 있다. 어머니와 대화를 하던 당신은 이렇게 대답하고 싶은 욕구가 들 것이다.

- 어머니의 평가에 반박한다. "그건 사실이 아니에요. 전 노력하고 있어요."
- 있는 그대로의 모습이 받아들여지지 않는다는 느낌에 사로잡힌 채 선로를 변경한다. "저는 혼자 사는 게 정말 행복해요! 왜 항상 저를 바꾸려고 하시나요?"
- 스스로의 자율성을 지켜내기 위해 선로를 변경한다. "엄마, 저 이제 마

흔여덟 살이에요. 제 인생은 제가 알아서 해요!" 어머니는 다시 대답한다. "그런 것 같지 않구나."

당신과 어머니의 관계에서 보이는 자율성 자극과 수용 자극에 귀를 기울여야 한다. 이런 것들이 두번째 주제일 수 있다. 하지만 어머니가 하는 충고의 기저에 깔려 있는 두려움과 우려에도 귀를 기울여야 한다. 이런 것들이 어머니에게 가장 커다란 영향을 미치고 있을지 모른다. 어머니의 충고에 반박하기보다 "뭘 걱정하시는 건가요?"라고 물어보는 것이 좋다. 어머니가 다음과 같은 걱정을 한다는 사실을 깨닫게 될 수도 있다.

"네가 나이가 들수록 결혼이 힘들어진다는 사실을 모르는 것 같아서 걱정이야."
"결국 네가 좋아하지 않는 사람과 결혼하게 될까봐 걱정이야(내가 그랬던 것처럼 말이야)."
"결국 내가 좋아하지 않는 사람과 네가 결혼할까봐 걱정이야."
"네가 자립하지 못할까봐 걱정이야."
"네가 내 충고를 받아들이기는 하는지 궁금해(넌 내 충고를 받아들이지 않는 것 같아)."
"내가 어떤 '잘못된' 행동을 했기에 네가 이렇게 된 건지 궁금해."
"네가 결혼할 때까지 난 안심할 수 없어."

이 중 어떤 것도 어머니가 '조언'을 할 때 처음 언급했던 주제, 즉 데이트 전략과는 아무런 관계가 없다. 어머니의 우려를 이해하면 당신이 느끼는 관계 자극을 완화하는 데 도움이 된다. 사실 이런 주제들은 당신

　　　　　　　　　　　　　　　　　　관계 자극

에 관한 것이라기보다 어머니 자신에 대한 걱정, 당신을 염려하는 어머니의 마음에 관한 것이다. 이와 같은 사실을 이해하고 나면 '내게 자율성이 있는가, 어머니는 내 모습을 있는 그대로 수용하는가'를 둘러싼 최초의 자극이 여전히 중요한 대화 주제로 느껴지는지 그렇지 않은지 올바른 결정을 내릴 수 있다.

루이와 킴의 두번째 대화

관계 자극과 선로 변경 대화가 어떤 것인지 이해하면 어디에서나 이들의 존재를 관찰할 수 있다. 미로를 헤매는 쥐처럼 얼마나 많은 피드백 대화가 두 개 혹은 세 개의 주제로 나뉘는지 이해할 수 있게 될 것이다.

루이가 선로 변경을 꾀하지 않고 킴의 조언 뒤에 숨어 있는 관계 자극에 귀를 기울였다면 상황이 어떻게 진행됐을지 상상해보자. 루이가 이렇게 이야기할 수도 있다. "꽃을 사주면 당신이 행복해할 줄 알았어. 하지만 당신은 기분이 상했네. 그 이유가 뭔지 알려줘." 루이가 킴과 같은 선로에 머무른다면(루이를 향한 킴의 피드백) 이런 식으로 이야기할 수 있다. 혹은 다음과 같은 말을 통해 이정표를 세울 수도 있다. "그래. 당신이 장미를 좋아하지 않는다는 걸 잊어버렸어. 그 이유를 다시 한 번 이야기해줘. 그런 다음 당신을 기쁘게 해주려던 내 노력이 인정받지 못한 데 대해 이야기하자고. 두 가지 모두에 대해 이야기해야 해." 이런 식으로 이야기하면 루이는 별도의 대화를 필요로 하는 두 개의 중요한 주제가 있다는 사실을 짚고 넘어갈 수 있다.

물론 루이나 킴이 좀더 노련하게 대화에 접근했다면 소리를 지르거나 눈물을 흘리는 극적인 상황은 연출되지 않았을 것이다. 극적인 요소가 결여되면 높은 시청률을 추구하는 텔레비전 시트콤에는 문제가 되겠지만 당신과 당신이 실제로 맺고 있는 관계에는 오히려 도움이 될 것이다.

05

해결책은
양쪽 모두에게 있다

당신은 아내와 함께 아침식사를 하고 있다. 아내는 잠이 부족한 탓에 흥분한 상태다. 아내가 당신에게 피드백을 준다. "코 고는 것 좀 어떻게 해봐!" 애꿎은 반려견을 걸고넘어지려 해서는 안 된다. 텔레비전이나 이웃도 안 된다. 아내는 이야기한다. "엄청 단순한 문제야. 당신은 코를 골아. 그래서 내가 잠을 잘 수가 없어. 당신이 문제야. 그것 좀 고쳐."

반려견을 탓하는 것은 상상조차 할 수 없다. 말도 안 되는 이야기다. 진짜 문제는 아내다. 아내의 이야기는 이렇다. "당신은 코를 골아. 그게 다야." 하지만 당신은 무엇이 문제인지 좀더 잘 알고 있다. 그렇다. 당신이 코를 고는 것은 사실이다. 하지만 그 소리는 매우 작다. 코를 곤다는 표현이 어울리지 않을 정도로 작은 소리다. 보통 사람이라면 당신이 코 고는 소리 때문에 수면을 방해받지 않는다. 첫째로, 아내는 당신이 코를 곤다는 사실 자체를 몰랐다. 문제는 지금 당신과 함께 살고 있는 아내가 소음에 지나칠 정도로 예민하다는 것이다. 스트레스가 심하고 걱정이 있을 때는 소음에 특히 민감해진다. 십대 아이를 키우는 부모라면 어느 가족인들 스트레스를 받지 않고 걱정이 없겠는가? 하지만 아내는 마음을 편안하게 먹는 법을 가르쳐줘도 도무지 귀를 기울이지 않고 백색소음기를 사다줘도 사용조차 하지 않는다. 문제는 아내가 지나치게 예민하고 고집불통이라는 것이다. '그게' 전부다.

누가 문제인가?

문제가 피드백의 원인이 되는 경우가 많다. 다시 말해서 제대로 돌아가지 않는 무언가, 옳지 않은 무언가가 피드백으로 이어지는 것이다. 당신의 아내는 충분한 수면을 취하지 못하고 있다. 당신의 상사는 당신이 팀내에서 제 역할을 다하지 못한다고 주장한다. 당신과 고객의 관계는 껄끄럽다. 신입사원은 생각했던 것보다 훨씬 짜증나게 군다. 당연하게도 이런저런 방향으로 피드백이 이어진다.

이런 상황 자체는 전혀 이상할 것 없다. 문제가 생기면 대화를 통해 문제를 찾아내고 해결하면 된다. 하지만 이상한 점이 있다. 피드백을 '주는' 입장일 때 우리는 '건설적인 비판'과 유익한 조언을 한다고 생각한다. 또한 우리가 문제의 원인을 정확하게 찾아내 문제 해결을 위해 노력한다고 확신한다.

하지만 피드백을 받는 입장에 있을 때 우리는 상대방의 피드백을 '건설적'이라고 여기지 않는다. 우리는 상대방의 말을 그저 비난으로 받아들인다. '당신이 잘못한 거야. 당신이 문제라고. 당신이 바뀌어야 해.' 상

관계 자극

대방의 피드백을 믿을 수 없을 정도로 부당하게 느낀다. 우리가 문제가 아니기 때문이다. 그건 우리의 문제가 아니다. 적어도 '우리'만 문제라고 볼 수는 없다. '당신이 고집을 꺾고 백색소음기라도 사용한다면 문제가 없잖아.'

가장 사려 깊은 사람조차도 피드백을 주는 사람과 받는 사람의 관점이 이토록 다른 이유를 쉽게 이해하지 못한다. 이것은 단순히 우리가 피드백 대화의 어느 쪽에 서 있는가에 관한 문제가 아니다. 그렇지 않은가?

하지만 원인을 파악하려면 관계 시스템을 먼저 이해해야 한다.

시스템의 관점에서 관찰하라

'시스템'이란 하나의 복잡한 덩어리를 구성하는 상호적이거나 독립적인 구성 요소의 집합이다. 시스템 내의 각 부분은 시스템 내의 다른 부분에 영향을 미친다. 하나를 바꾸면 다른 부분도 영향을 받는다. 관계도 일종의 시스템이고, 팀도 일종의 시스템이며, 조직도 일종의 시스템이다. 먹이사슬은 생태계를 구성하는 하나의 요소다. 당신과 십대 자녀가 거의 문자 메시지만으로 의사소통 하는 것 역시 관계 시스템의 일부다.

시스템 내에서 무언가 문제가 생기면 우리는 상대방이 보지 못하는 무언가를 깨닫는다. 하지만 이런 깨달음에는 일종의 규칙이 있다. 문제가 생기면 나는 '당신'의 어떤 행동이 문제를 초래했는지 찾아낸다. 반면 당신은 '나'의 어떤 행동이 문제를 초래했는지 찾아낸다. 당신은 내가 코를 곤다는 사실을 알고 있다. 나는 당신이 예민하다는 사실을 알고 있다.

당신은 내가 마감을 지키지 못했다는 사실을 알고 있다. 나는 당신이 항상 내게 잘못된 마감일을 알려준다는 사실을 알고 있다(적어도 지금까지는 그랬다).

당신은 좋은 의도로 나의 책임을 지적한다. 하지만 나는 분노를 느끼고 다시 방향을 전환해 역시 좋은 의도로 당신을 비난한다. 우리 두 사람 모두 상대방이 당면한 문제에 어떤 기여를 하는지 포착하고, 자신이 해당 문제와 관련된 모든 비난을 감수할 필요는 없다고 생각한다.

이것이 바로 관계 시스템에 관한 두번째 통찰이다. 우리는 모두 문제의 일부분, 즉 상대방이 문제에 기여하는 부분만 이해할 뿐이다. 관계 시스템에 관한 첫번째 통찰은 '피드백을 받는 사람과 주는 사람 모두 문제의 일부'라는 것이다. 강도는 다를 수 있다. 하지만 두 사람 모두 관련이 있으며 서로 영향을 미친다. 당신이 코를 골지 않았다면(코골이 대신 어떻게 부르건) 아내가 잠을 잘 수 있었을 것이다. 아내가 스트레스를 덜 받거나 덜 고집스러웠더라도 잠을 잘 잘 수 있었을 것이다. 두 사람 모두가 '지금과 같은 모습이기 때문에' 문제가 발생한 것이다. 관계 시스템은 이런 식으로 작동한다.

시스템 관점을 활용하면 애초에 불만이나 어려움, 실수를 야기하는 (그리하여 최종적으로 피드백을 초래하는) 요소가 무엇인지 찾아내는 데 도움이 된다. 근본 원인을 찾아내고, 시스템 내의 모든 사람들이 문제에 어떤 식으로 기여하는지 알아내는 데도 도움이 된다. 또한 우리가 피드백을 주는 사람과 받는 사람의 입장에 섰을 때 상반되는 반응을 보이는 이유를 설명하는 데도 도움이 된다. 피드백을 받는 사람은 방어적인 반응을 보인다. 피드백 제공자가 문제에 어떤 기여를 했는지 명확하게 알고 있기 때문이다. 피드백을 주는 사람은 피드백을 받는 사람이 방어적으로 반응하는 데 놀란다. 피드백을 받는 사람이 문제에 어떤 기여를 했는지 확실하게 알고 있기 때문이다. 또한 피드백을 주는 사람과 받는 사람 모두 '상대방'이 변한다면 가장 쉽고 효율적인 방식으로 문제를 해결할 수 있을 것이라고 생각하는 경우가 많다.

피드백에 대해서 좀더 제대로 된 대화를 나누려면 피드백을 주는 사람과 받는 사람이(그리고 제3자들이) 논의중인 문제에 어떤 식으로 기여하는지 좀더 명확하게 이해해야 한다. 그래야만 비난과 방어를 넘어서 이해로 나아갈 수 있다. 뿐만 아니라 좀더 탄탄한 해결 방안을 만들어낼 수 있다. 관계 시스템 내에서 피드백을 받는 사람과 주는 사람은 단순한 변화만으로 시스템 전체에 커다란 영향을 미칠 수 있다. 작은 노력이 모든 사람의 숙면에 도움이 될지도 모른다.

세 걸음 뒤로 물러서라

세 가지 관점에서 관계 시스템을 바라보자. 먼저 근접한 거리에서 바라보다가 중거리로, 마지막에 원거리로 넘어가야 한다. 각 관점으로 관계 시스템을 바라보면 각기 다른 패턴과 역학을 발견할 수 있다.

한 걸음 뒤로, 너와 내가 교차하는 지점

피드백이 '너는 이래. 그게 문제야'라는 형태로 표현되는 경우가 많다. 하지만 사람 간의 관계에서 '너는 이래'라는 말에 담긴 의미는 '나라는 사람과 '관련 지어봤을 때' 너는 이래'라는 것이다. 이것이 바로 문제를 야기하는 조합, 즉 상대와 내가 갖고 있는 서로 다른 점이 교차하는 지점이다.

주말에 휴식 시간을 갖고 싶은 당신의 욕구는 당신의 관심과 참여를 향한 나의 욕구와 관련 지을 때만 문제가 된다. 장례식이 끝나자마자 엄마의 집을 몽땅 정리하려는 당신의 욕구는 애도할 시간을 갖고픈 나의 욕구와 관련지을 때만 문제가 된다. 당신이 스웨덴어만 구사하는 것은 아무런 문제가 되지 않는다. 내가 영어만 구사한다는 것도 아무런 문제가 되지 않는다. 하지만 두 가지 조건을 결합하면 문제가 된다.

이런 차이가 역동적인 시스템으로 발전해 작용과 반작용으로 이뤄진 하향 곡선을 만들어내는 경우가 많다. 샌디와 길은 돈 문제로 첨예하게 대립한다. 샌디는 길이 구두쇠라고 생각하고 길은 샌디가 돈을 헤프게 쓴다고 생각한다. 신혼 때는 두 사람의 소비 성향 차이가 사소한 다툼을 유발했을 뿐이다. 하지만 길이 회사에서 쫓겨난 후 두 사람이 돈과 스트레스에 대처하는 방식이 서로 전혀 다르다는 사실을 깨닫게 되면서 상황이 악화됐다. 샌디는 근심이나 걱정이 있을 때 취미 생활을 즐기고 비싸지 않은 사치품을 구입한다. 게다가 최근에는 취미 생활이나 작은 사치품에 많은 돈을 쓰지 않는다. 하지만 3달러짜리 카푸치노를 한 잔 마시면 모든 근심과 걱정에서 해방되는 듯한 기분이 든다. 길은 불안감을 누그러뜨리기 위해 잔돈 한 푼까지 꼼꼼하게 파악해 얼마의 돈이 남아 있는지 확인하고 씀씀이를 줄이기 위한 상징적인 방법을 찾아낸다. 길은 수중에 돈이 얼마 있는지 확인하는 행위를 통해 자신이 상황을 제대로 통제하고 있다는 자부심을 느낀다.

두 사람은 피드백을 주고받는다. 길은 샌디를 질책한다.

"지출을 줄이려고 노력해야 하는 상황인데 당신은 어떻게 돈을 이렇게 마구 써댈 수 있는지 이해할 수가 없어."

샌디는 길을 힐난한다.

"내가 구입한 그레이프 넛츠 시리얼을 자가 상표 브랜드로 교환하러 꼭 슈퍼마켓으로 돌아가야만 했어? '당신은' 진짜 미쳤어. 겨우 35센트를 절약하려고 이 모든 갈등을 참아야 해?"

두 사람 모두 상대방을 비난할 뿐 자기 자신이 이와 같은 역학에 영향을 미쳤다는 사실은 깨닫지 못한다. 어떤 순간이건 두 사람의 피드백은 이런 모양새다.

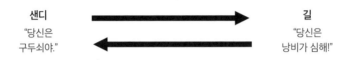

하지만 시간이 흐르면서 하강 곡선이 형성된다. 스트레스가 커지면 아내를 감시하려는 길의 욕구 또한 커진다. 또한 길이 감시를 강화하면 샌디는 사소한 즐거움을 더욱 갈구하게 된다. 샌디는 비싼 시리얼을 사다가 찬장 구석에 있는 쿠키통 뒤에 숨겨놓는다. 길은 아내가 숨겨놓은 시리얼을 발견하고 아내를 질책한다. 아내가 자신을 속이고 있다고 판단한 길은 모든 것이 엉망진창이 된 듯한 기분을 느끼고 좀더 강하게 통제하려 든다. '당신은 낭비가 심해'가 '당신은 이기적이고, 믿기 힘들고, 통제 불가능한 사람이야'가 된다. '당신은 구두쇠야'라는 말이 '당신은 무엇이든 통제하려들고, 비이성적이고, 과민해'가 된다. 피드백을 받는 입장에 서면 두 사람 모두 상대방의 피드백을 묵살한다. 피드백 자체가 '상대방'이 이상하다는 새로운 근거에 불과하기 때문이다.

샌디와 길 모두 관계 시스템을 보지 못한다. 시스템의 내부에서는

'상대방'의 행동과 그 행동이 우리에게 미치는 영향 외에 다른 것을 볼수 없다. 두 사람 모두 상대방이 만들어낸 문제에 단순히 반응하고 있을 뿐이라고 생각한다.

사적인 관계에서건 공적인 관계에서건 교차 지점(서로 충돌하도록 만드는 선호도와 성향, 특성의 차이)은 마찰과 피드백의 상당 부분을 차지한다. 결혼 연구가 존 고트먼은 현재 진행중인 부부 싸움의 주제 중 5년 전의 부부 싸움 주제와 동일한 것이 무려 69퍼센트에 달한다고 설명한다.[1] 지금부터 5년이 흐른 후에도 똑같은 문제를 가지고 부부 싸움을 할 가능성이 크다.

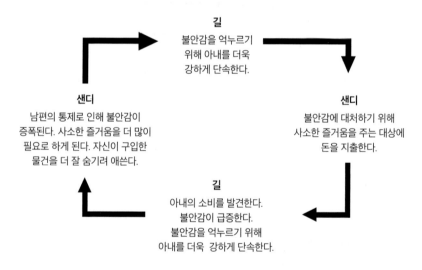

길
불안감을 억누르기
위해 아내를 더욱
강하게 단속한다.

샌디
남편의 통제로 인해 불안감이
증폭된다. 사소한 즐거움을 더 많이
필요로 하게 된다. 자신이 구입한
물건을 더 잘 숨기려 애쓴다.

샌디
불안감에 대처하기 위해
사소한 즐거움을 주는 대상에
돈을 지출한다.

길
아내의 소비를 발견한다.
불안감이 급증한다.
불안감을 억누르기 위해
아내를 더욱 강하게 단속한다.

우리가 자신의 선호도와 성향, 특성을 인지하지 못하는 경우도 있다. 가령, 내가 불확실성을 어떻게 관리하는지, 새로운 것을 어떤 식으로 경험하는지, 무엇이 내게 안전하다는 확신을 주는지, 무엇이 나의 에너지

관계 자극

를 충전시키거나 고갈시키는지, 내가 세부사항을 중시하는 사람인지 큰 그림을 중요시하는 사람인지, 선형적인 사람인지 무작위적인 사람인지, 불안정한 사람인지 안정된 사람인지, 긍정적인지 부정적인지 인지하지 못하는 것이다. 어쩌면 우리가 갖고 있는 성향이라는 것이 우리와는 다른 누군가와 함께 있을 때만 만들어진다는 사실을 깨닫지 못할 수도 있다. 미국 소년은 "너는 미국식 악센트를 갖고 있구나"라는 영국 소녀의 말에 웃음을 터뜨릴 수밖에 없다. 미국 소년의 입장에서는 자신이 아니라 영국 소녀가 특이한 악센트를 갖고 있는 것처럼 보이기 때문이다.

우리는 자신이 속한 관계 시스템의 패턴도 제대로 보지 못한다. 하지만 관계 시스템에 속하지 않은 사람들은 시스템이 어떤 형태를 띠고 있는지 쉽게 파악하는 경우가 많다. 당신은 아이들 때문에 몹시 화가 나 있다. '도대체 왜 주방 한가운데 있는 신발을 치우라고 700번을 이야기해야 하는 거니?' 때마침 집에 있던 시아버지가 (원치도 않는) 조언을 한다. "멈추지 말고 끝까지 하렴. 일관성이 있어야지."

당신을 폭발하게 만들기에 충분한 조언이다. 당신은 이미 멈추지 않고 밀어붙이고 있다. 이미 699번이나 이야기하지 않았는가! 전에는 아이들을 타이르는 것 자체를 포기하고 직접 신발을 옮겨놓곤 했다.

그렇지만 시아버지는 당신과 아이들의 관계 내에 존재하는 무언가, 즉 당신은 보지 못하는 무언가를 보고 있다. 시아버지는 당신이 아이들을 상대로 친절하게 부탁하다가 부드러운 말투로 재촉하고 협박을 앞세워 훈계하고 결국 아무런 성과도 얻지 못하는 모습을 가만히 지켜봤다. 그 결과 시아버지는 소리를 질러야만 아이들이 엄마의 말을 듣는다는 사실을 깨달았다. 그래서 아이들은 엄마가 소리를 지를 때까지 비디오 게임을 한다.

한 걸음 뒤로 물러선다는 것은 시아버지가 그랬듯 자신의 관점 밖으로 한 걸음 물러서서 시스템을 관찰한다는 뜻이다. 상대방이 어떤 잘못된 행동을 하는지 찾아내려고 애쓰기보다 두 사람이 '각자' 상대의 행동에 반응해 어떻게 대응하는지 주목해야 한다. 한 걸음 뒤로 물러서 관찰을 하다 보면 좀더 커다란 패턴을 찾아낼 수 있다. 그동안 당신이 '멈추지 않고 밀어붙이는 것'이라고 생각했던 해결 방안, 즉 계속해서 성가시게 구는 방법은 문제를 더욱 악화시킬 뿐이라는 사실 말이다.[2]

두 걸음 뒤로, 역할 충돌과 우발적 적

한 걸음 뒤로 물러서면 자신과 상대방, 두 사람의 성향이 상호작용하고 교차하는 방식을 볼 수 있다. 두 걸음 뒤로 물러서면 한 단계가 새롭게 추가된다. 관계가 비단 두 사람만의 문제가 아니라 두 사람이 맡고 있는 역할과 관련 있다는 사실을 깨닫는 단계다.

역할을 정의하는 것은 다른 역할과의 관계다. 형이나 언니가 되려면 동생이 있어야 한다. 도움을 줄 상대가 없으면 멘토가 될 수 없다. 물론 역할에도 성격적인 요소(나는 재미있는 사람이고 상대방은 책임감 강한 사람이다)가 있다. 하지만 역할은 성격과 무관한 행동에 영향을 미친다. 역할이라는 것은 우리의 개성을 모두 쏟아붓는 얼음통과 같다. 무엇을 붓는가도 중요하지만 얼음통의 모양 역시 중요하다. 내가 음악에 조예가 깊건 음치건, 겸손한 사람이건 허풍을 떠는 사람이건 내가 경찰이고 상대가 속도를 위반한 사람이라면 우리 두 사람 사이의 상황은 꽤 예측 가능한 방식으로 진행될 가능성이 크다.

'우발적 적accidental adversary'이라 불리는 중요한 역할 패턴이 있다.[3] 두 사람이 충돌해 상대방에게 불만을 느끼면 두 사람 모두 상대방을 '적'

으로 여기게 된다. 두 사람 모두 상대방의 특성과 미심쩍은 의도가 문제의 원인이라고 생각한다. 하지만 (의도치 않게) 만성적인 갈등을 야기하는 것, 바로 두 사람이 속해 있는 역할의 구조가 갈등의 진짜 원인이 되는 경우가 많다. 두 사람에게 양끝에서 줄을 잡고 당기는 역할이 주어지면 주어진 일을 하는 것만으로도 줄다리기가 시작된다.

경찰관과 속도를 위반한 사람이 공통점을 갖고 있을 수도 있다. 두 사람이 일란성 쌍둥이일 수도 있다. 하지만 도로 한쪽에서 상호작용을 하는 동안 두 사람은 각자 맡은 역할로 인해 갈등을 겪게 될 수도 있다. 불만으로 가득한 고객과 고객서비스 책임자, 스트레스를 받고 있는 교사와 불안해하는 학부모, 전남편과 새 남자친구 등도 마찬가지다.

우발적 적이 생기는 것은 역할 혼동과 역할 명료성 때문이다.

조직이 변하고 책임이 바뀌면 역할은 금세 엉망이 돼버린다. 어디에서 나의 역할이 끝나고 당신의 역할이 시작되는지 더이상 명확하지 않다. 테드가 내게 새로운 가격 정보를 물어왔다. 하지만 내가 응답을 하기도 전에 당신이 끼어들어 테드에게 정보를 전송했다. 테드가 '나에게' 물어본 것은 내가 가격 분야의 권위자기 때문이다. 테드가 당신에게 질문하지 않은 것은 당신은 가격 분야의 권위자가 '아니기' 때문이다. 하지만 당신은 가격 분야의 권위자는 당신이고 테드가 실수로 내게 질문을 했다고 생각한다. 정말로 이런 식으로 혼동할 수도 있을까? 그렇다.

역할 혼동은 매우 빈번하게 발생한다. 비교적 잘 운영되는 조직 내에서도 역할 혼동이 발생한다. 나를 포함한 세 사람은 모두 A라는 업무를 맡고 있다고 생각한다. 셋 중 누구도 B와 C, D라는 업무가 자신의 책임이라고 생각하지 않는다. 세계화와 가상 관계로 인해 이런 문제가 더욱 심각해지고 있다. 조직 개편, 합병, 매트릭스화된 보고 체계, 모든 유형의 직원 유동성 또한 역할 혼동을 가중시킨다. 어제 동료였던 사람이 오늘은 상사의 상사가 될 수도 있다. 어제 같은 공간에서 일했던 사람이 오늘은 리스본 사무소에서 스카이프로 말을 걸어올 수도 있다.

부서, 기능 부문, 사업부 사이에 존재하는 모호한 경계 역시 혼동을 가중시킨다. 인쇄 매체 데이터마이닝을 감독하는 것이 내 일이라면, 마케팅 부서로부터 계속해서 인쇄 매체를 비롯한 모든 미디어 플랫폼의 데이터마이닝을 관리하는 것이 '베리'의 책임이고 다른 보고는 모두 '승인되지 않은 것'으로 간주된다는 메모를 받아야 할 필요가 있을까?

혼동이 아니라 명료성으로 인해 간혹 역할 충돌이 발생하기도 한다. 조직 구조 자체에 갈등이 내포돼 있는 것이다. 은행에서 일하는 특별 감사 책임자와 거래 담당자가 충돌하는 경우도 많다. 거래 담당자가 나쁜 사람이어서 혹은 특별 감사 책임자가 지나치게 신중해서 충돌이 발생하는 것이 아니라 두 사람이 맡고 있는 역할의 본질로 인해 두 사람이 반목하는 탓에 충돌이 발생하는 것이다. 흔히 언급되는 또다른 사례로 영업팀과 법무팀, 외과 의사와 마취과 의사, 건축가와 엔지니어, 인사 담당자와 모든 직원 간의 갈등을 들 수 있다. 어느 인사 부문 책임자의 농담처럼 '다른 직원들이 불행해져야 인사 부서 담당자들이 행복해진다.'

물론 인사 부서가 중요하다는 사실을 모르는 사람은 없다. 그럼에도 주어진 업무를 수행하느라 바쁜 직장인들은 인사 부서가 거슬린다고 생각한다. 우리는 재빨리 인사 담당자의 성격을 원인으로 지목한다. 예컨대 인사 담당자들이 강박적이고, 초조해하며, 지나치게 규칙을 중요시한다고 생각하는 것이다. 반면 인사 담당자들은 근무 시간 기록 카드를 제때 작성하지 않고, 형식적인 성과 평가를 제출하며, 의무 교육을 몰래 빼먹는 모든 부서의 게으름뱅이들 때문에 불만스럽다. 왜 그토록 많은 사람들이 믿기 힘들고 곧잘 심술을 부리는 십대처럼 행동하는 것일까?

조직 차원에서 보면 이와 같은 역할 갈등이 중요한 목적을 실현하는 데 도움이 된다. 하지만 대인관계 차원에서 보면 역할 갈등이 파괴적인 영향을 미칠 수도 있다. 사람들이 충돌의 원인을 제대로 파악하지 못하는 경우에는 특히 그렇다. 갈등의 당사자와 역할을 분리할 수 있도록 두 걸음 뒤로 물러서서 다음과 같은 질문을 던지는 것이 무엇보다 중요하다. '우리의 역할이 우리가 서로를 바라보는 방식과 서로 주고받는 피드백에 어떤 영향을 미치는가?' 역할로 인한 것이 어느 정도이고, 성격으로 인한 것이 어느 정도인가? 반드시 이 질문에 대한 답을 알고 있어야 하는 것은 아니다. 설사 답을 알지 못한다 하더라도 스스로에게 질문을 던지거나 서로 논의를 하는 것만으로도 생각을 크게 변화시킬 수 있다.

세 걸음 뒤로, 큰 그림

세 걸음 뒤로 물러서면 또다른 관련 인물뿐 아니라 물리적 환경, 타이밍, 의사 결정, 방침, 과정, 회피 대처 전략 등을 모두 아우르는 큰 그림을 볼 수 있다. 이 모든 것들이 행동과 결정, 우리가 주고받는 피드백에 영향을 미친다. 또한 이 모든 것들이 우리가 속해 있는 시스템의 일부다.

당신이 안전 담당자로 일하고 있는 정유공장에서 직원이 심각한 부상을 입었다고 생각해보자. 이런 사고가 재발하지 않도록 만드는 것이 여러분의 역할이다. 사고의 원인을 찾을 때 부상자의 행동에 집중하는 경우가 많다. 부상자가 규정을 준수했는가? 부상자가 이 일을 한 지 얼마나 오래됐는가? 부상자가 피곤하거나 술을 마신 상태는 아니었는가? 부상자가 어떤 잘못을 했는가?

중요한 질문이다. 하지만 당신은 단순히 이 근로자만의 문제가 아니라는 사실을 잘 알고 있다. 그래서 당신은 큰 그림, 즉 전반적인 안전 환경을 살피기 위해 세 걸음 뒤로 물러선다. 만일 해당 근로자가 피로가 누적된 상태로 일을 했다면 그가 2교대 근무를 해왔다는 사실을 누가 알고 있었는가? 또한 근로자들이 극도로 지친 상태에서 작업을 하는 경우가 얼마나 빈번한가? 기계의 해당 부위를 마지막으로 수리한 사람이 누구인가? 수리에 관한 내용이 기록돼 있는가? 감독관은 규격 외의 부품이 사용되고 있다는 사실을 알고 있었는가? 안전 교육을 줄인 것이 어떤 영향을 미쳤는가? 성과 평가 시스템이 안전 행동을 장려하는 데 어떤 도움이 됐는가? 혹은 성과 평가 시스템이 안전 행동을 장려하지 못한 이유가 무엇인가? 근무와 휴식에 관한 규정 변화가 근로자들의 피로도나 작업 교대 시간에 이뤄지는 정보 교환에 어떤 영향을 미쳤는가?

균형점을 찾아야 한다. 우리는 무작정 시간을 낭비하기를 원치 않는다. 일단 설득력 있는 원인을 발견하면 또다른 원인을 찾기 위한 노력을 멈추고 싶은 생각이 든다. 하지만 부상이 발생한 시간이나 장소와 관계가 멀다는 이유로 중요한 정보와 근본 원인을 간과해서는 안 된다. 다음쪽 표에는 큰 그림과 관련된 어떤 요소가 지켜볼 만한 가치가 있는지 몇가지 사례가 표시돼 있다.[4]

시스템 렌즈가 피드백과 의사소통에 얼마나 도움이 되는지 2학년 교실에서 벌어진 상황을 통해 확인해보자.

2학년 담임교사는 조심스레 이야기한다. "따님 켄지는 성격이 강한 편입니다. 켄지는 다른 친구들을 속상하게 만드는 말을 하곤 합니다." 교사는 켄지가 좋은 아이이긴 하지만 다른 아이들을 조금 괴롭힌다고 생각한다. 교사는 켄지의 부모가 자신의 피드백을 마음에 새겨두기를 기대한다.

또다른 관련 인물

두 명의 고위급 리더가 충돌하면 밑에서 일하는 모든 팀원들이 상충되는 지시에 시달리며 영향을 받을 수밖에 없다. 혁신과 위험 감수가 약화되고 편을 가르는 역학관계가 공고해진다. 충돌을 관리하고 '회피'하는 데 많은 시간이 투입된다.

두 사람 간의 충돌이 주변 사람들의 업무 패턴과 관계에 지대한 영향을 미칠 수 있다. 어떤 일이 벌어지고 있는지 제대로 이해하기 위해 여러 팀이나 부서, 기능 부문 간의 역학관계를 폭넓게 관찰해야 하는 경우가 많다.

물리적 환경

최신 엘리베이터 시스템이 새롭게 도입됐다. 하지만 각 엘리베이터가 몇 개 안 되는 층만 오가는 탓에 함께 일하고 있는 동료들만 만나게 된다. 몇 달째 아래층에서 일하는 동료들과는 이메일만 주고받고 있다.

물리적 환경이 협력 방식에 영향을 미칠 수도 있다. 개방적인 사무 공간이 협력을 장려할 수도 있고 솔직한 대화를 방해할 수도 있다. 협력을 필요로 하는 기능 부문을 다른 건물이나 다른 국가에 배치하는 사태가 벌어질 수도 있다.

타이밍과 의사결정

프란시의 직장은 휴가보다 6개월 앞서 휴가를 신청해야 한다. 반면 프란시의 오빠 핀은 항상 2주일 치의 업무 스케줄을 미리 전달받는다. 프란시는 가족들이 모두 참여하는 휴가 일정을 짜는 데 적극적으로 참여하지 않는 오빠의 태도를 이해할 수 없다.

의사결정과 관련된 구조와 타이밍의 차이가 개인이나 단체 사이에서 문제를 초래할 수도 있다. 많은 사람들에게 조언을 구하고 다른 사람들의 지지를 얻고 싶어하는 사람도 있지만 독립적으로 결정을 내릴 수 있는 사람도 있다.

방침과 과정

런던 본사의 마케팅 부서가 통합적인 제품 마케팅 접근 방법을 제시했다. 하지만 캄보디아 지사는 새로운 캠페인이 현지 시장과 맞지 않다고 한다.

중앙집중화는 효율성을 강화하는 데 도움이 된다. 하지만 중앙집중화를 택하면 현지의 수요를 충족시키기 힘들다.

대치 전략

연구부서가 계속 회계부서에 회계자료를 늦게 제출한다. 회계부서는 거짓 마감일을 알려주기 시작한다. 연구부서도 머지않아 그 사실을 깨닫고 마감일을 그리 심각하게 여기지 않는다.

사람들은 까다로운 상대와 함께 일하기 위한 대처 전략을 찾아낸다. 하지만 머지않아 '지연 효과'가 나타난다.

하지만 문밖에서 엿듣고 있던 켄지가 안으로 들어와 항의한다. "엄마! 걔들은 정말 짜증스러워요! 걔네가 먼저 시작했다니까요! 걔들이 울보인 걸 제가 어쩔 수 없잖아요!" 켄지는 자신이 문제라고 생각하지 않는다. 켄지는 자신이 피해자라고 생각한다.

피드백 대화는 중단된다. 켄지는 부당하게 비난을 받는다고 느끼고 교사는 책임지지 않으려는 켄지의 태도에 화가 난다. 켄지의 엄마는 누구의 말을 믿어야 할지 확신이 서지 않는다. 어떤 일이 벌어지고 있는지 세 사람의 관점에서 살펴보면 켄지에 관한 교사의 피드백을 좀더 정확하게 이해할 수 있을지도 모른다.

한 걸음 뒤로 물러서서 교차 지점을 바라보면 다음과 같은 상황을 간파할 수 있다. 켄지와 몇몇 급우들 간의 차이는 한마디로 타고난 것이다. 켄지는 어느 정도 과장하는 성격을 갖고 있다. 모든 것이 '놀랄 정도로 좋거나' '끔찍할 정도로 비극적'이다. 켄지는 성격이 강한 편이다. 켄지는 여덟 살짜리 아이들 무리에서 극적인 모습을 보여 관심을 끈다.

두 걸음 뒤로 물러서면 역할이 보인다. 켄지는 작년에 전학을 왔다. 자신에게 적합한 역할을 찾아야겠다는 다급한 마음 때문에 켄지는 신비한 모습으로 자신을 포장했다. 켄지는 친구들과 어울리기 위해 친구들에게 즐거움을 선사했고 친구들은 켄지에게 끌리기 시작했다. 아이들은 켄지가 산수 시간에 선생님의 입에서 터져 나오는 '아이고'라는 탄식을 따라 하거나 스쿨버스에서 벌어진 '굴욕스러운' 장면을 재현하기를 기대했다. 켄지는 친구들의 반응에 힘입어 점점 더 거창하고 과장된 이야기를 하게 됐다. 머지않아 모든 아이들이 켄지가 학급 내에서 오락 부장의 역할을 맡고 있다는 사실을 명확히 인지하게 됐다. 이제 시스템이 작동되고 있다는 사실을 알 수 있다. 켄지의 행동은 급우들의 행동에 영향을 미

관계 자극

치고, 급우들의 행동은 다시 켄지에게 영향을 미친다.

켄지와는 반대로 관심의 대상이 되기를 꺼리는 아이들도 있다. 한 친구가 미술 시간에 실수로 자신의 그림에 물감을 쏟자 켄지는 소리를 질렀다. "넌 정말 '내가 만나본 사람 중에' 가장 끔직한 애야!" 켄지는 자신의 과장된 반응이 민감한 아이에게 얼마나 짜증나는 일인지 깨닫지 못한다. 과장된 행동이 켄지에게는 전혀 짜증스러운 일이 아니기 때문이다. 다른 아이들은 실수로 물감을 쏟은 친구에게 좀더 동조한다. 그 아이들이 삼삼오오 모여서 '비열하다'고 켄지를 비난하며 멀리하기 시작한다.

지금까지 교차 지점과 역할에 대해 살펴봤다. 이번에는 세 걸음 뒤로 물러서서 앞으로 어떤 일이 일어날지 좀더 넓은 시각으로 바라보자. 켄지와 친하게 지내는 친구들은 다른 아이들이 어떤 말을 주고받는지, 혹은 누가 켄지와 다시는 놀지 않겠다고 이야기하는지 켄지에게 즉시 일러준다. 켄지를 약올리려는 의도는 전혀 없다. 하지만 켄지의 반응이 재빠르고 극적인 탓에 켄지와의 우정이 훨씬 흥미진진해진다. '우리는 내막을 알고 있어. 쿨한 애들은 다 그래. 다른 애들은 패배자들에 울보야.' 하지만 좀더 조용한 아이들에게 동조하는 아이들은 이렇게 생각한다. '우리에게도 우리만의 세계가 있어. 착한 아이들은 모두 여기 모여 있지. 나머지 애들은 나쁜 데다 약한 애들을 괴롭혀.' 켄지에게 초점을 맞추는 태도에서 뒤로 물러서서 바라보면 파벌이 형성되고 있으며 파벌끼리 상호작용을 하며 관계 시스템에 영향을 미친다는 사실을 알 수 있다.

포괄적인 시스템에 영향을 미치는 또다른 요인으로 놀이터의 물리적인 배치 상태를 꼽을 수 있다. 의도한 바는 아니지만 학교 놀이터의 물리적 배치가 아이들의 파벌 구조를 강화하는 역할을 한다. 학교의 일부 공간이 공사중인 관계로 정사각형 모양의 놀이 공간이 단 두 개 남아 있게 되었다. 공간이 좁다보니 서로 대립중인 무리의 아이들이 대결 구도를 이루는 경우가 많다. 학교 방침 역시 아이들의 갈등에 영향을 미친다. 문제가 생길 때마다 문제가 되는 학생은 교장실로 불려간다. 하지만 학생들이 화해의 대화를 통해 서로 이해하고 관계를 개선할 수 있도록 돕는 과정은 없다. 학교 측은 오직 문제를 일으킨 당사자를 색출해 제거하는 데만 집중할 뿐 좀더 포괄적인 문제는 그대로 내버려둔다.

교실 앞에서 상황을 지켜보는 교사의 관점에서 바라보면 소동의 중심에 서 있는 아이는 다름 아닌 켄지다. 그래서 켄지의 부모를 불러 켄지가 어떻게 바뀌어야 할지 피드백을 제공한다. 켄지의 부모가 교사의 피드백을 액면 그대로 받아들여 켄지를 앉혀놓고 '좀더 친절하고 덜 냉혹한' 사람이 돼야 한다고 설명한다면 켄지는 당연히 발끈하며 항의할 것이다. 켄지는 무언가를 피하려 드는 것이 아니다. 그저 자신이 진짜 문제라고 생각하지 않는 것이다. 켄지는 급우들이 울보인 데다 고자질쟁이라고 여긴다(다음날 아침 등교한 켄지가 담임선생님이 엄마에게 얼마나 부당한 말을 했는지 친구들에게 생생하게 전달하는 내용을 경청한다면 켄지의 생각을 알 수 있다).

물론 켄지는 자신의 행동이 조용한 친구들에게 어떤 영향을 미치는지 이해할 필요가 있다. 뿐만 아니라 켄지는 '정말로' 변할 필요가 있다. 하지만 다른 사람과 다른 요인 역시 문제의 원인이라는 켄지의 주장은 잘못된 것이 아니다. 교사와 켄지의 부모가(그리고 켄지 스스로도) 좀더 광범위한 관계 시스템에 대해 논의할 수 있다면 켄지는 자신이 좀더 정당한 대우를 받고 있다고 느끼고 선생님의 조언에 귀를 기울일 것이다. 뿐만 아니라 문제가 되는 역학을 해결하기 위한 새로운 전략을 찾아낼 수도 있다. 예컨대 여러 파벌에 속한 아이들이 한데 모여 당면한 상황에 대해 이야기하는 방법도 도움이 될 수 있다. 서로 다른 무리에 속한 아이들을 짝 지어 공동 프로젝트를 진행하게 하면 '우리와 그들'로 이분화하는 역학이 깨질 수도 있다. 혹은 역할을 바꿔볼 수도 있다. 켄지에게 일부 활동에 조용한 성향의 아이들을 포함시켜야만 하는 역할을 맡길 수도 있다. 어쩌면 켄지의 부모가 켄지가 집에서 들었던 말을 학교에서 그대로 하고 있다는 사실을 깨닫게 될지도 모른다. 가령 농담 삼아 '넌 최악이야!'라거나 '넌 최고야'라는 식의 극단적인 말을 하는 부모를 그대로 따라 하는 것일 수도 있다.

시스템 렌즈의 장점

시스템 렌즈를 통해 피드백을 이해하는 방법에는 여러 장점이 있다.

좀 더 정확하다

첫 번째 장점은 간단하다. 시스템 렌즈를 통해 피드백을 이해하면 현실을 간파할 수 있다. 시스템 사고는 한 가지 관점만을 고려했을 때 발생하는 왜곡을 바로잡는다. 나는 상대방이 어떤 식으로 문제를 초래하는지 보는 경향이 있고 상대방은 내가 어떤 식으로 문제를 초래하는지 보는 경향이 있다. 하지만 두 사람의 관점을 결합하면 전반적인 상황을 좀 더 정확하게 파악할 수 있다. 서로가 서로에게 어떤 영향을 미치는지 깨닫기 시작하면 서로 다른 방향을 가리키는 인과관계의 화살표가 사실은 원과 주기라는 사실이 드러난다.

불필요한 판단을 지양하는 데 도움이 된다

시스템 사고의 두번째 장점은 문제를 초래한 다른 사람의 행동이나 태도를 무의식적으로 '나쁘다'거나 '잘못됐다'거나 '비난받아 마땅하다'라고 폄하하려는 욕구가 줄어든다는 것이다. 우리는 모두 딱 보통 수준만큼 과민한 반응을 보이거나 세부 사항에 집착하거나 위험을 감수한다. 다만 다른 사람들이 과민하게 굴거나 부주의하거나 지나치게 보수적일 뿐이다. 주의를 기울이지 않으면 '회사 동료들의 행동'이 '회사에서 일하는 이기적인 사람들의 짓거리'가 돼버린다. 첫번째는 행동을 묘사하는 것이고 두번째는 사람에 대한 전반적인 평가다. 충돌이라는 것이 두 사람이 교차하는 지점에 불과하며, 좀더 광범위한 시스템 내의 역할로 인해 충돌이 한층 악화될 가능성이 있다는 사실을 기억하면 이런 식으로 비약하게 될 가능성이 줄어든다. 우리는 그들보다 위험을 좀더 포용한다. 그런 탓에 두 사람이 투자 결정을 내리기가 쉽지 않은 것이다. 우리가 어떤 부분에 영향을 미치는지, 서로 맞물리는 행동과 선호가 어떤 식으로 주기를 형성하는지 명확하게 알고 있으면 '상대방'을 악마로 묘사하기가 한층 어려워진다. 당신과 당신의 아내 코골이와 민감함도 마찬가지다. 어떤 것도 '나쁘지' 않다. 두 가지가 더해져 두 사람 모두에게 문제를 안기는 것이다.

책임감을 높인다

당신은 이렇게 이야기한다. '다 좋습니다. 하지만 상대방의 행동이 실제로 비난받아 마땅할 때는 어떻게 해야 합니까?' 당신의 삼촌은 할머니의 은식기를 내다팔지 말았어야 하고, 옆집 아들은 당신 집 우편함을 폭파시키지 말았어야 하며, 복도 끝에서 일하는 여자는 근무 시간 기록 카드를 위조하지 말았어야 한다. 시스템 접근 방법이 개인에게서 시스템으로 초점을 이동시켜 책임을 희석시키거나 회피하는 방법에 불과한 것일까?

사실은 그 반대다. 어떤 요소의 조합이 문제를 야기했는지 깨닫기 전에는 문제를 야기한 데 대해 의미 있는 방식으로 책임을 질 수 없다. 시스템 접근법은 그동안 어떤 선택과 행동을 했으며 그런 선택과 행동이 어떤 결과를 초래했는지 명확하게 이해하는 데 도움이 된다. 명확한 이해가 뒷받침되면 진정한 책임감을 갖고 당신에게 책임이 있다고 이야기할 수 있다.

물론 시스템 접근법을 사용한다고 해서 책임감이 무조건 커지는 것은 아니다. 관리자가 "신입사원 한 명이 근무 시간 기록 카드를 위조했어. 교육과 감시를 강화해야 해"라고 이야기하면 '시스템'에 관한 이야기처럼 들린다. 하지만 이것은 시작에 불과하다. 발생한 일 혹은 스스로(혹은 다른 누군가)에게 책임이 있다고 생각하는 부분에 대해서 관리자가 어떤 식으로 책임을 진다는 뜻인지 확실치 않다.

의미 있는 방식으로 책임을 지려면 관리자가 직원들이 그런 선택을 한 이유, 직원들이 그런 선택을 하는 데 자신이 기여한 바, 다른 관련자, 추적 시스템, 근무 시간 기록 위조를 초래한 교육 등을 좀더 세밀하게 관찰해야 한다. 예컨대 신입사원들에게 다양한 프로젝트에 투입한 시간에 대해 어떤 식으로 생각해야 할지, 휴식 시간이나 출장 시간을 어떻게 설명해야 할지에 대해 말해준 사람이 누구인가? 관리자가 근무 시간을 실제 이상으로 부풀려서 기록하도록 신입사원들을 압박하는 행동을 했는가? 비공식적으로나 부지불식간에 '근면을 강조하는 마초' 문화를 장려한 탓에 근무 시간을 부풀리는 것이 하나의 관행으로 자리잡은 것은 아닌가?

문제에 다양한 원인이 있다는 사실을 이해한다고 해서 문제 해결을 위한 노력이 방해받는 것은 아니다. 불법적이거나 비윤리적이거나 부적절한 행동, 회사 방침을 위배하는 행동이 발생한 경우라면 징계와 처벌이 필요할 수도 있다. 관리자들이 이런 이야기를 하는 경우도 있을 것이다. "나 자신도 문제가 발생하는 데 한몫했는데 어떻게 문제 직원을 징계할 수 있을까요?" 하지만 이와 같은 관리자의 말은 "부실한 보안 시스템을 도입해 우리 은행 직원들 역시 문제에 일조했는데 어떻게 은행 강도를 처벌할 수 있을까요?"라는 말과 다를 바 없다. 물론 부실한 보안 시스템을 사용하는 것이 바람직한 일은 아니다. 또한 은행의 보안 시스템이 부실하다면 그 사실을 제대로 알고 있는 편이 좋다. 하지만 보안 시스템이 부실하다는 사실은 강도를 구속하는 문제와 아무런 관련이 없다.

물론 시스템이 당신이 문제를 바라보는 방식을 변화시키고 따라서 당신의 사고방식 자체를 변화시킬 수 있다는 사실을 이해하는 것이 가장 좋은 문제 해결 방법이다. 당신이 회사 방침에 대해 이야기하지 않은 탓에 문제 직원이 회사 방침을 인지하지 못했다면 해당 직원에게 회사 방침을 일깨워주고 경고를 하면 된다. 미처 모르고 잘못을 저지른 직원은 회사 방침을 제대로 알고 있는데도 방침을 어긴 직원과는 다르다. 시스템 접근법을 활용하면 앞으로 나아가는 데 도움이 되는 '적절한' 행동이 무엇인지 이해할 수 있다.

비난을 전가하거나 흡수하려는 성향을 바로잡는 데 도움이 된다

책임이라는 주제를 놓고 봤을 때 특히 상대하기 어려운 두 가지 유형의 사람이 있다. 비난 전가자(책임을 전가하는 사람)와 비난 흡수자(모든 문제

관계 자극

를 자기 탓으로 돌리는 사람)가 바로 이들이다. 시스템 관점은 피드백에 대해 이야기하면서 우리의 내면에 있는 이런 성향과 싸우고 다른 사람들이 갖고 있는 이런 성향을 이해하는 데 도움이 된다.

흔히 관찰되는 첫번째 유형은 비난 흡수자blame absorber다. 비난 흡수자는 상황이 나빠지면 자기 자신에게 문제가 있다고 생각한다. 당신이 바람을 피웠다고? 내가 충분히 매력적이지 않았던 거야. 우리 제품이 기대만큼 팔리지 않는다고? 내가 제품을 제대로 출시하지 못한 탓이군. 비 때문에 취소되는 거야? 내가 괜히 그런 말을 해서 그래.

모든 것이 자신의 잘못이라 생각하면 감정의 늪에 빠질 뿐 아니라 학습에도 도움이 되지 않는다. 혼자서 관계와 프로젝트를 모두 바로잡는 것이 숭고하게 느껴질 수도 있다. 하지만 모든 비난을 자신이 떠안는 태도는 책임을 거부하는 태도만큼이나 학습에 방해가 된다. 비난 흡수자들은 자신이 문제에 어떤 기여를 했는지 재빨리 파악하는 경향이 있다. 거기서 끝이다. 흡수자들은 재빨리 피드백을 받아들이고 대화를 중단시키는 탓에 논의 중인 문제를 초래한 교차 지점, 역할, 선택, 반응 등을 탐색하지 못한다.

당신이 제품 출시를 망쳤다고 생각하는가? 당신이 혼자만의 힘으로 제품 출시를 망가뜨릴 수 있다고 생각한다면 스스로를 과대평가하는 것이다. 제품 개념에서부터 진행 스케줄, 생산, 마케팅, 유통에 이르기까지 다양한 원인들이 실망스러운 결과를 초래했을 가능성이 크다. 다음에 좀 더 성공적으로 제품을 출시하기를 원하는가? 그렇다면 모든 문제를 혼자 바로잡으려 들어서는 안 된다. 혼자서 모든 책임을 짊어지면 다른 사람들이 책임에서 자유로워진다. 학습하고 문제를 바로잡을 책임은 사라지고 최고의 방안이 등장할 가능성이 줄어든다.

비난 흡수자들이 부딪히는 또다른 도전 과제는 시간이 흐르면서 차곡차곡 쌓여가는 억울한 마음이다. 비난 흡수자들의 마음속 깊은 곳에는 '모든' 문제가 현실적으로 자신의 탓일 수만은 없다는 깨달음이 있다. 하지만 다른 사람들은 잘못에 대한 책임을 질 생각이 없어 보인다. 뿐만 아니라 비난 흡수자들은 스스로 변화시킬 수 있을 만한 것들을 먼저 떠올린다. 다른 사람들이 자신이 문제에 어떤 영향을 미쳤는지 돌아보지 않으려 한다면 한 사람이 시스템에 영향을 미칠 수 있는 일은 딱 그 정도뿐이다.

비난 흡수자들이 학대당하는 상황 속에 머무르는 경향이 있다는 사실도 기억해둘 필요가 있다. 감정적인 학대나 물리적인 학대가 수반된 관계에서는 소리를 지르거나 상대를 폄하하거나 폭력을 행사하는 사람이, 피해자가 어떤 식으로 폭력적인 행동을 자초했는지 강조함으로써 상대에게 상처를 주는 자신의 행동에 관심이 집중되는 것을 막는다. 피드백("네가 나를 화나게 하지 말았어야지")을 주는 사람이 시스템 내에서 피해자가 어떤 기여를 하는지 정확하게 묘사할 수도 있다. 하지만 가해자들은 해롭고 유해하고 부당한 자신의 행동이 초래하는 영향은 묵살한다. 이것이 바로 폭력적인 관계가 그 관계 시스템에서 벗어나기 매우 힘든 이유 중 하나다. 피드백을 주는 사람들은 피해자가 보고 느끼는 것이 아예 존재하지 않는다고 주장한다.

비난 흡수자와 반대로 항상 자신의 책임을 인정하지 않는 사람들이 있다. 이런 부류의 사람들은 피드백을 받거나 실패할 때 재빨리 다른 사람에게 책임을 전가한다. 가령 자신의 노력을 방해한 사람이나 자신에게 편견을 갖고 있는 사람을 문제의 원인으로 지목하는 것이다. 재무 담당자들, 새로운 IT 시스템, 이웃, 심지어 다람쥐에게까지 문제를 떠넘긴다.

이런 태도가 느긋한 것이라고 생각할 수도 있다. 결국 피드백이라는 것은 당신에 대한 다른 사람의 생각일 뿐 그 무엇도 당신의 잘못이 아니다. 하지만 이런 경험은 매우 피곤하다. 비난 전가자들은 다른 누군가의 무능함이나 기만적인 행동으로부터 끊임없이 공격을 당하는 자신의 모습을 발견한다. 이들은 피해자일 뿐 아니라 자기 자신을 보호할 힘이 없다. 그런 상황이 벌어진 것이다. 사실은 자신이 피해자라는 의식을 갖고 있기에 삶이 그런 식으로 흘러가는 것이다.

투자 홍보를 했는데도 투자를 끌어내지 못했다면 벤처캐피털리스트들이 멍청하거나, 지금의 시장 상황이 투자를 하기에 적합하지 않거나, 내가 시대를 앞서간 천재라서 그런 것이다. 이런 요소들은 내가 통제할 수 있는 것들이 아니다. 그렇기 때문에 나는 희생자가 된 듯한 기분과 더불어 분노와 무력함, 우울함을 느낀다. 이런 식의 마음가짐으로 세상을 바라보면 결과를 바꾸기 위해 내가 할 수 있는 일이 없다. 모든 원인이 나와는 무관한 외적인 것이기 때문이다. 혹은 그렇게 느껴지는 것이다.

피해자처럼 굴면 피드백을 받아들일 수 없다. 다음 투자 홍보 때 도움이 될 만한 그 어떤 교훈도 얻을 수 없다. 나의 시장 분석이 부족했는가? 경쟁 제품에 대한 질문에 충분히 대비하지 못했는가? 포커스 그룹이 일찌감치 내놓은 피드백에 주의를 기울이지 않은 것은 아닌가? 당면한 상황이 발생하는 데 내가 어떤 기여를 했는지 정확히 볼 수 있게 되면 약해지기보다 더욱 강해진다. 내가 문제에 영향을 미쳤다면 내가 바꿀 수 있는 것이 있기 때문이다.

'도움이 되지 않는 해결책'을 피할 수 있다

피드백을 초래한 시스템을 이해하지 못하면 시스템을 구성하는 단

하나의 요소만 고치는 실수를 저지른 후 모든 문제가 해결되기를 기대하기 십상이다. 하지만 CEO를 해고하는 것만으로는 기업문화 전체를 변화시키기 힘들다. 따라서 문제도 지속된다. 게다가 해결을 한답시고 내놓은 방안이 오히려 예상치 못한 새로운 문제를 야기하면 상황은 더욱 심각해진다.

앨리스는 좌절한다. 직속부하인 베니가 끊임없이 프로젝트 마감일을 어기고 예산을 초과하는 탓에 상사인 빈스와 마찰을 일으키고 있다. 앨리스는 베니에게 피드백을 준다. "예산 범위 안에서 프로젝트를 제때 마무리할 방법을 좀 찾아봐." 앨리스의 생각은 명료하다. 베니는 변할 필요가 있다. 베니는 앨리스의 메시지를 이해한다.

하지만 베니가 마감일을 맞추지 못하는 '이유', 베니가 마감일을 맞추지 못하는 데 앨리스와 빈스, 이사회가 미치는 영향에 대해서는 어떤 대화도 이뤄지지 않는다. 대신 앨리스의 피드백은 모든 것이 베니의 문제라고 가정한다. 또한 베니에게 문제를 해결할 수 있을 만한 능력이 있다는 뜻도 내포돼 있다. 하지만 베니는 혼자만의 힘으로는 상황을 바로잡을 수 없다. 생각을 계속해서 바꾸는 이사회, 이사회의 의견을 제때 전달하지 못하는 빈스, 새로운 변수를 명료하거나 완벽하게 전달하지 못하는 앨리스 역시 프로젝트를 제때 끝낼 수 없도록 방해하는 원인이기 때문이다. 뿐만 아니라 프로젝트를 계속해서 변경하려들면 일이 지연되고 더 많은 비용이 발생한다는 베니의 경고에도 불구하고 앨리스는 빈스와 이사회에게 제대로 메시지를 전달하지 않는다.

그 누구도 시스템에 관한 질문을 던지지 않자 베니는 자신이 할 수 있는 범위 내에서 변화를 추구한다. 베니는 이사회에게 예산과 프로젝트 기간을 이전보다 두 배 늘려 잡은 기안을 제출하기 시작한다. 이제 베니는 (새로운) 예산 범위 내에서 (새로운) 마감 기한을 맞출 수 있게 됐다.

이것이 해결책일까? 베니가 새롭게 제안한 예산과 마감 기한이 좀더 현실적이고, 비용과 적절한 시기성이 아니라 예측 가능성이 문제라면 베니의 해결책은 성공적이다. 적어도 단기적으로는 그렇다.

하지만 이야기는 여기서 끝나지 않는다. 늘어난 프로젝트 기간과 예산은 시스템 내에 있는 다른 사람들에게 지연 효과를 미치기 시작한다. 이제 이사회가 마음을 바꾸고 추가적인 기능을 요구하고 베니가 내놓은 결과물을 살펴볼 시간이 두 배로 늘어난다. 또한 예산이 늘어난 만큼 베니가 내놓을 결과물에 대한 기대치도 커진다. 머지않아 베니는 이전보다 두 배가량 열심히 일하고, 좀더 복잡한 요구에 대응하고, 앨리스와 빈스로부터 더 큰 압박을 받기 시작한다.

피드백이 커다란 시스템의 한 부분만을 겨냥할 뿐 문제가 발생하는 데 영향을 미치는 다른 요인을 고려하지 않으면 베니와 같이 나쁜 결과를 맞게 된다. 이렇듯 상황을 더욱 악화시키는 해결책에 휘말리는 이유가 무엇일까? 시스템에 영향을 미치는 여러 사람 중 단 한 사람에게 주목하고 근본적으로 아무런 도움이 되지 않는 해결책으로 진짜 문제를 감추기 때문이다. 베니가 내놓은 것과 같은 부류의 해결책이 처음에는 좋은 아이디어처럼 보일 수도 있다. 우리는 장기적인 비용은 고려하지 않은 채 단기적으로 문제를 해결하려는 유혹을 느끼는 경우가 많기 때문이다.[5]

시스템에 대해 이야기하라

시스템을 능숙하게 탐색하려면 당신이 직면하고 있는 문제가 실은 시스템 문제일 수도 있다는 자각에서부터 출발해야 한다.

세심하게 살펴라

다른 사람으로부터 피드백을 받은 후 마음속에서 진행되는 소리 없는 선로 변경 반응에 주목하라. 선로 변경 반응은 '내가 문제가 아니야!'가 될 수도 있고, '당신이 최후의 순간까지 미적대지만 않았어도 내가 좀 더 나은 실적을 내놓을 수 있었을 거라고!'일 수도 있고, '자네가 언제나 늦기 때문에 내가 괴팍하게 구는 거야'일 수도 있다. 이와 같이 반사적으로 '그건 내 잘못이 아니야'라는 생각이 든다는 것은, 곧 뒤로 물러서서 피드백 이면의 상호작용을 이해하기 위해 노력하면 도움을 얻을 수 있다는 신호다.

자신이 기여한 부분에 책임을 져라

시스템 문제를 포착했다면 이제 자신에게 어떤 책임이 있는지 살펴봐야 한다. 즉 문제가 발생하는 데 자신이 어떤 기여를 했는지 파악하고 책임을 져야 한다. 그렇지 않으면 피드백을 제공한 사람이 '우리의 관계 시스템'을 살펴보자는 당신의 제안을 변명으로 받아들이게 된다. 피드백 제공자들은 당신이 피드백을 외면하고 도리어 자신들을 비난하려 든다고 가정할 것이다. 피드백 제공자는 당신이 제안하는 '시스템'이라는 번드르르한 아이디어에 관심을 갖지 않을 것이다. 어쩌면 '관계 시스템'과 같은 표현은 사용하지 않는 편이 낫다.

이런 대화를 할 때 당신은 두 가지 중요한 메시지를 전달하기 위해 노력한다. 첫번째는 '내가 잘못한 부분에 대해 책임을 지겠다'라는 것이고 두번째는 '우리 두 사람 모두가 이 문제에 영향을 미치고 있다'라는 것이다. 한 번의 대화를 통해 두 메시지를 모두 전달하기 어려운 경우도 있다. 메시지 자체가 일관성 있고 논리적인데도 피드백 제공자의 귀에는 모순으로 들릴 수도 있다. 따라서 피드백을 제공하는 사람이 한 번의 대화를 통해 두 메시지를 모두 이해할 수 있을지 생각해봐야 한다. 그렇지 못한 상황이라면 먼저 자신의 책임을 인정한 다음 다시 돌아가 시스템에 관한 이야기를 하고 상대에게 몇 가지 사항을 요청하면 된다.

이렇게 하면 내가 변하는 데 도움이 될 것 같아요

피드백 제공자가 자신이 문제에 기여한 바를 인정할 준비가 돼 있지 않거나 그럴 만한 능력을 갖고 있지 않는 경우도 있다. 또한 피드백 제공자가 여전히 피드백 대화가 시작된 것이 모두 당신 탓이라는 생각에 사로잡혀 있을지도 모른다.

이런 경우에 도움이 되는 방법이 있다. 문제에 기여한 바를 인정하고 책임을 지도록 강요하기보다 상대방에게 어떻게 하면 당신으로부터 좀 더 나은 반응을 이끌어낼 수 있을지 설명하면 된다. 다시 말해서 당신은 상대방에게 변화를 요구하고 있다. 하지만 직접적으로 변화를 요구하는 대신 상대방에게 '당신'이 변할 수 있도록 도와줄 것을 부탁하는 형식을 취하는 것이다.

길은 샌디에게 이렇게 이야기할 수 있다. "나는 예상치 못한 일이 벌어졌을 때 가장 강렬한 반응을 보여. 당신이 다른 곳에서 돈을 쓰고 내게 이야기하지 않을지도 모른다고 생각하면 겁이 나기 때문이야. 내가 때때로 과민반응을 보인다는 사실을 알고 있어. 그래서 나도 노력하고 있어. 그레이프 넛츠를 구입하거나 모카치노를 마시면서 '소소한 휴가'를 즐기고 싶을 때 미리 이야기를 해준다면 도움이 될 것 같아. 그리고 예산을 함께 세워볼 수도 있어."

나와 모든 이들의 교차점인지 보라

당신에게 주어진 피드백이 특정한 사람과 교차해서 발생한 직접적인 산물인 경우도 있다. 가령 당신은 중얼거리듯 이야기하는 편이고 상대방은 귀가 잘 안 들리는 경우가 이에 해당된다.

하지만 불편한 일관성이 등장하는 경우도 있다. 다시 말해서 누구와 관계를 맺건 상대가 당신에게 '동일한' 피드백을 주는 것이다. 당신은 성미가 까다로워. 당신은 다시 전화를 하는 법이 없어. 당신은 체계적이지 않아. 당신은 너무 잘 잊어버려. 당신은 산만해. 리처드의 첫번째 여자친구는 리처드가 감정적으로 거리를 두려 한다고 불평했다. 리처드는 지나치게 애정을 갈구하는 여자친구의 성향 탓으로 돌렸다. 하지만 두번째 여자친구와 세번째 여자친구가 잇따라 같은 이야기를 하자 리처드는 모든 여자친구가 공통적으로 지적한 문제에 관심을 갖기 시작했다(약간만).

'나와 너'의 문제라고 생각했던 것이 사실은 '나와 지금껏 내가 만난 모든 사람' 간의 문제라는 사실을 처음 깨달으면 낙심할 수도 있다. 하지만 좋은 점도 있다. 나와 나를 아는 모든 사람이 속해 있는 시스템은 사실상 간단하게 변화시킬 수 있다. 내가 변하면 시스템 전체가 개선되기 때문이다. 이런 경우라면 여러 시스템이 동시에 개선될 수도 있다. 사실 인생을 살다보면 이토록 많은 것이 나의 통제 범위 안에 있는 경우가 흔치 않다.

시스템을 활용해 변화를 추구하라

피드백이 단순한 경우도 있다. 다음 점검이 이뤄지기 전에 구두에 광 좀 내! 방해하지 마! 엄마한테 자주 전화 해! 이것들은 모두 상당히 간단하게 수정 가능한 행동인 데다 이런 변화는 좋은 영향을 미칠 가능성이 크다.

반면 변화가 더 어려운 경우도 있다. 상대가 침울하게 굴지 않으면 상황이 나아질 것이라는 데 두 사람 모두 동의한다. 하지만 또다른 훈계는 도움이 되지 않을 것 같다.

한 가지 흥미로운 점이 있다. 일단 시스템의 윤곽을 파악하고 나면 시스템 내에서 활동하는 사람들의 성격을 변화시키지 않고도 얼마든지 유용한 변화를 이뤄낼 수 있다. 역할을 변화시킬 수도 있고, 우리가 사용하는 프로세스를 변화시킬 수도 있고, 환경을 변화시킬 수도 있다. 샌디에게 가정 경제를 관리할 책임을 맡기면 3달러를 지출할 때 샌디가 느끼는 감정이 달라질까? 고객과 마주앉아 내가 작성한 분석 자료에 대해 논의하는 자리에 내가 직접 참여하면 프로젝트를 제때 끝내게 될까? 당신이 오전 중에 집안일을 모두 끝낼 수 있도록 각자 책임지고 있는 집안일을 바꾸면 당신은 좀더 느긋하고 즐거운 저녁식사 시간을 가질 수 있을까? 그럴 수도 있다. 시스템을 이해하면 이런 일이 벌어진다. 가능성이 생긴다.

PART 3

정체성 자극

피드백에 숨겨진 정체성 찾기

사람마다 정도의 차이는 있지만 우리는 항상 위험이 도사리고 있지 않은지 주위를 살핀다. 6장부터 8장에 걸쳐 이 주제를 다뤄볼 생각이다.

피드백이 위협적으로 다가올 수도 있다. 피드백이 당신이 맺고 있는 모든 관계 중 가장 까다로운 관계, 즉 자기 자신과의 관계에 대한 질문으로 이어지기 때문이다. 당신은 좋은 사람인가? 당신은 스스로 존경할 만한 사람인가? 당신이라면 당신과 함께 살 수 있겠는가? 당신은 스스로를 용서할 수 있겠는가?

흥미롭게도 모든 사람이 똑같은 방식과 똑같은 수준으로 피드백에 대응하거나 위협을 파악하지는 않는다. 마찬가지로 회복에 걸리는 시간도 저마다 다르다. 6장에서는 그 이유를 찾아내기 위해 인간의 뇌에 대해 살펴보자. 뇌 배선(얼마나 민감하거나 둔감한가, 얼마나 빨리 회복하는가)은 긍정적인 피드백 경험과 부정적인 피드백 경험에 영향을 미친다. 뇌 배선을 이해하면 피드백을 받는 입장이 됐을 때 특정한 감정 반응이 나타나는 이유를 이해하는 데 도움이 된다.

이런 원리를 이해하는 것은 중요하다. 그 이유가 무엇일까? 감정이 생각에 영향을 미칠 뿐 아니라 자기 자신에게 들려주는 피드백에 담겨 있는 의미에 대한 이야기가 왜곡될 수 있기 때문이다. 7장에서는 이런 왜곡을 없애고 피드백을 좀 더 명확하게 '실제 크기'로 보는 데 도움이 되는 다섯 가지 방법을 소개할 것이다.

피드백을 명료하게 바라보는 과정이 끝났다면 피드백과 자신의 정체성을 일치시킬 방법을 찾아야 한다. 다시 말해서 자신이 누구인지 직접 이야기를 만들어야 한다. 7장에서는 우리가 어떤 식으로 피드백을 이해하고 왜곡하는지 살펴보고, 8장에서는 우리가 어떤 식으로 자아상을 이해하고 왜곡하는지 살펴볼 것이다. 우리의 정체성이 좀 더 견고할 수도 있고 상대적으로 덜 견고할 수도 있으며, 학습에 도움이 될 수도 있고 그렇지 않을 수도 있다. 또한 8장에서는 쉽게 상처 입는 고정형 정체성fixed identity에서 벗어나 피드백과 경험을 통해 학습을 하기에 유리하며 강인한 성장형 정체성growth identity으로 거듭나는 데 도움이 되는 방법 세 가지를 소개할 것이다.

06

같은 피드백을
다르게 받아들이는 이유

크리스타는 자신감이 부족한 사람이 아니다. 크리스타는 이 이야기를 하면서 웃음을 터뜨린다.

남편과 나는 결혼하자마자 여섯 달 동안 자동차를 타고 미국을 여행했어요. 자동차 뒷 유리에는 구두약으로 '우리의 결혼을 축복한다면 경적을 울려주세요'라고 적어뒀어요. 사람들은 경적을 울려대며 열심히 손을 흔들어줬어요. 모르는 사람들이긴 하지만 호의를 갖고 우리를 축하해주다니 기분이 무척 좋았어요. 여행을 끝내고 일상으로 복귀했을 때 남편이 유리에 적힌 글씨를 지웠어요. 하지만 나는 몰랐고, 차를 타고 다니면서 바보같이 굴곤 했지요. 유턴을 하면서 말이에요. 누군가 맹렬하게 경적을 울려대면 활짝 웃으면서 손을 흔들어주었지요. 이렇게 말하면서요. "정말 고마워요. 고마워요, 정말. 나도 사랑해요!"

정체성 자극

크리스타는 덧붙여 이야기한다. "저는 늘 그래요. 부정적인 피드백을 깨닫지 못해요. 누군가가 내가 좋아하는 걸 좋아하지 않는다고 이야기하면 저는 곧장 이렇게 생각합니다. '정말이야? 하지만 내가 얼마나 멋진 사람인지 제대로 알고 있는 거지?' 솔직히 저는 자신감 과잉이지요. 사실 그건 적절치 않아요."

물론 크리스타에게 힘든 시기가 없었던 것은 아니다. 그 시절에는 크리스타도 웃음을 잃었다. 하지만 밝은 성격은 최악의 순간을 의연하게 헤쳐 나가는 데 도움이 됐다. "첫번째 남편과는 이혼을 했어요. 이혼이라는 건 엄청나게 거대하고 부정적인 피드백 덩어리와 같아요. 내 자신의 모든 것에 의문을 가졌어요. 다른 누군가가 나를 사랑할 수 있을지, 내게 진짜 사랑을 할 능력이 있기는 한지. 이혼한 사람이 으레 그렇듯 암울한 곳만 찾아다녔어요.

하지만 그런 시기는 그리 오래가지 않았어요. 처음에는 '다시는 누구도 나를 사랑하지 않을 거야'라고 생각했어요. 하지만 머지않아 '진짜 이상해. 이렇게 많은 사람들이 이렇게 빨리 나를 사랑하게 되다니'라고 생각하게 됐어요. 이혼한 지 1년이 채 지나지 않아 지금의 남편과 멋진 사랑을 하게 됐지요. 많은 사람들이 축하의 뜻을 담아 경적을 울려대는 소리를 들으며 온 나라를 여행했어요."

알리타는 정반대다. 인기 있는 산부인과 의사인 알리타는 지난해에 실시된 환자를 대상으로 한 설문조사 결과에 대한 피드백을 받았다. 환자들은 알리타를 극찬했다. 알리타가 임신에 관한 질문에 매우 많은 관심을 보였다며 특별히 알리타를 칭찬하는 내용을 언급한 환자들도 많았다. 하지만 여러 환자들이 알리타의 스케줄이 지연되는 탓에 기다려야 하는 경우가 많았으며 기다리는 일이 유쾌하지 않았다고 지적했다. 알리타는 철퇴로 두드려 맞은 것처럼 가슴이 아팠다. "무척 실망했습니다. 나는 모든 환자들에게 많은 시간과 관심을 쏟습니다. 그런데 환자들은 돌아서서 불평을 합니다. 이런 피드백을 읽기 전까지는 제가 하는 일을 무척 사랑했지요. 하지만 이제는 환자들에게 전과 같은 느낌이 들지 않아요." 가장 최근에 실시된 환자 설문조사 결과가 담긴 봉투가 책상 위에 놓여 있지만 알리타는 지난 두 달째 봉투를 열지도 않은 채 그냥 내버려두고 있다.

크리스타에게 피드백은 그저 스쳐가는 말일 뿐이지만 알리타에게 피드백은 영혼 속까지 깊이 파고드는 비수다. 우리는 모두 나름의 방식대로 피드백을 소화한다.

크리스타와 알리타가 피드백에 다른 반응을 보이는 한 가지 이유는 뇌 배선(타고난 신경 구조와 연결 상태) 때문이다. 뇌 배선은 우리에게 많은 영향을 미친다. 뇌 배선이 어떤가에 따라 불안을 쉽게 느끼기도 하고 긍정적일 수도 있으며, 수줍어할 수도 있고 외향적일 수도 있으며, 예민할 수도 있고 회복력이 뛰어날 수도 있다. 뿐만 아니라 뇌 배선은 피드백이 우리에게 미치는 영향(긍정적인 피드백과 부정적인 피드백 둘 다)의 강도와도 관련이 있다. 뇌 배선에 따라 기분이 좋아지거나 우울해질 수도 있으며 두려움이나 절망을 재빨리 딛고 일어설 수도 있고 그렇지 않을 수도 있다.

6장에서는 피드백에 대한 다양한 감정 반응을 살펴보고 뇌 배선이 이와 같은 감정 반응에 어떤 영향을 미치는지 살펴보자. 또한 이런 감정이 우리의 생각에 어떤 영향을 주며, 우리의 생각이 우리의 감정에 어떤 영향을 미치는지 살펴볼 것이다. 당신의 뇌 배선과 성향을 이해하면 부정적인 피드백의 파도를 헤치고 나아가는 능력을 강화하고 매일 새로운 아침을 활기차게 맞이할 수 있다.

정체성 자극

뇌 배선 역시 당신이 어떤 사람인가에 영향을 미친다는 사실에 좌절할 수도 있다. 당신에게 문제가 있다는 또다른 근거이자 해결할 수 없을 것처럼 느껴지는 또다른 대상이기 때문이다. 하지만 어떤 면에서 생각하면 이러한 사실이 우리를 오히려 자유롭게 만들어준다. 타고난 곱슬머리나 불거진 광대, 평발과 마찬가지로 뇌 배선 역시 두번째 발가락이 첫번째 발가락보다 짧거나 긴 것과 같은 단순한 생김새와 다르지 않다. 평생동안 다른 사람들로부터 '지나치게 민감하다'거나 '툭하면 잊는다'라는 평을 들었다면 뒤로 물러서서 "그래, 나는 그렇게 타고났어. 그동안 내가 그런 모습을 보였지"라고 이야기할 때가 된 것이다. 용기가 부족해서 혹은 자기 연민이 넘쳐서 이런 반응을 보이는 것이 아니다.

이런 사실을 인정한다고 해서 당신이 어떤 사람인지, 당신이 어떤 행동을 하는지에 대해 책임질 필요가 없어지는 것은 아니다. 그저 '뇌 배선이 중요하다'라는 타당한 판단, 조금 복잡하긴 하지만 유용한 판단을 하는 것뿐이다.[1]

뇌 배선에 따라 반응이 달라진다

뇌에 대한 우리의 이해 수준은 아직 완전하지 않다. 여기서 '우리의 이해'란 뇌에 대한 인간의 이해 전반을 의미한다(필자들 역시 마찬가지다). 신경과학 분야에서 온갖 결과가 발표되고, 각종 논의가 확산되며, 해석이 바뀐다. 신경과학에 대해 글을 쓰는 것은 움직이는 기차에서 뛰어내리는 것과 약간 비슷하다. 뛰어내리는 순간을 제아무리 세심하게 결정한다 하더라도 상처를 입을 가능성이 크다. 그럼에도 신경과학에 관한 내용을 짚고 넘어가는 것이 좋을 듯하다. 최근에 발표된 사회학 및 신경과학 연구를 살펴보면 우리가 저마다 다른 방식으로 피드백에 반응하고 다른 사람들 역시 각자 다른 방식으로 피드백에 반응하는 이유가 무엇인지 이해하는 데 도움이 될 것이다.

접근과 후퇴를 관리하는 것은 뇌의 주요 생존 기능 중 하나다. 우리는 기쁨을 주는 대상에는 가까이 다가가고 고통스러운 대상에서는 물러서려는 경향이 있다. 기쁨이라는 것은 건강하고 안전한 것을 상징하며, 고통은 건강에 해롭고 위험한 것을 상징한다.

하지만 이러한 접근·후퇴 기능은 현대의 일과 사랑이라는 미묘한 세계를 헤치고 나아가기에는 적절하지 않다. 예컨대 장기적인 이익을 위해 반드시 필요한 단기적인 고통에 직면하면 뇌가 뒤죽박죽된다. 예컨대 운동을 뒤로 미루는 경우를 생각해볼 수 있다. 반대의 경우도 마찬가지다. 장기적인 고통을 초래하는 단기적인 기쁨 역시 혼란스러운 접근·후퇴 신호를 생성한다. 기분 전환을 위한 약물 사용, 혼외정사 등이 이런 경우에 해당한다(예전에는 '와인, 여자, 노래'가 여기에 해당했고 베이비붐 세대에게는 '섹스, 약물, 로큰롤'이 여기에 해당한다). 이와 같은 뇌와 실제 삶 간의 부조화는 강렬한 매력을 느끼게 하거나 끝없는 고통에 빠지게 만드는 원인이 된다.

그렇다면 이러한 사실이 피드백과 무슨 관계가 있을까? 섹스, 마약, 음식, 운동과 마찬가지로 피드백은 뇌를 혼란스럽게 만들고 접근·후퇴 시스템을 망가뜨린다. 지금 당장 기분 좋은 일을 하는 것(부정적인 피드백을 멈출 방법을 찾는 것)이 장기적으로 많은 비용(홀로 남겨지거나 해고당하거나 기분이 가라앉는 것)을 초래할 수도 있다. 또한 장기적으로 유익한 것(유용한 피드백을 이해하고 그에 걸맞게 행동하는 것)이 지금은 고통스러울 수도 있다.

기분에 영향을 미치는 피드백을 경험하면 뇌와 신체에 많은 변화가 나타난다. 사람들이 이해하는 것 이상으로, 하나의 짧은 장에 담아낼 수 있는 것 이상으로 많은 변화가 나타난다. 하지만 간단하게 요약하면, 피드백에 대한 '반응'에 기준점, 흔들림, 유지 및 회복 등 세 개의 핵심 변수가 들어 있다고 설명할 수 있다.

'기준점baseline'이란 인생에서 좋은 일이나 나쁜 일이 벌어진 후에 나아가고자 하는 행복이나 만족감의 기본 상태다. '흔들림swing'이란 피드백을 받았을 때 기준점으로부터 얼마나 높이 혹은 얼마나 낮게 움직이는가를 뜻한다. 어떤 사람들은 피드백에 극단적인 반응을 보인다. 다시 말해서 흔들리는 폭이 넓다. 어떤 사람들은 마음을 불안하게 만드는 소식을 듣고도 꿈쩍도 하지 않는다. '유지 및 회복'은 기간, 즉 감정 기복이 얼마나 오래 지속되는지를 일컫는다. 긍정적인 피드백을 받았을 때 느끼는 좋은 감정을 오랫동안 지속하되 부정적인 감정 상태로부터 재빨리 회복하는 것이 가장 이상적이다.

기준점

우리의 행복, 슬픔, 만족스러움, 불만족스러움이 오로지 연속적으로 발생하는 개별 경험에 의해 결정되는 것은 아니다. 좋은 일이 일어나면 행복한 사람이 되고 나쁜 일이 일어나면 슬픈 사람이 되는 식이 아니다. 감정은 그런 식으로 결정되지 않는다. 경험이 기분에 영향을 미치는 것은 사실이지만 돌풍이 불 때마다 방향이 완전히 바뀌는 것은 아니다. 물론 어떤 사건이 벌어진 순간에 감정을 느끼는 것은 사실이다. 하지만 감정의 이면에는 전반적인 배경이 있다.

우리 인간은 새로운 정보와 사건(좋은 것이건 나쁜 것이건)에 적응하며 각

개인의 행복 기준점으로 회귀한다.[2] 기분이 좋을 때도 있고 나쁠 때도 있다. 하지만 시간이 흐르면 원래의 수위로 되돌아가는 물처럼 기준점으로 되돌아간다. 나쁜 소식을 들은 후 '다시 유쾌한 기분을 되찾기도 하고 기쁜 소식을 들은 후에 다시 가라앉기도 한다.' 첫사랑의 희열은 서서히 사라지고 이혼으로 인한 절망감도 희미해진다. 장난감을 가졌을 때 어린아이들이 보이는 반응을 통해 이와 같은 인간의 성향을 가장 잘 확인할 수 있다. 오랫동안 간절히 원했던 것을 갖게 된 아이들은 앞으로 평생 동안 행복이 지속되리라고 철석같이 믿는다. 장난감을 손에 쥔 후 처음 몇 분 동안은 그렇다. 하지만 (어른들이 그렇듯) 아이들 역시 새로운 환경에 적응한다.

기준점은 사람마다 매우 다르다. 머리 아저씨는 늘 인생에 불만이 가득한 사람처럼 보이고 아일린 아줌마는 특별한 이유도 없이 늘 즐거워 보이는 것도 바로 사람마다 기준점이 다르기 때문이다. 행복이라는 감정을 느끼는 기질은 인간의 성격 중 가장 유전 확률이 높은 것 중 하나다. 쌍둥이에 대한 연구를 통해 사람들이 느끼는 평균적인 행복감에 차이가 있으며 그중 50퍼센트는 삶의 경험보다는 유전자의 차이에서 비롯된 것이라는 사실이 밝혀졌다.[3] 복권에 당첨된 지 1년이 지난 후에 당첨자가 느끼는 행복(혹은 불행)의 정도는 복권에 당첨되기 이전과 거의 일치한다는 연구 결과는 잘 알려져 있다.[4]

피드백을 받는 문제에 있어서 기준점이 중요한 이유가 무엇일까?

첫째, 행복 기준점이 좀더 높은 사람들은 스스로 그다지 행복하지 않다고 느끼는 사람들에 비해 긍정적인 피드백에 긍정적으로 반응할 가능성이 크다. 또한 전반적인 만족도가 낮은 사람들은 부정적인 정보에 더욱 강하게 반응한다.[5] 크리스타는 기준점이 매우 높은 편이다. 크리스타가 결혼을 축하한다는 뜻이 담긴 경적 소리는 무척 기쁘게 받아들인 반면 비난은 상대적으로 덜 '불쾌하게' 받아들인 것은 전혀 놀라운 일이 아니다. 알리타는 기준점이 낮은 사람이다. 따라서 긍정적인 평가를 보고는 그다지 기쁨을 느끼지 않은 반면 비난이 담긴 평가에는 큰 충격을 받는다.

이러한 사실이 알리타에게 특히 부당하게 느껴질 수도 있다. 결국 긍정적인 피드백과 감정적인 지지가 필요한 사람은 알리타다. 하지만 걱정할 필요는 없다. 긍정적인 피드백을 강화하고 까다로운 피드백을 받을 때 부정적인 감정을 누그러뜨리는 방법이 있다. 긍정적인 피드백이 약화되고 부정적인 피드백이 증폭됐다는 사실을 인지하는 것만으로도 도움이 된다.

흔들림

타고난 기준점이 어떻든 감정이 양방향으로 심하게 흔들리는 사람이 있다. 이런 부류의 사람들은 사소한 피드백에도 심하게 요동친다. 반면 자극이 와도 흔들리는 폭이 크지 않은 사람도 있다. 이런 성향은 태어날 때부터 존재하는 것처럼 보인다. 평균보다 좀더 민감한 유아들은 상대적으로 작은 자극(예를 들어 시끄러운 소음, 새로운 상황, 무서운 그림)이 와도 강렬한 생리적 반응을 보인다.

물론 신생아는 성과 평가를 받지 않으며, 어른을 위한 피드백에 무서운 그림이 포함되는 경우는 드물다. 하지만 연구 심리학자 제롬 케이건이 '반응성이 높다high reactive'고 표현하는 부류의 유아들은 그렇지 않은 유아에 비해 반응성이 높은 어른으로 성장할 가능성이 높다. 유아기에 반응성이 높으면 성인이 됐을 때 흔들림의 폭이 커진다. 이런 어른이 부정적인 피드백에 좀더 민감하게 반응할 가능성이 크다.[6] 뇌 영상 연구는 민감성의 차이가 해부학적인 차이와 관련 있을 수도 있음을 시사한다. 유아기에 낮은 반응성을 보인 사람은 높은 반응성을 보인 사람에 비해 성인이 됐을 때 좌측 안와 전두 피질left orbitofrontal cortex의 두께가 두껍다. 반면 유아기에 높은 반응성을 보이는 것으로 분류됐던 성인은 우측 복내측 전전두엽right ventromedial prefrontal cortex의 두께가 두껍다.[7]

피질 내에서 어떤 일이 벌어지건 개인마다 흔들리는 정도에 차이가 있다는 사실은 회의실에서도 쉽게 확인 가능하다. 클라이언트가 엘리자와 제론에게 부정적인 피드백을 똑같이 제시하면 엘리자는 불안감에 허우적대며 허둥거리는 반면 제론은 "할 일이 더 늘어났군"이라고 말할 뿐 별다른 반응을 보이지 않는다. 엘리자와 제론은 팀을 이뤄 일을 한다. 그런 탓에 상이한 반응은 갈등을 낳는다. 제론은 엘리자가 관심을 끌기 위해 극적으로 반응한다고 생각하고, 엘리자는 제론이 문제의 심각성을 부정한다고 생각한다. 이제 두 사람은 상대방이 피드백을 처리하는(혹은 제대로 처리하지 못하는) 방식에 대해서도 각자 피드백을 갖고 있다.

감정에 쉽게 사로잡히든 거의 영향을 받지 않든 모든 사람에게 똑같이 적용되는 한 가지 사실이 있다. 그것은 바로 나쁜 감정이 좋은 감정보다 강렬하다는 것이다. 심리학자 조너선 하이트는 이렇게 기술한다. '위협과 불쾌감에 대한 반응은 기회와 기쁨에 대한 반응보다 빠르고 강렬하며 억제하기 힘들다.'[8] 하이트의 이 지적은 피드백에 대한 풀리지 않는 수수께끼를 강조한다. 우리는 왜 400개의 칭찬 속에 숨어 있는 단 하나의 비난을 곱씹을까?

우리의 뇌 배선에는 위협을 감지하는 일종의 안보팀이 있다. 위험(실제 위험이건 상상 속의 위험이건)을 감지하면 안보팀은 반응 속도가 느리고 좀 더 사려 깊은 시스템을 우회해 즉각적으로 반응한다. 이 과정에서 편도체가 핵심적인 역할을 한다. 수많은 신경세포로 이뤄진 아몬드 모양의

정체성 자극

조그만 덩어리인 편도체는 변연계(뇌에서 감정 처리를 중심적으로 담당하는 부위)의 중심부에 위치한다. 하이트는 이렇게 설명한다.

> 편도체는 싸움 혹은 도주 반응을 활성화시키는 뇌간과 직접 연결돼 있다. 과거에 두려움을 초래한 사건과 관련 있는 패턴을 발견하면 편도체는 우리 몸에 적색경보를 내린다. (중략) 인간의 뇌에 '녹색경보' 같은 것은 없다. (중략) 위협은 곧장 위험을 알리는 비상 단추로 이어진다. 하지만 긍정적인 정보가 나타났을 때 같은 역할을 하는 경보 시스템은 없다. 나쁜 소식은 좋은 소식보다 한층 강렬하게 와닿는다. 뿐만 아니라 한층 커다란 영향을 미친다.

그렇다면 당신은 왜 휴가차 집을 방문한 시어머니의 완곡한 말씀에 계속 집착하는 것일까? 시어머니가 자신도 모르는 새 적색경보 시스템을 활성화시켰기 때문이다. 1억 년이 넘는 긴 세월 동안[9] 진화를 거듭하며 뱀이나 날카로운 이빨을 가진 호랑이, 몸을 숨긴 채 인간의 생명을 위협하는 그밖의 여러 생명체를 감지하는 역할을 해온 바로 그 시스템 말이다. 시어머니가 떠나고 한참이 지난 후에도 적색경보에 사로잡힌 뇌는 언제든 시어머니를 물리치려는 태세를 늦추지 않는다.

유지 및 회복 1 : 부정적인 감정을 딛고 일어서기

감정적으로 심하게 동요하든 좀처럼 움직이지 않든 마지막 변수는 기간이다. 다시 말해서 다시 기준점으로 되돌아가기까지 시간이 얼마나 걸리는가가 마지막 변수다. 고통스러운 피드백을 받은 후에 빨리 회복하는 편인가 그렇지 않으면 몇 주나 몇 달 동안 나쁜 기분을 떨쳐내지 못하는가? 좋은 소식이 주는 즐거움이 얼마나 오래 지속되는가? 고객이 감사의 마음을 담아 당신의 전문성을 극찬하는 이메일을 보내면 금세 기분이 좋아져 하루종일 행복한가? 그렇지 않으면 다음 이메일을 읽을 때까지만 즐거운 기분이 지속되는가? 리처드 데이비슨은 긍정적인 감정이 지속되는 시간이나 부정적인 감정에서 회복하는 데 걸리는 시간이 사람에 따라 무려 3000퍼센트나 차이가 날 수 있다는 사실을 발견했다.[10]

놀랍게도 부정적인 피드백과 긍정적인 피드백을 조정하는 역할은 뇌의 각기 다른 부분이 맡고 있다. 사실 어떤 유형의 피드백을 받는가에 따라 좌뇌가 조정 역할을 할 때도 있고 우뇌가 조정 역할을 할 때도 있는 듯하다. 또한 좌뇌와 우뇌가 잘하는 일이 각기 다를 수도 있다. 이런 주제는 금세 복잡해진다. 하지만 관련 연구를 통해 몇 가지 간단한 사실이 밝혀졌다.

위협을 감지하는 적색경보 시스템은 매우 중요하다. 하지만 일상생활 속에서 허위 경보가 울리는 경우가 너무 많은 탓에 경보를 끄는 방법을 마련해두는 것 역시 매우 중요하다.

편도체는 경보 시스템에서 매우 중요한 역할을 한다. 하지만 편도체 외에도 경보 시스템에 영향을 미치는 부위가 있다. 전두엽은 감정적인 반응과 피드백의 실제 내용을 통합하는 역할을 한다. 전두엽은 편도체에서 시작된 쏠림 현상을 억제할 수도 있고 강화할 수도 있다.

이마 바로 뒤에 위치한 전전두엽은 좀더 고차원적인 추론, 판단, 의사결정을 담당한다. 뇌의 다른 부분과 마찬가지로 전전두엽도 좌측과 우측, 두 개로 나뉜다. 두려움과 불안, 혐오감 등 부정적인 감정이 밀려들면 전전두엽의 우측에서 활동이 증가한다. 재미, 희망, 사랑과 같은 긍정적인 감정이 생기면 전전두엽의 좌측에서 활동량이 증가한다. 전문가들은 이런 현상을 '유의성 가설Valence Hypothesis'이라 표현한다. 즉 우뇌의 활동량이 많은 사람(우뇌형 인간)은 좀더 우울해하고 좀더 불안해하는 경향이 있는 반면 좌뇌형 인간은 좀더 행복해한다는 것이다[11](과학계의 현 입장을 과장해서는 안 된다. 감정 '입지론locational theory'에 대한 논란이 아직 해소되지 않았다).[12]

신경과학자들은 기능적 자기공명영상 장치를 비롯해 뇌가 특정한 자극 요인에 어떻게 반응하는지 알려주는 영상 장치를 활용해 사람들이 어떤 식으로 부정적인 감정을 딛고 회복하는지 이해하기 시작했다. 놀랍게도 영상 장치를 사용한 결과, 좌뇌('긍정적인' 부분)가 이런 역할을 한다는 사실이 드러났다. 편도체가 두려움과 불안의 감정을 증폭시킬 때 좌뇌의 활동이 감정을 진정시키는 역할을 한다. 좌뇌가 활발하게 활동하면 속상한 마음을 딛고 좀더 빠르게 회복할 수 있다.

좌뇌의 활동량이 높게 나타나는 것 외에도 회복 속도가 빠른 사람들의 특징이 있다. 이런 사람들에게서는 전전두엽 좌측과 편도체를 잇는 물질(뇌의 각 부분을 이어주는 '백질' 경로)이 더 많이 관찰된다.[13] 따라서 긍정적인 메시지가 편도체로 이동할 때 사용하는 통로의 폭이 좀더 넓다. 양측을 잇는 물질을 다량 보유한 사람들은 사실상 불안감을 해소하는 신호를 전달하는 고속도로를 갖고 있는 셈이다. 반면 회복 속도가 느린 사람들의 뇌 속에서는 불안감을 해소하는 신호가 좁다란 시골길을 따라 달리는 셈이다.

결론은 뇌 배선과 뇌 구조가 좀더 오른쪽으로 치우친 사람들은 좌뇌형 사람들에 비해 부정적인 피드백을 받은 후 회복하는 속도가 느리다는 것이다. 사소한 피드백이건(당신, 쓰레기를 밖에 내놓기로 하고선 잊어버렸네) 중요한 피드백이건(그래서 나는 당신을 떠날 거야) 회복 속도가 느린 건 마찬가지다.[14]

알리타가 환자를 기다리게 만드는 데 대한 불만이 적힌 피드백을 읽을 때 알리타의 뇌를 기능적 자기공명영상으로 촬영하면 편도체와 우측 전전두엽의 활동량이 증가하는 모습을 관찰할 수 있을 것이다. 알리타의 편도체가 소리친다. "위험을 발견했어!" 전전두엽이 사실임을 확인시켜준다. "이건 재앙이야!" 반면 좌측 전전두엽(좀더 긍정적인 부분)의 활동은 약화된다. 좌뇌가 이야기한다. "그냥 진정하자. 많은 환자들이 감사하다고 이야기하잖아." 하지만 재앙과 파멸을 외치는 우뇌의 목소리가 너무 강한 탓에 좌뇌의 목소리는 제대로 들리지도 않는다.

알리타는 우뇌의 활동이 좀더 활발할 가능성이 크다. 상대적으로 덜 예민한 동료들에 비해 알리타는 생리학적으로 좀더 쉽게 자극을 받고, 좀더 불안해하며, 좀더 우울해할 것이다. 뿐만 아니라 알리타는 희망이나 유머(좌뇌의 영향이 미치는 영역)를 쉽게 발견하지 못하고 마음을 쉽게 가라앉히지 못할 것이다.

똑같은 상황에 놓였을 때 기능적 자기공명영상을 이용해 크리스타의 뇌를 촬영해보면 알리타와는 다른 패턴이 나타날 가능성이 크다. 처음에는 크리스타 역시 불안해하거나 분노를 느끼거나 상처를 입을 수도 있다(크리스타의 편도체에서 활동량이 증가할 것이다). 하지만 머지않아 크리스타의 강력한 좌측 전전두엽이 힘을 발휘하며 급속한 감정 반응을 진정시킬 것이다. "진정해. 과민 반응하지 마. 대부분의 환자들은 너를 '사랑해.' 그리고 어쨌건 엄마가 된다는 것은 결국 인내를 배우는 거야. 그러니 환자들에게 엄마가 됐을 때 경험해야 할 것들을 미리 경험할 기회를 주는 것이라고 생각해. 됐어, 이제 멕시코 음식이나 먹으러 가자."

회복 시간이 짧으면 실제로 많은 도움이 된다. 회복력이 뛰어난 사람들은 문제가 생겼을 때 결의를 다지며 적극적으로 대처할 가능성이 크고 우울해할 가능성이 적다. 하지만 피드백 문제를 놓고 보면 지나치게 빨리 회복하는 것 또한 문제가 된다. 크리스타는 부정적인 피드백을 받더라도 감정적으로 커다란 충격을 받지 않는다. 그런 탓에 크리스타는 부정적인 피드백에 충분한 관심을 보이지 않거나 부정적인 피드백을 정확하게 기억해두지 않을 가능성이 크다. 또한 다른 사람의 제안을 무시하거나 개선을 위해 노력하려는 동기가 부족할 가능성이 크다. 크리스타의 주변 사람들은 크리스타가 다른 사람들의 우려에 냉담하다고 생각할 수도 있다. 크리스타가 이런 인상을 주는 것은 실제로 다른 사람들의 우려에 관심이 없어서가 아니라 다른 사람들의 우려가 얼마나 심각한지 제대로 이해하지 못하기 때문이다. 그리고 크리스타는 금세 잊어버린다.

유지 및 회복 2 : 긍정적인 감정 유지하기

회복이란 속상한 피드백을 받은 후에 느끼는 우울한 감정에서 얼마나 빨리 벗어나는가를 뜻한다. 유지란 긍정적인 피드백을 받은 후 좋은 기분이 얼마나 오랫동안 유지되는가를 뜻한다.

뇌에서 일어나는 어떤 반응이 긍정적인 감정을 유지하는 데 도움이 될까? 흔히 측좌핵nucleus accumbens이라고 알려져 있는 복측기저핵ventrial striatum 내에 위치한 신경세포 무리를 주의 깊게 살펴볼 필요가 있다. 이 부위는 관자놀이 바로 앞에 위치해 있으며 중변연계 경로('보상 경로', 혹은 '기쁨 중추'라고도 불린다)의 일부다. 중변연계 경로는 기쁨, 갈망, 동기 부여 등의 감정을 유발하는 도파민을 분비하는 역할을 맡고 있다. 긍정적인 마음을 관장하는 전전두엽 좌측과 연결된 측좌핵은 하나의 순환 고리를 만들어낸다. 이 순환 고리 속에서 긍정적인 경험이 도파민 반응을 초래하면, 도파민이 긍정적인 감정을 유도하며, 긍정적인 감정은 다시 도파민 분비를 초래한다.[15]

크리스타와 알리타는 모두 긍정적인 자극(결혼을 축하하는 경적 소리든 갓 태어난 남자아이의 울음소리든)을 받을 때 기분이 좋아진다. 하지만 크리스타의 측좌핵은 경적 소리가 사라진 지 한참이 지난 후에도 계속해서 도파민을 분비하고 감정적인 흥분 상태에 머무르는 등 활성 상태를 '유지한다.' 반면 알리타의 경우에는 단 몇 분 만에 긍정적인 감정이 모두 사라진다.

부정적인 피드백을 다시 떠올리면 부정적인 감정이 되살아나듯, 긍정적인 피드백을 다시 떠올리면 긍정적인 감정을 좀더 오래 유지시킬 수 있다. 이를 위해 감사의 뜻이 담긴 고객 의견을 다시 떠올릴 수도 있고 직장에서 어떤 일이 벌어지건 집으로 돌아가면 우리를 사랑하는 아홉 명의 아이들이 우리를 기다리고 있다는 사실을 기억해낼 수도 있다. 혹은 집에서 어떤 일이 벌어지더라도 아이들이 우리와 함께 출근하지 않는다는 사실을 기억해내는 것도 괜찮다.

우리의 유지 및 회복 성향은 악순환의 고리를 만들어낼 수도 있고 선순환의 고리를 만들어낼 수도 있다. 긍정적인 감정을 쉽게 지속시키는 사람은 크고(그 고객을 사로잡았어!) 작은(커피가 정말 끝내줬어!) 행복의 순간을 경험한 후 찾아오는 좋은 기분을 오랫동안 유지할 수 있다. 올바른 일을 하고 있다는 사실을 되새기고 싶을 때 자녀의 담임교사나 당신에게 감사한 마음을 갖고 있는 유권자로부터 전달받은 긍정적인 피드백을 다시 읽어볼 수도 있다. 긍정적인 피드백은 가슴속을 파고들어 고비를 넘기고 평정 상태를 되찾을 수 있도록 도와준다. 당신의 감정 상태를 통제할 수 있다는 것은 곧 인생에서 어떤 일이 벌어지더라도 눈앞에 닥친 상황에 대처하는 당신의 능력에 좀더 자신감을 갖게 된다는 뜻이다. 미래가 밝으리라는 긍정적인 생각이나 어떤 일이 닥치건 잘 헤쳐나갈 수 있으리라는 자신감을 갖게 된다. 이것이 바로 마음의 평화다.

정체성 자극

하지만 긍정적인 유지가 약해지면 당신이 올바른 일을 하고 있다는 사실을 기억하기가 한층 힘들어지고 비관론을 좀더 현실적인 미래처럼 느낀다. 한동안 기분이 좋지 않았던 데다 감정이 쉽게 회복되지 않는다면 다음에 특히 힘겨운 시기가 찾아왔을 때 잘 대처할 수 있을지 자신의 능력에 의구심이 생길 수도 있다. 결국 비관론과 더불어 자기 회의가 찾아오게 된다. 기준점과 흔들림, 유지는 다시 원점으로 돌아오며 이 세 가지가 모여 소위 기질temperament이라 불리는 것을 만들어낸다.[16]

유지 및 회복 3 : 네 가지 조합

크리스타는 부정적인 피드백을 받은 후 단기간 내에 회복하며 기분 좋은 감정을 오랫동안 유지한다. 이런 본성 덕에 크리스타는 역경을 딛고 재빨리 회복하며 인생의 기쁨을 느긋하게 즐긴다. 알리타는 두 가지 측면에서 모두 크리스타와 반대다. 알리타는 부정적인 감정에서 벗어나는 데 좀더 오래 걸린다. 뿐만 아니라 긍정적인 감정을 오래 유지하지 못한다.

하지만 이 두 가지 조합이 전부가 아니다. 부정적인 감정을 얼마나 오래 유지하는가와 긍정적인 감정을 얼마나 오래 유지하는가가 서로 영향을 미치지 않기 때문이다. 온전히 생리학적인 관점에서 보면 유지 및 회복 성향을 총 네 개로 나눌 수 있다. 다음 쪽의 표는 당신이 피드백을 노련하게 받아들이는지, 피드백이 학습에 도움이 되거나 중요하다고 여기는지 여부와는 무관하다. 뇌 배선 상태에 따라 피드백을 받아들일 수 있는 여러 가지 경우를 설명할 뿐이다. 이 표가 지나치게 단순화돼 있는 것은 사실이다. 하지만 각 범주를 살펴보면 도움이 된다.

	긍정적인 감정을 장시간 유지	긍정적인 감정을 단시간 유지
부정적인 감정으로부터 신속하게 회복	저위험 고보상 "피드백을 사랑해."	저위험 저보상 "어느 쪽이든 상관없어!"
부정적인 감정으로부터 더디게 회복	고위험 고보상 "희망을 갖고 있지만 걱정이 되기도 해."	고위험 저보상 "피드백이 싫어."

뇌 배선이 전부가 아니다

뇌 배선과 기질에 관한 설명을 듣고 '뇌 배선은 고정된 것'이며 '그것은 운명'이라고 여길 위험이 있다. 하지만 둘 다 사실이 아니다.

기질에는 유전적인 요소가 있다. 이런 요소들을 이해하면 자기 자신을 이해하는 데 도움이 될 뿐 아니라 다른 사람들이 우리와는 다른 이유를 알 수 있다. 하지만 우리가 갖고 있는 기질 중 많은 부분이 유전되기는 해도 기질도 변한다는 근거 역시 수없이 많다. 명상, 봉사, 운동 등은 오랜 시간에 걸쳐 기준점을 높이는 데 도움이 된다. 충격적인 경험이나 우울증과 같은 중대한 사건들 역시 지대한 영향을 미친다. 신경가소성 neuroplasticity에 대한 이해가 높으면 뇌 배선도 우리가 살고 있는 환경, 우리가 선택한 경험에 따라 바뀐다는 흥분되는 사실을 다시금 기억할 수 있다.

좀더 중요한 사실이 있다. 변하건 변치 않건 뇌 배선이 모든 것을 결정하지는 않는다. 전문가들은 50 : 40 : 10이라는 행복 공식을 제안한다.

행복의 약 50퍼센트는 뇌 배선으로 인해 이미 결정돼 있는 반면 행복의 40퍼센트는 우리에게 벌어진 일을 해석하고 대응하는 방식에 의해 결정되고 나머지 10퍼센트는 환경(살고 있는 장소, 함께 사는 사람, 일하는 장소, 함께 일하는 사람, 건강 상태 등)이 결정한다는 것이다.[17] 물론 이 비율의 정확성에 대해서는 논란의 여지가 있다. 하지만 약 40퍼센트라는 숫자를 우리에게 유리한 방식으로 활용할 수 있는 여지는 많다. 우리가 느끼는 행복 중 40퍼센트만큼은 우리의 통제 영역 안에 있다. 우리에게 벌어진 일을 해석하는 방식, 우리가 만들어낸 의미, 우리가 스스로에게 들려주는 이야기가 행복에 영향을 미치는 것이다.

펜실베이니아 대학 교수 마티 셀리그먼은 어떤 사람들은 해석과 반응을 통해 외상 후 스트레스를 발판 삼아 성장을 이뤄내기도 한다고 설명한다.[18] 우리에게 일어난 일(그리고 피드백)을 어떻게 해석하고, 이미 벌어진 일에 어떻게 반응하는가에 따라 속상한 피드백은 물론 심지어 실패까지도 학습의 발판으로 삼을 수 있다.

하지만 주목해야 할 부분이 있다. 우리의 감정은 실제로 벌어진 일에 대한 해석과 그 일에 관한 우리의 이야기에 지대한 영향을 미친다. 따라서 마음 상하는 피드백을 받으면 기분이 나빠진 자아가 피드백의 의미를 왜곡시킨다. 상사가 마치 새끼 고양이처럼 전혀 해를 끼치지 않는 충고를 조심스레 건넨다. 하지만 불안에 빠진 우리에게는 상사의 충고가 온몸을 휘감고서 우리를 갈가리 찢어놓을 태세를 갖춘 호랑이처럼 느껴진다.

감정은 피드백에 대한
감각을 왜곡시킨다

까다로운 피드백에 좀더 능숙하게 대처하려면 감정이 피드백의 의미에 대한 이야기와 어떤 식으로 상호작용을 하고 어떤 식으로 이야기를 왜곡시키는지 이해해야 한다. 정말로 아무런 해가 되지 않는 새끼 고양이일 뿐인가, 아니면 우리를 갈가리 찢어놓을 호랑이인가? 혹은 또다른 것인가?

우리의 이야기에는 감정 사운드트랙이 있다

2장에서 언급했듯이 우리는 데이터가 아니라 이야기 속에서 살아간다. 우리가 누구인가, 무엇에 관심을 갖고 있는가, 왜 여기에 있는가와 같이 중요한 이야기도 있고, 지난 주말에 참석한 회사 야유회에서 맞닥뜨렸던 당황스러운 상황과 같은 사소한 이야기도 있다.

이런 이야기에는 생각뿐 아니라 감정도 포함돼 있다. 우리는 생각과 감정을 별도로 경험하지 않는다. '이건 생각이고 이건 감정이야'라는 식으로 생각하지 않는다. 어떤 경우건 우리는 우리의 삶을 자연스럽게 자각한다. 영화의 배경음악과 마찬가지다. 훌륭한 영화 속에 빠져들면 배경음악이 고조됐다가 서서히 사라지는 것을 인식하지 못한다. 음악은 줄거리의 긴장감과 흥분, 날카로움을 배가시킨다. 하지만 우리는 영사기의 존재를 인식하지 못하는 것처럼 배경음악의 존재 역시 인지하지 못한다.

대부분의 경우에는 이런 현상이 바람직하다. 영화에 완전히 심취해 음악을 깨닫지 못하면 영화가 좀더 가슴에 와닿는다. 인생 역시 마찬가지다. 가장 활력 넘치는 상태에서 가장 적극적으로 가장 뛰어난 창의력

정체성 자극

을 발휘할 때, 우리는 '몰입flow' 상태, 즉 스스로를 의식하지 않는 기분 좋은 상태에 도달한다.[19] 하지만 상황이 나빠지면 속도를 줄여 우리의 감정이 우리가 이야기를 풀어나가는 방식에 어떤 영향을 미치는지 살펴볼 필요가 있다.

생각 + 느낌 = 이야기

신호가 바뀐 후 뒤차가 빵빵거릴 때 '뒤차 운전자가 경적을 울렸군' 이라고 생각하는 사람은 없다. 빵빵거리는 소리를 듣는 즉시 머릿속에서 이야기가 만들어진다. '아니, 저 자식이! 당신같이 형편없는 사람들 때문에 요즘 이 동네가 이 모양 이 꼴이라고!'

바로 그 순간의 느낌이 스스로에게 들려주는 이야기에 큰 영향을 미친다. 기분이 이미 우울한 경우라면 우울한 이야기를 하게 된다. 좌절감에 빠져 있는 상태라면 좌절감으로 가득한 이야기를 하게 된다. 패배자가 된 듯한 기분에 사로잡힌 채 신호를 기다리고 있을 때 뒤차가 빵빵거리면 또다시 패배자가 된 듯한 기분이 든다. 즉시 가속페달을 밟을 수조차 없다. 뒤차 운전자는 슬프고 무능력한 당신의 영혼을 꿰뚫어본다. '고마워, 친구. 하지만 나도 이미 알고 있어.' 새로운 사랑에 빠져 있을 때 뒤차가 경적을 울리면 좀더 너그럽게 굴며 인내심을 가질 것이다. '이런, 미안한 일이군. 신호등 앞에서 백일몽에 빠져들었어. 하지만 인생이란 게 원래 그렇게 원대하지는 않잖아?'

위 사례에서는 느낌이 우선시된다. 느낌이 이야기에 색채를 더하고 이야기 속 등장인물에 대한 우리의 인식에 영향을 미친다. 하지만 생각과 느낌 사이에는 두번째 패턴이 존재한다. 그리고 두번째 패턴은 당황스럽게도 정반대다. 즉 생각이 먼저고 감정이 그 뒤를 따르는 것이다.

예컨대, 기분 좋게 여정을 시작했지만 시계를 보고 비행기를 놓칠 수도 있다는 사실을 깨닫는 경우를 생각해보자. 나머지 하루가 어떻게 진행될지 머릿속에서 이야기가 펼쳐진다고 가정해보자. 몇 초 차이로 비행기를 놓쳐서 오후 회의에 참석하지 못하게 되면 고객이 화를 낼 테고 상사는 폭발할 지경에 이를 것이다. 이런 생각 '때문에' 안절부절못한다. 이런 경우에는 느낌이 생각을 뒤따랐다고 볼 수 있다.

조녀선 하이트는 뒤엉켜 있는 생각과 느낌 뒤에 숨어 있는 생물학적 원리에 대해 이렇게 설명한다.

'편도체'는 뇌간까지 뻗어 내려가 위험에 대한 반응을 초래할 뿐 아니라 전두엽까지 뻗어 올라가 생각을 변화시킨다. 편도체는 물러서는 것을 지향하도록 뇌 전체를 변화시킨다. 감정과 의식적인 생각 사이에는 양 방향 도로가 있다. 생각은 감정을 초래하지만(이전에 자신이 말한 명청한 이야기를 곱씹을 때와 같이) 감정 역시 생각으로 이어질 수 있다.[20]

이와 같은 관찰 결과에서 피드백과 관련된 중요한 통찰을 발견할 수 있다. 우리가 만들어낸 이야기는 느낌과 생각이 더해진 결과물이며 느낌 '이나' 생각을 바꾸면 이야기를 얼마든지 변화시킬 수 있다. 그러므로 두 가지 방법이 있는 것이다.

느낌은 어떤 식으로
피드백을 과장하는가

느낌이 이야기를 왜곡하는 방식은 예측 가능하다. 먼저 이런 방식에 대해 살펴보자. 덜 왜곡된 이야기를 하려면 이러한 패턴을 이해하는 것이 무엇보다 중요하다.

대개 감정이 강렬하면 극단적으로 해석하게 된다. '하나'가 '모든 것'이 되고, '지금'은 '항상'으로 바뀌며, '부분적인 문제'는 '전체적인 문제'가 돼버리고, '약간'은 '극히'가 돼버린다. 느낌은 과거와 현재, 미래에 대한 우리의 감각, 우리 자신과 다른 사람들이 우리를 바라보는 방식에 관한 이야기, 피드백의 결과에 대한 이야기를 왜곡시킨다. 흔히 관찰할 수 있는 세 가지 패턴을 살펴보자.

우리의 과거, 구글 편향

오늘의 짜증나는 피드백이 어제에 관한 이야기에 영향을 미칠 수도 있다. 머릿속에서 떠오른 생각이 느닷없이 과거의 실패, 이전의 잘못된 선택, 옛날의 잘못된 행동 등을 재확인시켜주는 근거가 될 수도 있다.

이는 구글을 이용해 검색을 하는 것과 비슷하다. '독재자'라는 단어를 검색하면 독재자에 관한 내용이 담긴 840만 개의 사이트를 찾아낼 수 있다. 이런 검색 결과를 보면 독재자가 도처에 널려 있는 듯한 기분이 든다. 어느 곳으로 고개를 돌리더라도 독재자가 있을 것처럼 느껴진다. 하지만 그렇다고 해서 대부분의 사람들이 독재자인 것도 아니고 독재자가 대부분의 국가를 다스리는 것도 아니다. 머리를 독재자에 관한 이야기로 가득 채운다고 해서 독재자가 늘어나는 것도 아니며, 독재자에 관한 이야기를 외면한다고 해서 독재자의 숫자가 줄어드는 것도 아니다.

자기 자신이 마음에 들지 않을 때 우리는 사실상 '내가 잘못한 것'이라는 검색어를 입력한 후 검색 버튼을 누르는 셈이다. 그러면 840만 개의 사이트가 검색되고 갑자기 자기 자신이 한심하게 느껴진다. 옛 연인이나 옛 배우자, 아버지, 상사 등이 제공하는 '광고'도 볼 수 있다. 검색 결과를 훑다보면 그동안 뭔가 하나라도 잘한 일이 있는지 의문이 든다.

우리는 저마다 다른 방식으로 이런 식의 왜곡을 경험한다. 마크가 경험한 구글 편향을 살펴보자.

피드백 자체는 사소할 수도 있습니다. 하지만 내가 상처 입기 쉬운 상황일 때는 커다란 충격을 받고, 그동안 후회해온 순간들이 모여 있는 지하실로 떨어지는 듯한 기분에 빠져듭니다. 그동안 후회해온 모든 일들이 지금 이 순간 한꺼번에 벌어지는 듯한 기분이 듭니다. 그동안 내가 상처를 준 사람들에게 죄책감이 들고, 그동안 내가 저질러왔던 이기적인 행동이 부끄럽게 여겨집니다. 그 지하실에 있지 않을 때는 그런 일들에 대해 아예 생각조차 하지 않습니다. 하지만 지하실에 들어서면 후회스러운 순간들이 나를 에워쌉니다. 그것만이 유일한 진실이 됩니다. 내가 행복한 적이 있긴 했는지 의문이 들지요.

물론 기분이 좋을 때는 구글 편향이 다른 방향으로 기울어 그동안 우리에게 풍요로운 삶을 안겨준 성공, 현명한 선택, 관대한 선택에 관한 검색 결과를 찾게 된다. 우리가 찾고자 하는 것을 갖게 되는 것이다. 어떤 쪽이건 무엇을 검색하느냐에 따라 스스로에 관한 이야기가 달라지게 마련이다.

우리의 현재, 하나가 아니라 모든 것

행복하고 건강한 기분일 때는 언급된 주제나 특징, 문제를 언급한 상대방 등을 감안해 부정적인 피드백을 억누를 수 있다. 이럴 때는 피드백의 의미를 피드백에 들어 있는 원뜻대로 받아들인다. 누군가가 당신에게 음정이 맞지 않다는 사실을 지적하면 이렇게 생각한다. '그래, 이 사람은 내가 노래할 때 음정을 못 맞춘다고 생각하는구나.' 상대방의 피드백은 노래에 관한 것이다. 게다가 한 사람이 그렇게 지적했을 뿐이다.

하지만 강렬한 감정에 사로잡혀 있으면 부정적인 피드백의 범위가 확산돼 자아상의 여러 측면에 영향을 미친다. '내가 음정을 못 맞춘다고? 난 뭐 하나라도 제대로 하는 게 없군.' '난 몇몇 종류의 거래를 제대로 성사시키지 못해'가 '난 일을 제대로 못해'로, '동료들이 나를 염려하고 있어'가 '모든 팀원들이 나를 싫어해'가 되는 것이다.

이와 같은 부정적인 피드백으로 인해 큰 그림의 균형을 맞추는 역할을 하는 긍정적인 속성이 모두 사라질 수도 있다. 음정이 맞건 맞지 않건 지역사회의 사회복지 개선을 위해 오랫동안 당신이 쏟아온 노력, 딸을 위한 당신의 헌신적인 삶, 오랜 세월 당신이 구워낸 갈비의 놀라운 맛은 전혀 영향을 받지 않는다. 하지만 부정적인 피드백이 쇄도하면 모든 것이 사라져버린다.

우리의 미래, 영원이라는 편향과 눈덩이처럼 불어나는 현상

느낌은 우리가 과거를 상기하는 방식뿐 아니라 미래를 상상하는 방식에도 영향을 미친다. 기분이 좋지 않을 때는 항상 그런 기분이 지속될 것만 같다. 합작 투자를 시작할 당시에 했던 볼품없는 프레젠테이션 때문에 들었던 창피한 기분이 죽을 때까지 계속될 것이라고 가정한다.

설상가상으로 비극적인 생각에 사로잡히면 이야기가 통제할 수 없을 정도로 심각해진다.[21] 구체적이고 조심스러운 피드백은 불길하기 짝이 없는 미래의 재앙으로 서서히 바뀐다. '데이트를 하는 내내 볼에 마요네즈가 묻어 있었어'가 '난 혼자 쓸쓸하게 죽을 거야'가 돼버린다.

이런 왜곡에 관한 한 가지 놀라운 사실은 왜곡이 한창 이뤄지는 바로 그 순간에는 왜곡된 이야기가 매우 현실감 있게 느껴진다는 것이다. 상식적으로 생각하면 생각과 현실 사이의 격차가 크면 두 가지가 서로 일치하지 않는다는 사실을 깨달을 가능성이 크다. 하지만 생각과 현실 간의 격차를 찾기 위해 의식적으로 노력하지 않으면 둘 사이에 격차가 있음에도 그 사실 자체를 깨닫지 못한다. 따라서 둘의 간극이 얼마나 큰지는 중요하지 않다.

피드백으로 인해 강렬한 감정이 생겨나면 과거와 현재, 미래에 대한 사고가 왜곡될 수 있다. 왜곡된 생각을 되감고 바로 잡으려면 먼저 피드백을 정확하게 평가할 수 있도록 균형을 회복하는 법을 익혀야 한다. 현실적인 관점에서 피드백을 바라보면 피드백을 통해 교훈을 얻을 수 있다.

07

피드백이
왜곡되는 이유

피드백을 잘 받아들이는 데 방해가 되는 가장 큰 걸림돌 중 하나가 과장이다. 감정에 사로잡히면 피드백의 내용을 터무니없이 과장하고 결국 지나치게 확대된 해석에 압도당한다. 학습에 대해서는 염려조차 하지 않고 그저 살아남기 위해 노력하게 된다.

피드백을 이해하고 평가하려면 먼저 왜곡을 무너뜨려야 한다. 그렇다고 해서 부정적인 피드백을 긍정적인 피드백으로 받아들이거나 근거 없는 낙관주의에 빠져서는 안 된다. 대화 내용을 좀더 정확하게 들을 수 있도록 머릿속에서 울려퍼지는 불길한 배경음악 소리를 낮출 방법을 찾아야 한다는 뜻이다.

세스는 정신적 외상과 상실을 경험한 아이들을 돕는 연구자이자 카운슬러다. 세스는 부하직원에 관한 몇 가지 성과 문제를 해결해야 한다. 세스는 상사에게 대화에 참석해줄 것을 요청한다. 회의가 진행되는 동안 세스는 시계를 본다. 내일은 최근에 사별의 아픔을 겪은 아버지의 생신이다. 아버지 생신을 축하하려면 오늘 저녁에 애틀랜타행 비행기를 타야 한다. 세스는 몇 시간이나 공을 들여 파티를 준비했다. 세스의 아버지와 세스는 한 달 내내 이번 주말을 기다려왔다.

회의가 끝날 무렵 세스의 상사가 갑자기 입을 연다. 상사는 웃음을 터뜨리더니 세스의 부하직원을 안심시키듯 이야기한다.

"이것 봐, 우리는 '모두' 계획적으로 사는 데 문제가 있어. 그렇지 않아? 그러니까 말이야, '세스'를 봐!"

세스의 마음을 후벼파는 이야기다. 세스는 항상 계획적으로 살기 위해 힘겹게 노력해왔다. 그런데 지금 부하직원이 보는 앞에서 상사가 그 사실을 떠벌리고 있다. 일순간, 세스는 욕지기가 나고 똑바로 생각을 할 수가 없었다. 세스는 붉게 달아오른 얼굴로 말없이 부하직원을 쳐다봤다. 회의는 끝났다. 하지만 세스는 회의가 어떻게 마무리됐는지 기억이 나지 않는다. 수치심과 절망감 때문에 세스의 생각은 더욱 암울해진다. '나는 완전 엉망진창이야. 나는 결코 이 일을 성공적으로 해내지 못할 거야. 개인적인 삶도 엉망진창이야. 당연해.'

세스는 상황을 바로잡고픈 욕구에 사로잡힌 채 여행을 취소하고 주말 내내 자신의 삶을 재정비하기로 결정한다. 애당초 어떻게 이런 여행을 계획할 수 있단 말인가? 고작 생일 파티를 하려고 대륙을 가로질러 비행기를 타고 날아가다니 얼마나 바보 같은 생각인가?

하지만 세스는 결국 비행기를 타러 간다. 비행기표가 환불이 되지 않는 데다 시간을 낭비하는 것보다 돈을 낭비하는 것(바보라는 또다른 근거)이 더욱 엉망인 것처럼 느껴지기 때문이다. 세스는 비행기 안에서 내내 걱정에 사로잡혀 있다.

완전히 지쳐버린 세스는 자고 일어나 파티 준비와 생일 파티에 몰두한다. 세스는 결국 멋진 시간을 보낸다. 세스와 아버지는 돌아가신 어머니에 대해 아쉬움을 담아 많은 이야기를 나눈다. 두 사람의 대화는 깊은 밤까지 이어지고 세스가 아버지와 함께 보낸 시간은 세스가 가장 좋아하는 기억이 된다. 세스는 이 세상의 모든 돈을 다 준다 해도 그 기억을 바꾸지 않겠다고 생각한다.

돌이켜 생각해보니 세스는 상사의 말을 듣고 난 자신이 이해하기 힘든 반응을 보였다는 사실을 깨닫는다. 지금에 와서 생각해보면 상사가 부하직원과의 유대감을 위해 그저 유머(농담이건 험담이건)를 던졌을 뿐인데 말이다. 세스는 상사의 말에 자신이 왜 그토록 격렬한 반응을 보였는지 설명할 수 없다.

하지만 우리는 세스가 그런 반응을 보인 이유가 무엇인지 설명할 수 있다. 알리타와 마찬가지로 세스는 뇌 배선 자체가 자극에 민감하게 반응하도록 설계돼 있다. 세스는 쉽게 자극을 받으며 일단 자극이 주어지면 강렬한 감정이 피드백의 의미에 대해 세스 스스로 만들어내는 이야기에 영향을 미치고 이야기를 왜곡한다. 그 결과 세스는 균형을 잃는다. 균형을 되찾은 후에도 세스는 사건을 통해 교훈을 얻지 못한다. 세스는 상사를 찾아가 해당 문제에 대해 논의하는 것을 망설인다. 또다시 자극을 받을지도 모른다는 걱정 때문이다.

왜곡을 막는 방법 1 :
대비하고 주의하라

속상한 피드백을 통해 교훈을 얻으려면 피드백 대화가 진행되는 중이건, 피드백 대화를 하기 전이건(준비 단계), 피드백 대화를 나눈 후건(숙고 단계) 피드백에 부여한 왜곡에 대처하기 위한 전략을 마련해야 한다.

세스 사례가 그렇듯 항상 피드백에 대비할 만한 기회가 있는 것은 아니다. 피드백은 예고되는 경우도 있지만 갑작스레 주어지는 경우도 있다. 피드백에도 예의가 있다.

하지만 가능하다면 대화에 대해 미리 생각해보는 것이 좋다. 그래야만 동의할 수 없거나 마음 상하는 이야기를 들었을 때 어떤 기분이 들지 가늠하고 어떻게 반응해야 할지 생각해볼 수 있기 때문이다. 이런 과정을 거치면 우리의 반응을 미리 검토하고, 피드백이 주어지는 순간의 압박감에 짓눌리지 않고 정체성과 행복에 대해 생각해볼 수 있다.

자신의 피드백 발자국을 파악하라

우리는 비난을 받았을 때 저마다 다른 행동을 보인다. 이를 일컬어 '피드백 발자국feedback footprint'이라 칭한다. 브라이언은 다른 사람을 비난한다. 클레어는 선로를 변경한다. 아누는 울음을 터뜨린다. 올가는 사과한다. 믹은 수다를 떤다. 헤스터는 조용해진다. 퍼기는 겉으로는 동의하지만 마음속으로는 절대 변하지 않겠다고 다짐한다. 레이놀즈는 감정적으로 이야기하며 법적 공방을 준비한다. 조디는 어색한 태도로 우호적으로 군다. 세스는 가끔씩 공황 상태에 빠진다.

우리에게는 모두 나름대로 수용 단계와 거부 단계가 있다. 피드백을

정체성 자극

받는 순간에는 발길질을 하고 할퀴다가도 시간이 흐르면 변화의 가능성을 받아들이는 사람도 있다. 반대로 움직이는 사람도 있다. 피드백을 받는 순간에는 모든 피드백이 타당하고 옳다고 가정하지만 시간이 흐르고 나면 피드백 중 상당 부분을 묵살하는 것이다. 적극적으로 관심을 쏟지 않고 미적대면서 나중에 자세히 생각해보기로 결정한 다음 다시는 생각하지 않는 사람도 있다. 피드백에 사로잡힌 채 벗어나지 못하다가 새롭게 집착할 대상이 나타난 후에야 집착을 멈추는 사람도 있다.

피드백 반응이 생산적이든 파괴적이든 자신의 피드백 패턴을 알아두면 매우 커다란 도움이 된다. 첫번째 단계에 어떻게 반응하는 경향이 있는지(도망간다, 싸운다, 부인한다, 과장한다) 파악하는 것이 특히 중요하다. 그래야 자신이 통상적으로 어떤 반응을 보이는지 깨닫고, 자신이 그런 반응을 보이는 순간 그 사실을 스스로에게 일깨워줄 수 있기 때문이다. 통상적인 반응이 나타날 때 그러한 사실을 자각하면 반응을 어느 정도 통제할 수 있다.

자기 자신의 패턴을 파악하는 것은 '나는 대체로 어떻게 반응하는가?'라는 질문에 답을 하는 것만큼이나 간단하다. 당신이 대다수의 사람들과 유사하다면, 당신은 다른 사람으로부터 자신에 관한 피드백을 듣고서 자신의 '실제' 모습과 다른 예외일 뿐이라고 일축할 가능성이 크다. 하지만 예외는 예외가 아니다. 예외라고 생각하는 모습이 바로 자신의 모습이다. 자신이 어떤 피드백 발자국을 갖고 있는지 판단하기 힘들다면 주변인들에게 물어보자. 예컨대, 주변인들이 '너는 방어적'이라고 이야기하면 그 피드백을 받고 나서 방어적으로 구는 자신의 모습을 발견할 수 있을 것이다. 이런 과정을 통해 자신의 피드백 발자국을 파악할 수 있다.

최악의 경우에 대비해 예방주사를 맞아라

피드백이 가장 가혹할 때 피드백 발자국이 가장 강렬해진다. 좋은 소식을 기다리는 상황이라면(대학의 합격 통보를 기다리거나, 투자자의 투자 승인을 기다리거나, 노벨상위원회의 수상 소식을 기다리는 경우라면) 나쁜 소식이 올 것이라고 상상해보는 것이 좋다. 최악의 상황이 벌어지면 어떻게 될지 미리 상상해보고, 감정적으로 일련의 과정을 겪어보고, 발생 가능한 결과를 추론해보기 바란다. 비관적으로 굴라는 충고처럼 들리는가? 전혀 그렇지 않다. 어떤 일이 벌어지더라도 괜찮을 것이라는 사실을 일깨워주는 훈련일 뿐이다.

이런 훈련에는 몇 가지 장점이 있다. 첫째, 이런 훈련은 예방주사와 같다. 예방주사를 맞으면 면역체계가 손쉽게 처리할 수 있는 수준의 약한 바이러스가 몸속으로 들어온다. 그 후 실제로 바이러스에 노출되면 인체가 위협을 감지하고 어떻게 대처해야 할지 떠올린다. 마찬가지로 예방 훈련을 거친 후 실제로 나쁜 소식을 받으면 이런 생각을 하게 된다. '그래, 이런 일이 일어날지도 모른다고 걱정했어. 이미 한 번 겪어봤잖아. 괜찮을 거야.' 이미 훈련을 했기 때문에 마음을 어지럽히는 느낌과 머릿속에 떠오르는 이미지가 좀더 익숙하고 덜 충격적일 것이다.

둘째, 그 소식이 자신에게 무엇을 의미하는지, 그 소식을 접하게 된다면 어떤 행동을 취해야 할지 서두르지 않고 균형감 있게 곰곰이 생각할 수 있다. 새로 설립한 회사에 필요한 자금을 조달받지 못하면 마음을 가다듬고 일련의 프로세스를 처음부터 다시 시작할 수 있다. 혹은 사업 규모를 줄여 두번째 계획을 추진할 수 있다. 유사한 문제를 겪은 사람들과 대화를 나눠볼 수도 있다. 길 아래쪽에 사는 어느 남자는 수년 동안 꿈을 이루기 위해 노력했으나 투자자들로부터 매번 거절을 당하기만 했다. 그 남자를 붙들고 몇 가지 질문을 던져보기 바란다. 어떻게 견뎠나요? 무엇이 도움이 됐나요? 무엇을 배웠나요? 거절을 당했지만 예상치 못한 장점이 있었나요? 지금은 그 일에 대해 어떻게 생각하나요?

어떤 일이 벌어지는지 의식하라

피드백 대화를 할 때는 자신의 상태를 주기적으로 점검하고 느긋한 마음을 가져야 한다. 자신의 상태를 관찰하는 것만으로도 좌측 전전두엽(학습을 하면서 기쁨을 느끼는 부위)을 깨울 수 있다.

세스는 어떤 일이 벌어지는 바로 그 순간에 상황을 파악하는 자각 능력을 개선하기 위해 노력해왔다. "저는 가능한 한 재빨리 이렇게 생각합니다. '그래, 내가 이런 행동을 했지. 자극으로 인해 이런 사고 패턴이 생겨났고 이런 역겨운 기분을 느끼게 됐지.' 이런 생각은 정말 도움이 됩니다. 제 생각이나 반응과 맞서 싸우지도 않고 저항하지도 않습니다. 그저 의식할 뿐입니다. 일단 '그래, 이런 부분에서는 내가 과도하게 반응했어'라고 생각하면 실제로 진정되기 시작합니다."

왜곡을 막는 방법 2 :
가닥을 분리하라

반응 속도를 늦추고, 자신의 머리와 몸에서 어떤 일이 벌어지는지 자각하는 데 좀더 능숙해지면 자신의 반응을 자세히 구분할 수 있다. 또한 피드백에 대한 자신의 이야기와 감정을 구분하고, 이 두 가지를 피드백 제공자가 실제로 언급한 것과 구분하는 데 좀더 능숙해질 수 있다.

대화 중에 반응을 구분하든 대화가 끝난 후에 반응을 구분하든 피드백을 해석하는 과정으로 몰래 파고든 왜곡을 되감으려면 '가닥을 분리하는' 것이 무엇보다 중요하다. 영화를 볼 때 영화 장면에서 배경음악을 분리하는 것과 같다. 여러 가닥을 분리하다보면 각 요소를 좀더 명확하게 관찰하고 각 요소가 다른 요소에 어떤 영향을 미치는지 이해할 수 있다.

이를 위해서는 다음과 같은 질문을 던져야 한다.

나는 어떻게 느끼는가?

자신이 어떤 감정을 느끼고 있는지 관찰하면서(혹은 어떤 감정을 느꼈는지 떠올리면서) 그 감정을 명확하게 말로 표현해보기 바란다. 가령 불안, 두려움, 분노, 슬픔, 놀람 등 자신이 느끼는 혹은 느꼈던 감정을 정확하게 표현해보자. 식중독이나 감기가 초래하는 신체적 증상을 설명하듯 그 감정이 어떻게 '느껴지는지'(신체적으로) 파악하기 위해 노력해야 한다. 세스의 이야기를 들어보자. "아드레날린이 용솟음치는 듯한 느낌입니다. 나로서는 매우 익숙한 느낌이지요. 아마 전기 충격이 이런 느낌일 것 같습니다. 그런 다음 곧 토할 것 같은 기분이 들고 약간 어지럽습니다. 매우 불쾌한 기분입니다."

나는 어떤 이야기를 하고 있는가?

피드백에 관한 자신의 이야기를 의식할 때 그 이야기가 진실인지 거짓인지, 옳은지 틀린지, 합리적인지 터무니없는지 걱정할 필요는 없다. 지금은 그저 듣기만 하는 것이 좋다. 위협에 특히 관심을 기울여야 한다. 피드백으로 인해 발생하는 나쁜 상황을 위협으로 느낄 수도 있고, 다른 사람들이 당신을 바라보는 방식 혹은 당신이 스스로를 바라보는 방식과

　　　　　　　　　　　　　　　　　　　정체성 자극

관련해 이 피드백에 들어 있는 의미가 위협으로 느껴질 수도 있다. 세스는 상사의 말에 대한 자신의 반응을 관찰한다. "나는 상사가 막연한 반감 같은 것 때문에 나를 못마땅해할지도 모른다는 두려움을 항상 갖고 있었습니다. 그래서 상사가 '비계획적'이라고 이야기했을 때 '그럴 줄 알았지!'라고 생각했습니다. 그러자 이런 생각이 눈덩이처럼 불어났어요. '이번 일은 내게 찾아온 최고의 기회인데 내가 다 망쳐버렸어. 내가 모든 걸 망쳐버렸어. 난 도저히 견딜 수가 없어.' 몇 가지 위협이 있었지요. 상사가 저를 탐탁지 않게 여긴다는 위협, 일자리를 잃을지도 모른다는 위협, 이렇게 부끄러운 모습으로 살고 싶지 않다는 위협이 있습니다. 결국 언제나 불행할 거라는 위협도 있어요."

실제 피드백은 무엇인가?

우리의 머리는 상대방이 한 말을 받아들여 즉각적으로 이야기를 만들어낸다. 따라서 이야기의 껍질을 벗겨내고 스스로에게 이런 질문을 던지는 것이 중요하다. 피드백이 '정확히' 무엇이었는가? 상대가 어떤 말을 했는가? 피드백을 주는 사람이나 피드백을 주고받는 상황이 어떤 말을 하고 있는가? 세스의 경우, 세스를 비롯한 '모든 사람'이 비계획적이라는 상사의 한마디였다. 그 말 말고 세스의 머리에서 떠오르는 모든 것들은 결국 세스가 만들어낸 이야기에 불과하다. 다시 말해서 상사의 말 속에 있었을 것이라고 생각되는 '의미'에 대한 가정, 일자리를 잃을지도 모른다는 두려움, 이렇게 부끄러운 모습으로 살고 싶지 않다는 마음 등은 모두 세스가 만들어낸 이야기일 뿐이다.

우리가 이야기에 추가하는 모든 요소가 틀렸다는 뜻은 아니다. 하지만 자신이 무엇을 추가했는지 명확하게 기억하고 스스로 어떤 것을 추가하는 경향이 있는지 인식해야 한다. 일단 여러 가닥을 명확하게 이해하면 우리의 이야기가 우리의 귀에 들리는 이야기와 꽤 일치하는지 그렇지 않으면 왜곡돼 있는지, 왜곡돼 있다면 어떻게 왜곡돼 있는지 평가를 할 수 있다.[1]

우리의 이야기는 과거와 맞서 싸운다

이야기 속의 위협을 찾아내기 쉬운 경우도 있고 그렇지 않은 경우도 있다. 피드백이 사소하게 느껴질 수도 있고 하찮게 느껴질 수도 있고 전혀 위협이 없는 것처럼 느껴질 수도 있다. 피드백을 받는 입장에 섰을 때 평소답지 않게 화가 나거나 절망하는 경우도 있다.

오늘의 사소한 이야기가 과거의 커다란 이야기와 연결돼 있으면 이런 상황이 벌어진다.

여기서도 '최후의 결정타'와 같은 것이 작용하는 경우가 많다. 당신은 오래전부터 많은 피드백을 받아왔다. 각각의 피드백은 별것 아닌 듯 느껴진다. 전혀 무겁지 않은 짐을 또 하나 추가하는 것과 같다. 그리고 모든 피드백에 균형감 있게 적절히 대응해왔다. 지금까지는 그랬다. 그런데 가장 최근에 받은 피드백이 갑자기 설명할 수 없을 정도로 견디기 힘들다.

이웃이 찾아와 잔디를 왜 제대로 가꾸지 않느냐며 불평을 늘어놓는다. 당신도 맞받아친다. "그럼 우리집 마당을 쳐다보지 않으면 될 거 아냐!" 당신은 곧장 자리를 뜨지만 마음은 하루종일 소용돌이친다.

이웃의 피드백을 듣고 그토록 화가 난 이유가 무엇인가? 당신은 평생 동안 '사회 규범(예의를 중시하고, 셔츠를 깔끔하게 넣어 입고, 선물을 예쁘게 포장해야 한다는 규범)에 관심이 별로 없는 사람'이라고 평가받아왔다. 여느 때라면 이런 말쯤은 가볍게 넘겼을 것이다. 자신이 인생에서 정말로 중요한 일들에 관한 우선순위를 제대로 세워두고 있다는 사실을 스스로 잘 알고 있기 때문이다. 하지만 잔디에 관한 이웃의 말은 최후의 결정타였다.

아물지 않은 상처로 인해 이런 일이 벌어지는 경우도 많다. 당신은 회의에서 좀더 권위 있게 이야기하라는 동료의 제안에 화를 벌컥 낸다. 어린 시절 당신은 친구들로부터 괴롭힘을 받곤 했다. 경기장에서 적극적이지 못하다는 이유로 축구팀에서는 벤치 신세를 면치 못했다. 아무런 의견도 없는 사람 같다는 이유로 아내한테 이혼을 당했다. 이런 사건들은 서로 관련이 없다. 하지만 이런 사건이 벌어질 때마다 제대로 치유한 적이 없는 오래된 상처가 악화된다. 겉으로 보기에는 동료의 의견이 전혀 문제되지 않는다. 동료는 존경하는 마음을 담아 조심스레 의견을 전했을 뿐이다. 하지만 피드백 자체는 온화했을지언정 상처는 깊다.

당신이 지금 당면한 피드백에 과민 반응을 보이고 있는 것일까? 그렇기도 하고 그렇지 않기도 하다. 우선 당신은 지금 필요 이상으로 과민한 반응을 보이고 있다. 일단 마음이 가라앉으면 그러한 사실을 깨닫게 될 것이다. 하지만 당신의 반응을 당신의 뇌가 인지하는 패턴에 대한 타당한 감정 반응이라고 볼 수도 있다. 길고 긴 이야기의 마지막 부분과 다르지 않기 때문이다. 지금 엉뚱한 상대와 싸움을 벌이고 있긴 하지만(사실 당신을 괴롭힌 불량배, 코치, 전부인을 상대로 싸워야 옳다) 당신의 머릿속에서는 모두가 당신에게 똑같은 좌절감을 안기는 사람들일 뿐이다.

감정, 이야기, 피드백을 분리하는 것은 당신이 하나로 엮어놓은 것들이 실제로 관련이 있는지 그렇지 않은지 판단하기 위해서다. 뒤엉킨 실타래 속에 무엇이 들어 있는지 명확하게 이해하면 균형 잡힌 시선으로 피드백을 평가할 수 있다.

왜곡을 막는 방법 3 :
이야기를 억제하라

우리는 우리에게 일어난 일을 이해하려 노력할 때 본능적으로 수많은 규칙을 따른다. 이야기를 위한 물리학 법칙과 비슷하다. 다음과 같은 경우를 생각해보자.

- **시간** 현재는 과거를 변화시키지 않는다. 현재가 미래에 영향을 미치긴 하지만 현재가 미래를 결정하지는 않는다.
- **특수성** 한 가지를 잘하지 못한다고 해서 그것과 무관한 다른 일들까지 잘하지 못하는 것은 아니다. 지금 무언가를 잘하지 못한다고 해서 항상 그 일을 잘하지 못하는 것도 아니다.
- **사람** 누군가가 우리를 좋아하지 않는다고 해서 모든 사람이 우리를 좋아하지 않는 것은 아니다. 심지어 우리를 좋아하지 않는 사람이라 하더라도 대개는 우리를 둘러싼 몇 가지 측면은 좋아하게 마련이다. 또한 시간이 흐르면 우리에 대한 사람들의 관점이 바뀔 수도 있다.

강렬한 감정이 찾아오면 이런 규칙이 머릿속에서 사라지고 피드백은 모든 방향으로 확대된다. 6장에서 살펴봤듯이 한 가지가 모든 것이 돼버리고, 어떤 것도 억제되지 않으며, 우리는 균형을 잃는다.

하지만 우리는 중요한 차이를 재건하고 강화할 수 있다. 한 가지 방법은 당신의 이야기가 위의 규칙 중 어떤 것을 어기고 있는지 확인하고 위의 규칙과 일치하도록 이야기를 수정하는 것이다. 지금 이 순간에 관한 피드백을 '항상(항상 그랬다, 항상 그럴 것이다)' 그렇다는 피드백으로 바꾸고 있는가? 특정한 기술이나 행동에 관한 피드백을 나의 모든 기술과 나의 모든 행동에 관한 피드백으로 바꾸고 있는가? 한 사람이 피드백을 내놓았는데 모든 사람이 똑같은 피드백을 내놓았다고 상상하고 있는가? 피드백이 걷잡을 수 없이 확산되고 있다는 사실을 깨달았다면 피드백을 한데 모아 피드백이 원래 있어야 할 곳으로 되돌려 보내야 한다.

피드백 억제 도표를 활용하라

피드백 억제 도표를 채우면 피드백을 정확하게 바라보는(그래서 피드백을 부인하지 않게 된다) 동시에 피드백을 억제할(그래서 피드백을 과장하지 않게 된다) 수 있다. '이 피드백은 무엇과 관련이 없는가?'라는 질문을 던지면 균형을 체계적으로 유지할 수 있다.

예를 들어보자. 당신은 꿈에 그리던 일자리에 지원하지만 탈락한다. 처음에는 이런 생각이 든다. '이 일자리를 얻지 못하다니 앞으로도 절대로 내가 원하는 일자리를 얻지 못할 거야.' 이 생각을 도표에서 두 개의

이 피드백은 무엇과 관련이 있는가?	이 피드백은 무엇과 관련이 없는가?
'이' 사람이 여전히 나를 사랑하는가	나는 사랑스러운가, 내가 사랑을 찾을 수 있을까
나는 활발하게 논문을 발표하고 있는가	나는 훌륭한 임상의이자, 똑똑한 동료, 가치를 인정받는 팀원인가
나의 첫번째 유튜브 동영상이 내가 원했던 것만큼 괜찮았는가	내가 언젠가 긍정적인 반응을 이끌어낼 만한 동영상을 만들 수 있을 것인가
나는 저녁에 인내심을 갖고 아이들을 대하는가	아이들은 내가 사랑한다는 사실을 알고 있는가. 나는 거의 항상 인내심 있는 태도를 보이는가

줄로 나눠보자. 이 피드백은 무엇과 관련이 '없는가?' 원하는 일자리를 얻지 못했다는 사실은 당신의 미래를 예측하지 않는다. 다음 일자리를 얻을 수 있을지 예측하는 것과 무관하다. 당신이 선택한 분야에서 결코 일할 수 없을 것이라는 이야기가 아니다.

주어진 피드백과 무관한 것들을 제거하고 나면 피드백이 '실제로' 무엇에 관한 것인지 이해하고 교훈을 얻기가 수월해진다. 고용주가 당신에게는 없는 자격 요건을 기대하고 있을 수도 있다. 혹은 당신이 고용주가 원하는 자격 요건을 갖고 있긴 하지만 적절한 방식으로 알리지 못했을 수도 있다. 무엇에 관한 피드백인지 파악한 다음 피드백과 관련된 무언가를 하려면 노력이 필요하다. 하지만 모든 것이 아니라 한두 가지 문제만 해결하면 된다는 사실을 깨달으면 그 노력이 한결 수월해진다.

균형도를 그려라

당신에 대한 대체로 높은 평가 점수 가운데 한 학생이 내놓은 부정적인 의견에 스스로 과민하게 반응하고 있다는 사실을 논리적으로는 잘 알고 있다. 하지만 부정적인 의견에 대한 감정을 억누르기가 힘들다. 이런 경우라면 시각화 기법을 활용하는 것이 좋다. 피드백의 균형 상태를 하나의 그림이나 원 그래프로 표현해볼 수도 있고, 화장실 거울에 포스트잇을 붙여서 표현해볼 수도 있으며, 마카로니 조각으로 표현해볼 수도 있다.

알리타와 크리스타의 균형을 어떤 식으로 표현할 수 있을지 살펴보자. 알리타는 환자들의 피드백을 그림으로 표현하면 긍정적인 피드백과 부정적인 피드백 간의 균형 상태가 완전히 달라진다는 사실을 깨닫고 큰 충격을 받을 것이다. 반면 크리스타는 자신도 어쨌든 피드백을 받았다는 사실을 깨달을 것이다.

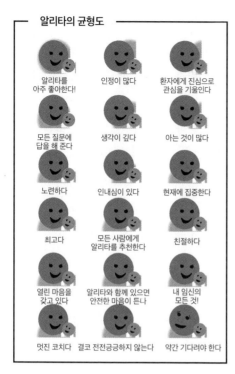

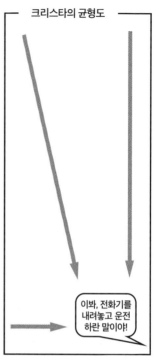

이런 식으로 피드백을 시각화하면 피드백을 단순히 직관적으로 느끼는 차원에서 벗어나 긍정적인 피드백과 부정적인 피드백의 비중을 볼 수 있다. 이런 그림이 피드백에 관한 최종적인 '진실'은 아니다. 하지만 피드백이 실제로는 자신이 느끼는 바와 얼마나 다른지 그림을 통해 눈으로 확인하면 이야기를 가볍게 수정하고 과거의 과장된 결론이나 근거 없는 두려움 너머를 볼 수 있다.

미래의 결과를 과장하거나 축소하지 말라

피드백은 단순히 당신이 스스로를 어떻게 바라보는가에 관한 문제가 아니다. 사실 피드백에는 실질적인 결과가 반영돼 있는 경우가 많다.

비행기 조종사 면허 시험에 실패하면 단순히 자신감에 상처를 입는 선에서 끝나지 않는다. 비행기 조종사 면허를 따지 못하면 비행을 할 수 없다. 당신이 좋아하는 사람이 크리스마스 파티에 새로운 연인을 데리고 나타나면 자신이 형편없다는 생각이 들 것이다. 하지만 거기에서 끝이 아니다. 당분간은 그 사람에게 키스를 할 수 없다는 결과가 뒤따른다. 직장에서 업무 평가가 나쁘다는 사실은 성과에 관한 것일 뿐 아니라 급여와도 관련이 있다. 연봉이 인상되지 않는다는 것은 사고의 '왜곡'이 아니다. 연봉이 인상되지 않으면 급여명세서에 작년과 똑같은 금액이 인쇄되는 결과가 발생한다. 이러한 피드백의 결과에 별다른 영향을 줄 수 없을 것처럼 느껴지기도 한다.

하지만 얼마든지 영향을 줄 수 있다. 결과 자체는 '객관적'이지만 얼마든지 결과에 내포돼 있는 '의미'에 관한 이야기를 만들어낼 수 있다. 이 과정에서 왜곡과 가정이 파고들 수 있다. 연봉이 인상되지 않았다는 사실을 곧 당신이 '실패자'라는 의미로 단정 짓는다면 터무니없을 정도로 광범위한 결론을 내리는 셈이 된다.

뿐만 아니라 마음 상하는 피드백을 받으면 '실제로 벌어질 결과'와 '일어날 수도 있는' 결과를 혼동하기 쉽다. 당신의 상사는 당신의 연봉을 올려줄 수 없다고 명확하게 이야기했다. 하지만 연봉이 인상되지 않았다는 이유로 배우자가 당신의 곁을 떠나는 상황은 '일어날 수도 있는' 일에 불과하다(게다가 그럴 가능성은 낮다). 하지만 나쁜 소식을 전해 듣는 바로 그 순간에는 나쁜 일이 일어날 가능성이 적지 않은 것처럼 '느껴진다.' 그래서 마치 나쁜 일이 실제로 '벌어지기라도' 하는 양 걱정에 빠진다. 누구나 이따금씩 이런 상황에 빠진다. 이미 걱정해야 할 일이 충분치 않은 것처럼 쓸데없는 걱정을 사서 하는 것이다.

정체성 자극

하버드 대학 심리학자 대니얼 길버트는 자신의 저서《행복에 걸려 비틀거리다》에서 다음과 같이 설명한다. '일자리나 연애 상대를 잃었을 때 어떤 기분이 들지 상상해볼 것을 요구하면, 사람들은 자신이 얼마나 끔찍한 기분에 빠져들며, 얼마나 오랫동안 그런 기분을 느낄지 과대평가한다.'[2] 실제로 무언가를 잃었을 때 우리가 얼마나 놀라운 회복력을 발휘하는지 '과소'평가하는 탓에 상황은 더욱 악화된다.

예를 들어 생각해보자. 당신은 최근에 은퇴했으며 얼마 전에 어깨에 중증 관절염이 있다는 진단을 받았다. 더이상 수영을 할 수도 없다. 사소한 문제가 결코 아니다. 관절염 진단을 받기 전까지 당신은 매일 수영을 했다. 수영은 당신의 중요한 취미 활동이자 기쁨의 원천이었다. 그런 탓에 중증 관절염이라는 진단은 실망스럽기 짝이 없다. 뿐만 아니라 중증 관절염이라는 진단을 바로잡기 위해 할 수 있는 일이 없다. 결론은 '더이상 수영을 할 수 없다'라는 것이다.

이런 사실이 무엇을 의미하는지 상상해보자. 수영을 할 수 없다는 사실을 제외하고는 현재의 삶과 미래의 삶이 다르지 않다. 하지만 수영을 할 수 없다는 사실이 엄청난 차이를 만들어낸다. 이전처럼 재미를 얻고, 운동을 하고, 사람들과 어울리기 위해서 무엇을 해야 할까? 당신은 '어떤 것도 할 수 없을 것'이라고 가정한다. 하지만 그럴 가능성은 적다. 무언가가 수영의 빈자리를 대신할 것이다. 그리고 그것이 무엇이 됐든 수영이 충족시켰던 수많은 목적을 충족시킬 것이다.

사실 당신은 10년 전 허리를 다쳤다. 부상으로 인해 테니스를 칠 수 없게 됐다. 당시 테니스는 당신이 가장 좋아하는 운동이었다. 허리를 다쳐 테니스를 칠 수 없게 되자 당신은 건강에 도움이 되고 성취감을 주는 무언가를 다시는 찾을 수 없으리라는 절망에 빠졌다. 하지만 수영을 시작하게 됐다.

피드백의 결과에 대해 생각할 때에는 피드백을 일축하거나 피드백이
중요하지 않은 것처럼 굴어서는 안 된다. 대신 피드백의 '크기를 바로잡
고', 어떤 일이 벌어질 가능성이 있는지 현실적이고 건강한 감각을 키우
고, 타당한 가능성에 걸맞게 반응해야 한다. 삶에 대한 예측은 예측일 뿐
이며 이런 예측이 틀리는 경우가 많다는 사실을 기억해야 한다.

왜곡을 막는 방법 4 :
관점을 바꿔라

암울한 상황을 다른 관점에서 바라보면 도움이 된다. 자신의 관점을 벗
어나는 데 도움이 되는 몇 가지 방법을 소개하고자 한다.

자신이 관찰자라고 상상하라

피드백은 감정적으로 커다란 충격을 안긴다. 피드백 자체가 바로 '당
신'에 관한 것이기 때문이다. 하지만 똑같은 피드백이 당신의 여동생에
게 주어진다면 당신은 어떻게 반응할까? 아마도 피드백에 대응하는 데
도움이 될 만한 충고를 해주고 피드백이 생각만큼 심각하지 않다는 사
실을 설명하기 위해 노력할 것이다. 여동생에게 도움이 되기 위한 목적
도 있지만 당신의 관점에서 보면 여동생이 과민하게 반응하고 있기 때
문이기도 하다. "엄마가 너한테 그렇게 얘기했다고? 아무 뜻도 없는 말
이야. 요즘 엄마가 좀 그래. 그런 말에 왜 신경을 쓰니? 넌 어른이잖아!"

그렇다. 하지만 엄마가 여동생이 아니라 당신에게 똑같은 말을 한다면

당신의 반응은 달라진다. 먼저 궁금해지기 시작할 것이다. '엄마가 왜 그런 말을 했지? 엄마가 나한테 화가 난 걸까? 어쩌면 엄마는 내가 이렇게 사는 데 실망한 건지도 몰라. 엄마가 아직도 나를 사랑할까? 엄마가 나를 사랑한 적이 있기는 할까?' 여동생에게 이런 두려움을 털어놓으면 여동생은 믿지 못하겠다는 듯 이야기할 것이다. "뭐라고? 그런 말도 안 되는 이야기 때문에 아직도 고민을 한단 말이야? 왜 그렇게 걱정하는 거야? 아무 뜻도 없는 말이야. 요즘 엄마가 좀 그래. 어쨌든 언니는 어른이잖아!"

피드백의 대상이 됐을 때와 관찰자의 입장에 섰을 때는 생각이 달라진다. 이러한 차이점은 피드백을 받아들이는 데 도움이 된다. 우리가 피드백을 받는 입장일 때, 즉 피드백의 대상일 때 자신이 친구라면, 형제자매라면, 관찰자라면 어떻게 반응할지 상상해볼 수 있다. 사고 실험을 해보면 관점의 차이가 얼마나 중요한지 깨닫고 깜짝 놀랄 것이다. 사고 실험에 불과하다는 사실을 잘 알고 있을 때라도 그 차이가 엄청나다. 일단 이런 식으로 관점을 전환하면 스스로에게 충고를 할 수 있다. 엄마가 한 이야기를 왜 여태 곱씹고 있는 거야? 요즘 엄마가 좀 그렇잖아.

물론 한 걸음 더 나아가 진짜 친구에게 조언을 구할 수도 있다. 동료에게 받은 충격적인 이메일을 친구에게 전달한 다음 친구의 의견을 구해보기 바란다. 지나치게 신경을 쓰는 것은 아닌가? 지나치게 신경을 안 쓰고 있는 것은 아닌가? 이런 식의 도움을 주는 데 남달리 능숙한 사람이 있긴 하지만 상대가 누구건 자신을 제외한 다른 누군가의 의견을 구하는 것은 훌륭한 출발점이 될 수 있다.

미래로 날아가 과거를 되돌아본다고 가정하라

지금으로부터 10년이나 20년, 40년이 흐른 후에 인생을 되돌아본다고 가정해보자. 원대한 관점에서 봤을 때 현재의 사건이 얼마나 중요한 의미가 있는지 자기 자신에게 질문을 던져보자. 피드백이 도발적으로 느껴지거나 새로운 소식이 유감스럽게 느껴질 수도 있다. 하지만 살아갈 시간이 얼마 남지 않으면 조바심치며 보낸 시간을 후회할 가능성이 훨씬 크다. 지금은 몹시 심각한 문제처럼 느껴진다 하더라도 많은 시간이 흘렀다고 가정하면 매우 사소한 일처럼 느낄 것이다.

희극으로 바꿔라

비극에 시간을 더한 것이 희극이라고 한다. 이런 관점을 일찍 받아들일수록 좋다. 유머는 불행한 순간에 감정적인 긴장감을 발산하는 데 도움이 된다(심각한 상황에 등장하는 유머도 도움이 된다. 혹은 이런 유머가 특히 도움이 되는 것일 수도 있다). 유머를 활용하면 자기 자신과 자신의 인생을 재미있는 연극으로 바라볼 수 있다. 불운한 등장인물들과 흥미로운 줄거리 전개로 가득한 재미있는 연극 말이다. 당면한 상황 속에서 유머를 찾아내면 다른 시각으로 상황을 바라볼 수 있다.

자신을 대상으로 유머를 구사하는 능력을 갖고 있다는 것은 곧 피드백을 받아들일 준비가 돼 있으며 그럴 능력이 있다는 뜻이다. 자신을 대상으로 유머를 하려면 정체성을 과도하게 통제하려 들지 말아야 한다. 자기 자신을 이 세상과 맞추되 이 세상을 자신에게 맞추려는 노력은 잠시 접어놓아야 한다. 당신의 친구가 이렇게 이야기한다. "전에 나한테 이메일 보낼 때 네가 내 문법에 문제가 있다면서 수정을 해줬잖아. 그런데 네가 쓴 이메일에도 잘못된 철자가 있던걸." 친구의 피드백에 대한 당신의 첫번째 반응은 스스로를 방어하는 것이다. "이메일 보낼 때 시간이 없어서 그랬어. 철자 정도는 정확하게 알고 있어." 하지만 무조건 방어하려

정체성 자극

들기보다 '그래? 네가 잘 찾아냈구나!'라고 생각하면 어떻게 되는지 주시하기 바란다. 친구의 피드백에 이런 식으로 대응하면 에너지 소모가 훨씬 적다.

유머를 사용하면 뇌가 다른 감정 상태에 빠져든다. 유머는 긍정적인 감정과 관련 있는 좌측 전전두엽, 즉 재미라는 감정으로 가득한 부분을 자극한다. 무언가가 웃기다고 생각하면 마음속에 서서히 뿌리를 내리는 극심한 공포와 불안을 없애고 불편한 신호를 진정시킬 수 있다.

감정적으로 지쳐버린 줄리엣은 와인 잔을 내려놓고 미소를 짓는다. "그래, 소년은 소녀를 만나지. 소년은 소녀를 기만하고 배신하고 버리지. 소녀는 다시는 나쁜 남자와 데이트를 하지 않지. 결국 교훈을 얻었거든. 잠깐만, 저기서 드럼 치는 남자, 완전 멋진 저 남자 누구야?"

적어도 이런 과정을 통해 문제가 드러난다.

왜곡을 막는 방법 5 :
다른 사람들의 관점은 그들의 몫

다른 사람들이 우리를 바라보는 방식과 우리가 자신을 바라보는 방식은 필연적으로 뒤얽힐 수밖에 없다. 우리 자신을 명확하게 바라보려면 다른 사람들이 필요하다. 다시 말해서 우리에 대한 다른 사람들의 관점이 필요하다. 다른 사람들의 관점은 퍼즐의 한 조각에 불과하다. 하지만 중요한 조각이기도 하다. 칵테일소스에 들어가는 서양고추냉이와 같다. 서양고추냉이만 따로 먹고 싶지는 않지만 서양고추냉이 없이는 소스를 제대로 만들 수 없다.

따라서 당연하게도 우리는 다른 사람들이 우리를 어떻게 바라보는지 관심을 갖는다. 하지만 다른 사람들이 우리를 바라보는 시각은 우리의 통제 영역 밖에 있다는 사실을 인정해야 한다. 당신을 바라보는 다른 사람의 시각이 불완전하고 진부하고 부당하며 완전히 사실 무근일 수도 있다. 혹은 가장 짜증스럽게도 상대방이 자신의 특성을 당신의 특성인양 이야기하고 있을 수도 있다. '내가 형편없고 자기 잇속만 차린다고? 정말? 형편없는 데다 자기 잇속만 차리는 사람은 바로 당신이야!' 한순간에 당신은 아무런 잘못도 없이 비난을 받고 상대방은 실제로 잘못이 있는데도 무죄가 된다.

　　상대방이 자신의 잘못을 인정하고 우리에 대한 생각을 바꾸도록 만들어야겠다는 욕구에 사로잡힐 수도 있다. 어떻게 하면 그럴 수 있을까? 사실 그런 방법은 없다. 당신에 관한 상대방의 관점이 얼마나 잘못되고 부당하건 상대방의 생각을 통제할 수는 없다. 당신이 축구 시청을 좋아하는 것은 체스처럼 복잡한 전략을 사용하는 것을 좋아하기 때문이다. 하지만 당신의 동료는 축구를 향한 당신의 사랑이 불안정한 남성성을 감추기 위한 청소년기적인 시도라고 주장한다. 당신은 당신이 축구를 좋아하는 이유를 제대로 알고 있는 사람이 있다면 그건 바로 당신 자신이라고 생각한다. 하지만 당신의 동료는 자신이 그 문제에 대해 잘 알고 있는 것처럼 군다.

　　토론을 벌일 수도 있다. 반례를 들 수도 있고, 근거를 제시할 수도 있으며, 치료사나 당신의 아버지, 교황이 공증한 서류를 내놓을 수도 있다. 하지만 그렇다 하더라도 동료가 당신에 대해 다른 생각을 갖도록 '만들' 수는 없다. 동료가 생각을 바꿀 수도 있지만 바꾸지 않을 수도 있다.

　　한 가지 좋은 소식은 다른 사람들은 당신이 상상하는 것만큼 당신에

　　　　　　　　　　　　　　　　　　　　정체성 자극

관한 생각에 많은 시간을 할애하지 않는다는 것이다. 사람들은 대부분 자기 자신에 대한 생각에 사로잡혀 있기 때문에 당신에게 관심을 가질 만한 여유가 없다. 당신이 집 안에 틀어박혀 당신의 전부인이 어떻게 그토록 당신을 제대로 파악하지 못할 수가 있는지 고민을 하는 동안 당신의 전부인은 편안하게 소파에 앉아 만족스러운 얼굴로 〈아메리카 갓 탤런트〉에 등장한 루크를 바라보고 있을 것이다. 물론 언젠가 전부인이 당신에게 한심한 인간이라고 이야기한 적이 있다. 아직도 그렇게 생각할 수도 있다. 하지만 전부인은 그 문제를 계속해서 곱씹지 않는다.[3] 그러므로 당신도 그럴 필요가 없다.

피드백을 제공한 상대에게 연민을 가져라

누군가가 당신을 부당하게 공격하거나 계속해서 인정을 해주지 않으려 할 때 당신에게 가장 먼저 나타나는 반응은 연민이 아니다. 하지만 감정 이입은 우리가 다른 사람을 이해하고 다른 사람의 피드백을 듣는 방식에 큰 영향을 미친다. 당신이 커다란 의미가 있는 무언가를 성취했는데도 아버지가 성취를 인정하는 말을 하지 않는다면 '아버지의' 아버지가 그랬을 것이라는 사실을 떠올려보기 바란다. 당신의 아버지를 상처 입은 소년이라고 생각하고 어린 소년을 따뜻하게 안아준다면 더욱 좋을 것이다.

어린 소년에 대해서 이야기를 좀더 해보자. 당신의 어린 아들이 다른 아이가 멍청하다고 놀렸다는 이유로 울면서 버스에서 내린다면 "너는 멍청하지 않아"라고 이야기해서는 안 된다. 그 이유가 무엇일까? 아이에게 결국 당신의 이야기와 자신을 놀려댄 나쁜 아이의 이야기 중 하나를 고르도록 요구하는 셈이기 때문이다. 대신 아이가 자신만의 이야기를 만들어낼 수 있도록 도와줘야 한다. 실질적인 근거에 대해 생각하고, 자신을 놀린 아이에게 무슨 일이 있었는지, 실제로는 무엇이 옳은지 충분히 생각할 수 있도록 도움을 줘야 한다. 아이가 자기 자신이 멍청하지 않다는 사실을 깨달을 수 있으면 멍청하다고 놀려대는 다른 사람의 말에 휘둘리지 않을 수 있다.

그러므로 다른 사람들이 당신을 바라보는 시각을 일축할 필요는 없다. 그렇다고 다른 사람들의 시각을 무조건적으로 받아들일 필요도 없다. 다른 사람들의 시각은 '진실'이 아니라 하나의 '의견'일 뿐이다.

인생이 힘겨울 때

그래, 난 책에 적힌 것들 중 몇 가지를 시도해봤어. 그런데 도움이 되지 않더군. 난 단순히 속이 상하고 걱정을 하는 게 아니야. 우울하고 두려워. 네가 생각하는 것보다 심각해.

딱 맞는 말이다. 누구나 가끔씩은 이런 기분에 빠져든다.

물속으로 빠져드는 상태

인간의 학습 시스템을 설계할 기회를 얻는다면 많은 사람들이 가장 고통스러운 감정을 제거하려 들지도 모르겠다. 걸음마를 하는 아이들에게 발이 걸려 넘어질 기회를 주고 십대들에게 방황할 기회를 주되 이들이 상처를 입지 않도록 하자. 배우자가 떠난다면? 재빨리 이혼 면접을 실시해 어떻게 하면 당신이 좀더 나은 사람이 될 수 있을지 파악한 다음

정체성 자극

끝내주는 신발을 한 켤레 사서 신고 끝내주는 다음 배우자를 찾아 그날 저녁 북적대는 시내로 나가보자.

물론 우리 인간은 이렇게 만들어져 있지 않다. 전혀 그렇지 않다. 사실 우리는 가끔씩 궁금해 한다. 강렬하고 부정적인 감정들이 우리 삶에 도움이 되기는 하는 것일까?

가끔은 그렇다. 우리는 감정적인 괴로움 때문에 몇 주 동안 침대에 파묻혀 살기도 한다. 하지만 고통스러운 시간을 견디면서 그런 시기가 없었더라면 결코 불가능했을 방식으로 우리 스스로를 재평가한다. 강렬하고 부정적인 감정이 우리를 틀 안에 가둘 수도 있다. 하지만 우리가 틀을 부수고 나올 수 있도록 도움을 주기도 한다. 사실 우리는 가장 커다란 고통이 수반되는 피드백을 통해서 가장 많은 것을 배운다.

그러나 괴로움이 장기적인 불안감이나 절망으로 바뀌는 경우도 있다. 그런 탓에 우울하거나 제 역할을 하지 못하거나 자살 충동을 느낄 수도 있다. 우리가 갖고 있는 모든 문제를 찾아내고 모든 상황이 도저히 나아지지 않을 것처럼 보이도록 만드는 왜곡 현상은 오랫동안 지속된다. 겉으로는 아무 문제가 없어 보인다. 친구들은 좋은 의도로 좋은 태도를 유지하고, 밝은 면을 바라보고, 활발하게 생활하는 방법에 관해 충고를 한다. 하지만 우리가 어려움 속에서 허우적대고 있을 때는 이런 식의 조언은 정작 아무런 도움이 되지 않는다. 물속에 가라앉고 있는 사람에게 "물 위에 떠 있기만 해!"라고 소리치는 것이나 다름없다.

정신적 외상을 경험한 사람들은 대부분 변하지 않지만 그중 일부는 정신적 외상을 경험한 후 성장한다는 사실이 연구를 통해 밝혀졌다. 이 사실은 정신적 외상을 겪은 사람들에게 긍정적으로 생각해야 할 명확하고 실증적인 근거를 제시한다. 뿐만 아니라 정신적 외상을 겪지 않은 사람들에게도 나쁜 일이 벌어질지도 모른다며 지나치게 두려워할 필요가 없다는 사실을 일깨워준다.

하지만 우리가 괜찮지 않다면 괜찮지 않은 것이다. 성향과 경험이 더해져 우리를 무너뜨리기도 한다. 또한 피드백의 균형을 유지하고 피드백을 억제하기 위해 제아무리 열심히 노력해도 아무런 효과가 없는 경우도 있다.

기분이 최악이라면 친구나 가족, 지역사회, 종교가 도움이 될 수도 있다. 약물 사용이나 치료, 입원이 도움을 줄 수도 있다. 시간과 에너지를 자기 자신보다 좀더 커다란 무언가에 쏟는 방법, 즉 운동과 명상이 도움이 되는 경우도 많다.

도움을 요청하라

손을 뻗어 도움을 요청하는 것이 첫 단계가 되는 경우가 많다. 도움을 요청하려면 겸손한 마음을 갖고 용기를 내야 한다. 주변 사람들이 당신이 문제를 겪고 있다는 사실을 알고 있을 것이라고 생각할 수도 있지만 주변 사람들이 모를 수도 있다. 직접 말을 해야 할 수도 있다. '난 도움이 필요해. 지금 네가 나를 도와주면 좋겠어.'

주위 사람들에게 응원의 거울이 돼줄 것을 부탁해야 한다. 당신이 스스로를 어떻게 바라보든 주변 사람들은 당신이 여전히 사랑스럽다고, 지금 당신이 겪고 있는 일들이 당신에 관한 전부가 아니라고 생각할 수 있다. 주변 사람들이 지금의 고통을 넘어서 모든 것이 좀더 좋아지는 순간을 그려낼 수도 있다. 주변 사람들이 그려내는 당신에 관한 그림은 현실적이고 균형감 있으며 당신의 관점을 흐리는 불안감이나 수치심, 우울함으로 왜곡돼 있지 않다.

이를 위해서는 주변 사람들을 신뢰해야 한다. 당신의 전부인이 호의적이지 않은 당신의 초상화를 들고 대문 앞에 나타나면 당신 주위에 존재하는 응원의 거울들이 그 그림을 거실 벽난로 위에 걸지 못하도록 당신을 저지할 것이다. 당신의 상사가 이마에 '나는 무능합니다'라는 말을 문신으로 새기는 것이 어떻겠냐고 조언하면 당신이 문신 가게를 피해가도록 응원의 거울들이 부드럽게 당신을 인도할 것이다.

지금 당장 자신의 모습을 받아들일 수 없다면 다른 사람의 도움을 빌려보자. 당신을 비추는 거울에게 당신을 대신해 투표를 해줄 것을 부탁하자. 그러고 나서 거울의 도움을 받아 어떻게 하면 지금의 고통 속에서 의미를 찾을 수 있을지 고민해보자. 인생의 다음 장에서 지금의 고통을 발판 삼아 무언가를 해내는 것도 좋은 방법이다.

08

피드백을 통해
성장하는 법

6장에서 뇌 배선이 긍정적인 피드백과 부정적인 피드백에 대한 우리의
반응에 어떤 영향을 미치고, 감정적인 반응이 피드백을 제대로 이해하
는 우리의 능력에 어떤 영향을 미치는지 살펴봤다. 들떠 있든 절망스럽
든 우리의 감정은 유령의 집에 있는 거울처럼 피드백에 대한 우리의 인
식을 뒤틀어버린다. 7장에서는 피드백을 객관적이고 올바르게 이해하는
방법에 대해 살펴봤다.

　하지만 '실제 크기'의 피드백조차도 우리의 정체성을 무너뜨릴 수 있
다. 피드백은 우리가 누구인가에 관한 우리의 이야기를 반박하거나 약화
시킬 수 있다. 또는 스스로에 대한 최악의 두려움을 다시금 확인시켜줄
수도 있다. 피드백을 통해 유익한 교훈을 얻으려면 피드백을 제대로 해
석해야 할뿐 아니라 정체성을 잘 유지해야 한다. 8장에서는 불안정하지
않고 강인하며 피드백을 싫어하지 않고 호의적으로 받아들이는 정체성

정체성 자극

을 발달시키려면 어떻게 해야 하는지 살펴보자.

정체성을 위협하는 피드백

요양 시설에 있는 어머니를 방문할 때마다 마음이 항상 저려온다. 매번 헤어질 때마다 작별을 고한 후 슬프고 혼란스러운 눈빛을 하고 있는 어머니가 지켜보는 가운데 요양 시설을 빠져나오는 일은 견디기 힘들다.

어머니가 치매 진단을 받은 후 아버지는 어머니를 줄곧 간호했다. 당신도 가능한 한 많은 도움을 주기 위해 노력했다. 하지만 어머니가 대소변을 흘리고 자주 넘어지자 당신은 걱정을 하느라 밤새 잠을 이루지 못했다. 아버지 역시 견딜 수 없이 힘든 시간을 보냈다. 무언가 끔찍한 일이 벌어질 위험은 나날이 커지기만 했다. 결국 당신은 아버지의 정신 건강과 어머니의 안전을 위해서 어머니를 요양 시설에 모시자고 아버지를 설득했다. 올바른 일이었다. 그렇지 않은가?

하지만 어머니의 가장 친한 친구인 리타 아줌마는 그렇게 생각하지 않는다. 리타 아줌마는 아버지에게 당신이나 당신의 아버지와 다시는 말을 섞지 않겠다고 엄포를 놓았다. 아버지로부터 이런 이야기를 전해 들은 당신은 부끄러운 기분에 사로잡힌다.

정체성, 내가 만들어낸 나 자신에 관한 이야기

정체성이란 내가 나 자신에 대해 내게 들려주는 이야기다. 나는 어떤 사람인가, 나는 무엇을 상징하는가, 나는 무엇을 잘하는가, 나는 무엇을 할 수 있는가에 관한 이야기다. '나는 강인한 리더다', '나는 바쁘게 살아가는 할머니다', '나는 이성적이다', '나는 열정으로 가득한 사람이다', '나는 항상 공정하다'.[1] 피드백이 내 정체성과 충돌하거나 내 정체성에 이의를 제기하면 나 자신에 대한 나의 이야기가 무너진다.

당신은 스스로를 똑똑하고 근면하며 상식적인 사람이라고 생각한다. 하지만 10년 동안 열심히 노력했는데도 종신 재직을 거부당했다. 이제 당신은 어떻게 될까? 앞으로 어떻게 해야 할까?

당신에게는 좋은 아들이 되는 것만큼 중요한 일은 없다. 리타 아줌마의 비난은 벌겋게 달아오른 비수가 되어 당신을 갈가리 찢어놓는다. 당신의 정체성은 깊은 상처를 입는다.

당신의 남편이 최후통첩을 보냈다. 자신과 반려견 중 하나를 선택하라고 한다. 남편보다 반려견이 더 좋다는 사실을 깨달은 당신은 혼란에 빠진다. 남편보다 반려견을 좋아하면 나쁜 사람인 것일까?

거창하고 중요한 피드백만이 우리에게 충격을 안기는 것은 아니다. 일상적인 문제가 정체성을 무너뜨릴 수도 있다. 절친한 친구가 당신이 아닌 다른 친구에게 플레이오프 표를 준다. 당신이 어제 한 시간이나 공을 들여 도움을 줬던 고객이 오늘 다시 전화를 걸어와 다른 직원을 연결해달라고 이야기한다. 긍정적인 피드백 역시 어리둥절하게 느껴질 수 있다. 가령 당신은 그동안 '굶주린 예술가'라는 이미지에 만족해왔다. 하지만 최근에 발표한 작품이 갑작스레 많은 관심을 끌면서 당신은 배신자가 돼버린 듯한 기분이 든다.

정체성 자극

사실 우리는 자신과 전혀 관련이 없는 정보로 인해 자극을 받기도 한다. KFC에서 함께 아르바이트를 했던 소녀가 NASA 책임자가 됐다. 유치원에서 도저히 이길 수 없는 상대였던 녀석이 자신이 차린 회사를 상장할 계획이라고 선언했다. 당사자들을 생각하면 행복한 기분이 든다. 하지만 당신 스스로에 대해서는 무언가 기분이 좋지 않다. 주변 사람들과 비교했을 때 우리가 살아가는 삶의 방식이 정체성에 영향을 미치기 때문이다. 사실 우리는 자신이 잘 살고 있는지 판단하기 위해 친구들을 비교의 대상으로 삼는다.[2]

당신의 정체성은 강인한가

타고난 능력, 인생 경험, 뇌 배선이 유사한 두 사람이 있다고 상상해보자. 어쩌면 당신은 정체성과 균형을 잃지 않고 피드백을 받아들이는 두 사람의 능력이 비슷할 것이라고 가정할 수도 있다.

그럴 수도 있다. 하지만 반드시 그런 것은 아니다. '우리가 우리의 정체성 이야기를 하는 방식'은 도전적인 피드백을 받아들이는 능력'에 영향을 미친다. 어떤 사람들은 자신을 불안정하게 만드는 방식으로 정체성 이야기를 한다. 반면 어떤 사람들은 자신을 강인하게 만드는 방식으로 정체성 이야기를 한다. 후자에 속하는 사람들은 피드백을 자신을 위협하는 존재로 여기지 않고 자신에 관한 중요한 측면 중 하나라고 생각한다.

한 가지 좋은 소식이 있다. 이런 일을 잘해낼 수 있도록 타고나는 사람도 있지만 그렇지 않다 하더라도 회복력 강화에 도움이 되는 방식으로 정체성을 유지하는 방법을 '배울' 수 있다. 인생이 우리에게 주는 피드백 자체를 통제할 수는 없다. 하지만 가정을 약간 수정하면 피드백을 받아들이고, 균형 감각을 유지하고, 학습하는 능력을 개선시킬 수 있다.

단순한 라벨을 포기하고 복잡성을 인정하라

정체성은 인생 경험에서 비롯된 무한한 복잡성을 토대로 한다. 그럼에도 우리는 자신의 정체성을 단순한 라벨로 포장하는 경향이 있다. 가령 '나는 유능해', '나는 좋은 사람이야', '나는 사랑받을 만해'라는 식으로 자신의 정체성을 단순화하는 것이다. 단순한 라벨은 중요한 역할을 한다. 인생이 너절하고 혼란스러울 수도 있다. 단순한 라벨은 우리의 가치관과 우선순위, 우리가 부응하고자 하는 무언가를 일깨워준다. 내가 약속한 바를 잘 지키는 사람이라면 약속을 지키면 된다. 약속을 어기고 싶은 마음이 들 수도 있다. 약속을 어기는 것을 정당화할 수도 있다. 하지만 약속을 어긴다면 그것은 내가 아니다.

하지만 단순한 라벨이 문제가 되기도 한다. 이런 라벨이 단순한 것은 '전부가 아니면 아무것도 아니라는' 식이기 때문이다. 우리가 '전부'일 때는 괜찮다. 하지만 우리가 전부가 '아니라는' 피드백이 주어지면 우리가 '아무것도 아닌 존재'라는 의미가 담겨 있다고 여긴다. '거의 모두'나 '가끔씩 모두', '이것을 제외한 모두'라는 경우는 없다. 좋지 않으면 나쁘고, 똑똑하지 않으면 멍청하고, 성인이 아니면 죄인이다.

피드백을 위협적으로 느끼고 우리가 너무나 쉽게 상처 입는 것은 당연한 일이다. 우리는 조명 스위치처럼 자동하는 정체성 이야기 속으로

정체성 자극

스스로를 밀어넣는다. 사소한 피드백만으로도 얼마든지 쉽게 젖혀버릴 수 있는 그런 스위치. 다른 사람들의 찬양 속에서 활활 타오르지 않으면 어둠 속에 파묻힌다.

피드백을 거부할 것인가, 용인할 것인가?

전부가 아니면 아무것도 아니라는 식의 정체성은 부정적인 피드백과 충돌하면 전복될 가능성이 크다. 상대방의 피드백이 매일 나에 관한 기사를 발행하는 《일간 나》 최신판 헤드라인을 장식한다. '근면한 교수'는 '종신 재직권을 따려고 수년을 낭비한 바보'로, '좋은 아들'은 '어머니를 실망시킨 무정한 아들'이 돼버린다. 피드백은 정체성 이야기의 헤드라인이 되고 우리가 스스로에 대해 알고 있는 그 외의 모든 것들은 뒷면으로 밀려난다. 이런 식으로 피드백이 과장되는 것이다.

우리는 피드백에 맞서기 위해 몸부림을 치는 과정에서 우리에게 또 다른 선택권이 있다는 사실을 깨닫는다. 이때 또다른 선택권이란 피드백을 '받아들이지 않는' 것이다. 피드백에 문제가 있거나 피드백이 틀린 이유가 무엇인지 찾아낼 수 있으면, 즉 '노련하게 피드백이 어떻게 잘못됐는지 찾아낼 수 있으면,' 피드백을 '부인'하고 지금의 정체성을 유지할 수 있다. 우리는 안전하다. 우리는 여전히 '전부'인 상태를 유지하고 있다. 우리의 정체성 이야기는 온전하다.

전부가 아니면 아무것도 아니라는 식의 정체성은 우리에게 선택권을 준다. 즉 피드백을 과장하거나 부인할 수 있다. 우리는 둘 사이를 자주 오간다. 우리는 피드백을 받아들였다가 거부하기를 반복한다. 하지만 자리를 잡고 앉기에 적합한 안정적인 장소는 찾지 못한다('이 피드백을 받아들이면 나는 나쁜 사람이 되는 거야. 어쩌면 나는 나쁜 사람일 수도 있어. 하지만 그건 옳지 않아. 나는 이 피드백을 거부할 수도 있어. 하지만 그게 사실이 아니라면 그 사람들은 왜 그렇게 이야기한 거지? 그 사람들 말이 옳을 수도 있어. 하지만 난 그 사람들보다 나 자신에 대해 잘 알고 있는걸. 그 말이 사실이라면 정말 속이 상하는걸. 그러니 사실일 리 없어. 하지만……'). 우리는 갑판 위에서 펄떡대는 물고기처럼 계속 이랬다저랬다 고민을 한다.

어떤 선택도 옳게 느껴지지 않는다. 어떤 선택도 옳지 않기 때문이다. 과장과 부인 사이에서 임시로 균형점을 찾으려고 노력하는 것은 답이 될 수 없다. 먼저 우리의 정체성을 유지할 방법을 알아내야 제대로 된 답을 찾을 수 있다.

정체성의 미묘함을 받아들여라

단순한 라벨은 우리가 이 세상을 살아가는 데 도움이 된다. 하지만 단순한 라벨은 세상의 복잡성에 대처하는 데 도움이 되지 않는다. 나는 약속한 것을 반드시 지키는 사람이다. 하지만 상사에게 한 약속을 지키는 것과 의붓아들에게 한 약속을 지키는 것 중 하나를 선택해야 하는 상황이라면 어떨까? 당신은 스스로를 '공정한 사람'이라고 여길 수도 있다. 공정한 것은 공정한 것이다. 그렇지 않은가? 하지만 당신의 선택으로 인해 영향을 받는 사람들과 이야기를 하다보니 지난주에는 공정하게 여겼던 것이 갑작스레 공정하지 않게 느껴진다.

당신이 누구인지를 제대로 설명하기에는 단순한 라벨은 지나치게 이분법적이다. 당신은 자신이 신뢰할 만한 사람인지, 공정한 사람인지, 책임감 있는 사람인지를 매우 중요하게 여기는 사람이다. 당신이 이런 사람이라는 근거는 수없이 많다. 하지만 당신이 그렇지 않다는 근거도 몇 개쯤 있다. 이것이 현실이다.

어머니를 요양 시설로 옮긴 지 6개월 만에 어머니가 돌아가셨다. 당신은 여전히 어머니를 요양 시설에 모시기로 한 결정이 옳았는지 고민한다. 당신이 아버지에게 어머니를 요양 시설에 모시자고 제안한 것은 그럴 만한 이유가 있었기 때문이다. 다른 방법이 없었다는 생각이 들다가도 문득 중대한 도덕적 실수, 지금껏 저질렀던 모든 실수 중 가장 최악이라 할 만큼 끔찍한 실수였다는 생각이 들 때도 있다. 당신이 태어난 순간부터 평생 동안 당신을 위해 늘 같은 자리에 있었던 어머니의 모습과 요양 시설을 떠나는 당신을 바라보던 어머니의 슬픈 표정이 함께 떠오른다. 부모님 댁으로 들어가 어머니를 도울 수도 있었을 테고 어머니를 모셔와 풀타임 간호사를 고용했을 수도 있었을 것이다. 그렇게 하는 사람들도 있다. 그렇게 하지 않은 이유가 무엇인가?

결론은 이렇다. 자기 자신에 관한 이야기를 이런 식의 흑백논리로 전개하는 한 당신에게 평화는 찾아오지 않는다는 사실이다. 당신이 좋은 사람인지 그렇지 않은지 둘 중 하나를 선택할 수는 없다. 어느 쪽을 택하건 정반대의 결론을 지지하는 근거가 존재한다.

상황은 한 편의 디즈니 영화가 아니었다. 동화 속의 보호자나 한 무리의 파랑새가 반짝이는 빛과 함께 나타나 마법의 지팡이를 흔들며 답을 알려주지도 않았다. 상황이 복잡했고 당신의 감정도 복잡했다. 당신은 어머니에게 도움이 되면서 아버지에게도 보탬이 될 방법을 찾으려고 했다. 당신은 어머니가 사랑하는 사람들과 함께하기를 바랐다. 하지만 동시에 어머니가 안전하게 보살핌을 받기를 바랐다. 당신은 수많은 가능성 앞에서 양친 모두에게 득이 되는 방법을 찾기 위해 노력했다.

과거를 돌아보면 스스로가 자랑스럽게 느껴지는 일도 있다. 당신은 거의 매일 어머니를 찾아뵀다. 어머니가 여전히 기억하고 있는 젊은 시절의 사진들을 모아 어머니의 인생을 주제로 하는 사진첩도 만들어드렸다. 물론 놓쳐버린 기회나 인내심을 잃어버린 순간처럼 그다지 자랑스럽지 않은 부분도 있다. 아마도 아버지에게는 그렇게 많은 시간과 관심을 쏟지 못했던 것 같다. 그런 태도가 마지막 몇 달 동안 당신의 가족에게 커다란 타격을 준 것 또한 사실이다.

당면한 상황과 당신 스스로에 관한 이야기가 미묘해질수록 당신은 리타 아줌마의 견해를 통해 교훈을 얻을 수 있을지 궁금해진다. 당신은 용기를 내어 리타 아줌마에게 전화를 건다. 리타 아줌마도 기꺼이 전화를 받는다. 리타 아줌마는 자신이 어떤 기분인지 찬찬히 이야기한다. 당신은 리타 아줌마의 입장을 이해한다. 당신도 당신이 어떤 기분인지 리타 아줌마에게 이야기한다. 하지만 리타 아줌마는 당신의 입장을 이해하지 않는다. 리타 아줌마는 이런 일과 관련해 몇 가지 암묵적인 규칙을 갖고 있다. 어머니와 관련된 일을 직접 겪기 전에는 당신도 동의했을 법한 그런 규칙 말이다.

리타 아줌마는 당신의 행동이 이기적이라고 주장한다. 어쩌면 당신이 '이기적'이라는 리타 아줌마의 말이 당신에게 가장 큰 교훈을 준 것인지도 모른다. '이기적'이라는 말이 적절한지 확신은 서지 않지만 사리사욕이 개입된 것은 사실이다. 어머니를 시설에 모시자 어머니가 넘어지지 않을까 걱정할 필요가 없어졌다. 배설물을 치울 필요도 없어졌고 어머니가 충분히 식사를 하는지 더이상 걱정할 필요도 없어졌다. 간호를 하느라 스트레스를 받아 아버지가 쓰러지지 않을까 염려할 필요도 없어졌다. 사리사욕이 의사결정에 개입돼 있었다는 사실은 당신이 갖고 있는 정체성의 핵심적인 부분과 충돌한다. 당신은 자신이 사랑하는 사람들을 위해 '무엇이든' 하는 사람이라고 항상 생각했다. 하지만 이제 자신이 그렇게 단순하지 않다는 사실을 깨닫는다. 그러한 사실을 인정하자 슬픔이 찾아온다. 하지만 일종의 평정심도 느껴진다.

슬픔과 평정심. 특이한 현상이 아니다. 자기 자신에 대해서 받아들이기 힘든 것들이 있다. 하지만 받아들이기 힘든 사실을 받아들이면 감정의 기복이 줄어든다. 가혹한 피드백으로 무너질 가능성이 줄어든다. 상대방의 피드백을 적어도 이야기의 일부 정도로 받아들일 수 있다.

누구도 완벽하지 않다. 모든 조건이 똑같다면 당신도 그러할 것이라 생각하는 편이 낫다. 그렇지 않으면 파티에서 호감 가는 상대가 될 수 없을 뿐 아니라 피드백을 통해서 교훈을 얻기 힘들기 때문이다. 우리는 《대화의 심리학》에서 스스로에 대해서 받아들여야 할 세 가지를 소개했다. 이 책에서도 같은 내용을 소개하고자 한다.

받아들여야 할 것 1 : 당신도 실수를 저지른다

아니라고 생각하는가? 그렇다면 배우자에게 물어보기 바란다. 당신의 배우자는 당신이 실수를 저지를 것이라는 사실을 충분히 증명할 수 있을 것이다.

인간이 실수를 한다는 이야기를 들어본 것이 처음은 아닐 것이다. 제아무리 똑똑하고 너그럽고 경탄할 만한 사람이라 하더라도 실수를 저지른다. 하지만 누군가가 우리가 저지른 특정한 실수를 지적하면 우리는 이 같은 진실을 곧잘 잊어버린다. 다른 누군가가 당신의 실수를 지적할 때 모든 인간이 실수를 저지른다는 사실을 쉽게 떠올릴 수 있을 것이라고 생각하는가? 당신의 생각이 틀렸다. 누군가가 우리의 실수를 지적하면 우리는 가장 먼저 스스로를 방어하거나 해명하려 든다. '실수라니요? 내가 그런 게 아니에요. 전혀 그렇지 않아요. 다른 사람이 회의 날짜를

잘못 알려준 걸요. 게다가 어쨌든 난 참석하지 않기로 했어요.'

당신이 실수를 저지를 수 있다는 사실을 받아들이면 압박감이 줄어들 것이다. 그런데도 실수를 저지르면 충격을 받고 경악한다. 뿐만 아니라 안타깝게도 실수를 통해 당신이 멍청하다는 사실을 깨닫는다. 하지만 많은 사람들이 이런 실수를 저지르며 그 사실을 통해 그중 한 사람이 바로 당신이라는 확신을 가질 수 있다.

받아들여야 할 것 2 : 당신에게는 복잡한 의도가 있다

자신에게 복잡한 의도가 있다는 사실을 인정하기는 한층 더 힘들다. 그런데도 실수에 관한 다른 속성에 비해 이러한 사실은 잘 알려져 있지 않다. 긍정적인 의도는 상대적으로 덜 숭고한 의도와 뒤섞여 있다. 우리는 인간이기에 자신의 이익을 추구하고, 복수심에 불타고, 얄팍하게 굴고, 허영심을 갖고, 탐욕스럽게 굴 수도 있다. 피곤한 탓에 원칙을 무시하기도 한다. 거짓말을 하지 않으려고 노력하지만 사실을 있는 그대로 말하기 창피해서 이따금씩 거짓말을 하는 자신의 모습을 용납하기도 한다.

우리는 자신의 의도에 관한 부정적인 피드백을 받으면, 예외 없이 이의를 제기한다. 나는 좋은 의도를 갖고 있었으며 이 사실을 잘 알고 있다. 좋은 사람들은 원래 좋은 의도를 갖고 있기 때문이다. 그 과제를 내가 처리한 것은 내가 적임자였기 때문이다. 내가 항상 하와이에 가고 싶어했다는 사실과는 아무런 상관이 없다.

이 세상을 살아가려면 어느 정도 사리사욕을 추구할 수밖에 없다. 따라서 가끔은 나의 사리사욕이 다른 사람의 사리사욕과 충돌할 것이다. 또 가끔은 누군가가 이런 사실을 지적할 것이다. 이런 사실을 알아차리기 힘들 수도 있고 받아들이기 힘들 수도 있다. 개선을 위한 노력을 멈춰

정체성 자극

서는 안 된다. 하지만 '있는 그대로'를 인정하는 것만으로도 커다란 위안
을 얻을 수 있다.

받아들여야 할 것 3 : 당신이 문제에 기여했다

관계를 뜯어보고 나서 자신이 부당한 대우를 받고 있다고 생각하는
경우가 많다. 부당한 대우를 받고 있는 경우라면 굳이 피드백에 귀를 기
울일 필요가 없다. 내게 이메일로 엉뚱한 서류를 보내놓고 지금 당신이
'나한테' 피드백을 주겠다고? 말도 안 돼. 당신이 잘못된 문서를 첨부한
순간 당신은 '이 문제와 관련해 내게 절대로 피드백을 주지 못할 사람'
목록에 평생 동안 이름을 올리게 된 거야.

물론 이런 식의 결론은 대개 말이 되지 않는다. 5장에서 살펴본 것처
럼 대부분의 상황에서는 피드백을 주는 사람과 받는 사람 모두 문제에
기여한다. 두 사람 모두가 무언가를 하거나 하지 못한 탓에 불편한 상황
을 초래한 것이다. 경험으로부터 교훈을 얻고 문제를 해결할 생각이라면
큰 그림을 봐야 한다. 다시 말해서 피드백을 절대로 받지 않을 사람들의
이름을 나열해놓은 목록을 지워야 한다. 내게 상대를 위한 피드백(문서를
똑바로 보내)이 있다고 해서 상대에게 나를 위한 피드백(문서를 제대로 보지도
않고 '첨부한 서류가 보기 좋던데'라고 말하지 마)이 없는 것은 아니다.

자신이 완벽하지 않다는 사실을 받아들이려면, 완벽해지면 부정적인
피드백을 피할 수 있다는 생각에서 벗어나야 한다.[3] 매력적인 생각이긴
하다. 하지만 이런 생각은 도움이 되지 않는다. 어떤 수를 쓰더라도 피드
백을 피할 수는 없다. 피드백을 피해 달아날 수는 없다. 그런 시도는 실
패할 수밖에 없다. 불완전하다는 사실을 인정하는 것은 좋은 생각일 뿐
아니라 유일한 선택이기도 하다.

당신은 줄곧 복잡했다

균형을 유지하거나 회복하고 피드백을 통해 교훈을 얻을 가능성을 높이려면 먼저 당신의 정체성 라벨이 지나치게 단순하다는 사실을 인정해야 한다. 전부가 아니면 아무것도 아니라는 생각을 버리면 가혹한 피드백을 좀더 쉽게 받아들일 수 있다. 당신이 지금 좋은 사람에서 나쁜 사람으로, 좋은 사람에서 복잡한 사람으로 바뀌는 듯한 기분이 드는가? 그렇지 않다. 사실 당신은 줄곧 복잡했다.

고정형 사고방식에서 성장형 사고방식으로

정체성에 단순한 라벨을 붙여서는 안 된다는 사실을 인지했다면 정체성에 관한 다음 문제로 넘어가보자. 성격적인 특성과 능력이 고정돼 있으며 완성된 상태라고 생각하는가, 그렇지 않으면 특성과 능력이 끊임없이 변화하며 성장할 수 있다고 생각하는가?

스탠포드 대학 캐롤 드웩 교수는 자기 자신에 대해 생각하는 방식의 차이가, 피드백을 통해 학습하는 능력과 피드백을 통해 교훈을 얻으려는 욕구에 커다란 영향을 미친다고 이야기한다. 드웩 교수는 무엇을 통해 이 사실을 알게 됐을까? 정답은 바로 아이들이다.

종잡을 수 없는 아이들

드웩의 연구는 '아이들은 실패에 어떻게 대처하는가?'라는 단순한 질문에서 출발했다. 드웩은 답을 찾기 위해 아이들을 실험실로 데려와

정체성 자극

퍼즐을 맞추게 했다. 아이들이 퍼즐을 완성하면 좀더 어려운 퍼즐을 내놓는 방식을 사용했다. 퍼즐이 어려워지자 아이들은 좌절해 흥미를 잃었고 퍼즐 놀이 자체를 포기했다.

하지만 그러지 않은 아이들도 있었다. 몇몇 아이들은 놀랍게도 퍼즐이 어려워질수록 더욱 적극적으로 퍼즐을 맞췄다. 한 소년은 입술을 핥아가며 이런저런 방법을 시도하더니 이렇게 이야기했다. "이 퍼즐이 유익하길 바랐어요!" 드웩은 어리둥절했다. 조금은 놀라기도 했다. '얘들은 왜 이럴까?' 드웩은 궁금했다. '왜 포기하지 않을까? 왜 이 아이들은 퍼즐이 주는 피드백을 받아들이고 실패했다는 사실에 분노하지 않는 거지?'[4]

드웩은 아이들이 상황을 어떻게 받아들이는지 알아보기 위해 대화를 나눈 다음, 좀더 빨리 포기한 아이들의 생각을 이렇게 결론 내렸다. '첫 번째 퍼즐은 내가 똑똑하다는 걸 증명해줬어. 새로운 퍼즐은 날 멍청해 보이게 만들어(그런 기분이 들어).' 반면 포기하지 않고 퍼즐놀이를 한 아이들은 이렇게 생각했다. '새로 주어진 어려운 퍼즐은 내가 퍼즐을 좀더 잘 맞출 수 있도록 도와줘. 재미있어!'

몇몇 아이들이 포기하지 않고 계속 퍼즐을 맞춘 이유는 퍼즐에 대한 관심이나 소질 때문이 아니라 사고방식 때문이었다. 중간에 포기한 아이들은 퍼즐을 맞추는 역량이 고정된 특성이라고 가정했다. 이런 부류의 아이들은 마치 물 분자 속에 정해진 숫자의 수소 원자가 들어가는 것처럼 자신들이 퍼즐을 맞추는 능력 또한 정해져 있다고 생각했다. 계속해서 퍼즐을 맞춘 아이들은 퍼즐을 맞추는 능력이 변하고 성장할 수 있는 탄력적인 속성이라고 생각했다.

고정형 사고방식과 성장형 사고방식

고정형 사고방식을 갖고 있으면 마주하는 모든 상황이 '내가 갖고 있을 것이라고 생각하는(혹은 갖고 있으리라 기대하는) 지능이나 능력을 실제로 갖고 있는지' 평가하는 시간이 된다. 퍼즐이 쉬울 때는 '고정형' 사고방식을 갖고 있는 아이들도 쉽게 퍼즐을 맞춘다. 하지만 퍼즐이 어려워지기 시작하면 이 아이들의 귀에는 퍼즐이 속삭이는 소리가 들린다. '너는 퍼즐 지능이 충분치 않아. 넌 이 퍼즐을 맞출 수 없어.' 아이들은 낙담하고 초조해 하며 창피해한다. 자신에게 부족한 무언가를 계속해서 직시하는 것보다는 그만두는 편이 낫다고 생각한다.

반면 성장형 사고방식을 갖고 있는 아이들은 퍼즐 지능이라는 것이 애초에 없다고 가정한다. 이런 부류의 아이들은 퍼즐을 맞추는 능력을 얼마든지 발달시킬 수 있다고 가정한다. 뿐만 아니라 이런 아이들은 어려운 퍼즐을 맞추기 위해 고군분투하는 과정을 개선을 필요로 하는 도전 과제로 여긴다. 드웩은 이렇게 설명한다. "이 아이들은 실패해도 실망하지 않았을 뿐 아니라 실패했다는 생각조차 하지 않았습니다. 이 아이들은 배우고 있다고 생각하더군요."[5] 이런 아이들에게 퍼즐은 자신을 평가하는 대상이 아니라 자신에게 가르침을 주는 코치다.

성장형 사고방식을 가진 아이들이 '학습의 방'에서 퍼즐을 푸는 반면 고정형 사고방식을 가진 아이들은 '시험의 방'에서 퍼즐을 푸는 셈이다. 당신은 어떤 방에서 살고 싶은가?

드웩은 많은 사람들이 자신의 가장 중요한 특성, 자산, 성격(정체성) 등을 '바꿀 수 없다'라고 생각한다는 사실을 발견했다.[6] 어린 시절에 들었던 이야기들이(그리고 우리가 아이들에게 들려주곤 하는 이야기들이) 이런 성향을 강화한다. '그 사내아이는 타고난 리더야'라거나 '그 여자애는 내우 똑똑해'라거나 '넌 항상 매우 친절한 사람이었어'라거나 '너는 타고난 운동선수야'라는 이야기 말이다. 우리의 정체성 이야기는 우리가 갖고 있는 요소들과 그렇지 않은 요소들을 중심으로 단단하게 굳어버린다. 또한 우리는 이런 말 속에 숨어 있는 명백한 의미를 그대로 믿는다. 결국 '노력만으로는 무언가를 바꿀 수 없다'라고 생각하게 된다. 다른 사람들이 묘사하는 우리의 모습이 바로 우리의 진짜 모습이라고 생각하고 그런 평가가 영구적이라고 생각한다. 노력에 따라 좋은 결과가 나오는 일 따위는 없다고 생각하는 것이다.

하지만 일부 속성은 고정돼 있지 않은가?

'고정형 사고방식이 결국 현실을 있는 그대로 인정한다는 뜻 아닌가?'라는 의문이 들 수도 있다. 사실 이런 의문을 갖는 것은 타당하다.

물론 다른 특성에 비해 노력의 영향을 상대적으로 덜 받는 특성도 있다. 물고기는 사람보다 물속에서 호흡을 잘한다. 물고기가 물속에서 쉽게 호흡을 하는 것은 할 수 있다는 마음가짐과는 아무런 관련이 없다. 뿐만 아니라 사람들은 저마다 어떤 것은 좀더 쉽게 익히는 반면 어떤 것은 쉽게 해내지 못한다. 가령 수학과 달리기는 쉽게 느끼지만 그림을 그리거나 인내심을 갖는 것은 어렵게 느끼는 식이다.

다양한 특성이 얼마나 고정돼 있거나 탄력적인지에 대해서는 전문가마다 의견이 분분하다. 뿐만 아니라 전문가들은 저마다 성장을 뒷받침하는 근거와 한계에 관한 힘 빠지는 이야기를 내놓는다. 하지만 결론은 이렇다. 열심히 노력하면 그만큼 나아질 수 있고, 나아진다는 믿음이 있으면 사람들은 더욱 열심히 노력한다. 우리가 무언가를 지독히 못하든 불가사의할 정도로 잘하든 이것은 사실이다.

지능, 리더십, 성과, 자신감, 연민, 창의력, 자기 인식, 협력 등 인생에서 가장 중요한 자질의 경우에는 노력이 가장 중요하다. 관심을 쏟으면 이 모든 자질들이 한층 성장하며, 훌륭한 조언이 있으면 이 모든 자질들이 한층 개선된다.

사고방식의 영향 1 : 자기 지각의 정확성

학습과 성장은 현재의 역량을 파악하는 데도 도움이 된다. 학습과 성장을 위해 노력하면, 적극적으로 활용하고 더욱 발전시켜야 할 강점과 개선을 위해 노력해야 할 약점을 찾아낼 수 있다. 드웩은 성장형 사고방식을 가진 사람들은 '놀라울 정도로 정확하게' 자신의 현재 역량을 평가하는 반면 고정형 사고방식을 갖고 있는 사람들은 자신이 얼마나 능숙한지 '끔찍할' 정도로 제대로 평가하지 못한다고 설명한다.[7]

그 이유가 무엇일까? 성격적 특성이 고정돼 있으면 자신의 능력을 좀더 정확하게 파악할 수 있어야 마땅하다. 결국 고정형 사고방식을 갖고 있는 사람의 성격적 특성은 바뀌지 않기 때문이다. 하지만 현실은 그렇게 단순하지 않다. 설사 당신이 고정형 사고방식을 갖고 있다 하더라도 당신과 관련해 매일 새롭게 유입되는 데이터는 큰 폭으로 움직일 가능성이 있기 때문이다. '어제는 내가 똑똑했지. 하지만 오늘은 완전히 바보가 돼버렸어. 지난주에 나는 정말 유능했지. 하지만 이번주에는 완전히 멍청이가 된 것 같아.' 이처럼 폭넓은 데이터를 단순하고 고정적인 자아상에 끼워맞추기는 힘들다. 당신이 혼란을 느끼는 것은 당연한 일이다.

당신이 성장형 정체성을 갖고 있다면 뒤섞인 데이터를 좀더 쉽게 이해할 수 있다. 데이터는 당신을 향한 저주가 아니라 정보일 뿐이다. 누군가의 피드백을 듣고 '지난주에 나는 정말 유능했지. 하지만 이번주에는

290

완전히 멍청이가 된 것 같아'라고 생각하는 대신 '지난주에는 모든 일을 잘 해냈지. 하지만 이번주에는 실수를 거듭하고 있어'라고 생각한다. 다시 말해서 다른 사람이 제공한 피드백을 당신에 관한 것이라고 여기지 않고 당신이 한 일에 대한 것이라고 생각하는 것이다. 성장형 정체성을 갖고 있는 사람들은 모순되는 데이터에 실망하지 않고, 상황을 바로잡고 교훈을 얻기 위해 정확한 정보를 찾으려고 노력한다.

사고방식의 영향 2 : 피드백을 대하는 태도

우리의 사고방식(그리고 사고방식에서 비롯되는 정체성 이야기)은 우리가 관심을 기울이는 대상과 관심을 기울이지 않는 대상에 큰 영향을 미친다. 제니퍼 맹글스와 캐서린 굿은 콜롬비아 대학 뇌 연구실에서 고정형 사고방식을 가진 대학생과 성장형 사고방식을 가진 대학생을 상대로 실험을 했다. 맹글스와 굿은 문학, 역사, 음악, 미술 분야의 일반 상식 문제로 이뤄진 시험을 치르는 학생들의 뇌전도를 관찰했다. 연구진은 각 학생이 문제를 풀어나갈 때 각 문제의 정답을 맞혔는지 틀렸는지 이야기해주었으며 틀린 문제의 정답을 이야기해주었다. 고정형 사고방식을 갖고 있는 학생들은 자신이 문제를 맞혔는지 틀렸는지 많은 관심을 보인 반면 정답을 말해줄 때는 흥미를 보이지 않았다. 반면 성장형 사고방식을 가진 학생들은 정답에 귀를 기울였다. 물론 성장형 사고방식을 가진 학생들이 평가 자체를 외면하지는 않았다. 하지만 조언, 즉 다음에 좀더 좋은 성적을 내는 데 도움이 되는 방법에도 기꺼이 귀를 기울였다. 다시 시험을 치르자 성장형 사고방식을 가진 학생들이 고정형 사고방식을 가진 학생들보다 뛰어난 성적을 보였다.[8]

사고방식의 영향 3 : 자기 충족적 영향

'당면한 도전 과제에 효과적으로 대처하면 자기 충족적 예언이 탄생할 수도 있다'라는 사실은 실패를 경험한 후에 성장형 사고방식의 소유자가 좀더 신속하게 회복하는 이유를 설명하는 데 도움이 될지 모른다. 성장형 사고방식의 소유자들은 자신의 부족한 점을 발견하면 성장의 기회를 얻었다고 여기고 더욱 많은 노력을 기울인다. 성장형 사고방식을 가진 아이들은 학교 성적이 떨어졌을 때 좀더 열심히 공부하거나 다른 방식으로 공부할 계획을 세웠다. 반면 고정형 사고방식을 가진 아이들은 "바보가 된 듯한 기분이 든다"라고 이야기하거나 "다음에는 공부를 열심히 하지 않을 것"이라며 투덜대거나 "부정행위를 진지하게 고민중"이라고 답하는 경우가 많았다. 뿐만 아니라 고정형 사고방식을 가진 사람들은 부끄러운 마음 때문에 자신의 성과에 대해서 다른 사람들에게 거짓말을 하거나 실패를 한 후 움츠러들 가능성이 크다. 또한 이들은 실패가 기준점이 되도록 내버려두는 등 좀더 일찍 포기한다.[9]

프레임의 중요성

드웩은 전체 인구 중 약 50퍼센트가 고정형 사고방식을 갖고 있다고 이야기한다. 하지만 이때 우리가 이야기를 하는 방식이 매우 중요하다.

단 하나의 문장이 우리를 올바른 방향으로 이동시킬 수도 있고 잘못된 방향으로 이동시킬 수도 있다. 드웩과 동료들은 또다른 실험을 통해 5학년 학생들에게 간단한 퍼즐을 제시했다. 아이들이 퍼즐을 완성하고 나면 절반의 아이들에게는 "와, 너 정말 똑똑하구나!"라고 이야기하고 나머지 절반에게는 "너 정말 열심히 퍼즐을 맞췄구나!"라고 이야기했다. 그런 다음 두 그룹의 아이들에게 다음에 좀더 어려운 퍼즐과 좀더 쉬운 퍼즐 중 어떤 것을 맞추고 싶은지 물었다. 둘 중 어떤 그룹이 어려운 퍼즐을 택했을지 맞혀보자. 당신이 생각한 것이 정답이다(당신은 똑똑한 사람임이 틀림없다).

이 연구가 주는 한 가지 교훈은 아이들의 지능을 칭찬하는 것이 놀라울 정도로 학습을 방해한다는 것이다. 새로운 도전을 받아들이도록 아이들을 격려하고 싶다면 지능보다는 아이들의 노력을 칭찬하는 쪽이 훨씬 낫다.

그 이유가 무엇일까? 열심히 노력했다고 칭찬을 받은 아이 중 약 절반이 고정형 사고방식을 갖고 있었다. 그럼에도 성장형 사고방식을 갖고 있는 친구들과 마찬가지로 즉각 새로운 도전을 시작하는 쪽을 택했다. 능력이 아니라 노력을 칭찬하는 방식이 고정형 정체성을 갖고 있는 사람들이 흔히 느끼는 불안감을 자극하지 않기 때문일 수도 있다. 혹은 열심히 노력하는 것은 얼마든지 복제 가능한 특성이라는 생각 때문일 수도 있다. 다시 말해서 다음에 맞춰야 할 퍼즐이 무엇이건 근면 성실한 태도를 보일 수 있기 때문이다. 어쨌든 이 실험의 결론은 학습 과정을 강조하는 특성에 초점을 맞춘 덕에 아이들이 기꺼이 위험을 감수하고 새로운 도전을 받아들이려 했다는 것이다.

성장형 정체성을 기르는 방법

그렇다면 고정형 정체성을 버리고 성장형 정체성을 가지려면 어떻게 해야 할까? 먼저 자신이 어떤 성향을 갖고 있는지 잘 알아둬야 한다. 시험의 방에서 사는 것을 좋아하는가, 학습의 방에서 사는 것을 좋아하는가?

새로운 도전 과제를 정체성에 대한 위협으로 여기는가, 성장의 기회로 여기는가? 실패가 게임의 끝을 의미하는가, 계속 진행중인 게임에 다시 뛰어드는 것을 의미하는가?

아래에 있는 표를 보고 어떤 가정이 자신과 어울리는지 생각해보자.[10]

정체성 질문	고정형	성장형
나는 누구인가?	나는 변하지 않아. 나는 나야.	나는 변하고, 학습하고, 성장한다.
나는 바뀔 수 있을까?	내가 갖고 있는 특성은 변하지 않는다. 노력은 사람들에 관한 근본적인 진실을 바꾸지 못한다.	나의 역량은 항상 변화한다. 노력과 근면은 언젠가 결실을 맺는다.
목표가 무엇인가?	성공. 결과가 중요하다.	학습 과정 자체가 보람을 준다. 성공은 부산물이다.
언제 내가 똑똑하거나 능력 있거나 성공적이라고 느끼는가?	내가 무언가를 완벽히 해낼 때, 내가 다른 사람보다 잘해낼 때.	내가 무언가를 고심하다가 그 문제를 이해하기 시작할 때 (다른 사람들의 능력과 나의 잠재력은 그다지 관련이 없다).
도전 과제에 대응하는 방식	위협이 생겼다! 나는 위협에 노출됐다. 도전 과제를 받아들이기에 적절하지 않은 듯하다.	기회가 찾아왔다! 무언가를 배우고 발전하자.
가장 편안한 환경은?	나의 능력과 쾌적 범위 내에서 안전함을 느낀다.	나의 역량을 한층 발전시키기 위해 나의 능력 너머로 뻗어나갈 때 편안한 기분이 든다.

특별한 성격적 특성이나 능력이 성장에 도움이 되는지 헷갈리는가? 그럴 수도 있다. 쉬운 질문이 아니다. 하지만 확실한 '예스'가 아니라고

해서 '노'라는 뜻은 아니다. 실험을 해보자. 습관을 변화시키거나 당신이 갖고 있는 능력을 개선시키려고 노력해보자. 당신에게 도움을 줄 코치를 찾아서 직접 변화를 위해 노력을 기울여보기 바란다. 잘하지 못하는 일을 시도해보자. 시도가 완전히 실패로 돌아가면 다음에 좀더 나은 성과를 내는 데 도움이 될 만한 세 가지 방법을 적어보자. 실패의 기억을 깨끗이 씻어내고 다시 시작해보자. 그런 다음 어떤 일이 벌어지는지 살펴보자.

예컨대 어머니와 관련해 여러 가지 경험을 하고 리타 아줌마와 대화를 나눈 당신은 차후에 아버지가 비슷한 상황에 처했을 때 어머니 때와는 다른 방식으로 문제를 해결하는 데 도움이 되는 교훈을 얻었는가? 당신의 경험이 자녀에게 무엇을 가르치고 기대할지에 어떤 영향을 미칠까?

당신이 노력할 수 있는 부분이 무엇이며 지난 경험을 통해 무엇을 배웠으며 다음에는 어떻게 달라질지 이해할 수 있다면, 당신은 스스로를 성장과 변화를 받아들일 수 있는 존재로 바라보는 것이다. 과거의 경험은 당신에게 정체성 라벨을 부여하기보다 가르침을 준다.

부정적인 피드백이 성장형 사고방식을 뒷받침하는 가정을 향한 비난이 아니라는 사실을 기억해야 한다. 물론 성장형 사고방식을 가진 사람도 실패하고 실망한다. 지금보다 학습 곡선을 따라 훨씬 멀리 이동했더라면 좋았을 것이라 생각할 수도 있다. 노력의 결실이 기대했던 것보다 작을 수도 있다. 성장형 정체성이란 훌륭한 피드백을 얻느냐 그렇지 않으면 마음에 들지 않는 피드백을 얻느냐의 문제가 아니다. 성장형 정체성이란 어떤 피드백을 얻더라도 그 피드백을 성장의 밑거름으로 활용하는 태도를 일컫는다.

다음으로 성장형 정체성을 기르는 데 도움이 되는 세 가지 방법을 살펴보자.

첫번째 방법, 조언으로 분류하라

어떤 피드백은 주로 평가를 위한 것이다. 성적이나 블로그 순위 등이 그렇다. 반면 조언을 위한 피드백도 있다. 다시 말해서 피드백 제공자가 당신에게 교훈을 주거나 당신이 무언가를 좀더 잘해낼 수 있도록 돕기 위해서 피드백을 주는 경우다. 하지만 앞서 1장에서 살펴본 쌍둥이 자매 애니와 엘시의 경우처럼 순수하게 조언을 목적으로 하는 피드백이 평가로 들릴 수도 있다. '이렇게 해봐'(조언)라는 말 속에는 '지금까지 너는 너의 기량을 충분히 발휘하지 못했어'(평가)라는 의미가 함축돼 있다.

피드백을 받는 입장에 있을 때 우리는 항상 피드백을 조언통과 평가통에 나눠 담는다. 어떤 통을 선택하는가에 따라 피드백을 생산적으로 수용하는 능력에 큰 차이가 생긴다. 평가는 정체성을 쉽게 자극하지만 조언은 정체성을 크게 위협하지 않기 때문이다. 무료입장권을 얻는 것과 같다. 자신이 누구인지 재평가하는 고된 과정 없이도 교훈을 얻을 수 있다.

엘스베스는 세 시간짜리 프레젠테이션 중 절반을 진행한 후 잠깐 휴식을 취하고 있다. 클라이언트가 다가와 프레젠테이션이 잘 진행되고 있다면서 엘스베스에게 좀더 활기차게 진행해보라고 권한다.

클라이언트의 말이 조언일까 평가일까?

클라이언트의 말을 조언으로 받아들이면 엘스베스는 이렇게 생각할 것이다. '커피를 한 잔 더 마시고 프레젠테이션 후반부에서 상호작용을 좀더 늘릴 방법을 생각해봐야겠군.' 반대로 클라이언트의 말을 평가로 받아들이면 엘스베스의 정체성에 문제가 생긴다. '내가 모든 사람을 지루하게 만들고 있는 걸까? 사람들은 대개 내 프레젠테이션을 좋아하는데! 하지만 내가 이렇게 직급이 높은 청중들과 맞지 않는지도 몰라.' 엘스베스는 자신의 자아상과 씨름하느라 프레젠테이션 후반부를 개선하는 데 도움이 될지도 모르는 조언을 따를 방법을 찾지 못한다. 정체성에 빨간불이 켜지고 학습이 방해를 받는다.

상대의 피드백을 가급적 조언으로 분류하는 것이 항상 쉽지만은 않다. 하지만 우리에게 어떤 골칫거리도 안기지 않는 부류의 피드백이 있다. 콕 집어서 조언의 형태로 '제공되는' 피드백이 바로 그것이다. 이런 경우라면 상대방의 말을 있는 그대로 받아들이는 것이 좋다. 상대의 말이 곧 상대의 의도고, 이때 상대의 입에서 흘러나오는 말은 큰 도움이 된다. 하지만 상대방의 말을 오해한 탓에 조언을 평가로 분류하는 경우가 너무나 많다.

당신의 친구가 공항으로 가는 좀더 나은 길을 알려준다. 하지만 당신의 귀에는 친구의 말이 '너는 인근의 길을 잘 몰라'라는 판단처럼 들린다.

부서장이 당신에게 새로운 시간관리 앱을 소개한다. 하지만 당신의 귀에는 부서장이 '자네는 시간을 제대로 관리하지 못하고 일을 질질 끌어'라고 비난하는 것처럼 들린다.

배우자가 당신에게 어떤 것이 낭만적인지 이야기한다. 하지만 당신의 귀에는 배우자가 '당신은 아무것도 모르는 데다 자기 자신한테만 관심이 있어'라고 이야기하는 것처럼 들린다.

학습의 기회를 앞에 두고 방어의 벽을 쳐버리는 것이다. 피드백 대화가 점점 감정적으로 변하고 위험성이 높아지면 상대의 피드백이 평가로 들릴 가능성이 커지고 조언으로 들릴 가능성은 줄어든다.

지난 몇 달 동안 받았던 피드백을 떠올려보자. 중요한 피드백이건 그렇지 않은 피드백이건 상관없다. 예컨대 친구가 당신에게 아이들이 늦게까지 잠을 자지 않아도 그냥 내버려두는 이유가 무엇인지 물었다고 생각해보자.

먼저 이 피드백의 목적이 평가라고 가정해보자. 이 피드백에 당신에 관한 어떤 내용이 담겨 있는가? 당신이 과도하게 자유방임주의라는 비난? 당신이 나쁜 부모라는 비난?

자, 이번에는 친구의 피드백이 조언이라고 생각해보자. 당신이 무언가를 배울 수 있도록 도움을 주는 조언 말이다. 친구의 피드백이 조언이라고 생각하면 친구가 무엇을 알아챘으며 무엇을 우려하는지 대화를 나눌 수 있다. 당신이 이미 고민해왔던 문제일 수도 있고 그렇지 않을 수도 있다. 친구의 조언은 육아와 관련된 결정을 내릴 때 고려해야 하는 또다른 인생 경험이다.

이런 방식으로 몇 차례에 걸쳐 분류 훈련을 하다보면 세 가지 사실을 발견하게 될 것이다. 첫째, 조금만 노력을 기울이면 대부분의 피드백을 원하는 방식으로 들을 수 있다. 둘째, 피드백을 조언으로 듣는 데 성공하면 정체성 반응이 줄어들거나 사라질 것이다. 셋째, 패턴, 즉 자신의 성향을 찾아낼 수 있을 것이다. 사람들은 분류 훈련을 통해 '그동안 내가 피드백을 평가로 분류한 경우가 생각보다 많았군'이라는 깨달음을 얻는다. 조언을 평가로 분류하는 경우가 열 번 중 한 번이든 여덟 번이든 그때마다 쓸데없이 마음이 상하는 데다 무언가를 배울 수 있는 기회를 놓치게 된다. 인생을 살다가 마주치는 진짜 문제만 해도 차고 넘친다. 실제로 존재하지도 않는 상상 속의 문제를 애써 만들어낼 필요는 없다.

물론 피드백을 주는 사람이 평가와 조언이 함께 들어 있는 피드백을 주려고 계획하는 경우도 있다. 그리고 두 가지가 섞여 있다는 사실을 생각하지 못하는 경우가 더 흔하다. 피드백을 주는 사람과 받는 사람의 관계가 긴장돼 있는 상황이라면 특히 혼란스러울 수 있다. 또한 피드백이 평가인지 조언인지 분류하려면 많은 노력이 필요하다.

성인이 된 딸 리사가 어머니 마거릿에게 이야기한다.

"내가 여덟 살 때 아빠가 집을 나가자 어머니는 재혼하셨죠. 그때 난 어머니마저도 나를 버린 듯한 기분이 들었어요. 어머니는 새로운 직장과 새로운 사회생활에 많은 관심을 쏟았어요. 저한테 '새로운 아빠를 찾아주겠다'라고 하셨죠. 내가 얼마나 힘들었는지 어머니는 잘 모르셨던 것 같아요."

마거릿의 귀에는 리사가 자신을 '나쁜 어머니였어요'라고 비난하는 것처럼 들린다. 마거릿은 엄청난 충격을 받는다. 리사의 피드백이 부당하다고 생각한 마거릿은 스스로를 방어하기 위한 말을 내뱉는다.

"리사, 난 너를 위해 정말 열심히 일했어. 우리 두 사람 모두에게 정말 힘든 시간이었어. 난 감정적으로나 경제적으로나 정말 힘들었어."

모녀의 대화는 정체성과 피드백이 어떤 식으로 충돌하며, 둘 사이의 충돌이 어떤 결과로 이어지는지 잘 보여준다. 마거릿은 자신이 좋은 부모라고 생각한다. 마거릿의 정체성 이야기를 구성하는 핵심 주제가 바로 이것이다. 마거릿은 리사가 자신이 어머니로서 실패했다고 이야기하는 것이라고 생각한다. 마거릿은 딸의 이야기를 인정할지(그리고 스스로를 실패자로 여길지), 그렇지 않으면 리사의 이야기를 반박하며 피드백을 거부할지 딜레마에 빠진다.

이제 중요한 질문을 던져봐야 한다. 리사는 무엇을 원하는가? 리사가 이런 주제를 끄집어내는 목적이 무엇인가? 마거릿이 자신이 나쁜 어머니였다는 사실을 인정하기를 바라는 것일까? 그렇지 않다. 리사가 원하는 것은 세 가지다. 먼저 리사는 자신이 자라면서 어떤 기분이었는지 어머니가 이해해주기를 바란다. 둘째, 리사는 어머니의 선택이 리사가 겪은 고통에 영향을 미쳤다는 사실을 인정하기를 바란다. 셋째, 리사는 두 사람의 관계가 좀더 나아지기를 바란다.

리사의 피드백에 평가와 판단이 포함돼 있는 것은 틀림없는 사실이다. 마거릿의 입장에 있는 사람이라면 누구나 알 수 있을 것이다. 하지만 리사가 전달하려고 한 피드백의 핵심은 조언이다. 리사의 목적은 어머니에게 평가받고 있다는 기분을 안기는 것이 아니라 어머니가 자신의 관점과 감정을 '이해할 수 있도록' 도움을 주는 것이다. 또한 리사는 더 늦기 전에 어머니와의 관계를 개선하고 싶어 한다.

리사가 평가가 아니라 조언을 주려고 한 것이라는 주장을 검증하려면, 마거릿이 어떤 식으로 반응할 수 있을지 다른 방법을 살펴보고 어떤 방법이 리사에게 가장 커다란 만족을 줄지 상상해보면 된다. 마거릿이 "네가 나를 판단하려 한다는 기분이 들어. 그래, 어쩌면 내가 나쁜 엄마였는지도 몰라"라고 이야기한다면 리사에게 그다지 도움이 될 것 같지 않다. 반면 이렇게 이야기를 할 수도 있다. "이런, 그때 내가 너한테 그런 영향을 미쳤다는 걸 전혀 몰랐어. 내가 너한테 상처를 줬다는 이야기를 들으니 마음이 아프구나. 미안하다." 물론 마거릿이 이렇게 반응하면 대화가 훨씬 길어질 것이다. 그래도 리사가 좀더 만족스러워할 가능성이 크다. 뿐만 아니라 대화를 진행하면서 두 사람의 관계가 어떻게 발전하

정체성 자극

기 바라는지 허심탄회하게 이야기를 해볼 수 있다.

두 사람의 대화를 조언이라는 틀 속에 대입하면 마거릿의 감정적인 고통이 줄어들 수도 있다. 하지만 피드백을 가급적 조언으로 분류하는 것이 중요한 이유는 마거릿의 감정적인 고통 때문이 아니다. 리사의 피드백에 담긴 진정한 의도가 조언이기 때문이다. 딸의 피드백을 평가가 아닌 조언으로 여기면 마거릿은 내적인 정체성 반응에서 벗어나 딸이 진정으로 이야기하고자 하는 것에 귀를 기울일 수 있다.

두번째 방법, 평가에서 판단을 제외하라

물론 어떤 피드백은 직설적인 평가다. 이런 부류의 피드백은 우리의 정체성에 가장 직접적으로 이의를 제기한다. '난 당신이랑 헤어질 거야. 당신은 취직도 못 했어. 이웃들은 당신 집에서 아이들이 놀도록 내버려 두지 않을 거야. 당신의 '가정환경'이 좋지 않으니까.'

평가가 담긴 피드백을 들을 때는 평가를 사정, 결과, 판단 등 세 개로 나누어야 한다.

사정assessment은 순위를 매긴다. 사정은 당신이 어디에 서 있는지 알려준다. 육상 대회에서는 순위가 명확하다. 당신은 1마일을 달리는 데 5분 19초가 걸렸고, 40~45세 그룹에서 4위를 차지했다.

결과consequence는 사정에서 비롯된 현실 세계의 결과를 의미한다. 사정을 바탕으로 앞으로 발생하는 일을 의미한다. 5분 19초라는 달리기 기록으로는 지역 대회 출전은 가능하지만 전국 대회 출전은 불가능하다. 결과는 확실할 수도 있고 추측에 근거할 것일 수도 있으며, 즉각적인 것일 수도 있고 미래와 관련된 것일 수도 있다.

판단judgment은 피드백을 제공하는 사람과 받는 사람이 사정과 결과에 대해서 하는 이야기다. 당신은 성적이 만족스럽다. 아침에 기대했던 것보다 성과가 좋기 때문이다. 하지만 코치는 당신의 성과에 만족하지 않는다. 코치는 당신이 좀더 좋은 기록을 냈어야 한다고 생각한다.

이런 식으로 평가의 구성 요소를 하나하나 나눠서 살펴보면 특정한 평가에 포함돼 있는 어떤 요소가 당신의 정체성을 자극하는지 파악할 수 있다. 달리기의 경우에는 사정이나 결과가 아니라 코치의 판단이 당신의 정체성을 자극한다. 당신은 자기 자신이 다른 사람의 기대를 저버리지 않는 사람이라고 생각한다. 코치가 실망했다는 사실을 깨닫자 자신이 다른 사람의 기대를 저버리지 않는 사람이라는 확신에 금이 간다. 심각한 문제는 아니다. 하지만 당신은 그러한 사실을 알아챈다.

평가를 세 개의 구성 요소로 나누면 피드백 제공자와 대화를 나누고자 하는 부분에 주목할 수 있다. 사정에는 동의하지만 판단에는 동의하지 않는가?[11] 결과가 명료하고 공정한가? 코치가 당신의 기록을 다르게 평가하는 이유가 무엇인가, 이와 같은 코치의 판단을 통해 당신은 무엇을 배울 수 있는가?

정확한 사정은 소중하다. 뿐만 아니라 결과를 이해하는 것도 중요하다. 그렇다면 다른 사람의 판단은 어떨까? 다른 사람의 판단이 상황을 이해하는 데 도움이 되는 경우도 있다. 다른 사람의 판단을 일축하는 것이 마땅한 경우도 있다. 판단이라는 것은 누군가의 해석에 불과하다. 당신도 나름의 방식대로 해석을 한다. 따라서 다른 사람의 해석을 무조건 받아들일 필요는 없다.

세번째 방법, 자기 자신에게 '제2의 점수'를 줘라
부정적인 평가를 받았다고 상상해보자. 상대방의 사정이 옳을 수도

정체성 자극

있지만 결과는 고통스럽다. 취업하려 했던 기업, 마음에 두고 있는 여자, 대학원 프로그램, 꿈에 그리던 팀, 클라이언트 등으로부터 거부당한 것이다. 이제 어떻게 해야 할까?

당신이 눈앞에 닥친 상황에 대처하기 위해 어떤 행동을 하든 눈에 보이지 않는 제2의 평가가 있다고 상상해보기 바란다. 낮은 점수를 받을 때마다, 실패 후 흔들거리는 걸음을 내디딜 때마다 첫번째 점수에 어떻게 대처했는가에 따라 스스로에게 '제2의 점수'를 부여해야 한다. 우리의 인생에 등장하는 모든 상황에는 상황 점수가 있고 대처 점수가 있다. 상황과 관련해서는 F학점을 받더라도 그 상황에 대처하는 방식과 관련해서는 A+를 받을 수도 있다.

두 가지 좋은 소식이 있다. 먼저, 첫번째 평가는 당신의 통제 권한 밖에 있지만 첫번째 평가에 대한 당신의 대응은 얼마든지 스스로 통제할 수 있다는 사실이다. 둘째, 장기적으로 봤을 때 첫번째 점수보다 두번째 점수가 중요한 경우가 많다는 사실이다.

연주자가 되기 위해 연습 중인 멜과 멜린다는 첫번째 유튜브 동영상을 제작하기 위해 열심히 노력한다. 두 사람은 유튜브 동영상이 매일 똑같은 일을 하며 살아가는 지루한 일상에서 벗어날 기회가 돼주기를 바란다. 두 사람은 글을 쓰고 감독하고 연기를 하고 편집을 한다. 작곡도 하고 연주도 직접 한다. 최종 결과물은 기대 이상이었다. 정말 근사하다. 흡족한 두 사람은 유튜브에 동영상을 올린다.

동영상은 무참히 비난받는다. 모두가 한목소리로 동영상이 별로라고 이야기하는 데다 몇몇 사람은 쓸데없는 인신공격을 퍼부으며 잔인하게 군다. 동영상 조회 횟수도 얼마 되지 않는다.

멜은 큰 충격을 받는다. 멜린다와 자신이 시도한 것을 이해하기에는 이 세상이 너무도 어리석다며 분노에 차서 비난을 퍼부어댄다. 멜린다도 마음이 좋지 않다. 하지만 멜린다는 자신의 상처를 어루만지며 이번 경험을 통해서 무엇을 배울 수 있을지 궁금해 한다.

그로부터 몇 주 후, 멜린다는 유튜브 동영상을 돌려보면서 아이디어 자체는 참신하지만 실행 방식에 문제가 있다는 사실을 발견한다. 가사는 알아듣기 힘들고 화면은 너무 갑작스레 바뀌곤 한다. 멜린다는 자신이 발견한 사실을 멜에게도 이야기한다. 하지만 멜은 창의적인 사람이라면 문제 있는 실행 방식 너머를 볼 수 있어야 한다고 응대한다.

멜린다는 다른 반응을 보인다. 멜린다는 짧은 동영상을 만들어내는 '기교'를 제대로 익혀보겠다고 다짐한다. 멜린다는 소셜미디어에 관한 모든 글을 찾아 읽고 영화 편집에 관한 야간 강좌를 수강한다. 이듬해가 되자 멜린다는 여러 개의 동영상을 새로 제작해 업로드하기 시작한다. 멜린다가 운영하는 채널에 구독자들이 몰리기 시작한다. 멜린다는 멜과 함께 제작한 동영상을 수정해 다시 공개하고 많은 사람들이 동영상에 열렬한 반응을 보인다.

멜과 멜린다에게 주어진 첫번째 점수는 실망스러웠다. 하지만 둘 중 제2의 점수를 끌어올린 사람은 멜린다뿐이다. 이 경우에서 보듯(그리고 많은 사람들이 경험하듯) 진짜로 중요한 것은 제2의 점수를 잘 받는 것이다.

단순히 지략을 갖고 회복력을 발휘해야 한다는 이야기를 하려는 것이 아니다. 제2의 점수를 잘 받는 것을 정체성의 일부로 만들어야 한다는 뜻이다. '내가 항상 성공하는 것은 아니야. 하지만 실패를 통해서 무엇을 배울 수 있을지 솔직한 태도로 확인해. 나는 실패를 통해서 배우는 일에 정말 능숙하지.' 머릿속에 제2의 점수 득점표를 그려보는 것도 좋다. 제2의 점수를 득점표로 기록하면 당신의 정체성 중 제2의 점수와 관련된 부분을 추적하기가 한결 수월해진다. 득점표는 초기 평가가 이야기의 전부가 아니라는 사실을 일깨워준다. 득점표는 경험을 통해서 당신이 찾아낸 의미에 관한 제2의 이야기가 시작되는 지점이다.

	첫번째 점수	두번째 점수
성과 평가	기대 충족	기대 초과 회피하기보다 질문을 던지는 일을 훌륭하게 해냈다. 기대를 명료하게 파악했다. 내가 부족한 부분인 제품 지식을 강화하는 데 시간을 투자했다.
레스토랑 평가	별 2개 (대체로 부정적인 의견)	별 4개 다른 사람을 비난하지 않았다. 지나치게 곱씹지 않았다. 주방과 홀 직원들에게 모범을 보였다. 메뉴를 일부 변경했다. 홀 직원들을 재훈련시키고 일부 직원을 교체했다. 문제가 몇 가지든 그것을 제대로 바로잡았다는 확신이 든다.

제2의 점수와 관련된 정체성이 탄탄하면 삶에서 벌어지는 가장 까다로운 사건도 효과적으로 처리할 수 있다. 헤더는 오래 만난 여자친구가 자신을 떠난 날과 그 이후의 시간을 떠올린다. "내가 통제할 수 있는 건 나의 반응뿐이었습니다. 매일 아침 침대에서 일어나 일을 하러 갔습니다. 주변의 모든 사람들을 정중하게 대했습니다. 사실 '그 상황에 잘 대처하기' 위해 노력하자 무언가 집중할 대상이 생겼고 기분도 좋아졌습니다. 지금도 그렇습니다."

7장에서 이야기했듯 무언가를 잘 처리한다는 것은 고통을 부인한다거나 아무런 상처도 입지 않는다는 것과 동의어가 아니다. 헤더는 이렇게 이야기하지 않는다. "여자친구가 제 곁을 떠나서 저는 그 어느 때보다 행복해졌습니다!" 어떤 상황에서건 당면한 문제에 정면으로 대응해야 한다는 뜻이다. 불면에 시달리고 불안감과 외로움에 맞서 싸우고 있을 때 자신에게 닥친 상황에 잘 대처하려면, 도움이 필요하다는 사실을 인정하고 도움을 요청해야 한다. 헤더는 사랑받을 자격이 있는 사람이라는 자신의 정체성이 큰 타격을 입었을 때조차 성장의 기회를 발견했다. "누군가를 잃는 아픔에도 회복력을 갖고 우아하게 대처할 수 있다는 사실을 깨달았습니다."

그것은 결코 무의미하지 않다.

PART 4

성공적인
대화의 기술

09

모든 피드백을
받아들일 필요는 없다

마틴은 해병대를 제대하자마자 석유 산업에서 일을 시작했고 열심히 노력한 끝에 지금은 굴착 장치에서 일을 하고 있다. 마틴은 현재 업계 최고의 시추공 중 한 사람으로 알려져 있다. 오랜 시간 동안 교대 근무를 끝낸 마틴은 침대에 들어가 아직 완성하지 못한 계발 계획을 끄집어낸다. 기한이 이미 지났다. 마틴은 오늘밤까지 자기 계발 계획을 본부에 보내야 한다. 그렇지 않으면 여러 가지 성가신 일을 겪을 가능성이 크다.

> 항목 23b: 내년에 달성하고자 하는 개인적인 목표를 적어주세요. 무엇을 기준으로 목표 달성 여부를 확인할지도 명시하세요.

마틴은 짜증스러운 마음에 끙 하는 소리를 낸다. '31년 동안이나 이일을 했는데 여전히 새로운 목표가 필요한 거야?' 마틴은 슬쩍 미소를 지으며 적는다. "제 목표는 새로운 한 해를 안전하고 생산적으로 마무리하는 겁니다. 제 목표에 관해서는 저를 그냥 내버려두시도록 만드는 것이 제 목표입니다."

경계선 찾기, 경계선 정하기

이 책은 피드백을 좀더 효율적으로 받는 방법에 대체로 초점을 맞추고 있다. 피드백 수용 여부를 결정하기 전에 피드백을 충분히 이해하는 방법을 중점적으로 설명한다. 하지만 한 가지 질문이 떠오른다. 피드백을 거부하는 데서 그치지 않고 '나는 '듣고' 싶지도 않다'라고 이야기해도 괜찮을까?

그렇다. 사실 피드백에 대한 경계를 정하는 능력은 당신의 행복과 당신이 맺고 있는 관계의 건전성을 위해 매우 중요하다. 거절하는 능력은 피드백을 잘 받아들이는 기술과 맞닿을 수 없는 방향으로 나란히 뻗어 있는 기술이 아니다. 피드백을 거절하는 능력은 피드백을 잘 받아들이는 기술의 핵심과도 같다. 거절할 수 없다면 찬성 또한 자유롭게 선택되었다고 볼 수 없다. 당신의 선택은 다른 사람에게 영향을 미칠 수도 있다. 뿐만 아니라 당신에게 나쁜 결과가 돌아오는 경우도 많다. 하지만 선택은 당신의 몫이다. 실수를 직접 저지르고 학습곡선을 찾을 필요가 있다. 이것은 잠깐 동안 비판의 목소리를 차단하고 당신이 누구이며, 당신이 어떤 식으로 성장할 계획인지 가끔씩은 스스로 찾아내야 한다는 뜻이기도 하다. 작가 앤 라모트는 이렇게 기술한다.

우리 모두에게는 태어날 때부터 감정의 텃밭이 주어진다. 당신에게도 감정의 텃밭이 있고 끔찍한 필 삼촌에게도 나름의 감정 텃밭이 있고 내게도 감정 텃밭이 있다. (중략) 다른 사람에게 상처를 주지 않는 한 당신은 원하는 대로 감정 텃밭을 활용할 수 있다. 탐스럽게 열매가 열릴 나무를 심을 수도 있고 꽃을 심을 수도 있고 알파벳순으로 채소를 심을 수도 있고 아무것도 심지 않을 수도 있다. 당신의 감정 텃밭이 거대한 중고 물품 판매소나 폐차장처럼 보이기를 원한다면 그렇게 만들 수도 있다. 당신의 감정 텃밭 주위에는 울타리가 쳐져 있고 출입을 제한하는 문도 달려 있다. 다른 사람들이 자꾸만 당신의 땅을 넘보며 땅을 더럽히려 하거나 자신이 옳다고 생각하는 방식대로 꾸미려고 하면 당신은 그 사람들에게 떠나줄 것을 요청한다. 당신이 떠날 것을 요구하면 그 사람들은 떠나야만 한다. 당신의 감정 텃밭은 당신의 땅이기 때문이다.[1]

9장에서는 땅과 울타리, 문에 관한 이야기를 할 것이다. 또한 피드백 제공자에게 이제 그만 나가달라고 요청하는 방법과 그래야 하는 이유를 살펴볼 것이다.

세 가지 경계선

고맙지만 사양하겠다고 이야기하거나 자리를 피해버리거나 아무 말도 하지 않는 등 단순한 방식으로 피드백을 거부할 수 있는 경우도 있다. 상대방이 피드백을 제안할 때 거절하면 모든 것이 끝나는 것이다. 하지만 좀더 복잡한 경우도 있다. 당신이 거절했는데도 상대방이 계속해서 원하지도 않는 피드백을 주는 경우다. 이런 피드백은 성가실 뿐 아니라 파괴적이다. 이럴 때 경계를 명확하게 짚고 넘어가면 도움이 된다. 다음과 같은 세 가지 부류의 경계를 고려할 수 있다.

충고를 받아들이지 못할 수도 있어

첫번째는 가장 부드러운 방식이다. "귀를 기울일 의향이 있어요. 조언을 고려해볼게요. 하지만 끝내 충고를 수용하지 못할 수도 있어요."

이런 태도가 울타리 역할을 할 수 있을까? 어차피 선택은 항상 자신이 하는 것인데 굳이 이런 식의 첫번째 경계를 큰 소리로 알릴 필요가 있을까? 피드백이나 충고를 주는 사람이 당신과 다른 의견을 갖고 있는 경우에 첫번째 경계를 활용할 수 있다. 미래의 시어머니에게 결혼식에 도움이 될 만한 플로리스트를 추천해줄 것을 부탁한다. 하지만 당신은 다른 플로리스트를 선택하고 예비 시어머니는 불만을 늘어놓는다. "내가 추천한 사람을 고려조차 하지 않을 거면 나한테 굳이 추천해달라고 부탁은 왜 했니?" 피드백을 주는 사람과 받는 사람이 춤을 출 때 피드백을 받는 사람이 피드백 제공자가 이끄는 대로 따라가지 않으면 피드백 제공자의 발을 밟게 될 수도 있다.

혼란스러운 문제다. 상대방의 제안을 거절한다고 해서 '그 사람 자체'를 거부하는 것일까? 피드백을 주는 사람들 가운데 일부는 상대방의 의사와 무관하게 그렇게 받아들인다. 상대방의 의견을 최종적으로 선택하지 않을 수도 있다는 사실을 알고 있는 상태에서 상대방의 의견을 구한다면 골치 아픈 일을 미연에 방지하기 위해 미리 확실하게 해두는 편이 낫다. 예비 시어머니에게 "어떤 플로리스트를 고용해야 할까요?" 대신 좀더 정확하게 이야기하는 것이 좋다. "여러 명의 플로리스트를 고려하고 있어요. 혹시 추가로 추천해주실 만한 분이 있으신가요?"

제안과 명령을 구분하는 것 역시 쉽지 않은 일이다. 피드백을 무시하겠다는 결정이 예기치 못한 결과를 초래할 수도 있다. 계속해서 병원 교대 시간에 지각을 하다가는 해고를 당할 수도 있다. 상대방의 조언이 취사선택 가능한 것인지 반드시 따라야 하는 것인지 확신이 들지 않는다면 아예 대놓고 이야기를 하는 것이 좋다. 또한 상대방의 조언을 받아들이지 않기로 결정했다면 상대방이 그 이유를 알고 있을 것이라고 지레짐작해서는 안 된다. 그 이유에 대해 자세히 설명해야 한다.

지금은 그 주제에 대한 피드백을 원치 않아

두번째 경계는 피드백 수용 여부에 대한 권리를 명확하게 명시하는 동시에 피드백의 주제로부터 자유로워지고 싶은 권리를 바로 세우기 위한 것이다. "나는 듣고 싶지 않아. 지금은 그래(어쩌면 앞으로도 영원히 그럴지도 몰라)."

여동생이 몇 년째 당신에게 금연을 권하고 있다. 당신은 그동안 금연을 시도했다가 실패하기를 반복해왔다. 삼촌이 흡연 관련 질환으로 죽음의 위기를 맞이하자 온 가족이 당신에게 담배를 끊으라고 성화다. 가족들이 금연을 강권하는 마음은 이해한다. 하지만 지금은 가족들이 금연을 종용하지 않기를 바란다. 금연이라는 주제에 대해 더이상 새롭게 이야기할 것도 없거니와 대화를 계속 이어나갈 만한 감정적인 에너지도 없다.

그만해, 그러지 않으면 우리 관계는 끝이야

세번째 경계는 가장 극명하다. "나를 판단하는 말을 멈추지 않거나 있는 그대로의 내 모습을 인정하지 않으면 관계를 끝내거나 조건을 변

성공적인 대화의 기술

화시키겠다(주말에 집에 들르기는 하겠지만 시간을 함께 보내지는 않겠다)"라고 이야기하는 것이다. 상대방의 판단에 휘둘리며 관계를 유지하면 나의 정체성이 파괴되기 때문이다.

경계선 긋기가 필요한 상황

불안한 감정이나 생각에서 출발한다. '나는 압도당했어. 나는 실패했어. 이 방법은 효과가 없어. 이건 너무 과해. 난 어떤 일도 제대로 해내지 못할 거야. 난 충분히 괜찮지 않아.'

그러다 질문이 떠오른다. 여기서 경계를 그어야 하는 것 아닐까? 하지만 당신을 진심으로 도우려는 사람(혹은 관계 내에서 드러나는 당신의 모습에 대해 실제로 우려를 나누고자 하는 사람)과 제대로 돌아가지 않거나 건강하지 않은 관계를 근본적으로 구분하려면 어떻게 해야 할까?

변화를 위한 타당한 요구와 좀더 심층적인 문제가 있음을 시사하는 피드백의 차이를 알아내기 위한 간단한 공식은 없다. 피드백 제공자가 상처를 입히려는 의도를 갖고 있지 않을 수도 있고, 당신을 통제하려는 의도를 갖고 있지 않을 수도 있으며, 당신을 진심으로 염려할 수도 있다. 조금이라도 더 나은 방법이 있다는 사실 자체를 모를 수도 있고 자신과 관련된 문제를 갖고 있을 수도 있다. 하지만 그렇다고 해서 피드백이 당신에게 미치는 영향이 변하는 것은 아니다. 피드백이 당신의 자아수용自我受容에 걸림돌이 되기 때문이다.

특별한 맥락이나 관계에서 경계가 필요한지 고민될 때 도움이 되는 몇 가지 질문을 소개하고자 한다.

행동뿐 아니라 당신의 인격까지 공격하는가?

인격을 공격하는 사람들은 "그런 부분이 불만스러웠어"라거나 "도움이 될 만한 방법이 있어"라고 이야기하지 않고 "넌 이런 게 문제야"라거나 "넌 이래서 결국 아무것도 못할 거야"라고 이야기한다. 분명하게 드러나건 그렇지 않건 인격을 공격하는 사람들의 메시지 속에는 다음과 같은 내용이 숨어 있다. '넌 매력적이지 않아. 넌 야심이 없어. 넌 충분히 괜찮지 않아. 넌 사랑받을 자격이 없어. 넌 존경받을 자격이 없어. 넌 지금처럼 친절한 대우를 받을 자격이 없어.'

피드백이 수그러들지 않는가?

당신의 경영 멘토는 당신이 최고 경영진으로 활동하는 중요 인물들과 좀더 편안하게 어울릴 수 있도록 도움을 주고자 한다. 하지만 그럴수록 당신은 남의 시선이 더욱 의식되고 마음이 불편하다. 이미 그런 배려가 도움이 되지 않는다고 멘토에게 이야기했다. 하지만 멘토는 접근 방법을 수정하지 않고 오히려 더 적극적으로 도움을 주려고 한다.

도움이 되지 않는 피드백은 아무런 쓸모가 없다. 도움이 되지 않는데다 끈질기기까지 한 피드백은 파괴적이다. 당신은 상대방에게 이미 멈추고, 중단하고, 그만두고, 입을 닫고, 가줄 것을 요구했다. 하지만 조언과 충고가 계속 쏟아져 들어온다.

당신이 변하면 항상 한 가지를 더 요구하는가?

피드백을 제공하는 사람들 가운데 항상 새롭게 고쳐야 할 부분을 찾아내는 사람이 있다. 그 대상이 집일 수도 있고 자동차일 수도 있고 당신일 수도 있다. 하지만 좀더 불길하게도 무엇을 변화시켜야 할지 당신에

성공적인 대화의 기술

게 이야기하는 행위 자체가 목표일 수도 있다. 이런 부류의 사람들은 책임을 맡고 있다. 바로 당신이 그들의 책임져야 할 대상인 것이다. 이와 같은 명확한 역할 덕에 질서가 유지된다.

피드백 제공자가 자신이 갖고 있는 두려움 때문에 통제를 하려드는 것일 수도 있다. 배우자의 닦달에 못 이겨 항상 사랑받을 만한 존재가 되기 위해 발버둥 치지 않았더라면 당신은 두 사람의 관계 속에 당신을 위한 것이 아무것도 없다는 사실을 깨달았을 것이다. 상사가 당신을 존중했더라면 그 상사가 특별히 '존경할 만한' 사람이 아니라는 사실을 깨달았을 수도 있다. 어쩌면 상대는 다른 역할을 맡는 법을 몰라서 자신에게 책임이 있다고 생각하는 것일 수도 있다. 원인이 무엇이든 당신은 결국 끊임없이 무언가를 개선해야만 하는 상황에 놓인다.

피드백 제공자가 관계를 볼모로 삼고 있는가?

관계를 볼모로 삼는 사람은 이런 식으로 이야기한다. "내 피드백을 받아들이든 그렇지 않든 선택은 물론 네 몫이야. 하지만 네가 내 피드백을 받아들이지 않는다면 그건 네가 나를 사랑하지 않거나 존중하지 않는다는 뜻이야." 이런 부류의 피드백 제공자들은 사소한 무언가를 중요한 무언가와 엮어버린다. 온갖 사소한 문제를 마음대로 하겠다는 술책을 쓰는 것이다. 이런 전술은 당신의 자율성을 박탈한다. 물론 겉보기에는 어디까지나 당신이 원하는 것을 선택할 수 있는 것처럼 보인다.

시어머니는 암묵적인 메시지를 전달한다. '내가 추천한 플로리스트를 선택하지 않는다면 네가 우리 관계를 망치게 될 거야.' 터무니없이 들린다. 실제로도 그렇기 때문이다. 하지만 이런 접근법 뒤에 상대를 마음대로 조종하려는 의도가 항상 숨어 있는 것은 아니라는 사실을 기억해야 한다. 사람들은 간혹 자신이 느끼는 불안정한 마음이나 불안, 상처를 다른 식으로 표현할 줄 모르는 탓에 관계를 볼모로 잡아 상대방의 관심을 얻으려고 한다. 상대방의 볼모가 되지 않고도 피드백 제공자의 요구를 참작할 수 있다.

경고인가 위협인가?

한 가지 차이가 있다. 경고는 발생 가능하고 타당한 결과를 설명하기 위한 선의의 시도다(당신이 저녁 시간에 늦는다면 차가운 스파게티를 먹게 될 거야). 반면 위협의 목적은 두려움을 유발하는 결과를 만들어내는 것이다(당신이 저녁 시간에 늦는다면 스파게티를 당신한테 던져버릴 거야). 다음은 경고다.

"인재 관리 능력이 개선되지 않으면 자네를 계속 이 자리에 앉혀둘 수 없어."
"이 사실을 공개하지 않으면 위원회에 보고할 수밖에 없어."
"또다시 술에 취해서 들어오면 난 집을 나가버릴 거예요."

이미 눈치챘을 수도 있겠지만 변수는 경고의 결과가 심각한지 그렇지 않은지가 아니라 경고의 결과가 타당한가 아닌가다. 경고가 마지막이 되는 경우도 있다. 다시 말해서 경고가 최후통첩인 셈이다. 경고가 최후통첩이 되는 것은 결코 행복한 상황이 아니다. 하지만 피드백 제공자는 당신이 올바른 선택을 내릴 수 있도록 현실적인 결과에 관한 정보를 제공하고 있다.

위협의 구조 역시 경고와 마찬가지로 '그렇다면, 그 다음에는'으로 이뤄진다. 하지만 동기는 다르다. 즉 위협에는 상대에게 두려움이나 의존성을 유발하고, 상대의 자부심이나 자신감을 약화시키고, 상대를 통제

316

하거나 마음대로 휘두르려는 의도가 숨어 있다. 이런 식의 피드백을 제공하는 사람은 목적에 걸맞은 결과를 언급한다.

"내가 말한 대로 하지 않는다면 이 업계에 다시는 발도 못 붙이게 만들 거야."

"내가 당신을 떠난다면 어느 누구도 당신을 사랑하지 않을 거야."

누군가가 당신에게 좋지 않은 결과가 생길 수도 있다고 이야기해준다면 그것은 경고다. 반면 누군가가 좋지 않은 결과가 당신을 짓누를 것이라고 이야기한다면 그것은 위협이다.

변해야 하는 쪽이 항상 당신인가?

당신이 걱정스러운 패턴을 발견하기 전까지는 아무런 문제가 없는 것처럼 보인다. 두 사람 사이에서 문제가 발생할 때마다, 새롭게 등장한 문제를 해결해야 할 때마다 무언가에 대해서 책임을 지는 사람은 오직 당신뿐이다. 사과를 하는 것도 당신이고, 늦게까지 남아 있는 것도 당신이며, 예산 초과를 책임지는 것 역시 당신이다. 변해야 하고, 포기해야 하며, 좀더 노력해야 하는 쪽이 항상 당신이라면 역할이 고착된 것일 수 있다. 업무 관계든 연인 관계든 친구 관계든 관계의 지속 가능성을 높이려면 비난과 일방적인 피드백에서 벗어나 상호 책임을 인정하고 두 사람 간의 시스템을 바라보려고 노력하는 것이 가장 중요하다.

당신의 견해와 감정이 관계 내에서 제대로 인정받고 있는가?

가장 단순한 동시에 가장 중요한 기준일 수도 있다. 무엇에 관한 것이든 피드백 제공자가 당신의 이야기에 귀를 기울이고, 당신이 상황을 어떻게 바라보고 어떤 기분을 느끼는지 이해하기 위해 열심히 노력하는가? 피드백 제공자가 당신의 생각이나 느낌을 파악하고 나서 '관심을 보이는가?' 당신에게 미칠 영향을 고려해 피드백, 요청, 충고 등을 전달하는 방식을 수정하려 하는가? 직접 결정을 내리고 충고를 거부할 수 있는 자율성이 당신에게 있다는 사실을 존중하는가? 관계 내에서 당신의 감정과 견해를 인정받지 못한다면 문제가 있는 것이다.

경계선 긋기가 필요한 관계

관계에 심각한 기능적 문제가 없음에도 관계 내의 피드백이 도움이 되지 않을 수도 있다. 이런 문제가 어떤 식으로 흔한 관계 패턴을 만들어내는지 세 가지 사례를 살펴보자.

꼿꼿한 비판자

꼿꼿한 비판자는 당신에 대해 판단하고, 당신에게 점수를 알리는 등 끊임없이 평가를 한다. 아버지, 누나, 가장 친한 친구, 헌신적인 코치, 요구 사항이 많은 상사 등 누구든 꼿꼿한 비판자가 될 수 있다. 이들은 그저 도움을 주고 싶어 한다. 이들은 마치 경매인처럼 세부적인 부분들을 놓치지 않고 하나하나 비판한다.

헌이는 어머니와 대화를 나눌 때마다 엄마가 걱정으로 가득하다는 사실을 깨닫는다. 헌이가 어렸을 적, 어머니는 끊임없이 문제를 바로잡고 조언을 하고 꾸짖었다. 어른이 된 헌이는 어머니가 도착하자마자 옷장, 요리, 체중, 옷 등 모든 상태를 평가하기 시작할 것이라는 사실을 잘

성공적인 대화의 기술

알고 있다. 헌이는 어머니가 자신을 사랑한다는 사실을 잘 알고 있다. 뿐만 아니라 비판을 끊임없이 늘어놓는 것조차 어머니가 사랑을 표현하는 방식이라는 사실 역시 잘 알고 있다. 사실 어머니는 모든 것을 그런 식으로 표현한다. 비난이 없으면 침묵만 남는다.

그렇지만 헌이는 쓰라리고 아프다. 어머니가 곁에 없을 때조차 들들 볶고 비난하는 어머니의 목소리가 귀에 들리는 듯하다. 물론 어머니가 헌이에게 상처를 주려 한 것은 아니다. 하지만 무언가가 바뀌지 않으면 헌이는 떠날 수밖에 없다.

직장에도 꼿꼿한 비판자가 있다. 성공적인 투자 고문인 제이크는 젊은 애널리스트 브로디와 바람직한 멘토·멘티 관계를 맺고 있다는 사실을 자랑스럽게 여긴다. 제이크의 기준은 단호하다. 그리고 언제든 조언과 충고를 하려 한다. 사실 제이크와 브로디가 몸담고 있는 투자 회사에는 조언과 충고를 하려는 사람이 많지 않다. 하지만 안타깝게도 브로디는 제이크의 조언과 충고를 귀하게 여기지 않는다. 브로디는 자신이 그 무엇도 똑바로 하지 못하는 것 같다고 생각한다. 자신이 무언가 새로운 일을 할 때마다 제이크는 비난을 늘어놓고, 새로운 보고서를 제출할 때마다 갈가리 찢어놓는다. 노력을 할 때마다 충분하지 않다는 이야기를 듣는다. 매우 강인한 성격의 소유자인 브로디는 이제 출근하기가 두려울 지경이다.

애증의 관계

심리학자들은 가장 중독성 있는 보상 패턴이 '간헐적 강화intermittent reinforcement'라고 이야기한다. 이런 접근 방법을 활용하는 가장 대표적인 사례가 비디오 게임과 도박이다. 게임과 도박을 지속하기에 충분할 정도로만 승리를 거두는 것이다. 게임이나 도박에서 이기면 다시 해보고 싶은 마음이 간절해진다. 하지만 게임이나 도박에서 지면 이길 때까지 더욱 간절하게 승리를 원하게 된다. 사랑을 쟁취하고 허락을 구하는 것은 어쩌면 우리가 가장 강하게 갈구하는 보상일 수도 있다.

재스민은 곧 허락받을 수 있을 듯 보이고 언젠가 허락이 주어질 것이라는 약속은 있지만 실제로 허락이 떨어지지는 않는 관계에 사로잡혀 있다. 모든 것이 끝나버린 것 같은 기분이 들면 잠깐 동안 허락이 주어진다. 하지만 곧장 허락은 철회되고 다시 주기가 시작된다. 이것이 바로 사람들이 해로운 배우자나 코치, 상사, 가족 구성원과 관계를 유지하는 중요한 이유 중 하나다. 이들은 상대방을 증오한다. 하지만 증오로 인해 사랑을 갈구하는 마음이 더욱 강렬해진다. 피드백을 주는 사람과 받는 사람은 두 사람 모두에게 유익하지 않고, 피드백을 받는 사람에게 특히 해가 되는 강력한 역학 관계에 사로잡힌다.

끝없이 변화를 요구하는 관계

헨리는 이사벨라가 자신에게 보여주는 모든 관심이 행복하기만 했다. 이사벨라가 내놓는 사소한 '제안'마저도 헨리를 매료시켰다. 이사벨라가 무언가를 제안한다는 것은 결국 이사벨라가 헨리에게 관심을 갖고 있다는 근거이기 때문이다. 헨리는 사랑을 찾았다. 자기 개선은 덤이었다.

처음에는 그랬다. 처음에는 변신을 시도하라는 이사벨라의 제안을 타당하게 느꼈다. 이사벨라는 헨리의 '외모를 업그레이드'하기 위한 아이디어를 갖고 있었다. 헨리 역시 옷을 좀더 신경 써서 입으면 좋을 것이라고 생각했다. 하지만 곧 이사벨라의 피드백이 다른 부분으로 확대됐다. 이사벨라는 운동을 좀더 하고, 만화를 읽지 말고, 자신의 친구들 앞에서 따분하게 굴지 말고, 이런저런 충고를 감정적으로 받아들이지 말고, 야망을 갖고, 자신과 같은 취미를 즐기라고 제안했다.

헨리는 노력했다. 이사벨라가 원하는 사람이 되기 위해 진심으로 노력했다. 하지만 머지않아 불안하고 불행한 감정에 사로잡힌 헨리는 이사벨라에게 자신의 감정을 털어놨다. 이사벨라는 그저 헨리가 좀더 나은 사람이 될 수 있도록 도움을 주려던 것뿐이었다며 헨리가 피드백에 지나치게 민감한 탓에 자신의 제안을 쉽게 받아들이지 못한다고 지적했다.

헨리는 제3자의 관점이 필요하다는 판단하에 롤로라는 친구를 만나 이사벨라와의 관계에 대해 털어놨다.

헨리 　 내 말은 말이야, 그러니까 이사벨라가 맞을 수도 있어. 내가 지나치게 예민한 걸 수도 있어. 진지한 관계로 발전하려면 내가 좀더 성숙한 사람이 돼야 할 수도 있어. 어쩌면 내가 진짜로 변해야 하는지도 몰라. 아니면 내가 이기적인 건지도 몰라. 내가 고집을 부리는 걸 수도 있어.

롤로 　 그럴 수도 있지. 하지만 난 네가 행복하지 않다는 사실에 깜짝 놀랐어. 이사벨라의 충고와 비난이 너한테 영향을 미친다는 사실을 털어놨어?

헨리 　 그럼, 이야기했지. 여러 번 했어.

롤로 　 이사벨라는 어떻게 반응해?

헨리 　 이사벨라는 내가 피드백에 지나치게 예민하게 반응하는 게 진짜 문제래.

롤로 　 네가 얼마나 불행한지에 대해서도 이야기했어?

헨리　말했어. 모든 것이 나를 조금씩 갉아먹고 있어. 이사벨라한테도 그
　　　런 이야기를 했어.

롤로　내가 생각하기에는 그게 중요한 문제인 것 같아. 네 이야기를 종합
　　　해보면 이사벨라가 너를 다른 사람으로 바꾸려드는 것처럼 들려.
　　　그런 생각은 접어두더라도 네 감정이 전혀 고려되지 않는 것처럼
　　　들려. 네가 필요로 하는 것이 관계의 일부로 받아들여지지 않는 거
　　　잖아.

헨리　음, 그러니까 이사벨라가 너무 비판적이건 내가 너무 예민하건, 이
　　　사벨라가 내 감정을 고려하지 않는 게 문제라는 거구나.

롤로　진짜 심각한 문제지.

　헨리는 그동안 이사벨라를 기쁘게 하는 데 급급해 이사벨라가 자신
의 요구나 감정을 얼마나 하찮게 여기는지 알아차리지 못했다.

　이 문제를 짚고 넘어가보자. 당신이 어느 정도 성장을 필요로 하건,
피드백이 얼마나 옳건(혹은 그르건) 당신에게 피드백을 주는 사람이 당신
의 이야기에 귀를 기울이지 않고 당신에게 피드백이 어떤 영향을 미치
는지 관심을 쏟지 않는다면 무언가가 잘못된 것이다. 롤로는 이 점을 간
파하고 있다. 피드백을 주는 사람이 너무 비판적인 건지 당신이 지나치
게 예민한 건지 이해해보려고 노력하는 것은 좋다. 하지만 상대방이 당
신과 당신의 감정에 귀를 기울이지 않으면, 상대방이 비판적인지 당신이
예민한지는 더이상 중요하지 않다. 당신은 상대로부터 사랑받고 인정받
을 만한 가치가 있으며 상대의 연민을 이끌어내기에 충분하다. 지금 바
로, 당신의 있는 모습 그대로 말이다. 균형이 깨진 관계 내에서는 이런
사실을 깨닫기 힘들 수도 있다. 하지만 이것이 최종적인 진실이다.

잠깐만, 그게 무슨 의미야?

소중한 사람이 좀더 나은 취미를 갖거나, 살을 빼거나, 대학을 졸업하기를 바라는 것이 잘못일까? 그렇지 않다. 자신이 소중하게 여기는 사람에게 그런 기대를 갖는 것은 좋은 일이다. 목표를 이룰 수 있도록 조언을 하고 지지하는 것 역시 좋은 일이다. 그러나 다음과 같은 중요한 질문을 던져볼 필요가 있다. '과연 '상대가' 그것을 원하는가? 그렇지 않으면 오직 당신만 그것을 원하는가?' 상대방이 진심으로 변화를 원한다면 아무런 문제가 없다. 당신의 의도를 상대와 허심탄회하게 논의하고 상대방의 이야기에 귀를 기울이면 된다.

우아하고 솔직하게
피드백을 거절하는 방법

경계를 그을 때 우리가 저지르는 가장 큰 실수는 다른 사람들이 그 이유를 잘 알고 있을 것이라고 가정하는 것이다. 물론 상대방도 우리가 과로하거나 불행하거나 고군분투하고 있으며 자신의 피드백이 상황을 더욱 악화시킨다는 사실을 잘 알고 있다. 하지만 그렇지 않을 때도 있다. 우리가 이야기를 하지 않았을 수도 있다. 혹은 이야기를 했다 하더라도 직접적이거나 명료하게 이야기하지 않았을지 모르고 상대가 귀를 기울이지 않았을 수도 있다. 상대가 우리를 이해하기 위해 특별히 노력을 기울이지 않았다고 보는 것이 옳다. 하지만 그것은 우리가 어쩔 수 없는 부분이다. 솔직히 이야기하자면 당연한 일이다. 상대방은 우리의 경계를 이해하는 데 우리 자신만큼 많은 관심을 갖지 않는다.

투명하게 굴라, 상대방에게 있는 그대로 이야기하라

데이브는 40대 중반의 경찰관이다. 최근 데이브는 사람들에게 똑같은 말을 반복해줄 것을 요구하거나 회의 중에 나온 이야기를 놓치는 빈도가 잦아졌다. 동료들도 이 사실을 눈치채기 시작했다.

"파트너가 자꾸만 청력 검사를 받아보라고 이야기하더군요. 그래서 검사를 받았습니다. 청력이 심각하게 훼손됐다고 하더군요. 보청기를 껴야 한다더군요."

그로부터 6개월이 흘렀지만 데이브는 보청기를 맞추지 않았다.

"그 문제로 고민을 해왔습니다. 이런 생각이 옳건 그르건 그동안 노인네들이나 쓰는 물건이라고 생각했던 보청기를 사용해야 한다는 사실을 받아들이기가 쉽지 않습니다. 이런 마음이 합리적이지 않다는 사실을 잘 알고 있습니다. 언젠가 보청기를 사용하겠지요. 다만 나의 자아상을 수정할 시간이 필요합니다."

데이브는 같이 근무하는 동료들에게 청력 검사나 검사 결과에 대해서 이야기하지 않았다. 데이브는 반드시 그래야 한다고 생각하지 않는다. 중요한 것은 자신이 상황을 받아들이고 대처하는 것이라고 생각한다.

하지만 동료들은 이 사실을 모른다. 그런 탓에 동료들은 데이브가 자신들을 무시한다고 생각한다. 동료들이 계속해서 우려를 털어놓자 데이브는 이렇게 반응한다. 물론 머릿속에서만. '처리하고 있다니까. 그런데 나를 왜 자꾸 귀찮게 하는 거야?'

지금 데이브에게 필요한 것은 소리를 내어 설명하는 것이다. "나 검사 받았어. 보청기가 필요하대. 조만간 하나 장만할 거야. 이런 사실을 받아들이기가 쉽지 않네. 나를 성가시게 들볶지 말고 내버려두면 내가 좀더 잘 대처할 수 있을 것 같아." 이렇게 이야기한다고 해서 청력 문제가 해결

되지는 않는다. 하지만 피드백 문제를 해결하는 데는 큰 도움이 된다.

단호하게 굴되 감사한 마음을 표현하라

데이브 이야기는 피드백을 '받아들인' 사람에 관한 것이다. 마찬가지로 피드백을 거절할 때도 명확하고 명료하게 구는 것이 중요하다. 단호하게 굴되 감사한 마음을 표현하는 것이 가장 좋다.

PJ는 심각한 무대 공포증에 시달리고 있다. PJ가 교수로 일하는 대학의 학과장은 PJ가 강의를 시작하려고 하면 다가와 이렇게 속삭인다. "긴장하지 마!" 학과장이 속삭이는 소리를 들으면 PJ는 공포에 사로잡힌다. 하지만 PJ는 피드백 대화에 잘 대처한다.

PJ   불안감이 정말 힘드네요. 학과장님도 알고 계신다는 걸 저도 알아요. 학과장님께서 절 도와주시려고 "긴장하지 마"라고 이야기하시는 것도 알아요. 하지만 그렇게 이야기하시면 긴장감이 줄어들기는커녕 오히려 더 심해져요.

학과장   그렇군. 물론 난 자네를 도와주고 싶어서 그런 거야. 자신감을 좀더 북돋워주고 싶어서 그런 거야. 강단에 섰을 때 긴장할 필요가 없어!

PJ   네, 하지만 결국은 더 긴장하게 돼요.

학과장   알겠네. 그래서는 안 되지.

PJ   그런 말씀을 하시면 이렇게 돼요. 제게 불안 문제가 있다는 사실을 다시금 떠올리게 되죠. 많은 사람들 앞에서 이야기할 때 불안감에 어떻게 대처했는지 이야기해주신다면 제게 도움이 될 것 같아요. 하지만 강의가 없는 날 그런 이야기를 듣고 싶어요.

PJ는 강의를 앞둔 상황에서 조언을 듣고 싶지 않다는 뜻을 단호하게 밝히면서도 학과장의 좋은 의도를 인정하고 감사하게 여긴다는 점을 분명하고 우아하게 전달한다. 단호하게 구는 것과 감사한 마음을 표현하는 것은 연속체의 양 끝에 위치한 정반대의 속성이 아니다. 단호하게 굴면서도 얼마든지 감사한 마음을 표현할 수 있다 .

도움이 되지 않는 조언의 방향을 바꾸어라

자신이 느끼는 극심한 고통 때문에 가장 적나라한 경계가 필요하다고 가정하는 경우도 있다. 우리의 본능은 경계를 완전히 폐쇄해버리라고 이야기한다. 판단도, 조언도, 그 무엇도 받아들이지 않겠다고 선포하고, 그렇지 않으면 작별을 고하라고 부추긴다.

하지만 PJ와 학과장의 대화를 살펴보면 PJ가 좀더 수월하게 경계를 긋는 방법을 활용했다는 사실을 알 수 있다. PJ는 학과장의 에너지와 관심을 실제로 자신에게 도움이 될 만한 곳으로 돌려놓았다.

피드백 제공자에게 당신의 감정 텃밭 한쪽을 빌려주고 당신이 그곳에서 무엇을 보고 싶어 하는지 직접 이야기하는 모습을 상상해보자. 헌이의 경우라면 어머니에게 이렇게 이야기할 수 있다. "어머니한테 배울 점이 참 많아요. 다음에 방문하실 때 만두를 멋지게 빚는 법을 가르쳐주시겠어요?" 물론 이런 제안은 헌이에게 도움이 된다. 그리고 어머니의 관심사와도 부합한다. 헌이의 어머니는 딸의 인생에서 중요한 역할을 하고 싶어 한다. 어머니가 끊임없이 비난을 하는 것은 딸의 인생 속에서 자신의 역할을 정립하기 위한 그릇된 시도일 수도 있다. 헌이의 어머니는 쓸모 있는 사람이 되고 싶을 뿐 아니라 이제 성인이 된 유능한 딸로부터 가치 있는 존재로 인정받기를 원한다.

피드백 제공자들에게 무엇이 당신에게 도움이 되는지 알려주면 상대방으로부터 원치 않는 충고를 듣지 않아도 된다. 뿐만 아니라 또다른 경계를 확고히 하는 데도 도움이 된다(또다른 경계가 필요하다면 말이다).

'그리고'를 활용하라

경계를 세울 때는 둘 사이의 관계를 재확인하고 상대방의 의도를 감사하게 생각한다는 뜻을 분명히 표현하는 동시에 명확하고 단호하게 피드백을 거절해야 한다.

이처럼 서로 다른 두 가지 생각을 '하지만'이라는 단어로 연결하고 싶은 마음이 들 것이다. 예컨대 헌이는 어머니에게 이렇게 이야기할 수 있다. "저는 엄마를 만나는 게 참 좋아요. '하지만' 우리 집에 오시려면 사사건건 비난하는 태도를 버리셔야 해요." '하지만'이라는 표현은 두 생각이 서로 모순된다는 것을 의미한다. '하지만'을 사용하기 전에 이야기한 앞부분이 사실이라 하더라도 있는 그대로 받아들여지지 않는다. '나를 만나는 게 좋지만 어떻다고?' "하지만 엄마는 저를 너무 지나치게 비난해요." '그러니까 너는 사실은 나를 만나는 게 좋지 않은 거구나.'

인간의 감정이 반드시 상쇄되는 것은 아니다. 누군가와 함께 시간을 보내는 것이 좋긴 해도 그 사람이 온다는 사실 때문에 불안감이 들 수도 있다. 나의 멘토가 돼주려는 상대방의 뜻은 진심으로 감사하지만 상대방의 충고는 받아들이지 않기로 결정할 수도 있다. 상대방에게 상처를 준다는 사실 때문에 슬픔을 느끼는 동시에 올바른 일을 하고 있다는 생각 때문에 스스로가 자랑스러울 수도 있다. 서로 모순되는 감정이 가슴과 머릿속에 나란히 자리를 잡은 채 주머니 속에 들어 있는 구슬처럼 서로 딸깍딸깍 소리를 낸다.

감정을 묘사하기 위해 '하지만' 대신 '그리고'를 사용하는 것은 단순히 어휘 선택의 문제가 아니다. '그리고'라는 단어를 사용하면 우리의 생각과 감정에 관한 좀더 심층적인 진실에 다다를 수 있다. 우리의 생각과 감정은 복잡한 경우가 많다. 이따금 혼란스럽기도 하다. '네', '아니오', '지금은 안 됩니다'와 같은 단순한 메시지를 사용하면 가장 쉽게 경계를 그을 수 있다. 따라서 우리는 복잡성과 혼란스러움을 감춰두고 싶은 충동에 사로잡힌다. 하지만 복잡한 감정을 공유하는 것이 좀더 쉽게 경계를 긋는 데 도움이 되는 경우가 많다.

라울의 부모님은 라울이 엔지니어링 학위를 따면 자신들이 겪었던 고난을 경험하지 않고 안정적인 삶을 살 수 있을 것이라고 생각한다. 라울의 부모님은 음악을 향한 라울의 열정을 '하찮은 취미'로 치부한다.

라울은 부모님을 존경하며 그동안 부모님의 관점과 염려를 이해하기 위해 열심히 노력했다. 라울은 혼자서 진지하게 고민을 해왔다. 고민 끝에 라울은 음악을 하기로 마음을 굳혔다. 그 사실을 부모님에게 어떻게 이야기해야 할까? 라울의 이야기를 들어보자. "부모님과 대화하는 순간을 떠올리자 공포심 때문에 피가 싸늘하게 식는 것 같았습니다. 부모님의 충고를 거절하는 것은 곧 부모님을 저버리는 것이니까요. 부모님의 충고를 따르는 건 내 자신을 저버리는 게 되겠지요. 은혜를 모르고 말 안 듣는 아들이 되고 싶지는 않습니다. 물론 엔지니어가 되고 싶지도 않았습니다."

부모님과의 대화가 쉽게 진행될 리는 만무했다. 부모님의 반응은 라울이 통제할 수 있는 부분도 아니었다. 라울의 딜레마를 풀어준 것은 '그리고'로 연결되는 두 가지 측면, 즉 상충되고 혼란스러우며 동시에 존재하는 여러 생각과 감정을 모두 공유할 수 있다는 깨달음이었다. 라울은

성공적인 대화의 기술

긴장한 채 부모님과 자리에 앉아 여러 차례 '그리고'를 나열했다. "이 문제에 대해 이야기하기가 두려웠습니다. '그리고' 저한테는 부모님께 솔직하게 이야기하는 것이 중요한 일입니다." "저는 음악을 전공하기로 결정했습니다. '그리고' 제가 이런 결정을 내리면 부모님께서 저의 미래에 대해 얼마나 걱정을 하실지 잘 알고 있습니다." "제가 어떤 문제에 부딪히게 될지도 매우 걱정됩니다. '그리고' 저도 노력을 해야겠지요." "부모님께서 이런 결정을 받아들이기 힘드시다는 걸 잘 알고 있습니다. '그리고' 저는 부모님께서 저를 지지해주시기를 기대합니다."

라울은 부모님의 반응에 대비했다. 할리우드 영화 속 한 장면이라면 부모님이 미소를 짓고 유쾌하게 받아들일지도 모른다. 하지만 감동적인 배경음악 같은 것은 없었다. 아버지의 얼굴은 실망감으로 가득 찼고 어머니의 얼굴은 걱정으로 가득했다. 라울 역시 불안했다. 하지만 라울은 결정을 내렸다. 자신에게 무엇이 어울릴지 고민을 거듭한 끝에 힘겨운 결정을 내렸고 명확하고 정중하게 부모님에게 자신의 생각을 전달했다.

자신이 느끼는 복잡한 마음과 혼란을 상대방과 공유하는 것을 일컬어 필자들은 '그리고 자세And Stance'라고 칭한다. 그리고 자세는 매우 강력한 힘을 갖고 있다. 다른 누군가의 조언을 듣고 나서 다른 방향으로 나아가기로 결정해야 하는 상황이 되면 그리고 자세를 활용할 수 있다. "말씀하신 것이 타당하다고 생각합니다. '그리고' 저는 말씀하신 것이 지금 제게 가장 시급하게 필요한 기술이 아니라고 결론 내렸습니다." 추론의 허점을 메우고 질문을 활용해 쌍방향 대화로 발전시켜야 한다. 경계를 긋는 것은 당신이다. 하지만 당신과 상대는 함께 대화에 참여한다.

요구사항을 구체적으로 언급하라

헌이는 결국 어머니에게 이렇게 이야기한다.

"엄마, 난 엄마를 사랑해요. 그리고 엄마가 제게 최고의 엄마가 되고 싶어한다는 걸 알고 있어요. 그리고 내 체중이나 집안 청소 상태, 옷차림에 대해서 엄마가 하시는 말들이 믿기 힘들 정도로 저를 속상하게 해요. 엄마가 저와 함께 계시고 싶다면 그런 말씀을 혼자 간직하시면 좋겠어요. 그렇게 해주실 수 있을까요?"

헌이는 구체적인 요구사항을 제시하고 있다. 헌이는 "그렇게 비판적으로 굴지 말라"거나 "좀 뒤로 물러서달라"고 이야기하지 않는다. 물론 이런 말을 통해서도 감정을 전달할 수 있다. 하지만 별 도움이 되지 않을 가능성이 크다. 다음과 같은 두 가지 이유 때문이다. 첫째, 이런 식의 발언은 싸움의 조건을 만들어낸다. 헌이의 의도는 어머니에게 피드백을 주는 것이지만 그런 식의 발언은 결국 어머니의 진실 자극, 관계 자극, 정체성 자극을 동시에 유발하게 된다. 헌이의 어머니는 자신이 비판적이라는 말이 '사실'인지 따지거나 딸이 자신의 행동에 감사해 하지 않는다는 생각 때문에 대화의 주제를 전환할 가능성이 크다. 헌이의 어머니는 자신이 '좋은 엄마'이자 '좋은 사람'인지 그렇지 않은지 고민을 하느라 문제의 본질에 집중하지 못할 것이다.

둘째, 요구사항 자체가 지나치게 포괄적이다. '물러서달라'거나 '비난을 멈춰달라'라는 말은 지나치게 모호하다. 헌이의 어머니는 애당초 자신의 행동을 인지하지 못하고 있을 가능성이 크기 때문에 이런 말은 특히 모호하다. 어머니의 이런 행동은 사각지대에 숨어 있는 습관적인 행동일 가능성이 있으며, 그렇기 때문에 단순한 라벨 이상의 무언가가 필요하다는 사실을 기억해야 한다.

성공적인 대화의 기술

따라서 경계를 만들 때는 다음과 같은 세 가지를 구체적으로 짚고 넘어가야 한다.

- **요구사항** 정확하게 무엇을 요구하는가? 특정한 주제(새 배우자, 적당한 체중)나 행동(나의 ADHD 병력, 축구 시청 습관)에 대해 언급하지 않기를 바라는가? 상대가 좀더 구체적인 사례를 들어줄 것을 요구하면 기억나는 사례를 들려주고 해당 사례가 당신에게 어떤 영향을 미치는지 이야기하자.
- **기간** 경계가 얼마나 오랫동안 지속될 것 같은가? 스스로를 위해 여러 문제를 정리하고, 자아상을 수정하고, 다른 우선순위를 처리하고, 새로운 엄마나 새로운 리더로서의 역할에 익숙해지는 데 시간이 필요한가? 경계가 한시적이라면 상대에게 그 사실을 알려줘야 한다. 그렇지 않다면 경계를 침범하지 않는 범위 내에서 문제에 대해 어떻게 이야기할 수 있을지 알려줘야 한다(내가 언급하지 않기로 한 그 일이 어떻게 진행돼가고 있는지 물어봐도 돼?).
- **동의** 상대가 당신을 이해하거나 의견에 동의할 것이라고 가정해서는 안 된다. 대신 질문해야 한다. 상대방이 "그래, 네 요구를 존중할게"라고 이야기하면 이제 더이상 당신에 관한 문제가 아니다. 상대방이 약속을 하고 자신의 정체성과 명성을 걸고 약속을 지키겠다고 다짐하는 것이다.

위계질서가 존재하는 상황에서는 이런 대화를 나누기가 다소 힘들다. 하지만 고민을 해보면 얼마든지 용인되는 방식을 찾을 수 있다. 투자 회사에서 일하는 브로디가 자신의 상사인 제이크를 찾아가 이렇게 이야기하지는 않을 것이다. "이봐! 내 말 좀 들어봐. 당신의 끝없는 비판은 이제 더이상 못 들어주겠어!" 하지만 이렇게 말해볼 수는 있을 것이다. "제가 어떻게 발전해나가는지 열정적으로 관심을 기울이는 멘토가 있다는 사실이 무척 감사하게 느껴집니다. 그리고 그와 동시에 이런 대화 때문에 마음이 상하기도 합니다." 그렇지 않으면 제이크에게 모든 것이 아니라 한두 가지 부분에만 집중해줄 것을 요구할 수도 있다.

결과를 설명하라

마지막으로 경계를 지키지 않으면 어떤 결과가 뒤따를지 알려주는 것이 좋다. 즉 상대방에게 자신의 판단을 혼자만의 생각으로 묻어두지 않으면 어떤 결과가 발생할지 이야기하는 것이다.

경계를 지키지 않으면 '어떤 결과가 벌어질까?'

앞서 위협과 경고의 차이에 대해 이야기한 바 있다. 결과를 이야기하는 목적은 위협을 하려는 것이 아니라 경고를 명확히 전달하는 것이다. 경계를 지키지 못하거나 지키지 않으면 어떤 일이 벌어질지 알려줄 필요가 있다. 상대방은 당신의 요구를 받아들일 수도 있고 받아들이지 않을 수도 있다. 당신은 상대방의 선택을 통제할 수도 없고 그러려고 해서도 안 된다. 하지만 필요한 경우 자신의 입장에서 관계를 수정할 수는 있다. 경계를 지켜주지 않을 경우 발생할 결과에 대해 다음과 같은 식으로 이야기할 수 있다.

"그동안 내가 흡연 때문에 힘들어한 거 잘 알고 있지? 마브 삼촌이 왜 그런 병에 걸렸는지도 잘 알고 있어. 지금은 새 직장에 적응하느라 무척 힘들어. 담배를 피우러 나갈 때 주위 사람들이 하는 말이나 이미 다알고 있는 듯한 얼굴, 못마땅해 하는 눈초리 등을 견디기가 힘들어. 날 걱정해서 그런다는 건 알고 있어. 하지만 내 감정이 그래. 당분간 이 문제에 대해서 언급하지 않는 게 힘들다면 네가 없을 때만 마브 삼촌한테

성공적인 대화의 기술

병문안을 가도록 할게."

경계선을 그은 후에 다른 사람들이 경계를 존중하기 위해 고군분투하며 이리저리 넘어지더라도 놀랄 필요는 없다. 가만히 숨을 죽이고서 누군가 실수를 하지 않는지 지켜볼 필요는 없다. 상대는 평생 동안 당신을 비판적인 눈초리로 바라봐온 사람들이다. 공로상이라도 수여해야 마땅하지 않겠는가! 이런 습관은 쉽게 바꾸기 힘들다. 몇 번에 걸쳐 단호하게 경계를 일깨워줘야 한다는 사실을 기억하고, 상대방의 실수를 유머로 승화하고, 긍정적인 변화를 보일 경우 상대방에게 감사한 마음을 전달하자. 물론 상대가 그러하지 못하거나 그러하지 않는다면 당신이 스스로를 보호할 수밖에 없다.[2]

다른 사람들에게 미치는 영향을 완화시키라

당신은 변하지 않기로 결정했다. 아이들의 이야기에 귀를 기울였지만 60년 동안 살았던 집을 떠날 준비가 아직 되지 않았다. 당신은 팀원들이 무엇을 걱정하는지 잘 알고 있다. 하지만 부서를 재조직하기 위한 계획을 밀고 나갈 생각이다. 남편의 전부인이 당신에게 아이들이 종종 집에 들르곤 하니 '세균으로 가득한' 고양이를 치워달라고 요구한다. 하지만 당신은 고양이와 세균을 그대로 남겨두기로 결정했다.

이렇게 결정을 내리면 모든 것이 끝날까?

그렇게 빨리 모든 것이 끝나지는 않는다. 나 자신은 즐겁지만 나와 다른 뜻을 갖고 있는 사람에게 고난을 안기는 식으로 항상 살 수는 없다.

직장에서든 가정에서든 관계를 맺는다는 것은 곧 우리의 행동과 결정이 주변 사람들에게 미치는 영향을 인식한다는 뜻이다. 변하지 않는 쪽을 택한다 하더라도 '완화시킬 의무'가 남는다. 다시 말해서 온당한 범위 내에서 당신의 행동(혹은 무대응)이 다른 사람에게 미치는 영향을 완화하기 위해 노력해야 한다.

다른 사람에게 미친 영향을 인정하라

당신의 선택이 당신이 함께 살고 함께 일하는 다른 사람에게 어떤 영향을 미치는지 질문하라. 래리는 여러 의사를 찾아가 상담을 받고 오랫동안 고민한 끝에 ADHD 약을 복용하지 않기로 결정했다. 물론 인생을 체계적으로 정리하고 주어진 일을 해내려고 노력하는 과정에서 발생하는 결과를 스스로 감당해야 한다. 래리의 결정은 가족뿐 아니라 건설 현장에서 함께 일하는 동료들에게까지 영향을 미친다. 약을 복용하지 않겠다는 결정이 어떤 영향을 미칠지 가족이나 동료들과 함께 이야기를 나누면 래리의 노력이 성공할 수 있을지, 이런 관계가 성공적일지 대체로 판단할 수 있다. 래리의 결정은 래리를 재촉하고, 유도하고, 치료를 받도록 설득 중인 래리의 가족들을 어떤 식으로 실망시킬까? 래리의 동료들은 효율성이나 안전성과 관련해 무엇을 염려하는가, 안전한 업무 환경을 위해 어떤 프로세스를 도입할 수 있을까? 약 복용 여부를 결정하는 것은 래리의 몫이다. 하지만 결정의 결과는 주위 사람들과 공유하게 된다.

상대에게 바뀌지 않은 당신을 어떻게 대해야 할지 알려주라

재키는 무엇에 대해 이야기를 하더라도 자신이 대화를 장악할 수 있다는 사실을 잘 알고 있다. 뿐만 아니라 다른 사람들이 이야기를 할 수 있도록 발언을 자제해야 한다는 사실도 잘 알고 있다. 지난 한 해 동안 이런 문제를 해결하기 위해 노력했지만 아무런 성과가 없었다. 재키는 이제 노력을 포기했다. 재키는 팀원들에게 이렇게 이야기한다. "내가 고압적일 수도 있다는 걸 잘 알고 있어. 난 변하려고 노력했어. 무척 노력했는데 별다른 성과는 없었어. 그러니 이제 내가 말할 때 내 말을 잘라도 좋아. 내가 말을 너무 많이 하면 내게 레드카드를 내밀어. 아니면 패널티 박스에 앉혀도 좋아. 토론을 장악할 생각은 없지만 아마도 내가 그런다는 사실을 깨닫지도 못한 채 계속 토론을 장악할 것 같아. 자네들이 무례하다고 생각하지 않을 것을 약속해. 난 도움이 필요해. 감사하게 생각할게."

문제를 함께 풀어나가라

논의를 차단하라는 뜻이 아니라 변하지 않겠다는 당신의 결정이 미칠 여파를 최소화할 방법에 대해 대화를 나누고 문제를 풀어가라는 뜻이다.

당신의 자녀들은 혼자 사는 당신을 걱정한다. 집에 변화를 주거나, 침실을 일층으로 옮기거나, 도우미를 고용하거나, 건강 경보 시스템을 도입하면 자녀들의 불안감을 덜 수 있을 뿐 아니라 당신 역시 한층 안전한 삶을 살 수 있다. 직원들은 당신이 조직을 한창 재정비할 때 고객이 어떤 영향을 받을지 우려한다. 그러므로 직원들과 함께 마주 앉아 어떻게 하면 서비스가 지속될 수 있을지 논의해야 한다.

마크와 남동생 스티브 사이에서 벌어진 일을 살펴보자. 마크는 30년 동안 동생에게 건망증을 고칠 것을 요구해왔다. 가장 최근에 두 사람이 충돌한 것은 스틸러스(미국의 프로 미식축구팀-옮긴이) 시즌 티켓 때문이었다. "티켓을 주면 넌 항상 '알았어, 형. 갈게!'라고 답을 해. 하지만 넌 경기가 반이나 진행된 후에야 나타나지. 아예 오지 않을 때도 있어."

스티브는 자신의 잘못에 대해서 반박할 말이 없다. 하지만 자신이 정말로 변할 가능성이 없다는 사실은 잘 알고 있다. 마크가 계속해서 스티브에게 변화를 요구할 수도 있다. 혹은 동생을 더이상 경기에 초대하지 않을 수도 있다.

하지만 제3의 방법도 있다. 두 사람이 스티브가 '변하지 않을 것'이라는 가정에 동의한 다음 스티브의 이러한 행동이 마크에게 미칠 부정적인 영향을 최소화할 방법을 찾으면 된다. 요즘에는 마크가 스티브를 경기에 초대할 때 스티브가 제시간에 올 수 있을지(약속을 겹치게 잡은 건 아니야? 그날 다른 일 있어? 내가 태우러 갈까?) 스티브가 약속을 지키지 않으면 마크가 어떤 피해를 입게 될지 구체적으로 논의한다. 스티브가 자신을 초대해준 데 대해 감사를 표시한 후 마크에게 다른 사람과 함께 경기를 볼 것을 권할 때도 있다. 마크가 동생과 함께 시간을 보내고 싶은 마음 때문에 경기 관람을 제안했다는 사실을 깨닫고서 스티브는 골프를 치러 가자거나 맥주를 마시자는 등 다른 제안을 하기도 한다.

스티브는 경계를 정한(나는 내가 변할 수 있을 것이라고 생각하지 않아) 다음 자신의 경계가 형에게 미치는 영향을 최소화하기 위해 형과 논의했다. 이런 노력 덕에 두 사람은 '변화한 스티브'라는 환상적인 미래를 그리는 차원에서 벗어나 두 사람의 지금 모습 그대로를 즐기는 상태로 발전했다. 역설적이게도 스티브가 경계를 명확하게 그은 덕에 형제는 함께 어울리기가 한층 수월해졌다.

10

대화의 흐름을 이끌어라

1995년, 〈토이 스토리〉라는 영화가 등장해 애니메이션 영화 시장을 완
전히 바꿔놓았다. 1970년대 중반부터 관련 기술이 발전하고 있긴 했지
만[1] 〈토이 스토리〉는 캐릭터에 생동감을 불어넣기 위해 컴퓨터 애니메
이션을 활용한 최초의 장편 영화였다. 컴퓨터 애니메이션 제작자들은 각
프레임을 새로 그리지 않고 각 동작에서 중요한 역할을 하는 '키프레임',
혹은 키 모멘트를 만들어낸다. 키프레임이 완성되면 컴퓨터가 키프레임
사이의 동작을 채워넣는다. 그런 다음 인비트위너inbetweener라고 불리는
보조 애니메이터가 동작을 좀더 부드럽고 자연스럽게 표현하기 위해 중
간 동작을 그려넣는다.

　피드백 대화에 대해서 이야기할 때도 키프레임의 개념을 유용하게
활용할 수 있다. 피드백을 주는 입장이든 받는 입장이든 대화의 '대본을
쓸 수는' 없다. 뿐만 아니라 설사 대본을 만들어낸다 하더라도 함께 대화

하는 상대방이 신경질을 내며 대사를 그대로 읊지 않을 가능성이 크다. 하지만 대화의 키프레임(대화 내에서 획기적인 역할을 하는 단계와 순간)을 찾아낼 수는 있다. 대화의 키프레임을 찾아내면 원하는 대로 얼마든지 중간 내용을 채워넣을 수 있다.

이 책의 대부분을 피드백을 받는 입장에 놓여 있을 때 우리가 보이는 반응에 할애했다. 물론 의사소통에 도움이 될 만한 내용도 포함시켰다. 하지만 10장에서는 대화 자체를 좀더 매끄럽게 처리하는 방법을 자세히 살펴보자. 대화를 통해 무언가 가치 있는 것을 배울 가능성을 극대화하려면 어떤 말이나 행동을 해야 할까?

피드백 대화 포물선

피드백 대화는 크게 다음과 같은 세 부분으로 구성된다.

대화를 할 때 **시작**은 매우 중요하다. 그런데도 도입 과정을 건너뛴 채 곧장 대화를 시작하는 경우가 많다. 원활한 대화를 위해서는 다음과 같은 조정 과정이 필요하다. 대화의 목적이 무엇인가? 나는 어떤 유형의 피드백을 좋아하는가? 상대방은 어떤 유형의 피드백을 주고자 하는가? 피드백이 협상 가능한 것인가, 최종적인 것인가? 피드백이 우호적인 제안인가, 명령인가?

대화의 **본론**이란 양 방향 정보 교환을 뜻한다. 원활한 정보 교환을 위해서는 경청, 주장, 대화 프로세스 관리, 문제 해결 등 네 가지 중요한 기술을 익혀야 한다.

대화를 **마무리**할 때는 약속할 내용, 행동 방안, 기준, 절차 관련 계약,

후속 조치 등을 명확하게 해야 한다. 각 부분을 좀더 자세히 살펴보자.

시작, 먼저 조정하라

업무 평가는 몇 달 전부터 예정돼 있었다. 하지만 오늘 아침의 비난은 그렇지 않았다. 적어도 당신이 알고 있는 한 그렇다. 예정된 피드백이건 즉흥적인 피드백이건 대화를 시작하기에 앞서 몇 가지 사항을 명확하게 해두는 것이 중요하다.

원활한 대화를 위한 질문 1 : 어떤 피드백인가?

어머니가 생일 선물로 당신이 입기에 터무니없이 작은 스웨터를 선물해주었는가? 그렇다면 어머니가 실수를 했을 수도 있다. 혹은 작은 스웨터 속에 다른 메시지가 담겨 있을 수도 있다. 프로젝트팀에 합류하지 못했는가? 단순한 인력 할당 결정일 수도 있고 피드백일 수도 있다.

사실 이렇게 생각하는 것이 가장 이상적이다. '대화가 다른 때와 좀 다른걸. 어쩌면 내가 피드백을 받고 있는지도 몰라. 피드백을 받는 사람의 마음가짐을 갖는 편이 좋을 것 같아.' 이상하게 들릴 수도 있다. 하지만 이런 생각은 관계를 망가뜨리거나 학습 기회를 약화시키는 반사적인 대꾸 혹은 성급한 후퇴를 피하는 데 도움이 된다. 이와 같은 생각을 갖고 있으면 어떻게 대응해야 할지 의식적으로 선택할 수 있다.

만일 피드백이라면, 평가와 조언과 인정 중 어떤 것일까? 항상 답을 알 수는 없다. 피드백을 제공하는 사람 역시 마찬가지다. 따라서 스스로에게 이런 질문을 던져야 한다. 지금의 나에게는 어떤 유형의 피드백이 가장 유용할까? 여든세 살의 나이에 당신이 쓴 단편 소설을 다른 누군가에게 처음으로 보여주는 경우라면 어떨까? 의욕을 잃지 않기 위해서 정말로 필요한 것이 격려라면 "피드백을 좀 주게"라고 이야기할 것이 아니라 "가장 마음에 드는 부분 세 가지만 이야기해줄 수 있겠나?"라고 요청해야 한다.

또한 자기 자신에게 이런 질문도 던져봐야 한다. 피드백을 주는 사람이 어떤 목적을 갖고 있을까? '피드백을 주는 상대방은' 당신이 무엇을 필요로 한다고 생각할까? 표면적인 이야기가 아니라 근본적인 문제에 귀를 기울여야 한다. 미래 지향적인 조언처럼 들리는 피드백(과로하지 않는 게 좋을 거야) 속에 실제로는 피드백 제공자의 깊은 우려(쉬지 않고 일하는 자네의 업무 방식이 팀에 나쁜 영향을 미치고 있어)가 담겨 있을 수도 있다. 혼합 피드백(조언과 평가)과 교차 거래(나는 조언을 원했는데 당신이 내게 준 것은 인정 피드백이야)를 주의해야 한다. 피드백을 주는 사람과 받는 사람이 서로 다른 목적을 갖고 있을 수도 있다. 하지만 양쪽 모두 이러한 사실을 알고 있으며 두 가지 모두에 대해서 이야기를 나눈다면 설사 서로 다른 목적을 갖고 있다 해도 아무런 문제가 되지 않는다.

원활한 대화를 위한 질문2 : 누가 결정하는가?

쌍방이 대등하게 의견을 교환할 수도 있고, 반대 의견을 표시할 수도 있으며, 문제를 해결할 수도 있다. 피드백을 주는 사람과 받는 사람 중 한 쪽이 최종 결정권을 갖고 있는 경우도 마찬가지다. 하지만 양측 모두 누구에게 최종 결정권이 있는지 명확하게 짚고 넘어가야 한다. 양계업자 대표자 회의를 위해 기획한 그래픽디자인이 당신 인생 최고의 작품일 수도 있다. 하지만 당신의 고객인 회의 주최자들은 닭을 좀더 사실적으로 표현해주기를 원한다. 당신은 닭을 사실적으로 표현하면 사람들이 닭의 상징적인 힘에 주목하지 못할 것이라 생각한다. 주거니 받거니 언쟁을 벌이다 결국 교착 상태에 도달한다. 최종 결정권이 누구에게 있는가? 당신이 최종 디자인을 내놓아도 좋다는 고객의 허가가 있었는가? 그렇지 않으면 고객이 최종 결정을 내리는 데 동의했는가?

피드백이 제안인지 명령인지 확실치 않은 경우도 많다. 행사에 참석할 때 반드시 넥타이를 매라는 상사의 말은 원활한 사회생활을 돕기 위한 충고(언제든 넥타이를 벗어도 돼)일까 명령(넥타이를 착용하지 않으면 자네는 해고야)일까? 물론 상대방의 피드백에 따를지 따르지 않을지 결정하는 것은 당신의 몫이다. 하지만 상대의 피드백이 어떤 범주에 속하는지 알아두는 것이 좋다.

실제로는 합의가 필요치 않은 상황인데도 두 사람이 합의에 도달할 필요가 있는 것처럼 대화를 하는 경우도 많다. 가령 관계를 끝내는 경우를 생각해보자. 당신은 누군가와 관계를 끝냈고 상대방은 당신에게 형편없는 사람이라는 피드백을 준다. 이 문제에 대해 두 사람은 합의에 도달할 필요가 없다. 상대는 당신이 형편없이 굴었다고 생각하고 당신은 자신이 사려 깊게 굴었다고 믿고 있다. 서로 다른 생각을 가진 채로 관계가 끝날 수도 있다. 관계를 끝내야겠다고 결정한 것은 당신이고, 당신과 상대방은 관계가 끝난 이유에 대해 나름의 방식대로 다르게 이야기할 수 있다.

원활한 대화를 위한 질문 3 : 협상의 여지가 있는가?

피드백이 평가라면 피드백의 상태를 확인해야 한다. 피드백이 최종적인가, 협상의 여지가 있는가? 업무 평가가 최종적인 경우라면 미리 그런 사실을 알고 있는 편이 좋다. 피드백이 잠정적인 경우라면 최종 결과에 영향을 미칠 수 있을지도 모른다. 물론 피드백을 받는 사람이 돌이킬 수 없는 결정에 영향을 주려고 시간을 낭비하는 경우도 많다. 돌이킬 수 없는 경우라면 결정을 이해하기 위해 노력하고 앞으로 결과에 대처하는 데 도움이 되는 효과적인 방법에 대해 논의하는 것이 좋다.

대화의 틀과 주제를 조정하라

피드백을 받는 입장에 있기 때문에 테니스에서 서브를 되받아치듯 피드백 제공자가 대화를 시작하는 방식에 반응하는 것 외에는 어떤 일도 할 수 없을 것이라고 가정하는 경우가 많다. 하지만 상대가 어떤 식으로 대화를 시작하든 당신의 차례가 됐을 때 대화의 틀을 건설적으로 만들고 의제를 제안할 수 있다.

피드백 제공자가 대화의 본론으로 곧장 들어가면 이렇게 이야기할 수 있다. "한 걸음 물러서서 우리 대화의 목적이 무엇인지 명확하게 짚고 넘어갈 수 있을까요? 우리가 이해하고 있는 내용이 같은지 확인하고 싶군요." 상대가 당신이 완전히 틀렸다는 뉘앙스를 풍기며 고집스럽게 '나는 옳아'라는 프레임을 고집하면 두 사람 간의 차이가 문제라는 점을 짚고 넘어가야 한다. "이 문제에 대해서 당신이 어떤 관점을 갖고 있는지 궁금합니다. 그런 다음 제 생각도 이야기할게요. 어떤 부분에서 우리의 생각이 다른지, 그 이유가 무엇인지 찾아볼 수 있을 겁니다."

대화의 시작은 매우 중요하다. 대화의 분위기와 궤적에 영향을 미치기 때문이다. MIT 연구진은 협상 시작 후 첫 5분 동안 이뤄지는 노련한 상호작용과 훌륭한 협상 결과 간에 상관관계가 있다는 사실을 발견했다.[2] 존 고트먼은 연구를 위해 여러 쌍의 부부들에게 15분 동안 대화할 것을 요청했다. 이 연구에서 고트먼은 첫 3분 동안 가혹하고 비판적인 대화가 오고갈 때 피드백을 받는 입장에 놓여 있는 사람이 이런 대화

성공적인 대화의 기술

를 바로잡지 않으면 부정적인 결과가 나올 가능성이 96퍼센트라는 사실을 발견했다. 고트먼은 대화의 방향을 바꾸고, 둘 사이에 존재하는 확대 주기를 깨뜨리기 위해 '회복을 시도'하고, 상대방의 이런 시도에 대응하는 부부의 능력이 행복한 결혼 생활의 핵심 요인이라고 설명한다.[3]

사전에 방향을 바꾸는 것은 대화의 본질이 아니라 프로세스와 관련된 것이라는 사실을 기억하기 바란다. 피드백 제공자에게 어떤 이야기를 해도 좋고 어떤 이야기를 해서는 안 되는지 이야기한다는 뜻이 아니다. 대화의 공동 목적을 명확하게 정리하고 쌍방향 탐험을 제안한다는 뜻이다. 이런 과정을 거치면 대화가 진행되는 내내 피드백을 주고받는 양측이 서로 같은 목적을 갖고 대화를 나눌 수 있다.

본론, 대화 관리를 위한 기술

본론으로 들어가려면 경청, 주장, 프로세스 관리, 문제 해결 등 네 가지 중요한 기술이 필요하다.

'경청'에는 질문을 명확하게 표현하고, 피드백 제공자의 관점을 다른 방식으로 표현하며, 피드백 제공자의 느낌을 인정하는 것이 포함된다. '주장'에는 공유, 옹호, 표현 등이 모두 포함돼 있다. 한마디로, 이야기를 한다는 뜻이다. 주장을 펼치는 것은 '진실을 주장'하는 것이나 확신하는 것과는 다르다. 당신이 하는 이야기가 반드시 관련된 이야기 전부를 아우른다고 볼 수는 없으며 '당신의' 관점에 불과하다는 사실을 인지하고 있다 하더라도 당신의 관점을 토대로 얼마든지 주장을 펼칠 수 있다. 양면성에 대해서 주장을 펼칠 수 있다. 미심쩍은 감정에 대해 주장을 펼칠 수도 있다. '주장'이라는 용어를 택한 것은 이 표현 속에 특정한 쪽으로 기울었다는 의미와 전투적으로 굴지 않되 자기 자신을 방어한다는 의미가 담겨 있기 때문이다.

세번째는 '프로세스 관리', 즉 좀더 생산적인 방향으로 대화를 이끌어나가는 기술이다. 대화에서 한 걸음 물러나 자신과 상대가 어느 지점에서 교착 상태에 빠졌는지 파악하고 좀더 나은 방향이나 주제, 프로세스를 제안하는 등 자기 자신을 위한 심판 역할을 수행하는 것이다. 많은 사람들이 외면하는 프로세스 관리를 능숙하게 해내면 성공적으로 상호작용을 하게 될 가능성이 커진다.

마지막으로 '문제 해결'을 위해서는 질문을 던져야 한다. 이제 어떻게 해야 할까? 이 피드백이 중요한 이유는 무엇일까? 우리 두 사람 중하나 혹은 두 사람 모두가 이 피드백과 관련해 무엇을 해야 할까? 당신은 내가 지나치게 위험을 회피하려 든다고 주장한다. 물론 그럴 수도 있다. 하지만 당신이 이야기하는 것만큼은 아니다. 이 문제에 대해서 대화를 나누는 것이 중요하다. 하지만 단순히 이야기를 나눈다고 해서 문제가 해결되는 것은 아니다. 문제 해결이라는 새로운 모험에 투자할지 함께 결정을 내려야 하고 이를 위해서는 문제 해결 기술이 필요하다.

경청에서부터 출발해 문제 해결에 이르기까지 대화를 위해 필요한 네 가지 기술을 단계적으로 설명했다. 하지만 실제 대화는 이런 식으로 질서 정연하게 진행되지 않는다. 실제 대화는 이리저리 왔다갔다한다. 하지만 그래도 괜찮다. 네 가지 기술을 활용하는 순서보다 '이런 기술을 활용하기 위한 시도 자체가' 더욱 중요하다. 아무리 열심히 경청하더라도 당신에게 중요한 문제에 대해 주장을 펼치지 못하면 아무런 소용이 없다. 또한 상대에게 정말로 중요한 이야기에 귀를 기울이지 못하면 제

아무리 그럴듯하게 주장을 펼쳐도 아무런 소용이 없다. 마찬가지로 해결해야 할 문제를 뒤로 미뤄뒀다면 이해의 불빛은 금세 사라지고 수많은 대화를 통해 어떤 성과를 이뤄냈는지 궁금증만 남을 것이다.

네 가지 기술 1 : 경청

경청에 대한 충고는 잡음과 같다. 너무도 흔하고 지루한 탓에 우리는 더이상 충고에 귀를 기울이려 하지 않는다. 경청에 관한 충고가 너무 지겨워 잠에 빠져들려 하는가? 그렇다면 이제 정신을 차리기 바란다. 사실경청은 피드백을 받는 입장에서 사용할 수 있는 여러 기술 중 가장 어려운 것일 수도 있다. 하지만 효과 역시 가장 크다.

내면의 목소리가 중요하다

당신과 피드백 제공자가 일대일 대화를 나누고 있다고 생각하는가? 그렇다면 다시 생각해보기 바란다. 당신은 매번 '내면의 목소리(대화 도중진행 상황에 대한 반응으로 나타나는 생각과 느낌의 흐름)'를 대화에 참여시켰다(지금도 내면의 목소리가 작동하고 있다. 내면의 목소리가 들리는지 귀 기울여 보기 바란다. 어쩌면 이렇게 이야기하고 있을지도 모른다. "뭐라고? 나한테는 내면의 목소리 같은 건없단 말이야!").

내면의 목소리가 상당히 조용한 경우도 많다. 다른 사람의 이야기에푹 빠져 있을 때 특히 그렇다. 하지만 상대방의 이야기에 동의하지 않거나 감정이 격해지면 내면의 목소리가 점차 커지고 좀더 많은 관심을 요구한다. 내면의 목소리에 귀를 기울이는 동시에 상대방의 이야기에 귀를 기울일 수는 없다.

어쩌면 이런 현상이 당신에게는 별다른 문제가 되지 않는다고 생각할지도 모르겠다. 내면의 목소리를 의식하지 못하는데 어떻게 내면의 목소리가 방해가 될 수 있겠는가?

사실 내면의 목소리는 '매우' 커다란 방해가 된다. 이사회에서 함께 활동중인 동료가 당신이 젊은 직원들을 이해하지 못한다며 이런저런 이야기를 한다. 이 말을 들은 당신은 이렇게 생각한다. '그건 사실이 아니야!' 상대는 이미 다른 이야기로 옮겨갔다. 하지만 당신의 내면의 목소리는 여전히 상대방의 첫번째 주장이 얼마나 잘못됐는지 논거를 펼치고 있다. 그런 탓에 상대방이 언급한 새로운 주제가 정확하게 무엇인지도 모른다. 하지만 두번째 주제 역시 틀렸을 것이라 생각한다.

내면의 목소리는 다른 사람들이 당신을 괴롭히지 못하도록 만드는 개인 비서와 같다. "죄송합니다. 골드스타인 씨는 지금 바쁩니다. 그동안 당신이 얼마나 부당하게 굴었는지 생각하느라 여념이 없습니다. 나중에 다시 이야기해보시는 게 좋겠군요."

하지만 자극이 주어지면 내면의 목소리가 단순한 비서에서 무장 보디가드로 변신한다. 당신의 상사인 수석 요리사가 "그따위로 할 거면 주방에서 나가!"라고 소리 지르면 내면의 목소리가 당신을 방어하고 나서며 되받아 소리친다(물론 머릿속에서). "당신이 필요한 도구를 제대로 갖춰줬더라면 내가 잘했을 거 아냐!" 수석 요리사가 평상시에 작동하는 개인 비서쯤은 쉽게 통과할지도 모른다. 하지만 내면의 목소리가 보디가드로 변신한 후에는 누구도 통과할 수 없다.

최근에 발표된 공감에 관한 두뇌 연구 결과는 우리의 머릿속에 이와 같은 보디가드 역학만 존재하는 것은 아니라고 설명한다. 하지만 실제로 우리의 머릿속에서는 이런 역학이 관찰된다.

런던에 위치한 인지신경과학 연구소의 타니아 싱어는 기능적 자기 공명영상을 활용해 공감과 관련이 있는 것으로 알려진 신경 프로세스를 관찰한다. 싱어와 동료들은 여러 쌍의 부부와 연인을 초청해 두 가지 상황에서 여성의 두뇌 활동을 관찰했다. 먼저, 싱어는 MRI 기기에 누워 있는 여성의 손등에 붙어 있는 전극을 통해 전기 충격을 가한 다음 해당 여성이 전기 충격의 경험을 처리하는 동안 두뇌에서 어떤 활동이 일어나는지 관찰했다(실험 참가자들이 반복적으로 실험에 참가했는지는 모르겠다). 그런 다음 싱어는 여성 참가자가 볼 수 있을 정도로 가까운 곳에 앉아 있는 남성 파트너에게도 동일한 방식으로 전기 충격을 가했다. 흥미롭게도 파트너에게 전기 충격이 가해졌을 때 여성들에게서는 '자신이' 전기 충격을 받았을 때와 동일한 두뇌 활동 패턴이 관찰됐다.

패턴이 완전히 일치하지는 않았다. 사랑하는 사람이 전기 충격을 받는 모습을 지켜볼 때는 두뇌에서 신체적인 고통을 감지하는 부분이 반응하지 않았다. 다시 말해서 신체적인 고통 자체를 느낀 것은 아니었다. 하지만 전기 충격과 관련된 감정적인 경험을 나타내는 부분은 반응을 보였다. 이런 현상을 '거울 뉴런 반응mirror neuron response'이라 부른다. 거울 뉴런 반응은 인간이 공감 능력을 갖고 있음을 시사한다.[4]

싱어는 연구 범위를 확대해 우리가 '항상' 다른 사람의 고통이나 견해에 공감하는지 의문을 가졌다. 하지만 그렇지 않았다. 싱어는 실험 참가자들에게 게임이 진행되는 장면을 보여줬다. 일부는 정당하게 게임에 임했지만 일부는 정당하지 않은 방식으로 게임을 했다. 정당하게 게임을 하는 사람들이 전기 충격을 받자 실험 참가자들이 거울 뉴런 반응을 보였다. 하지만 정당하지 않은 방식으로 게임을 하는 사람들에게 전기 충격이 가해졌을 때 실험 참가자들은 거울 뉴런 반응을 보이지 않았다. 심지어 정당하지 않은 방식으로 게임을 하는 사람들이 전기 충격을 받는 모습을 목격했을 때 일부 실험 참가자의 뇌에서는 기쁨 및 복수와 연결된 부분이 반응을 보이기도 했다.[5] 싱어의 실험을 통해 우리의 뇌는 다른 사람에게 공감할 수 있도록 만들어져 있지만 상대방이 올바르게 행동한다는 믿음이 있을 때에만 그 능력이 발휘된다는 사실을 확인할 수 있다.

이러한 사실이 피드백과 어떤 관련이 있을까? 부당하거나 완전히 잘못됐다고 여겨지는 피드백을 받거나, 제대로 인정받거나 대우받지 못한다고 느끼는 상황에서는 생리학적으로 공감과 호기심이 사라질 수도 있다. 따라서 까다로운 피드백 대화를 할 때 경청이 무조건 이뤄지지는 않는다. 다른 상황에서는 귀를 항상 열어두는 사람조차도 자극을 받으면 호기심을 잃을 가능성이 있다.

목적을 갖고 들어라

좀더 효과적으로 상대방의 이야기를 들으려면 '목적을 갖고 계획적으로 들어야' 한다. 호기심을 발견하거나 만들어내야 할 수도 있다. 여기서 호기심이란 문제가 되는 피드백이 완전히 부당하지 않을 수도 있다거나, 피드백 제공자가 우리가 보지 못하는 것을 볼 수도 있다거나, 적어도 피드백 제공자의 관점이 또하나의 관점이며 상대방의 관점을 알아두면 우리에게 도움이 될 수도 있다고 이야기하는 사소한 여지를 뜻한다. 간단하게 말해서 상대방의 피드백이 어떻게 잘못됐는지 찾으려들기보다 옳은 이야기에 귀를 기울이고 우리가 상황을 다르게 바라보는 이유에 대해 호기심을 가져야 한다.

상대방의 이야기를 경청할 수 있도록 '준비'한다는 것이 정확하게 무슨 뜻일까? 공연을 하기 전에 목을 풀거나 운동을 하기 전에 스트레칭을 하는 것과 비슷할까? 상대방의 이야기를 듣기 위해서는 귀를 풀고 호기심 훈련을 해야 한다. 다시 말해서 피드백을 받기 전에(준비할 시간이 있다면) 내면의 목소리와 대화를 나눠야 한다. 내면의 목소리와 대화를 나누는 동안 몇 가지 사항을 명확하게 짚고 넘어가야 한다. 내면의 목소리를 꾸짖거나(방어적으로 굴지 마) 짓밟아서는(뭘 생각해도 좋지만 소리는 내지 마) 안 된다. 사실 정반대로 굴어야 한다. 당신이 내면의 목소리를 꾸짖거나 짓밟으면 내면의 목소리는 점차 커진다. 당신의 관심을 원하기 때문이다. 반대로 당신이 내면의 목소리에 관심을 가지면 소리가 줄어든다. 그러므로 내면의 목소리에 귀를 기울이고 내면의 목소리를 이해하기 위해 노력해야 한다.

자극	내면의 목소리
진실	"그건 잘못됐어!" "그건 도움이 안 돼!" "난 그런 사람이 아니야!"
관계	"내가 지금까지 당신을 위해서 어떻게 했는데 나한테 이럴 수 있어?!" "당신이 뭔데 그런 소리를 해?" "내가 아니라 당신이 문제야."
정체성	"내가 모든 걸 망쳤어." "난 끝장이야." "난 나쁜 사람이 아니야. 내가 나쁜 사람이야?"

내면의 목소리에 귀를 기울이면 자극을 느끼는 때가 언제인지, 아무런 생각도 하지 않는 때가 언제인지, 구체적이고 예측 가능한 것들을 생각하는 때가 언제인지 패턴을 발견할 수 있다. 패턴을 발견하면 좀더 효과적으로 자극을 처리할 수 있다. 자극은 무궁무진한 형태를 띤다. 하지만 진실 자극, 관계 자극, 정체성 자극 등 각 유형의 피드백 자극은 특징

적인 내면의 목소리 패턴을 만들어낸다.

패턴을 찾아냈다면 자기 자신과 대화를 해야 한다. 당신의 목표는 내면의 목소리를 듣고, 자극을 받았을 때 내면의 목소리가 내는 반응을 찾아내는 법을 익힌 다음, 내면의 목소리의 도움을 받아 호기심을 느끼는 것이다. 자신과의 대화가 이런 식으로 진행될 수도 있다.

당신 피드백 대화가 이뤄지는 동안 너는 내게 피드백 제공자의 이야기가 틀렸다고 이야기하겠지.

내면의 목소리 맞아. 피드백 제공자가 엉터리 같은 이야기를 늘어놓을 게 뻔하잖아.

당신 뭐가 엉터리라는 거야?

내면의 목소리 전부 다. 그 사람들은 엉뚱한 사람들에게 이야기를 늘어놨지. 게다가 항상 엉뚱한 방식으로 해석하잖아. 우리가 저지른 한 가지 실수만 보고 우리가 매일 제대로 해내는 다른 일은 인정하지 않아. 계속 이야기할 수도 있어.

당신 네가 우리를 위해서 주변을 살펴주니 좋아. 하나 물어볼게. 그들이 하는 이야기 중에 옳은 부분도 있지 않을까?

내면의 목소리 내 말을 듣고 있긴 한 거야? 그 사람들이 틀림없이 틀린 말을 할 거라고 설명했잖아.

당신 난 '지금' 듣고 있어. 그렇지만 우리는 이런 부분에 대해서도 생각을 해야 해. 피드백에 옳은 부분도 있지 않을지 궁금해.

내면의 목소리 그래. 그 사람들이 우리가 보지 못하는 면을 볼 수도 있을 거라는 생각이 들어. 그런 일이 일어난다고들 하잖아. 그 사람들의 해석이 다를 수도 있어. 하지만 해석이 옳을 수도 있지. 게다가 그 사람들은 경험도 많지. 그렇긴 해.

당신 그러니까 귀 기울여 들을 만한 이야기가 있을 거야.

내면의 목소리 그래, 우리가 모르는 무언가를 알고 있을 수도 있어.

셰익스피어처럼 그럴듯하지는 않지만 어쨌든 어떻게 해야 하는지 이
해했을 것이다. 내면의 목소리에게 말을 건네고 내면의 목소리라는 존재
를 인정하고 고마움을 표시해야 한다(결국 내면의 목소리는 당신의 생각이다).
내면의 목소리에게 이해가 곧 동의를 의미하지는 않는다는 사실을 일깨
워주기 바란다. 그런 다음 진정한 호기심을 갖도록 협상을 하고 최종적
으로 숙제를 내줘야 한다. '그 사람들이 하는 이야기에 진심 어린 호기심
을 가져주면 좋겠어. 내가 좀더 깊이 파고들고 이해할 수 있도록 도와주
길 바랄게. 그 사람들이 하는 이야기 중 어떤 것이 옳을까? 그 사람들이
상황을 다르게 바라보는 이유가 무엇일까?'

아래의 표에는 흔히 관찰되는 내면의 목소리 패턴이 나열돼 있다. 어
떤 부분에 귀를 기울이고 어떤 질문을 던져야 할지도 소개돼 있다.

	내면의 목소리	귀를 기울여야 할 부분	던져야 할 질문
진실자극	"그건 잘못됐어!" "그건 도움이 안 돼!" "난 그런 사람이 아니야!"	나는 갖고 있지 않지만 상대는 갖고 있는 데이터, 나와는 다른 상대방의 해석. 내가 영향을 미치고 있는데도 사각지대 때문에 인식하지 못 하는 문제.	"예를 들어줄래?" "그게 당신한테 어떤 의미야?" "당신은 뭘 걱정하는 거야?" "내가 하는 행동 중 어떤 것이 내 자신에게 방해가 된다고 생 각해?" "그런 행동이 당신한테 어떤 영 향을 미쳤어?"

관계 자극	"내가 지금까지 당신을 위해서 어떻게 했는데 나한테 이럴 수 있어?!" "당신이 뭔데 그런 소리를 해?" "내가 아니라 당신이 문제야."	우리의 관계와 관련해 두번째 주제를 들먹이는 방향 전환. 우리 두 사람 간의 시스템(우리 두 사람이 각각 문제에 어떤 기여를 하고 있는가, 이 시스템 내에서 나는 어떤 역할을 하는가?).	"당신의 피드백을 이해할 수 있도록 도와줘. 그리고 나서 당신이 그런 피드백을 주는 때와 방법, 이유, 내가 생각하는 관계에 대한 문제를 이야기하고 싶어." "내가 우리 두 사람 사이의 문제에 어떤 기여를 하고 있어?" "당신을 가장 화나게 하는 게 뭐야? 그 이유는 뭐야?"
정체성 자극	"내가 모든 걸 망쳤어." "난 끝장이야." "난 나쁜 사람이 아니야. 내가 나쁜 사람이야?"	나의 뇌 배선은 어떤 상태인가(변화의 폭이 얼마나 넓고 얼마나 신속하게 회복하는가)? 나는 내가 갖고 있는 특이한 패턴에 대해서 내 자신에게 어떻게 설명하는가? 평가나 조언 속에 포함돼 있는 판단보다는 성장의 기회에 주목하는 등 상대의 피드백을 조언으로 해석할 수 있는가?	"당신의 피드백을 이해할 수 있도록 날 도와줄 수 있을까?" "어떤 행동을 하면 나를 발전시키는 데 도움이 될까? 내가 어떤 것을 바꾸면 가장 도움이 될까?"

경청하고 있다는 사실을 상대에게 알려라

당신은 예의 바르게 굴기 위해서 경청하는 것이 아니다. 또한 피드백 제공자가 옳기 때문에, 혹은 반드시 피드백을 수용하거나 받아들일 생각이라서 경청하는 것이 아니다. 당신의 생각이 중요하지 않기 때문에 경청하는 것이 아니다.

경청하는 이유는 상대를 '이해하기' 위해서다. 가장 먼저 해야 할 일은 고고학과 비슷하다. 다시 말해서 라벨 뒤에 무엇이 숨어 있는지 파헤친 다음 윤곽을 명확하게 파악하고 맨 처음에는 보지 못했던 조각들을 채워넣어야 한다. 피드백 제공자의 관점에서 피드백의 크기와 형태를 이해할 수 있도록 모든 관련 증거와 배경을 모아야 한다. 그러고 나서 당신과 내면의 목소리가 한데 모여 앉아 발굴한 정보들을 어떻게 활용할지 (발굴한 정보가 당신의 관점과 얼마나 잘 맞는지, 충고를 받아들일지 말지) 결정할 수 있다.

이해가 첫번째 목적이라면 두번째 목적은 상대방에게 당신이 이해한다는 사실을 알리는 것이다(혹은 이해하고 '싶다는' 뜻을 알리는 것이다. 이해하고 싶다는 뜻을 전달하는 것은 이해한다는 사실을 전달하는 것 못지않게 중요하다). 경청은 굳이 시간을 들여서 당신에게 피드백을 제공하는 피드백 제공자를 위한 보상이다. 또한 피드백 제공자에게 자신의 의견이 명확하게 전달됐다는 안도감을 주는 데도 도움이 된다. 물론 차후에 피드백을 받아들이지 않기로 결정한 이유에 대해서 따로 대화를 나눠야 할 수도 있다. 또한 이런 대화로 인해 피드백 제공자가 슬퍼할 수도 있다. 하지만 그렇다 하더라도 당신이 자신의 충고를 진지하게 받아들이지 않았다거나 자신의 충고를 이해하지 못한다고 주장할 수는 없다. 따라서 당신이 최종적으로 어떤 결정을 내렸으며 그 이유가 무엇인지 제대로 설명하면 상대가 좀더 귀를 기울일 가능성이 크다.

놀랍게도 주기적으로 말을 가로막는 행동이 피드백에 귀를 기울이고 있다는 신호가 될 수 있다(물론 반대 의견이 아니라 상대방을 이해한다는 뜻을 피력해야 한다).[6] 상대가 이야기를 하고 있을 때 적당한 타이밍을 노리다가 끼어들어서 이야기를 해보자. "다른 이야기를 하기 전에 '프로답지 못하다'라는 게 어떤 의미인지 이야기해주실 수 있을까요? 제가 제대로 이해하고 있는지 확인해두는 게 좋을 것 같아서요." 가능한 한 명확하게 상황을 정리해두면 양측 모두에게 도움이 된다.

자극적인 질문을 주의하라

주의해야 할 것이 있다. 마음이 상한 상태로 상대의 이야기를 계속 경청하기 위해 애쓰는 과정에서 '자극적인' 질문을 던지지 않도록 주의해야 한다. 사실 이런 유형의 질문은 질문의 형태를 띠고 있긴 하지만 억누르려고 애써왔던 모욕감이나 좌절감으로 인해 분출되는 표현이다. 우리의 느낌이 '질문' 속으로 스며들고 우리는 결국 "당신은 왜 그렇게 멍청해?"라거나 "당신 정말 그런 말을 믿는 거야?"라는 식의 말을 던지고 만다. 두 문장의 끝에는 모두 물음표가 붙어 있다. 하지만 둘 중 어떤 것도 진짜 질문이 아니다. 질문을 결정하는 것은 화자의 의도다. 방금 언급한 두 '질문'에 숨어 있는 의도는 이해하는 것이 아니라 주장하고 설득하는 것이다(혹은 감정을 분출하고 공격하는 것일 수도 있다).

빈정거리는 것("아니야, 아니야. 나는 당신한테 쓰라린 피드백을 받는 걸 좋아해. 이제 더 없어?")은 진정한 질문이 아니다. 힐문하는 것("하지만 그건 사실이 아니잖아?" "그렇다면 어떻게 설명할 거야?") 역시 마찬가지다. 이런 질문을 한다는 것은 곧 당신과 내면의 목소리가 격투를 벌이고 있다는 신호다. 내면의 목소리는 이렇게 이야기한다. "이 사람을 믿을 수 있어? 나한테 맡겨봐!" 이제 당신이 답을 한다. "참아! 우리는 질문을 해야 하는 거야!" 그 결과가 좌절감과 주장으로 가득한 '질문'이다.

그렇다면 감정이 격해질 때는 어떻게 해야 할까? 강렬한 감정에 휩싸이면 끝까지 싸우거나 질문을 던지려 해서는 안 된다. 대신 주장을 펼쳐야 한다. "지금 하시는 말씀이 정말로 일관성 있거나 공정하다고 생각하시는 겁니까?"라는 식의 자극적인 질문을 삼가고 충분히 고민을 한 후에 다음과 같은 방식으로 이야기해야 한다. "지금 말씀하시는 기준이 그동안 저와 직위가 같은 다른 사람들에게 적용된 기준과 일치하지 않는

성공적인 대화의 기술

것 같습니다. 저한테 공정하지 않은 것처럼 느껴집니다." 그런 다음 경청으로 되돌아갈 수 있다. "이 문제와 관련해 제가 놓치고 있는 부분이 있습니까?"

반드시 주장해야만 하는 내용을 주장해야 한다. 그렇게 하면 좀더 효과적으로 그리고 좀더 쉽게 상대방의 이야기에 귀를 기울일 수 있다.

네 가지 기술 2 : 주장

피드백을 '받는' 상황에서 적극적으로 자기주장을 펼쳐야 한다고 이야기하는 것이 역설적으로 느껴질 수도 있다. 하지만 피드백이라는 것은 단순히 상대방이 당신에게 건네고 당신이 전달받는 성질의 것이 아니다. 지금 상대방과 당신은 둘이 함께 퍼즐을 맞추고 있다. 상대방도 퍼즐을 몇 조각 갖고 있고 당신도 퍼즐을 몇 조각 쥐고 있다. 당신이 주장을 펼치지 않는다는 것은 곧 당신이 쥐고 있는 조각을 내놓지 않는다는 뜻이다. 당신의 관점과 느낌을 전달하지 않으면 피드백 제공자는 자신이 하는 이야기가 도움이 되는지 제대로 전달됐는지 당신의 경험과 일치하는지 알아챌 수 없다. 이런 식의 태도로는 문제를 해결할 수도 없고, 조정도 불가능하며, 피드백을 제대로 이해했는지 피드백을 어떤 식으로 사용할 것인지 상대가 제안한 방법을 시도하는 것이 상대가 생각하는 것보다 힘들거나 도전적인 이유가 무엇인지 설명할 수도 없다.

상대방의 피드백에 대한 반응으로 주장을 펼치게 되는 경우가 많다. 하지만 항상 그런 것은 아니다. 자기 평가를 곁들여 성과 평가를 해줄 것을 요청받을 수도 있다. 하지만 어떤 시점이 되면 당연히 피드백을 받게 되고 그에 대한 반응으로 무언가를 이야기하게 된다.

'내가 옳아'에서 '이게 빠졌어'로

주장을 효과적으로 펼치려면 마음가짐을 바꿔야 한다. 지금 당신은 피드백 제공자를 상대로 당신이 옳다는 주장을 펼치려는 것이 아니다. 상대방의 진실을 밀어내고 당신의 진실로 그 자리를 메우려는 것이 아니다. 당신이 해야 할 일은 '빠진 부분'을 더하는 것이다. 피드백 대화에서는 피드백을 받는 입장에 서 있는 당신의 데이터, 해석, 느낌이 배제되는 경우가 아주 흔하다. '내가 옳아'라는 마음을 버리고 '이게 빠졌어'라는 마음을 갖는다면 당신에게 중요한 것들에 대해 얼마든지 주장을 펼칠 수 있다. 두 세트의 퍼즐을 한자리에 모으고 나면 두 사람이 어떤 부분에서 같은 생각을 갖고 있으며 어떤 부분에서 다른 생각을 갖고 있는지, 그 이유가 무엇인지 이해할 수 있다. 다음은 진실 자극, 관계 자극, 정체성 자극 등 세 자극으로 인해 주장을 펼칠 때 어떤 실수를 저지르게 되는지 살펴보자.

진실 자극으로 인한 실수

많은 사람들이 가장 흔히 빠지는 함정은 '진실' 마음가짐으로 되돌아가는 것이다.

함정 "그 충고는 틀렸어."
좀더 나은 방법 "그 충고에는 동의할 수 없어."

얼핏 보기에는 중요하지 않게 느껴지는 이런 차이가 중요한 이유는

성공적인 대화의 기술

무엇일까? 대화의 주제에서 벗어나지 않을 수 있기 때문이다. 만약 "그 충고는 틀렸어"라고 이야기하면 피드백 제공자는 단순히 그 충고가 옳은 이유에 대해서 다시 설명하려 들 것이다. 하지만 "그 충고에는 동의할 수 없다"라는 것은 당신의 의견이다. 피드백 제공자는 대화의 주제와 관련해 당신이 나름대로 의견을 갖게 됐다는 사실을 반박할 수 없다. 반면 당신은 얼마든지 주장을 펼칠 수 있다. 동의할 수 없다는 뜻을 밝혔다면 이제 상황을 다르게 바라보는 이유가 무엇인지 찾아내야 한다. 이렇게 이야기를 할 수도 있다. "이전 직장에서는 다른 접근 방법을 활용했습니다. 그랬더니 여기에서보다 문제가 적었습니다." 피드백 제공자는 당신이 이전에 일했던 직장에서 어떤 방법이 성공적이었는지 알지 못한다. 반면 당신은 피드백 제공자가 현재의 직장에서 그동안 어떤 방법을 활용해 왔는지 알지 못한다. 여기에 대해서 이야기를 하면 된다.

차이에 대해서 이야기를 한다고 해서 명백한 사실이 배제되는 것은 아니다. 실제로는 사실이 대화의 핵심이 되는 경우가 많다. 판매 수치에 어떤 의미가 있는지 결정을 내리려면 먼저 판매 수치가 얼마인지 파악해야 한다. 하지만 대개는 판매 수치에 담겨 있는 의미를 밝혀내는 것이 좀더 힘들고 중요한 일이다.

관계 자극으로 인한 실수
관계 주장과 관련해 사람들이 흔히 빠지는 함정은 선로 변경이다. 두 개의 주제가 있다는 사실을 깨닫고 각 주제에 하나씩 선로를 배정하면 이런 실수를 방지할 수 있다.

함정 "당신은 자기중심적인 얼간이야."

더 나은 방법 "제대로 인정받지 못한다는 느낌이 들어. 그래서 인지 당신이 주는 피드백에 집중하기가 힘들어. 피드백 자체에 대해서 이야기해야 하겠지만 내가 느끼는 감정에 대해서도 이야기해봐야 할 것 같아."

"당신은 자기중심적인 얼간이야"라고 이야기하면 싸움이 시작될 가능성이 크다. 하지만 후자의 방식으로 이야기하면 피드백 제공자는 당신이 무엇 때문에 그런 정신 나간 생각을 하는지 궁금해 할 가능성이 크다. 대부분의 경우에는 후자가 전자보다 낫다.

흔히 관찰되는 두번째 함정은 시스템과 비난, 기여와 관련이 있다.

함정 "이건 내 잘못이 아니야. 진짜 문제는 내가 아니야."
더 나은 방법 "내가 이 문제에 기여한 바가 있다는 데 동의해. 한 걸음 물러서서 큰 그림을 함께 바라보고 싶어. 상황을 변화시키려면 우리의 이해를 필요로 하는 수많은 다른 요소들도 고려해야 하거든."

이번에도 역시 첫번째 반응은 누가 문제인가에 대한 논쟁에 불을 지필 가능성이 크다. 두번째와 같은 반응을 보이면 자신에게도 책임이 있다는 사실을 인정하는 동시에 혼자만의 문제가 아니라는 사실을 지적할 수 있다.

정체성 자극으로 인한 실수
평정심을 잃거나 격한 감정에 휩싸이면 과장하게 될 가능성이 크다.

함정 "맞아, 나는 가망이 없어."

더 나은 방법 "이 모든 상황이 충격적인걸. 받아들이려면 많은 노력이 필요할 것 같아. 시간을 갖고 천천히 생각하면서 당신이 한 말을 제대로 이해해볼게. 내일 다시 이야기하자."

격한 감정에 사로잡히면 명확하고 균형 잡힌 방식으로 의견을 표현하기가 힘들다. 안정감을 회복하기 위해 노력하는 과정에서, 당면한 문제에 자신이 실제 이상으로 많은 영향을 주었다고 여길 수도 있다. 혹은 과도하게 많은 절망감과 불안감을 내비칠 수도 있다. 그러나 그보다는 피드백을 듣고 깜짝 놀랐으며 피드백이 어떤 의미인지 생각할 시간이 필요하다는 사실을 솔직하게 인정하는 것이 좋다.

내면의 목소리가 피드백을 받아들이지 않으려고 안간힘을 쓸 때 다음과 같은 함정에 빠질 수 있다.

함정 "그건 말도 안 돼. 나는 그런 사람이 아니야."
더 나은 방법 "그런 말을 들으니까 속이 상하네. 나는 내가 그런 사람이라고 생각하지 않거든. 물론 그런 사람이 되고 싶지도 않아."

상대방이 제공한 정보가 틀렸다고 이야기하지 않고도 자신이 생각하는 스스로의 모습과 상대방의 정보가 일치하지 않는다는 사실을 얼마든지 전달할 수 있다. 뿐만 아니라 상대방이 제공한 정보가 옳다고 이야기하지 않고도 상대방의 관점을 이해하도록 노력하겠다고 얼마든지 약속할 수 있다.

네 가지 기술 3 : 프로세스 관리

필자들은 의사소통을 주제로 오랫동안 워크숍을 진행하면서 상대방의 이야기에 귀를 기울이고 주장을 펼치는 방법에 중점을 뒀다. 이런 접근 방법이 사람들이 알아둬야 할 것을 100퍼센트 알려주지는 못하지만 그래도 꽤 도움이 되는 것처럼 보였다.

하지만 워크숍을 진행하던 중 흥미로운 점을 발견했다. 의사소통 능력이 특히 뛰어난 사람들이 그동안 우리가 확실하게 짚고 넘어가지 못했던 제3의 기술을 활용한다는 사실을 발견한 것이다.

의사소통 능력이 뛰어난 워크숍 참가자들을 지켜보던 중 우리는 중요한 사실을 깨달았다. 그들은 단순히 대화에 '참여'하는 차원을 넘어서 적극적이면서도 명쾌하게 대화를 '관리'하고 있었다. 뛰어난 의사소통 능력을 지닌 사람들은 논의를 관찰하고, 잘못된 부분을 진단하고, 문제를 바로잡기 위해 프로세스에 명쾌하게 개입하는 놀라운 능력을 갖고 있었다. 이들은 마치 두 역할을 동시에 수행하는 것처럼 보였다. 즉 선수 자격으로 게임을 하는 동시에 심판 역할을 하고 있었다.

프로세스 변화 : 진단, 묘사, 제안

이런 부류의 사람들은 자신이 대화의 어느 지점에 있는지 정확하게 감지한다. 가령 자신이 대화의 어떤 단계에 서 있는지, 해당 단계에서는 흔히 어떤 문제가 발생하는지 잘 알고 있다. 이들은 대화가 막힌 지점이 어디인지, 대화를 진행하려면 어떻게 해야 할지 그때그때 진단하는 능력을 갖고 있다(자신에게 유리한 방향으로 대화를 조작하기 위해서가 아니라 명료한 의사소통을 위해서 이런 능력을 활용한다). 이들은 대화를 다시 정상 궤도에 올려놓기 위해 매우 솔직하게 이야기한다. 어색할 정도로 솔직하게 굴 때도 있다.

타고난 기술 수준과 상관 없이 관심을 갖고 훈련하면 이런 능력을 발전시킬 수 있다. 이 글을 쓰고 있는 필자들 역시 대화가 어떤 식으로 흘러가는지 주의를 기울인 덕에 이런 능력을 발전시킬 수 있었다. 그러니 독자들도 얼마든지 그럴 수 있다.

"우리 두 사람 다 주장을 펼치면서 상대방을 설득하려 하고 있어. 하지만 우리 둘 중 누구도 상대에게 귀를 기울이거나 상대방의 말을 제대로 이해하고 있는 것 같지는 않네. 나는 지금 자네가 우려하는 바가 뭔지 이해하기 위해 충분히 노력하고 있지 않아. 그러니 지금 이 문제가 자네와 노조 대표에게 그렇게 중요한 이유가 뭔지 내게 이야기를 좀 해주게."

"지금 여기에는 두 가지 문제가 있어. 우리는 두 문제를 오가며 이야기를 하고 있어. 한 번에 하나씩 이야기를 하자고. 첫번째 문제는 이거야. 당신은 내가 조만간 워싱턴 D.C로 출장을 가야 한다는 이야기를 하지 않았다고 생각해서 화가 났어. 하지만 나는 이야기를 했다고 생각하기 때문에 나 역시 지금 화가 났어. 두번째 문제는 내가 출장 가 있는 동안 아이들의 일정을 어떻게 관리해야 할지 당신이 걱정하고 있다는 거야. 당신도 그렇게 생각해? 그렇다면 어떤 문제에 대해서 먼저 이야기할래?"
"엄마는 내가 그동안 엄마를 부당하게 대해왔고, 정상적인 사람이라면 누구나 그렇게 볼 거라고 이야기하시잖아요. 저는 두 가지 주장 모두에 동의할 수 없어요. 저는 제가 엄마를 부당하게 대한다고 생각하지 않아요. 그리고 '정상적인 사람이라면 누구나' 제가 엄마를 부당하게 대한다고 여길 거라고 생각하지도 않아요. 내 생각이 옳고 엄마 생각이 틀렸다는 게 아니에요. 우리가 이 문제를 다르게 바라보고 있다는 뜻이에요. 단순히 반대할 생각은 없어요. 다만 엄마가 생각하는 것 중 제가 제대로 이해하지 못하는 부분이 있는지 궁금해요. 하실 이야기 있어요?"

"난 지금 충격 받았어. 내면의 목소리가 이렇게 이야기하고 있어. '이런, 이건 해석의 문제가 아니야. 그냥 그런 식으로 일이 진행된 게 아니야.' 당신도 화가 난 것처럼 보여. 아마 당신도 이런 생각을 할지도 모르지. 이야기를 중단하고 잠시 시간을 가지면서 각자 마음을 가라앉힌 후에 다시 이야기하자."

"그래, 우리는 지금 교착 상태에 처했어. 우리 두 사람 모두 이 문제에 대해 합의해야 해. 그런데 우리는 합의를 도출하지 못하고 있어. 당신이 내놓은 해결 방안은 내가 포기하는 거야. 그런데 내 입장에서는 그게 전혀 공정하게 느껴지지 않아. 하지만 달리 생각해보면 나는 지금과 같은 교착 상태를 어떻게 끝내야 할지 모르겠어. 그러니 함께 생각해보는 게 좋을 것 같아. 우리가 서로 합의하지 못하는 상태에서 어떤 식으로 결정을 내리는 것이 공정하고 효율적일까?"

위 사례들에는 두 가지 공통점이 있다. 첫번째는 논의 중인 문제에 관한 내용이 전혀 언급되지 않았다는 것이다. 다만 막다른 상황으로 치닫거나 원래의 주제에서 벗어난 '부분'에 대한 의견이 있을 뿐이다. 또한 문제 해결을 위한 제안이나 문제 해결에 동참할 것을 촉구하는 내용이 포함돼 있다.

두번째는 위의 사례들이 모두 약간 이상하게 들린다는 것이다. 다시 말해서 일반 사람들이 통상적으로 대화하는 방식과 다르다. 역설적이게도 이런 식의 개입이 강력한 힘을 발휘하는 이유 중 하나가 일반적인 대화 방식과 다르기 때문이다. 심판은 상황을 바로잡기 위해 게임의 흐름을 중단시킨다. 이것이 바로 프로세스 변화의 목표다. 대화를 잠시 중단하고 한 걸음 물러서서 대화가 앞으로 어떻게 진행될지, 대화를 어떻게 바로잡을지 숙고해야 한다. 이런 방식은 갈수록 악화되는 좌절과 의견 충돌 주기를 중단시키는 데 도움이 된다. 또한 대화에 참여하는 양측 모두가 어떤 식으로 나아가는 것이 좋을지 목적의식을 갖고 선택할 수 있다.

네 가지 기술 4 : 문제 해결

그동안 피드백을 이해하는 방법, 파괴적이거나 부정적인 방식이 아니라 유용한 방식으로 피드백을 받아들이는 방법에 대해서 이야기해왔다. 하지만 피드백을 제대로 받아들이기 위해서 "이제 어떻게 하지?", "피드백을 이해하기 위해서 이렇게 노력해야 하는 이유가 뭐야?", "이런 피드백을 갖고 어떻게 할 건데?"와 같이 피드백을 받은 후에 던지는 질문이 무엇보다 중요한 경우가 많다.

어려운 질문일 수도 있다. 피드백을 주는 사람과 받는 사람이 피드백에 어떤 의미가 있는지, 피드백의 결과로 어떤 일이 발생할지를 두고 합의점을 찾지 못하면 특히 그럴 가능성이 크다. 이 부분에 대해 충돌이 있는 경우라면 강력한 문제 해결 능력이 필요하다. 놀랍게도 '똑똑하게' 굴거나 '창의적으로' 구는 것만으로는 문제를 효과적으로 해결할 수 없다. 문제를 제대로 해결하려면 몇 가지 기술(제대로 된 질문을 던지는 기술, 문제에 효과적으로 접근하는 기술)이 필요하다.

가능성을 만들어라

피드백이 옳은 듯하지만 그다지 할 수 있는 일이 없는 것처럼 느껴질 때도 있다. 이런 상황이 되면 의기소침해진다. 고질적인 성격이나 외모에 관한 피드백일 수도 있다(누군가가 당신에게 주인공 남자에 비해 너무 키가 클 뿐 아니라 키를 맞추려는 노력만으로는 부족할 것이라고 이야기하는 경우를 생각해보자). 혹은 피드백을 따르려면 노력을 들일 만한 가치가 있는지 확실치 않거나 노력한다고 해서 성공할 수 있을지 의심 가는 상황에서 생활방식이나 습관, 업무량을 대폭 변화시켜야 할 수도 있다.

하지만 가능성이 전혀 없는 것처럼 보일 때조차 새로운 가능성을 만들어낼 수 있다. 6장에서 산부인과 의사 알리타에 대해 이야기하면서 어떤 식으로 가능성을 만들어낼 수 있는지 살펴봤다. 알리타의 환자들은 예약 시간이 지나도록 기다려야 하는 경우가 많다고 불만을 털어놨다. 이런 피드백을 확인한 알리타는 낙담했다. 뿐만 아니라 도대체 문제를 어떻게 해결해야 할지 가늠이 되지 않았다. 진료 방식을 구조적으로 변화시키지 않고는 환자들의 대기 시간을 줄일 수가 없었다.

환자들은 예약한 시간에 진료를 볼 수 있기를 바란다. 하지만 그밖에도 환자들이 원하는 것이 있다. 환자들은 예약이 밀리는 '이유'를 궁금해한다. 그러면서도 환자들은 자신의 진료 시간이 됐을 때 알리타가 충분히 관심을 기울여주기를 바란다. 따라서 대기실에 예약 시간이 뒤로 밀리는 이유를 설명하는 표지판을 붙여두면 환자들이 갖고 있는 실질적인 우려를 부분적으로나마 해소시킬 수 있다. 이런 노력을 기울이면 환자들이 프로세스를 이해하게 된다. 뿐만 아니라 자신들이 인정받는다는 느낌

성공적인 대화의 기술

을 갖게 된다. 환자들은 알리타가 환자들에게 관심을 갖지 않는 것이 아니라 많은 관심을 쏟기 때문에 이런 상황이 벌어졌다고 생각할 것이다.

가능성을 찾아내려면 두 가지가 필요하다. 첫째, 피드백 뒤에 숨은 상대방의 관심사에 귀를 기울여야 한다. 둘째, 이해관계를 충족시키는 방안을 내놓을 수 있는 능력을 갖고 있어야 한다. 두 가지가 충족되면 피드백 대화를 논쟁에서 탐색으로 발전시킬 수 있다. 다시 말해서 피드백 제공자의 아이디어가 '바람직한 방법'인지를 놓고 논쟁을 벌이기보다 피드백 제공자가 제안한 아이디어를 실현하기 위한 방법을 찾아낼 수 있는 것이다.

진짜 관심사를 파악하라

로저 피셔와 윌리엄 유리, 브루스 패튼은 저서 《YES를 이끌어내는 협상법》에서 문제 해결을 위해서는 겉으로 드러난 입장과 진짜 관심사를 구분하는 것이 중요하다고 지적한다. 겉으로 드러나는 입장이란 무엇을 원하거나 필요로 하는지 사람들이 겉으로 드러내는 것을 일컫는다. 진짜 관심사란 명시한 입장을 통해 충족시키고자 하는 근본적인 '요구와 갈망, 두려움, 우려'를 일컫는다.[7] 이러한 관심사를 충족시킬 수 있는 다양한 방법이 많다. 사실 사람들이 맨 처음에 생각해냈던 것과 다른 방법이 관심사를 충족시키는 데 도움이 되는 경우도 있다.

겉으로 드러나는 입장이 충고에 반영돼 있는 경우도 많다. 즉 지금과 다른 방식으로 일을 처리할 수 있도록 피드백 제공자가 제안하는 최고의 아이디어가 곧 충고인 것이다. 약속 시간에 늦는 경우가 많은가? 그렇다면 시간을 엄수하라. 세밀한 부분까지 하나하나 관리하는가? 이제 그만두는 것이 좋다.

근본적인 관심사에 귀를 기울이면 대처하기가 좀더 수월하다. 장애아동과 장애아동의 가족을 돕는 사회복지사 얼의 경우를 생각해보자. 얼은 머리를 포니테일로 묶고 턱수염을 길게 기른 꾀죄죄한 모습이다. 게다가 앞니 두 개가 없다. 얼은 주어진 일을 매우 훌륭하게 해낸다. 하지만 특이한 외모 때문에 일부 가족들은 얼과 쉽게 친해지지 못한다.

얼을 감독하는 상관은 얼에게 머리카락을 짧게 자르고 수염을 다듬는 것이 좋겠다고 제안했다. 얼은 상관의 제안을 거절하며 특이한 외모만 보고 자신에게 편견을 갖는 사람들은 장애를 가졌다는 이유로 장애아동에게 편견을 갖는 사람과 다르지 않다고 반박했다. 타당한 지적이었다. 하지만 그렇다고 해서 얼의 외모가 이미 힘겨운 상황을 견디고 있는 장애아와 가족들을 한층 긴장하게 만든다는 사실이 바뀌지는 않는다.

얼의 상관은 다음과 같은 입장을 밝혔다. "외모를 단정하게 다듬어." 하지만 얼은 상관의 말 이면에 숨어 있는 근본적인 우려를 포착했다. "장애아동 가족이 좀더 짧은 시간 내에 자네를 편하게 여겼으면 좋겠어." 얼은 상사의 관심사에 공감하고 문제를 해결하는 데 도움이 되는 또 다른 방안을 제안했다. 얼은 상관에게 자신의 도움을 받게 될 새로운 장애아동 가족에게 자신을 조금 다르게 묘사해줄 것을 요청했다. 얼마나 훌륭한 사회복지사인지 설명하는 데서 그치지 말고 자신이 블루그라스 밴조 연주를 즐긴다는 사실을 함께 설명해줄 것을 요청한 것이다.

추가 설명이 더해지자 장애아동 가족들은 얼의 외모를 좀더 쉽게 받아들였다. 얼의 외모를 보고 깜짝 놀라거나 신뢰를 거두는 대신 흥미를 보였다. 많은 사람들이 음악이라는 주제에 대해 이야기하며 얼과 가까워졌고 머지않아 얼의 외모가 진정한 자신의 모습으로 살아가려는 용기를 나타낸다는 사실을 인정했다. 얼은 자신의 외모를 통해 장애아동들과 아이들의 가족에게 진정한 자신의 모습으로 살아가는 것이 중요하다는 교훈을 효과적으로 전달했다.

교착 상태에 빠지면, 다시 말해서 피드백 제공자가 힘들거나 받아들일 수 없는 무언가를 제안하면 그 제안 뒤에 숨어 있는 근본적인 관심사가 무엇인지 질문을 던지기 바란다.

조언이나 평가 뒤에 숨어 있는 관심사는 크게 세 가지 부류로 나뉜다. 이때 진짜 관심사가 무엇인가에 따라 선택 방안도 달라진다.

당신을 돕는 것: 피드백 제공자는 당신의 어떤 노력이 상황을 개선시키는 데 도움이 되는지, 어떤 기회가 당신의 성장이나 학습 곡선에 박차를 가하는 데 도움이 되는지 알고 있다. 혹은 자신은 알고 있지만 당신은 알지 못하는 잠재적인 문제나 위험으로부터 당신을 보호하고 싶을 수도 있다. 이들의 목표는 당신을 돕는 것이다.

자기 자신과의 관계를 돕는 것: 피드백 제공자가 속상하거나 외롭거나 화나거나 실망하거나 상처를 받아서 피드백을 제공할 수도 있다. 이런 이유로 피드백을 제공하는 사람은 "내가 방치된 것 같은 느낌이 들어"라고 이야기하지 않고 "당신은 출장이 너무 많아"라고 이야기한다. 물론 피드백 자체는 당신과 당신의 행동에 관한 것이다. 하지만 피드백 속에 어떤 관심사가 숨어 있는지 명확하지 않다. 당신은 출장을 줄이되 좀더 자주 사냥을 나갈 수도 있다. 이때 당신은 상대의 조언을 '받아들였다고' 생각한다. 하지만 상대는 당신이 요점을 놓쳤다고 생각한다.

조직이나 팀, 가족, 또다른 누군가를 돕는 것: 피드백 제공자가 자기 자신과 당신 외의 누군가나 무언가를 돕거나 보호하기 위해 피드백을 제공하는 경우도 있다. 당신의 상사는 당신에게 좀더 높은 점수를 줄 수 없다. 당신에게 좀더 높은 점수를 주면 다른 사람들이 공정하지 않은 처우를 받게 되기 때문이다. 당신과 가장 친한 친구는 당신이 돈을 갚아야 한다는 사실을 잊어버려도 개의치 않는다. 하지만 당신이 돈을 제때 갚지 않는다는 사실 때문에 다른 친구가 매우 기분 나빠 한다는 사실을 알고 있다. 그래서 당신과 가장 친한 친구는 당신에게 또다른 친구의 속마음을 알려준다.

문제를 해결하려면 진짜 관심사가 무엇인지 이해해야 한다. 진짜 관심사를 이해하려면 겉으로 드러난 입장 뒤에 무엇이 숨어 있는지 파헤치고, 무엇을 위한 피드백인지 찾아내야 한다.

선택 방안을 제시하라

근본적인 관심사를 이해했다면(그리고 피드백이 실제로 누구의 관심사와 관련이 있는지 이해했다면) 다음 단계(선택 방안을 제시하는 단계)로 넘어갈 수 있다. 피드백 제공자의 관심사와 자신의 관심사를 모두 충족시키는 방안을 찾아내면 상황을 좀더 쉽게 풀어나갈 수 있다.

이때 당신이 해내고자 하는 것이 무엇인지 명확하게 설명하면 도움이 된다. 피드백을 제공하는 사람과 당신이 갖고 있는 서로 다른 관심사를 명확하게 언급한 다음 양측의 관심사를 모두 충족시키는 데 도움이 되는 방법을 함께 찾아볼 것을 요청할 수도 있다. 훌륭한 해결 방안을 찾아내지 못하는 가장 큰 이유는 노력을 하지 않기 때문이다. 그러므로 노력하기 바란다.

얼의 사례에서 봤듯이 모든 문제를 해결하고 피드백 제공자의 관심사를 온전히 충족시키는 방안도 있다. 반면 '프로세스' 방안도 있다. "당신의 제안을 따른 다음 평가해볼게." "균형점을 찾아볼게요." "닭을 좀더 현실적으로 그린 다음 두 가지 그림 모두를 조직 위원회에 제출해보죠. 조직 위원회가 어떻게 생각하는지 지켜보자고요." 이런 경우에는 피드백에 관한 최종 결정을 내릴 필요가 없다. 아직 피드백이 타당한지 그렇지 않은지 결정되지 않은 상태다. 다만 양측 모두에게 공정한 것처럼 느껴지는 전진 프로세스에 동의한 것뿐이다.

마무리,
약속과 함께 대화를 마무리하라

우리는 피드백 대화가 끝났다는 사실을 어떤 식으로 깨닫게 될까? 누군가가 포기하거나, 자리를 박차고 나가버리거나, 대화를 중단하거나, 시간이 없다는 이유로 피드백 대화가 끝나는 경우가 많다. 제대로 진행되고 있는 피드백 대화조차 중요한 마지막 단계를 건너뛰는 경우가 많다. 즉 우리가 어떤 부분에 동의했는지 앞으로 어떻게 해야 할지 정확하게 짚고 넘어가지 않는 것이다. 이런 부분을 명확하게 언급하지 않고 넘어가면 상황이 진전되지 않는다는 사실에 실망하거나 상대방의 높은 기대치 때문에 혼란을 느낄 가능성이 크다. 결국 피드백을 주는 사람과 받는 사람 모두, 아무런 변화도 없는데 애당초 그토록 많은 시간을 할애한 이유가 무엇인지 의문을 갖게 된다.

"말씀하신 부분에 대해 생각해보고 내일 다시 이야기하면 좋겠군요"라는 한마디 말처럼 짤막한 문장으로 대화를 마무리할 수도 있다. 피드백에 반드시 동의해야 한다거나 변화를 약속해야 한다는 뜻은 아니다. 물론 그럴 수도 있다. 하지만 좀더 많은 정보를 수집하겠다거나, 다른 사람을 대화에 참여시키겠다거나, 앞으로 2주 동안 상황이 어떻게 진행되는지 지켜보겠다거나, 피드백 중 정확히 어떤 부분을 받아들이지 않기로 결정했는지에 대해 이야기할 수도 있다. 대화 내용과 앞으로의 상황을 명확하게 짚고 넘어가는 것이 목표다. 말하자면 두 사람 모두 상황을 명확하게 이해해야 한다는 뜻이다.

대화의 맥락에 따라 대화를 마무리할 때 명확하게 언급해야 할 부분이 다르다.

행동 계획 내일 누가 무엇을 할 것인가? 변화나 노력이 필요한 부분이 있다면 양측이 각각 무엇을 변화시키거나 어떤 노력을 할 것인가? 또한 그런 일이 일어나도록 만들기 위해 양측은 각각 어떤 부분에 동의하는가?

기준과 결과 진행 상황을 언제, 어떻게 측정할 것인가? 긍정적이건 부정적이건 어떤 영향이 있을지 생각해보자. 기준이 있는 경우라면, 기준이 충족되지 않았을 때 어떤 결과가 발생할지 논의해보자.

절차상의 계약 바뀌어야 할 부분에 대한 약속을 하는 데서 그치지 않고 변화를 위한 과정을 합의할 수도 있다. 언제 다시 대화를 할 것인가, 무엇에 대해서 대화를 할 것인가? 고객, 이사회, 이웃, 시장으로부터 좀더 많은 정보를 수집하는 데 동의할 수도 있다. 양측이 자녀나 고객 앞에서 특정한 문제를 언급하지 않기로 약속하거나, 의구심이 들 때는 상대방이 좋은 의도를 갖고 있는 것으로 간주하기로 합의할 수도 있다.

새로운 전략 직장에서든 가정에서든 피드백을 초래한 충돌에는 쉽게 사라지지 않는 두 사람 간의 차이가 반영돼 있는 경우가 많다. 이런 경우에는 해결 방안보다는 전략(서로의 약점과 실패, 건망증, 불같은 성미를 피해가기 위한 새로운 방법)을 마련하는 것이 좋다. 대화를 끝낼 때 서로를 배려하는 데 도움이 되는 아이디어를 명확하게 표현하고 양측 모두가 합의 내용을 제대로 이해하고 있는지 정확하게 짚고 넘어가야 한다.

피드백 대화가 한 번으로 끝나는 경우가 드물다는 사실을 기억해두기 바란다. 피드백 대화는 대개 오랜 시간 동안 여러 번에 걸쳐 진행된다. 따라서 어디쯤 서 있는지, 그동안 무엇을 성취했는지, 다음에 무엇을 시도할지 이정표를 확실하게 세워두면 여정을 밟아나가기가 수월해진다.

활용 사례

앞서 설명했듯이 피드백 대화는 예측 불가능하다. 또한 앞서 언급한 여러 기술을 능숙하게 활용해야 한다. 평가 대화를 통해 이런 기술을 실제로 어떻게 활용할 수 있는지 살펴보자.

당신은 연말을 맞아 부서 책임자와 대화를 나누고 있다. 회의 내용 중 공식적인 부분은 주로 보너스와 임금 인상, 승진에 관한 것이다. 이번 대화는 지난해에 대한 생각, 다음 해에 대한 우려 등 중요하게 생각하는 모든 이야기를 나눌 수 있는 기회이기도 하다.

당신은 3년째 계속해서 5점 만점에 4점을 받았다. 5점을 받은 사람은 4점을 받은 사람보다 약 두 배 많은 보너스를 받는다. 당신은 화가 나지는 않는다. 하지만 좌절감이 든다. 당신은 작년에 4점과 5점을 가르는 기준이 부서 운영 성과와 다른 사람이 데려온 고객을 응대한 실적이 아니라 고객을 직접 영입한 실적이라는 이야기를 들었다. 그래서 올해는 신규 고객 영입에 우선순위를 두고 23명의 신규 고객을 데려왔다. 뿐만 아니라 신규 고객들과의 계약으로 인해 팀 매출이 약 20퍼센트가량 증가했다.

어떤 식으로 대화를 이끌어갈 수 있을지 네 가지 방법을 살펴보자. 첫번째부터 세번째 방법까지는 그리 효과적이지 않지만 네번째 방법은 매우 효과적이다. 각 대화 예시에서 예비 단계는 모두 끝났으며 당신이 고과 점수와 보너스에 대해 반응을 보이는 시점에서부터 논의가 시작된다고 상상해보자.

첫번째 방식

당신의 말 "이건 공정하지 않아요. 고객을 데려오면 5점을 주신다고 지난해에 분명히 이야기하셨어요. 그래서 고객을 데려왔는데 여전히 4점이라니요. 공정성에 신경을 쓰는 분이 있긴 한가요?"

분석 여기에는 네 가지 문제가 있다. 첫째, 당신은 결과가 공정하지 않다고 주장한다. 하지만 논의를 좀더 해보기 전까지는 결과가 공정한지 판단할 수 없다. 충분히 많은 숫자의 고객을 데려오지 못했을 수도 있고, 새로 영입한 고객의 숫자가 너무 적을 수도 있고, 기준이 변했을 수도 있으며, 당신이 이런 고객을 영입했다는 사실을 명확하게 짚고 넘어가지 못했을 수도 있고, 지난해의 이야기를 오해한 것일 수도 있으며, 고객 영입 실적이 좋긴 했지만 다른 요소들로 인해 5점을 받지 못했을 수도 있다. 대화를 좀더 한 후에도 평가가 공정하지 않다는 결론을 내리게 될 가능성이 있다. 물론 그렇지 않을 수도 있다. 둘째, '공정하지 않다'라는 당신의 의견을 마치 진실처럼 표현했다. 셋째, 공정성에 신경을 쓰는 사람이 있느냐는 표현은 당신도 잘 알지 못하는 속성을 토대로 하는 인신공격이다. 많은 사람들이 공정성에 대해 신경을 쓸 수도 있고 여러 사람들이 당신의 입장을 적극 옹호했을 수도 있다. 당신의 말은 부정확하다. 당신이 작년에 들었던 말은 좀더 많은 고객을 영입하면 확실히 5점을 받을 수 있다는 것이 아니다. 4점과 5점을 나누는 중요한 기준이 고객 영입이라는 이야기를 들었을 뿐이다.

결과 당신의 상사가 당신이 언급한 내용에 관한 문제를 알아챌 수도 있다. 당신이 그 사실을 깨닫기도 전에 상사는 자신이 공정한 사람이라며 자신의 정체성을 옹호할 것이다. 또한 '당신의 상사가 일을 처리하는 방식'에 대한 논쟁은 당신이 염려하는 문제를 해결하는 데 도움이 되지 않는다.

두번째 방식

당신의 말 "알겠습니다. 4점은 조금 낮긴 하지요. 하지만 괜찮습니다."

분석 이와 같은 표현은 명확하지 않다. 뿐만 아니라 이런 표현 속에는 수동적인 공격성이 내재돼 있다. 사실 당신은 이렇게 이야기하고 있는 셈이다. "당신이 내가 무슨 생각을 하는지 궁금해 할 정도로만 나의 우려를 표현할 겁니다. 그런 우려를 표현한 데 대한 책임을 져야 할 정도로, 혹은 내가 실제로 어떤 생각을 하는지 명확히 드러낼 정도로 적극적으로 표현하지는 않을 겁니다." 이야기를 하거나 하지 않거나 둘 중 하나를 택해야 한다. 하지만 '어느 정도'만 이야기를 하는 것은 좋지 않다.

결과 당신의 상사가 당신이 타당한 우려를 제기하고 있다는 사실을 알아채지 못할 수도 있다. 혹은 당신의 말 속에 숨어 있는 수동적인 공격성 때문에 기분이 상할 수도 있다. 어느 쪽이건 당신은 4점을 받은 이유가 무엇인지, 무엇을 변화시켜야 하는지 알아낼 수 없다. 뿐만 아니라 오히려 당신에 대한 상사의 생각에 부정적인 영향을 미칠 수 있다.

세번째 방식

당신의 말 "놀라운데요. 저는 5점을 받을 거라고 생각했어요. 점수를 바꿀 방법이 있나요?"

분석 5점을 받을 것이라고 생각했다는 사실을 이야기하는 것 자체는 문제가 되지 않는다. 실제로 그렇게 생각했기 때문이다. 하지만 이번에도 역시 4점을 받은 이유가 무엇인지 알아낼 수 없다. 점수를 수정해달라고 요청하는 것도 성급한 일이다. 상사와 논의를 하고 나면 4점이 적절한 점수라는 데 동의할 수도 있다. 혹은 5점을 받을 만한 자격이 있다고 생각할 수도 있다. 후자의 경우라면 상사와의 대화를 통해 얻은 정보를 활용해 당신의 논리를 명확하게 펼쳐보일 수 있다.

결과 상사는 '노'라고 답한다. 이제 더이상 이야기를 끌어낼 수도 없고 무언가를 배울 수도 없으며 영향을 미칠 수도 없다. 혹은 상사가 고려하겠다고 이야기할 수도 있다. 하지만 상사가 고려하겠다는 답을 한다 하더라도 상황을 바꾸는 데 도움이 되는 새로운 정보를 얻을 수도 없을뿐더러 고과 점수와 관련된 생각을 변화시킬 수도 없다.

네번째 방식 : 좀더 노련한 대화

당신의 목표는 당신이 놀라고 실망했다고 주장하고 그 이유를 설명하는 것이다. 점수가 공정하지 않다고 주장하거나 점수를 바꿔줄 것을 요구하는 것이 아니며, 전반적인 시스템이나 결정을 내리는 사람을 판단하는 것도 아니다.

당신이 원하는 것은 몇 가지를 확인하는 것이다. 당신은 기준에 대해서 좀더 많은 정보를 얻고 기준이 어떤 식으로 적용됐는지 확인하기를 원한다. 지난해에 들었던 고객에 관한 이야기와 현재의 기준 사이에 어떤 관계가 있는지 이해하기를 원한다. 바뀐 부분이 있는지, 다른 데이터(동료, 시장, 상부의 압력 등)와 관련이 있는지 알아내기를 원한다.

정보를 좀더 정확하게 이해하고 나면 점수와 보너스가 공정하다고 느낄 수도 있고 그렇지 않을 수도 있다. 또한 관련 문제를 제기하고 싶을 수도 있고 그렇지 않을 수도 있다. 평가 점수가 공정하지 않다고 결론을 내리는 경우라면 그러한 결론이 객관적인 사실이 아니라 당신의 의견이라는 점을 밝혀야 한다. 또한 실제 평가 점수에 대해서 다시 논의하고 싶은 것인지 다음 해에 좀더 좋은 점수를 받기 위해 시스템을 이해할 목적으로 논의를 하려는 것인지 명확하게 밝혀야 한다.

당신의 상사는 이 책을 읽은 적이 없으며 당신이 무엇을 하려는지 재빨리 이해하지 못한다고 가정해보자. 따라서 당신은 끈기를 가져야 한다.

나　5점이 아니라 4점을 받아서 놀랐습니다. 하지만 저는 의사 결정 프로세스나 평가 기준에 대해서 잘 알지 못합니다.

상사　자네가 5점을 받을 만하다고 생각하나?

나　네, 그렇게 생각했습니다. 하지만 생각해보니 충분한 정보를 토대로 그런 생각을 한 것은 아니라는 생각이 듭니다. 지난해 업무 평가 때 4점과 5점을 구분하는 요소 중 하나가 신규 고객 영입이라는 이야기를 들었습니다. 그래서 23명의 신규 고객을 유치하기 위해 열심히 노력했고 그 덕에 매출이 20퍼센트 늘어났습니다. 저는 그 정도면 5점을 받기에 충분하다고 생각했습니다. 하지만 저는 어떤 기준이 적용되는지 정확하게 알지 못합니다. 제가 미처 깨닫지 못하고 있는 다른 요소와 관련이 있을 수도 있겠지요.

상사	나는 4점도 매우 훌륭한 점수라고 생각해.
나	저도 그렇게 생각합니다. 하지만 어떤 식으로 결정이 내려지는지 알아둘 필요가 있다고 생각합니다.
상사	점수가 공정하지 않다고 생각하는 건가?
나	정보가 충분치 않아서 판단을 내리기 힘듭니다. 점수를 결정할 때 어떤 요소를 고려하시는지 설명해주실 수 있을까요? 그리고 새로운 고객과 매출이 점수에 어떤 영향을 미치는지 말씀해주실 수 있을까요?

상사가 평가 시스템에 대해 자세히 설명한다. 당신은 프로세스와 조건 등을 명확하게 짚고 넘어가기 위해 설명을 듣는 동안 이따금씩 끼어든다.

나	방금 설명하신 기준에 관한 이야기를 토대로 했을 때, 그리고 다른 요소가 없다고 가정했을 때 제가 5점을 받아야 한다고 생각합니다. 저와 생각이 다르신가요?
상사	매출과 고객의 측면에서는 나도 그렇게 생각해. 하지만 고과 점수는 과학이 아니야. 보상 위원회에서 일하는 여러 사람들이 각각 조금씩 다른 요소를 고려할 수도 있거든.
나	직원들의 고과 점수를 매기려면 얼마나 많은 노력이 필요할지 상상에 맡길 수밖에요. 저의 고과 점수와 관련된 다른 요소가 있습니까?
상사	보상 위원회의 몇몇 구성원들이 자네의 전반적인 헌신도에 대해서 의문을 제기했어. 그 사람들은 기꺼이 내게 그런 문제에 관한 이야기를 들려줬어. 하지만 나는 자네에게 그 이야기를 하지는 않았어. 그 의견에 동의하지 않기 때문이야. 그건 사소한 거야. 그 문제를

성공적인 대화의 기술

강조하거나 언급하면 오히려 자네에게 해가 될 거야.

나   물론 그런 이야기를 들으니 마음이 좋지 않습니다. 하지만 알아두는 편이 좋겠습니다. 우리가 그렇게 생각하든 생각하지 않든 어떤 사람들은 제가 헌신적이지 않다고 생각하니까요.

상사   위원회를 다시 소집해서 자네의 점수를 수정할 여지가 있는지 살펴보겠네. 아마 그러긴 힘들 거야. 하지만 확인해보겠네.

나   그렇게 한다면 위원회가 어떻게 생각할까요?

상사   자네도 이미 알고 있겠지만, 몇 점을 받건 자신에게 주어지는 보상에 대해 불만을 털어놓는 사람들이 많아. 하지만 정말로 재고할 필요가 있는 경우도 있어.

나   알겠습니다. 그러면 당분간 점수 문제는 그냥 두는 게 좋겠어요. 저의 헌신도를 염려하는 위원회 구성원들과 이야기를 나눠봐도 될까요? 점수를 바꾸기 위해 시도를 해야 할지 결정하기 전에 어떤 생각을 갖고 있는지 좀더 알아보고 싶어요.

상사와 함께 선택 방안을 모색하고 앞으로 일을 어떻게 진행할지 결정하는 동안 대화가 지속된다. 하지만 당신은 피드백을 이해하고 피드백을 통해 교훈을 얻기 위한 의지를 표현하는 일을 훌륭하게 해냈다.

피드백을 통해 교훈을 얻는 능력은 당신의 미래에 매우 큰 영향을 미칠 것이다.

11

성공적인 대화를 위한
5가지 원칙

앞으로 나아가기 위한 몇 가지 아이디어를 소개하고자 한다. 피드백을
구하고, 다른 사람의 충고를 시험하고, 학습에 박차를 가하고, 진척 현황
을 측정하는 데 도움이 되는 방법을 찾아보자.

중요한 것에 집중하라

새로운 시스템이 도입된 후에 로드리고가 받아본 첫번째 업무 평가에서
로드리고의 상사는 도표, 그래프, 능력, 의견 등 다양한 자료를 제시한다.
로드리고는 압도당한 듯한 기분에 빠진다. 지금과 다르게 어떤 식으로
행동해야 할지 혼란스럽다.

그래도 로드리고는 적어도 초콜릿 칩 쿠키와 씨름할 필요는 없다. 최

근에 실시한 실험에 참가한 사람들은 운이 그리 좋지 않았다. 참가자들은 실험실에 오기 전에 한 끼 식사를 건너뛸 것을 요청받았다. 실험 참가자들이 한 명씩 실험실로 들어왔다. 실험실에 놓인 작은 오븐 안에서 초콜릿 칩 쿠키가 구워지고 있었고 실험실은 초콜릿 향으로 가득했다. 피험자들 중 절반에게는 쿠키를 두세 개 먹으라고 이야기했고 나머지 절반에게는 쿠키에는 손을 대지 말고 무를 두세 개 먹으라고 이야기했다.

이후 모든 피험자들에게 기하학 문제를 제시했다. 피험자들에게 주어진 문제는 종이에서 연필을 떼지 않고 모양을 그리는 것이었다. 피험자들은 원하는 만큼 종이를 가져다가 원하는 횟수만큼 그림을 그릴 수 있었다. 쿠키를 먹지 못한(그리고 무를 먹은) 피험자들은 쿠키를 먹은 피험자들에 비해 두 배나 빨리 포기를 선언했다. 다시 말해서 무를 먹은 피험자들의 시도 횟수는 쿠키를 먹은 피험자들의 시도 횟수의 절반 수준에 불과했다. 연구가 로이 바우마이스터와 동료들은 유혹에 저항하기 위해 (혹은 새롭고 매력도가 떨어지는 행동을 억지로 해내기 위해) 관심을 기울이고 노력을 쏟다보면 다른 일을 하기 위한 에너지와 관심, 끈기가 줄어든다고 설명한다.[1]

이러한 사실은 행동과 습관을 바꾸기 위해 피드백 내용을 행동으로 옮기려는 우리의 노력에 중요한 영향을 미친다. 피드백을 정확하고 시기적절하고 통찰력 있을 뿐 아니라 근사하게 전달할 수도 있다. 하지만 숙지해둬야 할 아이디어와 자세히 살펴봐야 할 의사결정, 이뤄내야 할 변화가 지나치게 많이 포함돼 있는 피드백은 한마디로 필요 이상의 내용이 담긴 과도한 피드백이다. 변화에 관심을 기울이는 능력은 제한된 자원이다. 따라서 관심을 기울여야 할 대상이 적을수록 좋다(대개는 그렇다).

그러므로 간단한 것이 좋다. 이를 위해서는 한 번에 한 가지를 정해야 한다. 최종적으로 당신과 피드백 제공자(혹은 피드백 제공자들)는 당신이 어떤 문제를 해결하는 것이 가장 중요하다고 생각하는가? 의미 있고 유용한 대상을 골라야 한다. 하지만 무력해져서는 안 된다. '완벽한' 대상을 찾을 필요는 없다. 완벽한 것을 찾으려고 노력하다 보면 어떤 것도 찾을 수 없다. 그저 유용한 것을 찾으면 된다. 출발 지점 말이다.

"방해가 되는 것을 한 가지만 짚어줄 수 있는가?"라고 질문하라

한 가지 대답만 이끌어내려면 어떻게 해야 할까? "피드백 좀 주세요"라고 이야기해서는 안 된다. 이런 말은 너무 모호하다. 대신 이렇게 말하는 것이 좋다. "내가 노력하면 좋을 만한 부분을 하나만 이야기해주세요." 혹은 3장에서 이야기한 것처럼 "내가 하고 있는 어떤 행동 혹은 내가 하지 못한 어떤 행동이 나 자신에게 방해가 되나요?"라고 좀더 구체적인 질문을 던져볼 수도 있다. 이런 식의 질문을 던진다는 것은 곧 피드백 제공자에게 평소보다 좀더 깊이 파고들어도(당신이 요구하지 않았는가!) 좋다고 이야기하는 것이나 다름없다. 뿐만 아니라 이런 질문은 우선순위를 정하고 본론으로 곧장 들어가는 데 도움이 된다.

물론 비상 상황도 있다. 머리'와' 바지에 모두 불이 붙은 경우에는 '한 번에 하나씩'이라는 공식을 고집할 수 없다. 또한 다른 사람의 우려를 외면할 목적으로 '한 번에 하나씩'이라는 원칙을 고집해서도 안 된다. 당신이 한 번에 열 가지 우려에 대처하지 못할 수도 있다. 하지만 피드백 제공자가 열 가지 우려를 갖고 있다면 상대방의 우려를 묵살해서는 안 된다. 상대방의 우려를 이해하고 인정해야 한다. 그런 다음 처음으로 되돌아와 우선순위를 정해야 한다. "당신이 여러 가지 문제를 제기했어. 그리고 우리는 지금까지 각 문제가 중요한 이유에 대해서 이야기했어. 나도 개선을 원해. 하지만 그동안 내가 경험한 바에 미뤄보면 나는 한 번에 한 가지 일에만 집중하는 방식이 좋아. 어디에서부터 시작하는 것이 좋을지 생각해보자."

항상 쉽기만 한 것은 아니다. 당신에게 피드백을 내놓는 막내딸에게 "이미 언니가 이번 달에 실천해야 할 '한 가지'를 제안했어"라고 이야기하면 어떨까? 아마도 막내딸은 호의적으로 반응하지 않을 것이다. 그러니 변화의 크기와 난이도에 따라 한 번에 몇 가지 변화를 동시에 추구할 수도 있다. 여러 측면에서 변화를 추구할 수 있는 경우라면 특히 한 번에 여러 가지 변화를 추진하는 편이 좋다. 큰 딸과의 관계에서는 좀더 인내심을 발휘하고 막내딸과의 관계에서는 좀더 일관성을 갖기 위해 동시에 노력할 수도 있다. 한 가지 목표를 정하는 것은 기대치를 정하는 것과 같다. 이를테면 집중해야 할 대상을 정하는 것이다.

주제에 귀를 기울여라

로드리고의 피드백 보고서에는 수십 개의 의견과 제안이 포함돼 있었다. 그중 세 개는 '개선이 필요한 부분'을 강조하는 내용이었다. 대부분의 피드백은 모호할 뿐 아니라 라벨을 붙이는 내용이었다(예컨대 '공감 능력'은 평균 수준, '참여 능력'은 평균 이하로 표시하는 식이다). 피드백의 방대한 양 때문에 로드리고는 어디에서 시작해야 할지 갈피를 잡을 수 없었다.

그래서 로드리고는 보고서를 한쪽으로 치워둔 채 직접 행동에 나섰다. 로드리고는 자신이 다른 역할을 맡고 있을 때 함께 일했던 세 명의 직원을 선택하고 특히 짜증스럽게 구는 상사와 동료도 추가했다. 로드리고는 다섯 명의 사람들을 각각 찾아가 다음과 같은 질문을 던졌다. "나의 행동 중 어떤 것이 내가 효과적으로 업무를 진행하는 데 방해가 된다고 생각하십니까?" 물론 명확하게 해두기 위해 잇따라 다른 질문도 던졌다. 가장 긴 대화는 총 10분 동안 지속됐다.

로드리고는 고려해야 할 사항이 '한 가지' 이상이라는 사실을 깨달았다. 하지만 로드리고는 요점을 찾았다. 대화를 통해 로드리고가 찾아낸 표제는 다음과 같다.

"당신의 입장이 무엇인지 우리에게 좀더 빨리 알려주면 좋겠군요."

"당신은 언제나 쭈뼛거리며 다른 사람들이 대화를 지배하도록 만듭니다."

"당신의 독특한 배경을 고려하면 좀더 일찍 대화에 끼어드는 것이 좋을 거라고 생각합니다."

"본사에서 좀더 눈에 띄는 존재가 돼야 합니다."

"당신이 언제 결정을 내리는지 알 수가 없습니다. 결정을 내렸다면 우리한 테 이야기를 해주세요. 그래야 우리도 일을 진행하지요."

"비체계적으로 구는 건 당신에게 도움이 안 됩니다."

로드리고가 찾아간 다섯 명 중 세 명은, 팀장의 위치에 있으면서도 적극적으로 나서지 않고 대화가 흘러가는 대로 내버려두는 로드리고의 태도를 곧바로 지적했다. 로드리고는 피드백을 받기 전까지는 자신에게 이런 단점이 있다는 사실을 깨닫지 못하고 있었다(돌이켜 생각하던 로드리고는 피드백 보고서에 이런 내용이 언급돼 있었다는 사실을 깨달았다). 사실 로드리고는 지금까지 자신에게 정반대의 문제가 있다고 생각했다. 로드리고는 자신이 팀원들을 의사결정에 충분히 참여시키지 않고 있을 뿐 아니라 모두를 논의에 포함시키기 위해 충분한 노력을 기울이지 않고 있다고 생각했다. 동료들과 대화를 나눈 후 로드리고는 팀원들이 실행 방안을 논의할 수 있도록 좀더 적극적으로 지시를 내리고, 마음의 결정을 내린 시점이 언제인지 명확하게 밝혀야 할 때가 있다는 사실을 깨달았다.

로드리고는 다음 한 달 동안 좀더 거리낌 없이 이야기하고 더 적극적으로 지시를 내리기 위해 노력하기로 결정했다. 어느 동료는 특히 도움이 되는 조언을 주었다. "내가 더 열정적으로 구는 게 좋겠다고 이야기하더군요. 만일 내가 필요 이상으로 열정적으로 굴면 내게 이야기를 해주겠다고 제안했어요. 도를 넘어설지도 모른다는 걱정에서 자유로워지면 좀더 빠른 시간 내에 개선될 겁니다."

무엇이 중요한지 질문하라

큰 영향을 미치는 한 가지 변화를 추구하는 데 도움이 되는 마지막 방법은 다음과 같은 질문을 던지는 것이다. "나의 어떤 변화가 '당신'에게 영향을 미칠까요?" 샤론은 저녁 식사를 하면서 세 아들에게 이런 질문을 던졌다. "엄마는 직장에서 많은 스트레스를 받고 있어. 너희들에게 엄마를 좀더 도와주고 이해해달라고 계속 이야기했지. 하지만 이제 다르게 이야기해보자. 엄마가 한 가지를 바꿀 수 있다고 가정했을 때 어떤 변화를 택하면 너희들에게 도움이 될까?"

샤론은 질문을 던져놓고도 그럴듯한 답이 나올 것이라 기대하지 않았다. 간단한 해결책이 있었다면 이미 그런 방법을 활용하고 있었을 테니 말이다. 여덟 살짜리 아들 에이단이 큰 소리로 이야기했다. "스키틀스를 좀더 하고 싶어요!" 스키틀스를 하고 싶다는 대답은 에이단과 열두 살 난 아들 오웬과의 싸움으로 번졌다. 오웬은 "스키틀스를 더 하고 싶다"라는 것이 터무니없는 답이라고 생각했기 때문이다. 순조로운 출발은 아니었다.

그러자 열 살짜리 콜린이 입을 열었다. "우리는 이제 볼링 치러도 안가잖아요."

샤론은 콜린의 말이 "스키틀스를 더 하고 싶다"라는 답변과 별다른 차이가 없다고 생각했다. 하지만 샤론은 콜린이 진지하다는 사실을 이내 깨달았다. "너 볼링 치고 싶니?" 샤론이 물었다.

콜린이 답했다. "그렇게 많이 하고 싶은 건 아니에요."

당황한 샤론이 물었다. "그러면 왜 볼링 이야기를 했는지 이야기해줄래?"

콜린이 답했다. "우리 네 명이 함께 무언가를 하는 유일한 시간이잖아요. '우리끼리만' 함께 즐기는 시간 말이에요. 그런데 우리는 1년 동안 볼링을 하지 않았어요." 콜린의 말이 옳았다. 좀 더 사교적인 성격을 갖고 있는 에이단과 오웬에게는 넷이서 함께 즐기는 볼링이 중요하지 않았다. 하지만 콜린에게는 가족들과 함께하는 볼링이 매우 중요했다. 샤론은 그런 사실을 전혀 눈치채지 못했다. 샤론은 곧장 볼링장에 전화를 걸어 레인을 예약했다.

하나의 질문을 던져서 한 가지 문제를 해결했다.

작은 실험을 시도하라

피드백을 받아들이고 싶은지 그렇지 않은지 확실한 의중을 갖고 있는 경우도 있다. 이렇게 이야기할 수도 있다. "당신이 무얼 제안하려는 건지 잘 알아. 정말 멋진 아이디어라고 생각해. 당장 해보고 싶어서 몸이 근질근질하네." 혹은 이렇게 이야기할 수도 있다. "당신이 무얼 제안하려는 건

성공적인 대화의 기술

지 잘 알아. 이제 거절을 해야 할 것 같아(거실을 검은 색으로 칠하는 건 마음에 들지 않아)." 하지만 상대의 아이디어가 좋은지 나쁜지 확신을 할 수 없는 탓에 명확한 입장을 밝히기 어려운 경우도 있다. "일단 미뤄둘게. 나중에 다시 생각해봐야겠어. 내가 한가한 사람으로 다시 태어난다면 말이야."

어떤 경우건 우리는 자신에게 주어진 피드백을 분석하기 위해 노력한다. 피드백의 장점과 단점을 고려하고, 다양한 선택 방안을 비교하며, 타당하게 여기는 방안을 최종적으로 따른다. 하지만 한 가지 문제가 있다. 변화와 현재의 상황 사이에서 경쟁이 벌어지면 현 상황이 우위를 갖는 것이다. 모든 조건이 동일하면 우리는 변화하려 들지 않는다.

에밀리의 경우를 살펴보자. 에밀리가 운영하는 비영리 단체는 나이 어린 부모들을 지원하고 이들에게 양육 기술을 가르친다. 에밀리는 성실한 노력과 원대한 비전을 발판 삼아 아무것도 없는 상태에서 비영리 단체를 설립했다. 에밀리의 메시지는 다른 이들에게 영감을 주며 에밀리의 아이디어는 중요하다.

에밀리가 진행하는 두 시간짜리 공개 강좌에 대한 반응은 매우 긍정적이다. 하지만 동료들과 초청 연사, 부모들은 에밀리가 본격적인 연설에 앞서 비영리 단체와 이 단체가 하는 일을 소개하는 데 20분이나 할애하는 것이 지나치다고 이야기하곤 한다. 이들은 에밀리가 소개에 많은 시간을 할애하기보다 곧장 저녁 행사를 시작하는 것이 좋다고 제안한다.

에밀리는 5년 동안 이런 제안을 거부했다. 사실 에밀리는 훌륭한 연사인 데다 사람들에게 동기를 부여하는 방법을 잘 알고 있었고, 워크숍에 대한 평가도 좋았으며, 항상 나름의 방식대로 훌륭하게 강연을 진행했다. 한마디로 변화를 추구할 이유가 없었다.

상황이 순조롭게 돌아가면 피드백이 위협적으로 느껴질 수도 있다.

피드백 속에 새로운 무언가를 배우라는 제안이 포함돼 있거나 우리가 아직 완전하지 않다는 의미가 내포돼 있기 때문만은 아니다. 피드백이 위협적으로 느껴지는 것은 편안하고 예측 가능한 무언가를 내려놓을 것을 요구하기 때문이다. 우리는 이미 잘하고 있다. 설사 그렇지 않다 하더라도 적어도 어떤 결과가 나올지 잘 알고 있다. 나는 내가 항상 늦는다는 사실을 잘 알고 있다. 하지만 아직까지는 그런 성향이 내 인생에 끔찍한 영향을 미치지는 않았다. 하객들이 '그렇게' 오래 기다릴 필요는 없었다. 그래도 결국에 우리는 무사히 결혼식을 치렀다. 그렇지 않은가?

피드백이라는 옷이 자신과 맞는지 입어보라

실험을 해보는 것이 좋다. 피드백을 테스트해보기 바란다. 특히 위험이 낮고 잠재적인 장점이 크다면 피드백을 직접 테스트해보는 것이 좋다. 피드백이 옳은 것이 확실하거나 도움이 될 것이 틀림없어서가 아니라 도움이 될 가능성이 있기 때문이다. 또한 실질적인 행동이 예상치 못한 결과로 이어지는 경우가 너무도 많다. 새로운 것을 시도하면 새로운 상황이 펼쳐진다. 또한 당신이(혹은 우리가) 새로운 것을 자주 시도하지 않는다는 사실 역시 피드백을 테스트해야 하는 충분한 이유가 된다.

머릿속에서 시험을 할 수 있는 경우도 있다. 여러 해 동안 학생들을 가르쳐온 하프릿은 교수 평가에서 충격적인 의견을 확인했다. '교수님은 학생들에게 오만하게 굴 뿐 아니라 잘난 체한다. 학생들의 아이디어와 관심사를 무시한다.'

하프릿은 기분이 나빴다. 자신이 갖고 있는 가치관 및 자아상과 이보다 더 동떨어진 의견은 없을 듯했다. 실험실에서 학생들의 성장을 돕기 위해 노력해온 하프릿은 멘토링을 위해 열과 성을 다하는 자신의 태도를 자랑스럽게 생각해왔다. 하프릿은 학과장과 평가 내용에 대해 논의해 보기로 했다. 하프릿은 학과장을 찾아가 이렇게 이야기했다.

"이 의견들을 보세요. 어떻게 학생이 이런 이야기를 할 수 있는지 이해가 되지 않아요."

학생들이 내놓은 의견을 훑어본 학과장은 잠시 후 하프릿을 쳐다보며 이야기했다.

"그래요, 한번 입어보세요."

하프릿은 말문이 막혔다. 당황한 하프릿은 더듬거리며 말했다.

"무슨 말씀이신지 모르겠어요."

"한번 입어보세요."

학과장이 했던 말을 똑같이 반복했다.

"그 학생이 진짜로 무언가를 알고 있는 거라고 가정해봅시다."

"하지만 그 학생이 남달리 무언가를 알고 있어서 그런 말을 한 건 '아닌걸요.'"

하프릿은 반박했다. 농담조로 이야기했지만 사실 진심이었다.

학과장은 이렇게 제안했다. "며칠 동안 그런 가능성에 대해서 생각해보세요. 그 학생의 피드백이 맞다는 이야기가 아닙니다. 다만 그렇게 해야 그 학생이 이런 이야기를 한 이유가 무엇인지 찾아낼 수 있으니까요. 학생이 말이 옳지 않다면 걱정할 필요가 없습니다. 그냥 벗어버리면 되니까요. 하지만 만약 학생의 말이 사실이라면, 조금이라도 그런 기미가 있다면 그런 문제를 해결할 수 있도록 노력하면 됩니다."

머릿속에 있는 가상의 탈의실에서 피드백을 몸에 걸쳐보는 과정이 불편하게 느껴질 수도 있다. 하지만 위험도는 낮은 실험 방법이다. 하프릿은 학생이 제공한 피드백을 자신의 모습과 비교했다. 다양한 각도에서 피드백을 검토한 하프릿은 학생의 피드백 속에 숨어 있는 의미를 이해하기 시작했다. 하프릿은 자신이 오만하게 보일 수도 있다는 사실을 깨닫지 못한 채 내뱉은 말들이 다른 사람들에게는 오만하게 받아들여졌을 수도 있다는 사실을 깨달았다. 하프릿은 자기 자신을 바라보는 새로운 관점('진실'이 아니라 자신을 바라보는 또다른 방식)이 매우 유익하다는 사실을 깨달았다. 또한 이와 같은 새로운 관점은 하프릿이 교수 생활을 하는 내내 학생들과 교류하는 방식에 영향을 미쳤다. 피드백이 옳다는 가정하에 피드백의 내용과 자신의 모습을 제대로 견줘보려는 노력을 하지 않았더라면 하프릿은 이런 사실을 깨닫지 못했을 것이다.

시험하라

당신의 배우자는 당신에게 벌써 몇 년째 좀더 일찍 일어나서 출근하기 전에 요가를 해보는 것이 어떻겠냐고 제안을 해왔다. 당신은 두 가지가 마음에 들지 않는다. 첫번째는 일찍 일어나는 것이고, 두번째는 요가다. 당신은 배우자의 제안을 따른다고 해서 당신의 삶에 어떤 긍정적인 영향이 있을지 이해할 수 없다. 당신에게는 '무언가를 시도했을 때 어떤 도움이 될지 이해되지 않는다면 시도 자체를 하지 않는다'라는 규칙이 있다. 당신의 배우자는 당신이 게으르다고 생각한다. 하지만 당신은 자신이 그저 현명하게 구는 것이라 생각한다.

그러다 갑자기 머릿속에 한 가지 생각이 떠오른다. '난 쉰 살이야. 만약 내가 여든 살까지 산다면 약 1만 1000번의 아침을 맞이할 거야. 요가를 시도해보고 나와 맞지 않는다는 것이 확실해지면 내가 원하는 시간에 일어날 수 있는 날이 1만 999번이나 돼.'

이런 생각이 머릿속에 떠오른 당신은 아침 일찍 일어나 요가 수업에

성공적인 대화의 기술

참석한다. 젊은 시절에 배웠던 것과는 전혀 다른 방식으로 수업이 진행되자 당신은 깜짝 놀란다. 수업이 끝난 후 강사는 당신에게 다가와 이렇게 이야기했다. "요가를 하다가 몸이 상하신 건 아니지요?" 이런 '피드백'에도 불구하고 당신은 요가 수업이 어느 정도 마음에 든다는 사실을 인정하지 않을 수 없다. 게다가 요가를 하니 하루 종일 기분이 상쾌했다. 당신은 요가 수업을 몇 번 더 들어보기로 결정한다. 물론 좀더 시험을 해보기 위해서다.

하지만 한 가지 문제가 있다. 요가를 좋아하게 되면 당신의 배우자가 옳은 제안을 한 셈이 되어버린다. 또한 당신이 틀렸다는 사실을 인정해야만 한다. 당신은 항변한다. "내가 틀린 건 아니야. 전에 했던 것과는 전혀 다른 요가니까. 내가 그걸 미리 예상할 수는 없잖아." 그렇다. 비용이 적게 드는 이런 식의 실험이 커다란 도움이 되는 것은 바로 이런 이유 때문이다. 염려되는 부분이 있더라도 얼마든지 시험적으로 피드백을 따를 수 있다. 당신은 자신의 판단이 이따금씩 틀릴 수도 있다는 사실을 잘 알고 있다. 물론 당신의 배우자가 생각하는 것만큼은 아니겠지만 가끔은 그럴 수도 있지 않은가!

피드백이 당신을 놀라게 할 수도 있다

아툴 가완디는 뛰어난 외과 의사이자 《뉴요커》 기고가이며 하버드 의과대학 교수다. 가완디는 최정상의 자리에 올라 있다는 자부심을 느끼기에 부족함이 없는 인물이다.

하지만 가완디는 수술 실력을 좀더 발전시킬 방법이 없는지 고민했다. 가완디는 수술 코치를 채용해 자신의 수술 기법과 수술 결과(물론 이미 훌륭한 경지에 다다르긴 했지만)를 개선시키는 데 도움이 될 만한 방안을 제안해줄 것을 부탁했다. 가완디는 수술 코치가 자신이 보지 못하는 무언가를 볼 수 있을 것이라고 생각했다.

코치의 권고를 들은 가완디는 깜짝 놀랐다. 코치는 수술 기법과 관련해 몇 개의 제안을 했다(오른쪽 팔꿈치를 들어올리고 싶은 생각이 든다는 것은 곧 발의 위치를 달리 하거나 다른 도구를 사용해야 한다는 뜻입니다).[2] 코치는 가완디가 미처 보지 못했던 사각지대도 지적했다. 코치는 수술에 앞서 환자의 몸에 시트를 덮는 방식에도 문제가 있다고 지적했다. 기존의 방식하에서 가완디는 완벽한 시야를 확보할 수 있었지만 수술대 건너편에 서 있는 보조의 시야는 부분적으로 가려졌다. 가완디는 이 사실을 알지 못했지만 코치는 문제를 즉각 찾아냈다. 또한 코치는 "교수님이 수술팀의 성과를 개선할 수 있는 기회를 제대로 활용하지 못하고 있다"라고 지적했다.[3] 코치의 충고는 커다란 영향을 미쳤다. 몇 달에 걸쳐 한 번에 몇 가지씩 코치의 제안을 따르자 합병증 발병률이 내려갔다.

가완디가 코치가 필요하다고 판단하거나 이와 같은 개선 효과를 예상해서 코치를 고용한 것은 아니었다. 가완디가 코치를 고용한 것은 코치를 고용한다고 해서 별다른 문제가 생길 것 같지도 않은 데다 확실치 않긴 하지만 코치를 고용하는 방법에 얼마나 커다란 장점이 있는지 탐색해볼 만하다고 생각했기 때문이다. 또한 코치를 고용하는 방법은 환자들과 수술팀 모두에게 도움이 되는 방법이었다. 가완디의 환자들과 수술팀이 가완디가 지속적인 학습과 개선에 대한 흥미와 열린 태도를 몸소 실천해 보였다고 생각했기 때문이다.

항상 모든 것을 바꾸라는 뜻이 아니다

자기 자신에게 피드백에 관한 질문을 던질 때 질문의 내용 자체를 재구성하면 위험을 낮추는 데 도움이 된다. 만약 '평생 동안 매일 아침 요가를 해야만 할까?'라고 질문하면 대답은 항상 '노'일 것이다. 하지만 '일단 아침에 일찍 일어나 시도를 한번 해본 다음에 어떤지 생각해볼까?'라고 질문하면 위험이 급감한다.

에밀리는 20분 동안 진행하는 강연 도입부를 줄이라는 사람들의 충고를 모든 것을 바꾸라는 제안으로 여겼다. 즉 앞으로 워크숍을 진행할 때마다 항상 완전히 다른 방식을 택할 것을 요구한다고 생각했다. 한마디 덧붙이자면 그동안 항상 잘못됐다고 인정한다고 해도 아무런 문제가 되지 않는다.

모든 것을 바꿔야 한다는 생각에서 벗어나자 에밀리도 달라졌다. 단체의 비전을 설명하는 데 할애하는 20분의 시간을 줄이는 것이 올바른 선택이라는 확신은 없었지만 한 번쯤 시도를 해보기로 마음을 먹었다. 에밀리는 프로그램에 참가한 부모들에게 환영의 인사를 건넨 후 곧장 프로그램을 시작했다.

실험 결과는 어땠을까? 통상적으로 사용해오던 대본을 따르지 않은 탓에 에밀리는 페이스를 잃었고 곤란한 상황이 몇 차례 연출됐다. 뿐만 아니라 에밀리는 기존의 도입부 중 일부를 계속 유지하고 싶다고 생각했다. 하지만 에밀리는 단체를 소개하는 데 20분을 온전히 할애할 필요가 없다는 사실을 깨달았다. "다음에는 참가자들이 반드시 알아둬야 할 내용을 5분 동안 간략하게 설명하고 프로그램이 끝난 후에 좀더 자세한 내용을 궁금해 하는 사람들에게 관련 내용이 기술된 종이를 나눠줄 겁니다."

결코 매번 모든 것을 바꾼 것이 아니다. 그저 약간만 바꾼 것뿐이다.

물론 실험 자체가 시간 낭비인 경우도 있다. 그래서 이런 과정을 실험이라고 부르는 것이다. 하지만 피드백이 옳은지 확신할 수 없거나 피드백이 잘못됐다고 확신할 때 피드백을 기꺼이 시험하려는 태도를 갖고 있으면 대개는 인생에 큰 도움이 된다. 적어도 피드백 제공자에게 그의 충고를 기꺼이 시도해볼 만큼 열린 태도를 갖고 있다는 사실을 증명해 보일 수 있다. 이런 태도는 두 사람의 관계에 커다란 도움이 된다.

J커브를 견뎌내라

베르나르와 새로운 고객 추적 시스템에 관한 이야기다. 이미 알고 있는 이야기라면 이 부분은 건너뛰어도 좋다.

영업부 부장은 몇 달 동안 베르나르에게 어디에서든 데이터에 접근해 데이터를 검색하고 모든 사람과 정보를 공유할 수 있도록 지원하는 새로운 웹 기반 데이터베이스를 활용할 것을 요구했다. 이 시스템을 이용하면 직원이 휴가를 가더라도 아무런 문제가 없다. 특정한 고객에 대한 최신 정보를 제공하기 위해 누군가를 붙들고 몇 시간씩 설명을 할 필요도 없다. 그저 상대에게 파일명을 가르쳐주기만 하면 된다. 전화번호와 이메일 주소가 적혀 있는 서류에서 고객의 우선순위와 선호도가 기록된 아리송한 주석을 찾아낼 수 있을지 걱정할 필요도 없다.

정말 경이로운 시스템이다. 베르나르는 이 시스템이 매우 유용할 것이라 생각한다. 하지만 새로운 시스템을 제대로 받아들이기는 쉽지 않다. 베르나르는 시스템을 사용하다가 좌절을 느끼고 고객을 응대하는 도중에 시스템 활용을 중단하곤 한다. 혹은 며칠 동안 새로운 시스템을 사용하고 나서 새로운 시스템을 사용했다는 사실을 까맣게 잊고선 한 주가 지나서야 입력해야 할 데이터가 많다는 사실을 뒤늦게 깨닫는다. 베르나르는 이미 수년째 메모를 작성하는 습관을 활용해왔으며 연필과 믿음직한 종이 없이는 일이 제대로 돌아가지 않는다고 생각한다. 모서리가 잔뜩 접혀 있는 종이조차도 베르나르에게는 매우 소중하다. 베르나르의 태도는 이성적이지 않다. 이런 태도는 변화에 저항하기 위한 것에 불과하다.

무엇이 옳고 현명하고 효과적이고 유익한지 몰라서, 옳고 현명하고 효과적이고 유익한 일을 하지 못하는 경우도 있다. 하지만 무엇이 옳고 현명하고 효과적이고 유익한지 잘 알고 있는데도 그것을 하지 못하는 경우도 있다.

두 명의 의사결정자

이것은 전혀 새로운 문제가 아니다. 오디세우스 이야기를 기억하는가? 오디세우스는 매혹적인 노래를 불러 뱃사람들을 죽음으로 몰아넣는 사이렌의 꼬임에 넘어갈까 봐 걱정했다. 오디세우스는 일단 해협 한가운데로 들어가 사이렌의 매혹적인 노래를 들으면 올바른 선택을 하기 힘들다는 사실을 잘 알고 있었다. 그래서 오디세우스는 아주 위험한 순간에 발휘되는 의지력에 의존하려 들지 않고 해협에 들어가기에 앞서 선원들에게 자신을 돛대에 묶어둘 것을 지시했다. 오디세우스는 미래의 유혹에 직면했을 때 자신의 능력이 약해지지 않도록 현재의 갈망을 따르는 데 '우선적으로' 모든 노력을 쏟아붓는다.

호메로스는 좋은 선택을 하기가 얼마나 어려운지 잘 알고 있었다. 호메로스가 알고 있는 사실은 오디세우스뿐 아니라 베르나르에게도 많은 도움이 될 수 있다. 경제학자 토마스 셸링은 자기 자신과의 약속을 지키는 문제(혹은 지키지 못하는 문제)에 있어서 우리가 보이는 당혹스러운 행동 중 상당 부분은 우리가 갖고 있는 일종의 다중 인격에서 비롯한다고 이야기한다.[4] 우리는 일요일 밤이 되면 월요일 아침부터 저탄수화물 식이요법을 시작하겠다고 결심한다. 여기까지는 좋다. 하지만 월요일 아침이 되면 선택과 마주한다. 평소대로 머핀을 먹어야 할까 아니면 달걀과 햄을 먹어야 할까? 샐러드만 먹는 것은 아니지만 그래도 탄수화물이 빠지면 매력적이지 않기는 매한가지다. 오늘 당장 시작하는 것과 내일이나 다음 주에 시작하는 것은 그리 다르지 않다.

그런 탓에 월요일 아침의 자아는 일요일 밤의 자아가 한 약속을 무참하게 짓밟는다. 일요일 밤의 자아는 더이상 질질 끌지 않고 저탄수화물 식이요법을 시작하고 싶어 한다. 일요일 밤의 자아는 변화를 거부하는 월요일 아침의 자아에게 넌더리가 난다. 하지만 어쩔 수 없다. 월요일 아침이 되면 월요일 아침의 자아가 모든 것을 결정한다.

일요일 밤의 자아는 이렇게 자문한다. '변화하겠다는 선택을 내리는 동시에 월요일 아침의 자아가 내 선택을 따르도록 만들 방법이 있을까?' 물론 방법이 있다. 월요일 아침의 자아가 '올바른' 결정(우리 둘 다 새로운 식이요법을 시작하는 거야!)을 내릴 수 있도록 선택의 조건을 바꾸면 된다.

일요일 밤의 자아는 두 가지 방법을 택할 수 있다. 먼저 기대되는 변화의 긍정적인 매력을 높일 수 있다. 둘째, 변하지 않았을 때 나타날 부정적인 결과를 극대화할 수 있다.

변화의 긍정적인 매력을 높여라

월요일 아침의 자아가 변화를 좀더 매력적으로 느끼도록 만들려면 어떻게 해야 할지 살펴보자.

함께할 사람이 있으면 불편한 일이 조금은 덜 불편해진다. 다이어트를 원하는 친구나 동료, 코치, 지인을 찾아서 함께 다이어트를 하는 방법을 제안해보기 바란다. 서로의 상태를 얼마나 자주 확인할지 정하고, 무엇을 시도하고 어떤 성과를 얻었는지 이메일을 주고받기로 약속하고, 함께 점심(물론 저탄수화물 식사여야 한다)을 먹으며 진척 상황을 논의하는 것이 좋다. 서로 위로를 표하고, 조언을 주고, 지원하고, 의견을 솔직하게 제시해야 한다.

유쾌하지 않은 일을 누군가와 함께하는 것이 좋은 이유가 무엇일까? 그렇지 않으면 전혀 재미없게 느껴질 수도 있는 힘든 일이 흥미로운 일이 되기 때문이다. 혹은 누군가와 함께하면 약간이라도 재미를 느낄 수 있기 때문이다. 또한 변화를 인간관계와 결합시키면 노력을 둘러싼 감정적인 이야기를 재구성할 수 있다. 함께할 사람이 생기면 '난 무척 힘들어'라는 생각이 '우린 이 일을 함께 해나가고 있어'로 바뀐다. 친구끼리 서로 옷장 정리를 도와줄 수도 있고, 공부를 함께할 수도 있다. 홀로 글을 쓰는 작가들이 사무실 공간을 공유할 수도 있다.

하기 싫은 일을 누군가와 함께하는 것이 도움이 되는 두번째 이유는 누군가에 대한 책임이 생기기 때문이다. 혼자서 할 때는 포기하더라도 문제가 되지 않을 수 있다. 하지만 함께하면 친구를 생각해야 한다. 마지막으로, 힘든 여정을 누군가와 함께하면 인정이 뒤따른다. 다이어트를 함께 하는 친구나 새로 고용한 개인 트레이너는 당신이 얼마나 많은 희생을 하고 있는지 잘 알고 있다. 그들은 당신이 얼마나 발전하는지 지켜보고, 당신이 얼마나 많은 땀을 흘리는지 알고 있으며, 당신의 노력을 높이 평가한다. 당신의 노력을 인정하는 상대방의 말은 특히 아무런 노력도 하기 싫은 기분이 들 때조차 포기하지 않고 꾸준히 다이어트를 하게 만드는 원동력이 된다.

외향적인 사람들은 이런 방법이 타당하다고 생각할 가능성이 크다. 이런 부류의 사람들은 대개 다른 사람과 함께 있을 때 에너지를 얻는다. 내향적인 사람들은 이런 제안을 또다른 부담이라고 느낄 수도 있다. 다이어트(혹은 운동)도 해야 하는데 다른 사람까지 '만나야' 해?

친구들이랑 어울리거나 열광적인 자전거 동호회에 가입하지 않고도 얼마든지 이런 효과를 얻을 수 있다. 온라인 커뮤니티를 이용하면 파자마를 벗거나 어색한 잡담을 견디지 않고도 서로의 진척 상황을 확인하고, 공감을 얻고, 유용한 정보를 수집하고, 책임감을 가질 수 있다. 지출 관리 방법이든, 자폐증을 앓고 있는 자녀를 돌보는 데서 비롯되는 스트레스에 대처하는 방법이든, 체중 감량이든 웹을 뒤지면 온갖 주제에 대한 커뮤니티를 찾아낼 수 있다. 어쩌면 베르나르 역시 고객 추적 소프트웨어를 활용하는 데 도움이 되는 커뮤니티를 발견할 수 있을 것이다(혹은 직접 커뮤니티를 시작해보는 것도 좋다). 얼마나 경이로운 일인가!

점수를 기록하는 방법 역시 약속을 지켰을 때 주어지는 보상을 늘리는 데 도움이 된다. 사람들이 비디오 게임에 중독되는 주된 이유가 바로 점수다. 게임 점수는 사용자의 발전 현황을 즉각적으로 알려주는 척도이며 게임을 다시 시작하도록 유인하는 도구다.

미야모토 시게루는 닌텐도가 발매한 게임 중 최고의 판매고를 기록한 슈퍼 마리오 형제 시리즈와 젤다의 전설을 만들어낸 인물이다. 마흔 살이 되던 해, 미야모토는 건강을 위해 운동을 하기로 마음을 먹었다. 미야모토는 조깅과 수영을 선택한 다음 자신의 운동량과 체중을 기록한 표를 화장실 벽에 붙여뒀다. 미야모토는 '점수를 기록'하는 방법을 동원해 운동 요법을 자기 수양을 위한 활동에서 게임으로 바꿔놓았다.[5]

미야모토는 운동을 게임으로 바꿔놓는 방법을 자기 자신뿐 아니라 다른 사람들에게도 접목했다. 미야모토가 개발한 '위 피트wii Fit'는 역사상 세번째로 많이 팔린 콘솔 게임이다. 위 피트에 들어 있는 밸런스 보드는 사용자의 체중과 운동 시간을 측정하며, 사용자가 신비로운 섬을 달리거나 훌라후프를 하면서 얼마나 많은 것을 이뤄내는지 추적한다. 미야모토는 놀이의 요소가 더해지면 '사람들이 평소에는 하지 않던 행동도 기꺼이 한다'라고 설명한다. 다시 말해서 점수를 기록하면 놀기 좋아하는 자아에게 도전 과제에 대처하고 문제를 해결하도록 동기를 부여할 수 있다. 뿐만 아니라 점수를 기록하면 긍정적인 피드백을 받았을 때 분비되는 도파민 덕분에 계속해서 노력하게 된다.

게임화gamification[6]에는 이토록 커다란 매력이 있다. 요즘은 고객 참여에서부터 교육에 이르기까지 모든 분야에서 게임화가 널리 사용되고 있다(물론 논란이 있기는 하다). 매사추세츠의 수많은 중학교 과학교사들은 학생들에게 '조그노그JogNog'라는 온라인 게임을 권장한다. 조그노그를 하는 학생들은 과학에 관한 질문에 답을 하고 포인트를 받아 '탑'을 쌓는다. 실시간으로 우수한 학생들의 점수를 수집하는 점수판은 전국에서 조그노그를 하는 학생들의 순위를 매긴다. 8학년인 앙투안느는 과학 수업이 '지루하고 너무 쉽다'라고 이야기했다. 하지만 조그노그를 알게 된 후 앙투안느는 주말 동안 허락된 얼마 안 되는 컴퓨터 사용 시간을 비디오 게임에 할애하지 않는다. 대신 수천 개의 과학 문제를 푼다. 앙투안느는 우수 학생의 이름이 적힌 점수판을 보고 자신과 자신보다 한 단계 높은 학생의 점수 차가 얼마나 되는지 확인하며 중얼거린다. "이제 '저 녀석'을 따라잡아야겠어. 내 명예를 지키기 위해서." 더이상 단순한 과학 문제가 아니다.

닉 파움가르텐은 미야모토가 선보인 닌텐도 게임에 대해 이렇게 이야기한다. "가장 뛰어난 게임들은 새로운 문제를 맞닥뜨렸을 때 찾아오는 흥분과 오래된 문제를 제압했다는 허세 사이에서 황홀할 정도로 훌륭하게 균형을 유지한다." 항상 최선을 다하려고 애써야 하는 상황에서는 의욕을 유지할 수 없다. 새로운 기술을 익히기 위해 노력하는 한편 이미 잘 알고 있는 기술을 사용하는 만족감을 간혹 느낄 필요가 있다. 오직 학습곡선을 따라 달릴 수만은 없다. 언덕을 따라 해변으로 뛰어 내려가 재충전을 해야 할 때도 있다.

피드백을 실천하고 변화를 위해 노력할 때 이런 통찰력을 활용하려면 어떻게 해야 할까? 지금 맡고 있는 일의 점수를 기록할 방법이 있는가? 이런 과정에 경쟁이나 흥미, 만족감을 추가할 방법이 있는가? 지금 당신은 해야 할 일을 뒤로 미루려고 애쓰는 중인가? 그렇다면 매일 프로젝트를 조금씩 진행하는 데 도움이 되는 인센티브 시스템을 고안할 수 있는가? 욕을 그만하라는 아내의 요구를 따르기 위해 노력 중인가? 그렇다면 욕을 할 때마다 일정한 금액을 벌금으로 내놓는 방법도 고려해보기 바란다. 벌금을 내면 욕을 할 때마다 문제를 자각하게 될 뿐 아니라 아이들이 당신을 '돕는 것'을 재미있는 놀이로 여길 것이다. 앱을 다운로드해 당신이 어떤 음식을 고르는지 기록하고 칼로리를 계산해보는 것도 좋다. 계보기를 착용해 어제보다 좀더 많이 걸을 수 있는지 확인해보는 것도 좋다. 이런 접근 방법이 머핀을 내려놓도록 월요일 아침의 자아를 설득하는 데 도움이 될 수도 있다.

변하지 않았을 때 감당해야 할 대가를 극대화하라

지금까지 변화의 매력도를 높여 변화를 이끌어내는 방법에 대해 이야기했다. 이번에는 다른 방법, 즉 변하지 않는 쪽을 택했을 때 좀더 많은 대가를 치르도록 만드는 방법을 살펴보자.

'저탄수화물 식단을 지키는 대신 머핀을 먹으면 미국 나치당에 500달러를 기부하는 방법'은 어떨까? 이렇게 극단적인 방법을 택하면 머핀이 불러대는 매혹적인 노래가 다르게 들리지 않을까?

그런데 왜 하필이면 '머핀을 먹으면 미국 나치당에 기부를 하는 방안'일까?

이런 방안을 굳이 택할 생각이 없다면, 당신의 몸을 돛대에 묶기 위해 반드시 '머핀을 먹으면 미국 나치당에 기부하기'로 할 필요는 없다. 그래도 혹시 이런 방법을 활용할 계획이라면 이렇게 해보자. 먼저 친구에게 500달러를 건넨다. 친구는 500달러를 들고 있다가 당신이 다이어트를 시작하겠다고 말한 날부터 다이어트를 시작하지 않으면 500달러를 실제로 미국 나치당에 기부한다. 사실 500달러를 미국 나치당에 기부하는 것은 다이어트와는 무관한 일이다. 하지만 선택의 조건이 바뀌는 것만은 틀림없는 사실이다.

토마스 셸링은 금연에 실패하면 미국 나치당에 돈을 기부하겠다며 자신을 협박해 금연에 성공했다. 셸링은 약물 중독에 빠진 의사들을 돕기 위해 이들에게 자신의 약물 중독을 시인하는 서신을 작성하게 하고 수신인을 의료인 협회로 기재한 다음 편지를 봉해서 친구에게 맡기는 방법을 활용해왔다. 편지를 작성한 의사가 다시 약물에 중독되면 친구가 보관해뒀던 서신을 의료인 협회로 발송하는 것이다. 코카인 흡입이 단순히 한 차례의 코카인 흡입으로 끝나지 않고 의사 면허와 경력, 명성을 모두 날려버리는 기폭제가 되는 시스템을 만들어낸 것이다.

J커브를 인정하라

변화를 위해 노력하고 있다면, 무척 흔한 데다 우리의 행동과 선택에 커다란 영향을 미치는 한 가지 패턴에 대해 알아두는 것이 좋을 듯하다. 이 패턴이 중요한 것은 교묘한 모양새로 사람들을 기만하기 때문이다.

변화를 필요로 하는 피드백을 받아들이거나 새롭고 도전적인 활동을 시작하려고 노력하면 흔히 J커브라고 알려진 패턴이 등장한다. 수직축은 안녕(행복, 만족 등)을 측정하고 수평축은 시간을 나타내는 그래프를 상상해보자. 수직축에서 위치가 높아질수록 행복이 커지고 위치가 낮아질수록 행복이 줄어든다. 수평축에서 좌측은 현재, 우측은 미래를 나타낸다.

행복에 대해서 이야기를 해보자면, 우리는 중간쯤에서 출발한다. 우리는 항상 해왔던 방식대로 일을 처리하고 중간 정도의 행복을 누린다. 어쩌면 다른 사람들이 불평(피드백)을 늘어놓긴 하지만 이런 평범한 접근 방법이 꽤 효과가 있었을 수도 있다. 혹은 현 상태에 스스로 불만을 느끼긴 하지만 지금까지는 변할 수 없었던 경우도 있다.

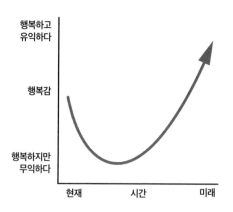

성공적인 대화의 기술

하지만 지금부터 진지하게 접근해보자. 우리는 수영을 배우고, 밖으로 나가 사람들을 만나고, 쓸데없는 험담을 줄이고, 여유롭게 공항으로 출발하고, 팀원들에게 더 열심히 멘토링을 해주려 한다. 변화를 실천하기 시작하면 행복도가 즉각 하락한다. 변화는 불편하고 어색하다. 무엇을 하건 나아지기는커녕 나빠지기만 한다. 왠지 모르게 우울한 기분이 든다. 행복도가 아래로 미끄러져 내려가기 시작한다. 나날이 아래로 곤두박질을 치는 것 같은 기분이 든다. 당연한 수순으로 이런 생각을 하게 된다. 이전의 내가 아주 신이 나지는 않았을 수도 있어. 하지만 변화를 시작하자 상황이 점차 악화되고 있어. 끔찍한 기분이야. 변화가 마음에 들지 않아.

이런 기분이 들면 미래에 대한 고민이 시작된다. 지금 우리가 하고 있는 새로운 일들이 앞으로는 어떻게 될까? 우리는 지금까지 아무것도 해내지 못했어. 마치 중력의 힘에 못 이겨 끌려 내려가는 것처럼 끝없이 아래로 곤두박질치고 있어. 부딪혀서 넘어질 때까지 계속 이렇게 내려가야 하는 걸까?

물론 그렇지 않다. 멈춰야 한다. 변화를 위해 노력하기로 마음을 먹은 것은 커다란 실수였다. 우리는 변화하겠다는 결정을 취소한다. 일요일 밤의 자아여, 미안해. 하지만 우리는 시도를 했어. 효과가 없었을 뿐이야.

슬픈 이야기다. 하지만 타당하다. '만일' 계속해서 아래로 내려갈 것이라는 짐작이 옳다면 말이다. 하지만 우리가 곡선의 맨 아래에 서 있고 이제 행복 곡선을 타고 위로 올라갈 일만 남았다면 어떨까? 과거의 만족 수준과 기술 수준을 넘어설 수 있을 때가 가까워졌다면 어떨까?

다시 말해서 곡선이 예상과 달리 J와 같은 모양을 띠고 있다면 어떨까? 사실 습관 및 접근 방법을 바꾸려 하거나 새로운 기술을 익히려 하면 처음에는 악화되다가 어느 시점이 지난 후부터 차츰 나아질 가능성이 크다. 그보다 더욱 중요한 것은 좀더 나아졌다는 느낌이 들기 전에 상황이 악화되고 있는 듯한 기분이 한동안 든다는 사실이다. 이런 순간에는 J모양의 곡선이 더이상 아래로 내려가지 않고 결국에는 위로 올라간다는 사실을 떠올리기 바란다.

이를테면 일정한 시간 동안(가장 힘든 첫 단계를 지나는 데 걸리는 시간) 무언가를 해내기 위해 열심히 노력하는 것이 좋다. 2주건, 30일이건, 1년이건 새로운 행동이 실제로 도움이 되는지 그렇지 않은지 확인하는 데 타당할 정도의 기간을 할애해야 한다. 수면성 무호흡 때문에 호흡보조기기를 착용하고 잠을 자는 방법을 익힐 생각이든, 실험을 중단하고 실험실을 운영할 생각이든 곡선의 아랫부분을 통과하는 시기를 견디지 못해 결의를 잃어버리지 않도록 노력해야 한다.[7]

J커브의 대표적인 모양새에 대한 이해는 베르나르에게 커다란 도움이 됐다. 베르나르는 온라인 데이터베이스를 활용하기 위한 노력을 시작하기로 마음먹었다. 하지만 처음 몇 주 동안은 엉망이었다. 데이터를 분실한 적도 있었고, 손으로 직접 메모를 작성하는 것보다 컴퓨터에 정보를 입력하는 데 더 오랜 시간이 걸렸다. 하지만 베르나르는 자신이 성공적으로 입력한 고객의 숫자를 기록해나갔고 실수율이 서서히 줄어들기 시작했다. 그로부터 여섯 달이 지나자 베르나르는 고객과 전화를 하는 동시에 데이터베이스에 관련 내용을 기록할 수 있게 됐다. 또한 베르나르는 노트북을 항상 끼고 다닐 필요 없이 어디에서든 전화기를 이용해 고객 정보에 접근할 수 있도록 지원하는 시스템의 장점을 마음껏 활용하기 시작했다. 베르나르는 지금 행복 곡선에서 위로 올라가는 부분을 마음껏 즐기고 있다.

성공적인 대화의 기술

이와 같은 아이디어들은 피드백을 실행하고 변화하겠다는 약속을 이행하는 데 도움이 된다. 새로운 시각으로 선택을 바라보거나 실제로 선택 자체를 바꾸면 행동을 변화시킬 수 있다. 또한 이로 인해 선순환의 고리가 작동하는 경우가 매우 많다. 사실 이런 고리를 만들어내는 것, 즉 변화에 박차를 가하고 변화가 지속되도록 만드는 것이 목표다.

코치를 코치하라

필자들 중 한 사람(누군지는 밝히지 않겠다)은 고등학교 미식축구팀에서 최후방 수비를 담당했다. 할 일이 그리 많지 않았던 고등학교 2학년 시절, 어느 토요일 오후에 미식축구 경기에 참가하라는 명령을 받고서 신이 나서 경기장으로 달려갔다. 수비팀 선수들이 몸을 움츠린 채 한자리에 모여 있는 모습을 본 수비팀 주장이 선수들을 향해 소리쳤다.

"인앤아웃!"

모든 사람들이 각자 맡은 위치로 질주했다.

센터가 공을 뒤로 던지기 직전, 더그는 공포에 질려 주장에게 소리쳤다.

"'인앤아웃'이 뭐죠?"

그러고는 마음속으로 중얼거렸다. '나는 이렇게 많은 사람들이 보고 있는 가운데 학교를 대표해 미식축구를 하고 있어. 그런데 수비 대형이 뭔지 모르겠어. 어디로 가야할지 뭘 해야 할지도 모르겠어. 난 왜 이럴까?'

주장은 다시 소리쳤다.

"우리도 몰라! 그냥 아무나 막아!"

경기가 끝난 후 더그는 주장이(혹은 다른 누군가가) 코치에게 '인앤아웃'

대형이 정확히 무엇인지 물어보기를 바랐다. 하지만 아무도 그러지 않았다. 대형을 이해하지 못하면 '아무나 막아야 한다'라는 것만은 확실했다. 더그는 남은 시즌 내내 그랬다. 시즌이 끝날 무렵 더그네 팀은 0대 8이라는 패배 신화를 기록했다.

더그가 코치를 찾아가 "제가 제대로 이해할 수 있을 때까지 대형에 대해서 천천히 다시 짚고 넘어가면 어떨까요?"라고 물을 수도 있었다. 하지만 더그는 자신이 모른다는 사실을 인정하기가 두려웠다. 뿐만 아니라 선수가 코치를 코치하는 것은 그리 자연스럽지 않다. 원래 코치가 코치하고, 선수들은 코치가 시키는 대로 경기를 한다. 선수들이 무엇을 배워두면 좀더 나은 결과를 내는 데 도움이 될지 코칭스태프들의 이해를 높이기 위해 선수가 '코치를 코치하는' 일은 없다.

필자들이 굳이 '코치'라는 단어를 사용한 것은 당신에게 피드백을 제공하는 모든 사람을 포괄적으로 지칭하기 위해서다. 물론 공식적인 멘토도 코치에 포함된다. 하지만 동료, 클라이언트, 공동 저자, 공동 연구자, 밴드 멤버, 룸메이트, 친구, 가족 등이 '코치' 역할을 하는 경우가 훨씬 많다. 우리는 최고의 결과물을 내놓기 위해 누군가와 협력하고, 동료들에게 좀더 신속하게 업무를 처리할 수 있도록 도와줄 것을 요청하고, 금융 설계사나 필 삼촌으로부터 충고를(충고를 요청하는 경우도 있고 상대가 내 의사와 관계없이 충고를 하는 경우도 있다) 듣는다. 하지만 우리는 미식축구팀 선수들처럼 굴 때가 매우 많다. 다시 말해서 상대방의 충고가 와닿지 않거나 상대방이 우리에게 제안한 내용이 어떤 식으로 도움이 되는지 이해되지 않더라도 한 걸음 물러서서 논의하려 들지 않는다. 동료들과 가족들은 충고가 우리에게 와닿지 않는다는 사실조차 깨닫지 못한다. 혹은 충고가 우리에게 와닿지 않는다는 사실을 알고 있더라도 이런 부분에 대처하는 것 역시 문제의 일부라는 사실을 이해하지 못한다.

안타까운 일이다. 코치를 코치하는 것, 다시 말해서 어떤 것이 도움이 되며 그 이유가 무엇인지 논의하는 것은 학습 속도를 높이는 가장 효과적인 방법 중 하나기 때문이다.

코치를 코치한다는 말을 오해하지 마라

'코치를 코치한다'라고 해서 당신이 마음대로 규칙을 정해도 좋다는 뜻은 아니다. 예컨대 "제가 항상 늦는다고 지적하실 때 기분이 좋지 않습니다. 그러니 지금부터는 칭찬만 하기로 하죠"라거나 "글씨를 조금 더 크게 적어놓으시면 시력 검사 결과가 좀더 좋아질 겁니다"라는 식으로 이야기해서는 안 된다.

코치를 코치한다는 것은 도전적이거나 불편한 피드백을 전달하지 못하도록 장애물을 세운다는 뜻이 아니다. 사실 정반대다. 코치를 코치하는 이유는 명확하고 효율적인 방식으로 의사소통하고 가능한 한 신속하게 가장 중요한 것을 배울 수 있도록 코치와 협력할 방법을 찾기 위해서다. 다시 말해서 협력을 통해 학습을 방해하는 요소를 최소화하는 것이 목표다.

이것이 바로 협상이다. 당신에게도 나름의 선호가 있고 코치에게도 나름의 선호가 있다. 당신이 무언가를 요구하더라도 코치는 그 방법이 효과적이지 않다고 판단할 수 있다. 이것이 바로 이런 대화의 본질이다. 코치를 코치하는 것은 무언가를 요구하기 위해서가 아니라 힘을 모아서 가장 효과적인 방법을 찾아내기 위해서다.

'피드백과 당신'에 대해서 이야기하라

당신은 자신이 어떤 식으로 피드백을 받아들이는지 미처 이해하지 못하는 부분이 많다. 피드백을 받아들이는 문제와 관련해 자신에게 어떤 강점과 약점이 있는지 하루 24시간 내내 고민하는 것이 아니라면 말이다. 어쨌거나 우리 모두에게는 사각지대가 있다. 하지만 당신이 피드백에 어떤 식으로 대응하는지 '부분적으로'는 인지하고 있을 가능성이 크다. 결국 지금 당신은 현재의 프로세스와 관련된 무언가(어떤 조언도 얻지 못한다는 사실이 문제가 될 때도 있다)가 당신에게 도움이 되지 않는다는 이유로 그 문제를 언급하는 것이 어떨지 고민하고 있다. 그 무언가가 무엇이건 당신에게 피드백을 주는 사람과 그 문제에 대해 솔직하게 이야기하기 바란다. 어떤 식으로 이야기할 수 있을지 몇 가지 사례를 살펴보자.

"저는 애매한 건 딱 질색입니다. 정말로 솔직하게 구는 게 좋습니다. 제가 마음을 다칠까 봐 걱정하실 필요는 없습니다. 저는 상처받지 않습니다."

"저는 처음에는 방어적으로 굴지만 나중에 다시 대화를 곱씹으며 피드백이 제게 도움이 되는 이유를 찾아냅니다. 그러니 제가 방어적인 것처럼 보이더라도 계속 이야기를 해주셨으면 좋겠습니다. 그렇지 않을 것처럼 들릴 수도 있겠지만 시간이 지나고 나면 제게 해주신 이야기를 되돌아 볼 겁니다."

"나한테 충고를 할 때 '명백한 정답'이라는 식으로 접근하기보다 도움이 될 만한 아이디어라고 이야기하면 내가 좀더 긍정적인 반응을 보일 수 있을 것 같아. 명백한 정답이라는 식으로 접근하면 그런 피드백을 시도해볼 만한 가치가 있을지 단순하게 고민하기보다 당신의 제안이 진짜 '명백하거나 옳은지' 언쟁을 벌이게 되거든."

성공적인 대화의 기술

"나는 최근에 자기 수양을 위해 이런 일을 해오고 있어. 지금 내가 가장 절실하게 도움을 필요로 하는 부분은 바로 이거야. 다른 문제들은 일단 미뤄두고 있어. 물론 다른 문제들 역시 해결해야 한다는 사실을 잘 알고 있어."

"저는 부정적인 피드백에 매우 민감합니다. 그러니 시급하고 즉시 해결 가능한 문제가 아니라면 제가 프레젠테이션을 하고 있을 때 부정적인 피드백을 내놓지 않았으면 좋겠습니다."

당신은 당신의 아이디어를 공개하고 그런 생각을 하는 이유를 설명해야 한다. 그런 다음 당신의 이야기에 대한 코치의 생각에 귀를 기울여야 한다.

코치가 '그래, 그런 식으로 피드백이 전달된다면 가장 이상적이겠지. 하지만 정말로 중요한 것은 피드백 그 자체야'라는 생각 때문에 당신의 요구와 우려를 묵살할 가능성이 크다. 이와 같은 코치의 생각도 어느 정도 일리가 있다. 대화는 코치가 요령껏 헤쳐나가야 하는 일련의 장애물이 아니다. 하지만 학습 효과를 극대화하는 방법에 관한 우리의 발언이 피드백을 받아들이는 능력에 커다란 영향을 미칠 수도 있다. 우리가 특정한 수비 대형에 대해 자세히 설명을 하는 것은 피드백 제공자들의 입을 막기 위해서가 아니라 이들에게 우리의 생각을 제대로 전달하기 위해서다.

선호와 역할, 서로의 기대에 대해 논의하라

당신에게 충고하는 것을 특히 좋아하는 멘토나 경영 코치, 동료, 친구 등이 피드백을 주는 경우도 있다. 이런 경우에는 피드백 스타일, 선호, 학습의 어려움 등에 대해 포괄적으로 이야기를 나누는 것이 좋다.

세 가지 주제를 중점적으로 다뤄야 한다. 첫번째 주제와 두번째 주제는 피드백을 받는 사람과 관련된 것, 세번째 주제는 코치와 관련된 것이다.

- 당신의 피드백 기질과 성향
- 당신이 성장을 위해 현재 노력 중인분야
- 코치의 철학, 강점과 약점, 요구사항

지금부터 도움이 될 만한 몇 가지 질문을 살펴보자.

조언이 신뢰할 만한지, 앞으로 얼마나 자주 만날지, 진행 상황을 어떤 식으로 측정할지, 당신이 어떤 우선순위와 목표를 갖고 있는지 명확하게 짚고 넘어가는 것 역시 도움이 된다. 또한 어디로 나아가고자 하는지 어떻게 목표를 달성할지 합의하는 것이 좋다.

우리가 인생을 살아가면서 만나는 코치 가운데는 불편한 이웃과 같은 '우발적 코치'도 있다. 이런 경우에도 역할과 서로의 기대에 대해 논의하는 방법이 도움이 될 수 있다. 당신이 기르는 개가 정원에 자꾸만 침입한다는 이유로 당신에게 불만을 갖고 있는 이웃이 있다고 생각해보자. 이웃은 당신에게 담장을 높이거나, 개를 묶어두거나, 아예 먼 곳으로 보내버리라고 '코치'한다. 이웃은 우편함에 메모를 남겨두는 방식으로 자신의 이러한 조언을 전달한다.

이웃의 조언은 당신에게 효과가 없다. 첫째, 당신은 당신 개가 이웃이 주장하는 것만큼 자주 이웃집 마당에 들어간다는 사실을 믿을 수 없다. 항상 다음 날이 되어 편지를 확인하고 나서야 문제를 인지하게 되는 상황인 만큼 상황을 제대로 판단하기가 힘들다. 뿐만 아니라 당신은 쪽지에 배어 있는 적대적인 말투 때문에 이웃의 말을 더더욱 믿을 수 없다.

　상황을 악화시키거나 정상화시키는 것은 개의 행동이 아니다. 당신이 적극적인 태도로 코치를 코치하는가 그렇지 않은가가 전적으로 상황을 결정한다. (1)실제로 벌어지고 있는 일(당신 개가 얼마나 자주 옆집 마당을 드나드는가, 당신네 개를 본 이웃이 어떤 식으로 대응하는가, 개가 이웃에게 피해를 주거나 이웃을 염려케 하는 특정한 행동을 하는가)에 관한 데이터를 수집하고, (2)함께 문제를 풀어나가는 데 도움이 되는 방법을 이웃에게 설명하고, (3)앞으로의 대처 방안에 대한 서로의 기대치에 대해 이웃에게 조언을 하겠다는 분명한 목적을 갖고서 수화기를 들어야 한다. 혹은 직접 이웃집을 방문하면 더욱 좋다.

코치와 코치를 코치하는 사람을 위한 질문

- 누가 피드백을 훌륭하게 전달했는가? 그 사람이 활용한 방식 중 어떤 것이 도움이 됐는가?
- 상대가 좋은 충고를 해줬음에도 거절한 적이 있는가? 그 이유가 무엇인가?
- 무엇이 당신에게 동기를 부여하는가?
- 무엇이 당신을 낙담하게 만드는가?
- 당신은 어떤 학습 스타일을 갖고 있는가? 시각적인 요소를 중요하게 여기는가, 청각적인 요소를 중요하게 여기는가, 큰 그림을 중요하게 여기는가, 세부 사항을 중요하게 여기는가?
- 무엇이 상대의 말을 인정으로 받아들이는 데 도움이 되는가?

- 당신은 자신이 어떤 일을 좀 더 잘했으면 좋겠다고 생각하는가?

- 어떤 사람의 피드백 수용 기술을 존경하는가?

- 당신의 어린 시절과 가족은 피드백과 학습에 대해 어떤 가르침을 주었는가?

- 사회생활을 시작한 초창기의 직장 경험이 당신에게 어떤 교훈을 주었는가?

- 시간이나 단계가 어떤 역할을 하는가?

- 분위기나 전망이 어떤 역할을 하는가?

- 종교나 정신적인 부분이 어떤 역할을 하는가?

- 인생의 중요한 사건들이 어떤 영향을 미치는가? 결혼은 어떤가?

- 해고는 어떤가? 출산은 어떤가? 부모의 죽음은 어떤가?

- 조언과 관련해 가장 싫은 부분이 무엇인가? 평가와 관련해 가장 싫은 것은 무엇인가?

- 무엇이 변하는 데 도움이 되는가?

이웃에게 이렇게 이야기해볼 수도 있다. "우리 집 개가 마당에 들어가면 저한테 곧바로 전화를 해주세요. 쪽지를 남기시니까 다음 날이 돼야 우리 개가 그 집 마당에 들어갔다는 사실을 알게 돼요. 그러면 개가 애당초 왜 밖에서 돌아다녔는지 알아내기가 힘들거든요." 다음과 같은 말을 덧붙일 수도 있다. "우리 집 담장이 제 역할을 해주기를 바랐는데 무언가 문제가 있는 것 같습니다. 잠시 시간을 주시면 개를 다시 훈련시켜야 할지 좀더 나은 해결 방안을 찾아봐야 할지 생각해보겠습니다. 주말쯤에 어떻게 하는 게 좋을지 다시 말씀드릴게요." 이웃에게 염려하는 부분을 자신이 제대로 이해했으며 상황을 제대로 파악하고 해결 방안을

성공적인 대화의 기술

모색하기까지 어느 정도 시간이 걸린다는 사실을 알려주면 갈등이 악화
되는 것을 막을 수 있다.

계급과 신뢰

계급이 조언을 위한 대화에 영향을 미치는 경우도 있다. 우리는 앞서
조언과 평가를 분리하는 것이 좋다고 설명했다. 하지만 당신을 평가하는
사람이 당신에게 조언을 할 때는 그러기가 쉽지 않다. 가끔씩 어쩔 수 없
을 때도 있다. 당신에게 조언을 하는 배우자와 결혼 유지 여부를 결정하
는 또다른 배우자를 동시에 거느릴 수는 없다. 하지만 조언하는 사람과
평가하는 사람을 분리할 수 있다면 분리해야 한다. 물론 당신의 월급과
경력에 관한 결정에 개입할 수 없는 별도의 코치가 있다면 최선이다.

하지만 상사가 코치인 데다 그런 상황을 피할 방법이 없을 때도 있
다. 이런 경우에는 '코치를 코치하는' 대화를 생각하기조차 힘들 수도 있
다. "상사를 상대로 이런 이야기를 하는 일은 없을 겁니다. 제 상사가 제
미래를 결정하니까요. 상사에게 강하고 매우 유능한 모습 이외에 다른
모습을 보일 수는 없습니다."

물론 특정한 관계 내에서 무엇에 관한 이야기를 편안하게 나눌 수 있
을지 충분히 고민하고 선택해야 한다. 하지만 피드백에 관한 이야기를
하기 위해 과거의 실패와 관련된 모든 사실(혹은 부분적인 사실)을 공개할
필요는 없다. 다음과 같은 고백은 할 필요가 없다. "회사에 커다란 손해
를 끼치는 실수를 너무 많이 저지른 탓에 직장에서 두 번이나 잘린 경험
이 있습니다. 이런 문제와 관련해 도움을 주실 수 있을까요?" 대신 이런
방식을 활용해보자. "저는 큰 그림을 보는 일을 맡기로 하고 취직을 했
습니다. 하지만 세부 사항들도 중요하더군요. 세부적인 사항에 집중하는

방법을 배우기가 쉽지 않아요. 제가 신속하게 문제를 바로잡을 수 있도록 문제가 있을 때마다 지적해주시면 많은 도움이 될 것 같습니다."

피드백을 요청할 때는 야망을 드러내기보다 효과를 언급해야 한다. 예컨대, "회의를 훌륭하게 진행하는 방법에 관한 피드백은 제게 중요합니다. 저는 앞으로 5년 내에 부사장이 될 거거든요"라는 식으로 이야기해서는 안 된다. 마찬가지로 "회의를 운영하는 방법에 관한 피드백은 제게 중요합니다. 요즘은 직장에서 그런 기술이 매우 중요시되니까요"라는 식의 공허한 일반론도 피해야 한다. 피드백을 요청할 때는 항상 '현재 맡고 있는' 일을 좀더 효과적으로 해내기 위해서 피드백이 필요하다고 이야기해야 한다. "회의를 운영하는 방법에 관한 피드백은 제게 중요합니다. 조만간 합병이 이뤄질 예정인 만큼 팀의 시간을 가능한 한 효율적으로 활용해야 하기 때문입니다." 이런 식으로 표현하면 두 사람 모두에게 중요한 목적과 결과를 현재 중심적인 방식으로 표현할 수 있다.

그 외에도 두 사람 모두에게 중요한 사실이 하나 있다. 그것은 바로 부정적인 피드백(자신이 개선할 수 있는 부분에 관한 조언)을 좇는 근로자가 좀더 높은 점수를 받는다는 것이다.[8] 물론 학습에 관심을 보인다고 해서 당신이 어떤 부분에서 학습을 필요로 하는지 정확하게 강조할 수 있는 것은 아니다. 하지만 학습에 관심을 보이면 당신이 학습에 뛰어난 사람이라는 사실을 강조할 수 있다.

피드백을 과도하게 요청하지 마라

모든 것이 그렇듯 피드백을 요청하는 것 또한 극단적으로 치달을 수 있다. 영 댄은 다른 사람들에게 피드백을 요청하는 데 푹 빠졌다. 처음에는 동료들도 개선을 향한 댄의 진심 어린 갈망을 그럭저럭 참아냈다. 하지만 댄이 계속해서 피드백을 요구하자 동료들은 금세 댄을 부담스러워하기 시작했다. 직장 동료 한 명은 이렇게 불평을 늘어놓았다.

"댄은 클라이언트와의 회의가 끝날 때마다 마주 앉아 자신의 성과에 대해 이야기를 하고 싶어 합니다. 정말 견디기 힘듭니다."

주위의 모든 사람들을 당신을 위한 '개인 학습 부대'에 강제로 투입하면 조만간 모든 사람들이 극도의 피로감을 느낄 것이다. 물론 당신의 동료들은 머지않아 탈영병이 되고 말 것이다. 학습을 위해서 반드시 다른 사람들에게 '당신'에 대해서 어떻게 생각하는지, '당신'을 어떤 식으로 도와줄 수 있는지 질문할 필요는 없다. 상대방에 대한 질문 역시 학습에 도움이 된다. "우리가 함께 헤쳐나가야 할 비즈니스 문제와 관련해 어떤 생각을 갖고 계신가요? 과거에 비슷한 문제를 겪은 적이 있으신가요? 이런 상황에서 다른 사람들이 어떤 실수를 저질렀나요? 어떤 일로 인해서 오늘 아침과 같은 방식으로 언론에 대처해야 한다는 통찰을 얻으셨나요?" 사람들은 자기 자신의 생각과 경험에 관해서 이야기하는 것을 좋아한다. 상대방의 머릿속에 들어 있는 지혜를 활용하는 방법 역시 직접적인 조언을 요청하는 방법 못지않게 학습에 도움이 된다.

코치는 주위 사람들과 조화를 이룰 수 있도록 도움을 준다

당신의 코치가 태어날 때부터 코치였던 것은 아니다. 게다가 제대로 조언을 주기 위해 강좌를 들었을 가능성도 적다. 당신의 코치 역시 당신과 마찬가지로 부두 노동자일 수도 있고 변호사일 수도 있다. 그러니 그들 역시 코치의 역할이 불편할 수도 있고 그렇지 않을 수도 있으며, 코치 역할을 능숙하게 해낼 수도 있고 그렇지 않을 수도 있다. 뿐만 아니라 제아무리 훌륭한 코치라도 개인적인 강점과 약점을 갖고 있게 마련이다.

코치에게 당신과 함께하고 있는 일 가운데 어떤 부분이 힘겹게 느껴지는지(그런 부분이 있다면) 물어볼 수도 있다. 당신의 코치가 이렇게 이야기할 수도 있다.

"내가 자네에게 제안을 할 때 자네가 무슨 생각을 하는지 도통 모르겠어. 찬성하는 건지 반대하는 건지, 반대할 경우에 의견을 말해도 좋다고 생각하는지 잘 모르겠어."

"우리 회사는 여직원들이 여성 멘토로부터 도움을 받기를 바라지. 내가 자네의 멘토가 될 수 있어서 참 기뻐. 난 세 명의 남자 형제들과 함께 자랐고 아들만 네 명이야. 일종의 학습 경험이었던 셈이야."

"난 인정이라는 건 덧없는 연기와 같다고 생각해. 인정의 말을 듣는 것도 좋아하지 않을뿐더러 인정의 말을 잘하지도 못해. 하지만 나는 훌륭한 코치가 되고 싶어. 그러니 어떻게 해야 할지 함께 생각해보자."

코치를 받는 사람이 상사일 때

세월이 흐르고 성공 사다리를 따라 올라가면 당신에게 솔직한 조언을 하는 위험을 기꺼이 감수하려는 사람이 많지 않을 것이다. 높은 자리에 올라가면 이런저런 평가를 받는다. 평가 결과를 제시하는 것은 시장 분석가, 매출, 이사회의 역할이다. 인정받을 수도 있다. 연설을 위해 자리에서 일어섰을 때 박수갈채가 터져나올 수도 있고 시간과 관심을 기꺼이 할애하는 당신의 태도를 존경하는 부하직원들이 감사의 말을 할 수

성공적인 대화의 기술

도 있다. 하지만 진심 어리고 솔직한 조언은 점차 찾아보기 힘들어진다.

이때 우리 인간은 자기 자신이 훌륭하게 일을 잘해내고 전반적으로 모든 것에 통달했기 때문에 조언이 서서히 사라지는 것이라고 생각한다. 공정하게 이야기하면 이런 생각도 어느 정도 옳다. CEO가 됐건, COO가 됐건 최고 경영진에 임명된 것은 요구받은 일을 훌륭하게 완수하고 오랫동안 주어진 일을 잘해냈기 때문이다. 하지만 모든 사람에게는 단점과 약점이 있다. 또한 당신이 맡은 일의 복잡성이 증대되면 단점과 약점이 걸림돌이 될 가능성이 커진다. 따라서 최고의 자리에 올라가면 누군가의 도움을 받아 자신의 사각지대를 파악해야 한다. 최고 경영진의 자리에 앉게 되면 당신의 약점이 비단 당신뿐 아니라 조직 전체를 망가뜨리기 때문이다.

세계적인 은행의 회장이든 윔블던 결승 진출자든 누구나 조언에 귀를 기울이면 한층 발전할 수 있다. 우리 모두 그럴 수 있다. 신뢰할 만한 조언자는 복잡한 선택에 대해 충분히 고민하고 앞으로 다가올 반발에 대비할 수 있도록 도움을 준다.

사실 오직 부하직원들만이 내놓을 수 있는 조언도 있다. 다른 사람들은 모르지만 부하직원들은 알고 있는 것이 무엇일까? 그것은 바로 당신이 부하직원들에게 미치는 영향이다. 부하직원들은 당신과 회의를 할 때 당신의 사각지대를 포착한다. 부하직원들은 당신의 행동 중 어떤 것이 업무를 방해하고 당신의 메시지를 약화시키며 자신들과 다른 사람들에게 또다른 일거리를 떠안기는지 알고 있다. 뿐만 아니라 부하직원들은 조직 내의 다른 사람들이 당신이 무엇을 이해하지 못하고 어떤 부분에 충분히 관심을 쏟지 않으며 어떤 부분을 명확하게 짚고 넘어가지 않는다고 생각하는지 잘 알고 있다.

부하직원들은 이토록 귀중한 정보원이다. 그러니 정기적으로 이들의 지식을 활용하지 않는 것은 어리석은 일이다. 당신이 앉아 있는 차 안에서는 보이지 않는 전반적인 교통 상황을 훤히 내려다볼 수 있는 교통 헬리콥터에 직통 전화를 걸 수 있는데도 교통체증 때문에 느릿느릿 움직이는 차 안에 가만히 앉아 있는 것과 다르지 않다. 교통 헬리콥터는 교통 집중 지역, 연쇄 충돌, 가장 먼 곳까지 가장 빨리 이동할 수 있는 지름길 등에 대한 은밀한 정보를 제공할 수 있다.

정보가 조직의 상부로 이동하도록 만들기는 쉽지 않다. 어쩌면 정보를 얻기 위해 유체공학을 응용해야 할 수도 있다. 이유가 무엇일까? 대다수의 피드백 제공자들은 우려를 표현하기를 두려워한다. 상사에게 우려를 표현해야 하는 경우라면 '특히' 그렇다. 부하직원들은 당신과의 관계가 위태로워질까봐 걱정한다. 다시 말해서 높은 자리에 앉아 있는 당신이 반대하거나 불쾌해 하거나 방어적으로 굴거나 복수할까 봐 염려하는 것이다. 뿐만 아니라 부하직원들은 당신의 마음을 상하게 하거나, 당신을 당황하게 만들거나, 어색한 대화 때문에 곤란한 입장에 놓이는 것을 원치 않는다.

부하직원들의 제안에 관심을 보이고 적극적인 반응을 보이면 부하직원들의 의욕을 북돋는 데 도움이 된다. 이런 태도를 보이면 부하직원들이 '저 상사는 피드백을 요청하고 진심으로 피드백에 귀를 기울일 만큼 자신만만하군. 그렇다면 솔직하게 피드백을 내놓아도 되겠는걸'이라고 생각하게 된다.

'역 멘토' 관계를 만든다고 생각해도 좋다. 한 명의 코치 또는 조직 내에서 각기 다른 직급을 맡고 있는 여러 코치를 선택해 이들의 눈을 통해 세상을 바라보고 자기 자신을 바라보는 것이다. 작업 현장에서 바라보면 이 조직이 어떻게 보일까? 젊은 근로자와 고객들에게는 이 조직이 어떻게 보일까? 카라카스나 캘거리, 쿠알라룸푸르 지점에서 일하는 사람들은 무엇을 걱정하며, 이런 시장의 고객들은 새로운 마케팅 활동에 대해서 어떻게 생각할까? 모든 사람들의 우선순위에 영향을 받을 필요는 없다. 당신은 당신의 우선순위가 어떤 식으로 조직의 말단으로 흘러가는지 혹은 어떤 식으로 흘러가지 않는지 알고 싶어 한다. 또한 당신의 우선순위가 당신의 의도와 달리 어떤 영향을 미치는지 궁금해 한다. 이런 정보가 있어야만 지속적인 노력을 통해 방향을 바로잡고 수정할 수 있다.

코치를 코치하는 데 도움이 되는 마지막 방안을 소개하고자 한다. 우리 입으로 이런 이야기를 하면 자만하는 것처럼 들릴 수도 있지만 동료나 가족들과 함께 이 책을 읽으면 많은 도움이 될 것이라고 생각한다. 말그대로 함께 읽으라는 이야기가 아니다. 코코아를 마시면서 서로에게 큰소리로 이 책을 읽어줄 필요는 없다. 대신 원하는 장을 정해서 점심이나 저녁 식사를 하며 이야기를 해보면 좋을 것 같다. 특별한 안건 같은 것은 필요하지 않다. 또한 구체적인 부분에 대해서 이야기를 나눌 필요는 없다. 그저 자신이 읽은 부분에 대해 어떻게 생각하는지 이야기하면 된다. 이 책에서 얻은 아이디어를 대화를 위한 촉매제로 활용하면 된다. 타당한 아이디어와 그렇지 않은 아이디어를 몇 개씩 골라내 논의를 해보는 것도 좋다.

원한다면 우리에게 이메일을 보내도 좋다. 최선을 다해 응답할 것을 약속드린다. 도움이 되는 것과 도움이 되지 않는 것을 알려주기 바란다. '인앤아웃' 수비가 무엇인지 간결하고 명확하게 설명을 해줄 독자가 있다면 그것 역시 환영이다.

경계선 안으로 초대하라

아직까지 전혀 언급하지 않은 이야기가 있다. '관계를 변화시킬' 수 있을 정도로 다른 누군가를 당신의 인생에 깊숙이 들여놓으라는 것이다. 왜 그래야 할까? 상호작용 자체가 연결 고리를 만들어내며 관계 내에서 두 사람의 역할을 모두 변화시키기 때문이다. 누군가가 경계선 안쪽에 발을 들여놓을 수 있도록 허락하면 당신은 도움을 요청할 정도로 겸손하고 자신감 있는 사람이 된다. 상대방은 도움을 줄 역량을 갖고 있으며 누군가로부터 도움을 요청받을 만큼 존중받고 인정받는 사람이 된다.

9장에서 경계를 만드는 것이 중요한 이유를 설명했다. 언제, 어떻게 다른 사람들을 감정의 텃밭 바깥으로 내보내야 할지 잘 알고 있어야 한다. 하지만 다른 사람들을 감정의 텃밭(잘 가꾸어진 정원이건 오래된 고물 처리장이건) 안으로 들여놓는 방법을 알아두는 것 역시 중요하다. 누군가를 감정의 텃밭 안으로 초대하는 것은 많은 사람들에게 쉽지 않은 일이다.

솔직하게 이야기해보자. 모든 사람의 마음속에 숨어 있는 감정의 텃밭은 정원과 고물 처리장이 뒤섞인 곳이다. 정원이 엉망일 수도 있고 깔끔하게 정돈돼 있을 수도 있다. 남들 앞에 자랑스레 내놓을 만한 작고 말끔한 공간일 수도 있고 풀숲이 제멋대로 뻗어 있는 흐트러진 공원일 수도 있다. 하지만 우리 모두는 뒷마당 오두막에 몇 가지 비밀을 숨겨두고 산다. 또한 점점 녹슬어가는 걱정더미와 종종 발이 걸려 넘어져도 치우지 않고 그대로 내버려둔 오래된 수치심 상자들을 처리하려면 누군가의 도움이 필요하다. 정원을 지나 '이곳'에 누군가를 들여놓으려면 용기가 필요하다. 그리고 바로 이곳에서 친밀감이 자란다.

관계 내에서 피드백에 대처하는 방식은 바로 그 관계에 커다란 영향을 미친다. 또한 피드백을 처리하는 방식을 바꾸면 관계 자체가 바뀔 수도 있다. 피드백이 예기치 않은 방향으로 흘러간 네 개의 사례를 살펴보자. 각 사례를 통해 누군가를 경계선 안으로 들여놓는 방법이 얼마나 큰 변화를 야기하는지 확인해보자.

다른 사람의 이야기를 잘 들어주다가 마침내 도움을 청한 로잔느

로잔느가 자신의 인간관계가 한쪽으로 치우쳐 있다는 사실을 깨달은 지는 그리 오래되지 않았다.

"사람들은 나를 찾아와 도움을 요청합니다. 저는 다른 사람의 이야기를 잘 들어주지요. 물론 기꺼이 도와주기도 합니다. 저는 그런 일을 즐깁니다. 그러던 중 나의 대화가 온통 다른 사람들의 문제들로 가득하다는 사실을 깨닫기 시작했어요. 저는 주변 사람들에게 어떤 일이 일어나고 있는지 잘 알고 있었습니다. 하지만 가장 친한 친구조차도 제게 어떤 일이 벌어지고 있는지 잘 몰라요."

처음에는 친구들과 동료들이 그저 자신들이 처한 상황에 몰두해 있기 때문이라고 가정했다.

"하지만 이제는 제가 '제 자신에 관한 정보를 적극적으로 알리지 않는 사람'이라는 사실을 알고 있습니다. 저는 다른 사람들에게 제 자신에 관한 정보를 자발적으로 내놓지 않습니다. 도움을 요청하지도 않습니다. 저는 미처 깨닫지도 못한 채 사람들에게 신호를 보냈습니다. 사람들에게 잘 가라고 손을 흔들고 거리를 두자고 이야기를 한 셈이죠."

침묵으로 자신의 경계를 지켜낸 것이다. 이러한 깨달음을 얻은 로잔느는 몇 달 동안 고민했다.

"제가 이런 삶을 원하지 않는다는 생각이 들더군요. 그래서 변하기로 마음을 먹었습니다. 매우 구체적인 기술 하나를 익혀보기로 했습니다. 다른 사람들에게 도움을 요청하는 법을 배워보기로 한 거지요. 오랫동안 결심을 한 것 외에 다른 시도는 전혀 하지 않았습니다. 약간 기이하게 느껴지기도 했습니다. 저한테는 수많은 문제가 있어요. 하지만 무언가를 끄집어내 도움을 청하기는 적절하지 않은 것처럼 느껴졌습니다. 뿐만 아니라 누구에게 물어야 할지, 내가 그 사람으로부터 무엇을 얻고자 하는지 제가 어떻게 알 수가 있겠어요? 어디에서부터 시작해야 할지 알 수 없는 일에 관해 도움을 청하는 일에는 전혀 익숙하지 않았습니다."

로잔느는 결국 한 가지 전략을 생각해냈다. 로잔느는 자신이 정말로 서투르지만 사실 자신에게 그다지 중요하지 않은 문제와 관련해 친구에게 도움을 청하기로 했다. 그 문제는 다름 아닌 패션이었다.

"정말이지, 도움을 요청할 때는 조심하셔야 해요. 동맥을 건드린 것처럼 엄청난 여파가 있었어요. 낸시는 오랫동안 제 외모에 대해서 많은 이야기를 하고 싶었지만 차마 그럴 수 없어서 참고 있었던 사람 같더군요. 낸시는 가장 먼저 '서른이 넘으면 땡땡이 무늬는 안 돼!'라더군요. 그런 다음 '너의 헤어스타일에 대해서 이야기해보자'라더군요. 낸시가 원하는 대로 했지요. 피드백을 얻는 데 도움이 되는 한 가지 방법은 바로 피드백을 '요청하는' 겁니다."

시간이 흐르자 로잔느는 서서히 낸시를 비롯한 다른 친구들, 심지어 직장 동료들에게까지도 자신의 마음속에 자리 잡고 있는 텃밭 중 다소 아름답지 못한 영역 안으로 그들이 들어올 수 있도록 길을 내주었다. 로잔느는 힘들었던 어린 시절로 인한 상처와 헌신적인 관계를 맺을 때 느끼는 어려움 등을 주변 사람들에게 솔직하게 털어놨다. 어떤 피드백은 기대 이상으로 도움이 됐다. 하지만 그보다 더욱 중요한 사실은 로잔느가 사람들과 좀더 친밀한 관계를 맺게 됐다는 것이다.

다른 사람들로부터 도움을 받기 시작하자 로잔느는 자신을 다른 사람들에게 드러내보일 수 있었다.

좌절감을 느낀 후 마음을 열어 보인 클레이

클레이는 로잔느와 정반대의 경험을 했다.

"나딘이라는 동료에게는 열세 살 난 아들이 있어요. 브라이언은 여러 가지 측면에서 뛰어난 아이죠. 똑똑하고 유머러스한 데다 통찰력도 뛰어난 편입니다. 하지만 결코 쉽게 키울 수 있는 아이는 아니에요. 불같이 화를 내곤 하죠. 최근에는 부모에게 화를 쏟아내고 있어요. 나딘과 나딘의 남편은 어쩔 줄을 몰라 해요. 하지만 그들은 어떤 충고도 원치 않아요. 아들에 관한 이런저런 이야기를 쏟아내곤 입을 닫아버려요."

클레이의 머릿속에 나딘에게 도움이 될 만한 충고가 있을까? 그렇다. 하지만 나딘이 어떤 사람인지 잘 알고 있는 탓에 입을 꽉 다물고 있다.

"전 자녀가 없어요. 그런 탓에 사람들이 양육과 관련된 문제에 대해서는 저의 이야기를 잘 받아들이려 하지 않아요. 하지만 저는 지질학자가 되기 전 몇 년 동안 문제아를 위한 캠프에서 여름마다 일했어요. 아이들이 무엇 때문에 화를 내는지, 아이들을 진정시키려면 어떻게 해야 하는지 잘 알고 있어요. 저도 어렸을 때 그랬기 때문에 문제아들을 잘 이해하는지도 모르지요."

나딘은 클레이에게 이런 경험이 있다는 사실을 알고 있을까?

"대략 알고 있습니다. 그런 이야기를 슬쩍 꺼낸 적도 있습니다. 가령 '우리 팀에 이런저런 행동을 하는 아이가 있었어'라는 식으로 이야기를 꺼내지요. 하지만 그게 전부입니다. 나딘은 그저 흘려들을 뿐 이야기에 관심을 기울이지 않아요."

조언자의 입장에서 클레이가 할 수 있는 일이 많다. 자신이 무엇을 알고 있으며 무엇을 알지 못하는지 명확하게 짚고 넘어갈 수도 있다. 이렇게 이야기할 수도 있다.

"브라이언이랑 비슷한 아이들을 상대해본 경험을 바탕으로 너한테 도움이 될 만한 아이디어를 이야기해줄 수 있어. 하지만 나는 아이가 없기 때문에 부모의 관점에 대해서는 잘 몰라." 브라이언을 기르는 일이 얼마나 힘든지 나딘의 노고를 좀더 적극적으로 인정하고 나딘의 자율성(충고를 받아들이건 그렇지 않건 선택은 나딘의 몫이다)을 명확히 짚고 넘어갈 수도 있다. "그동안 정말 많이 노력했어. 아마 이런 방법도 시도해봤을지도 몰라. 결국 브라이언에 대해서 가장 잘 아는 사람은 바로 너니까."

하지만 이 책은 피드백을 받는 방법에 관한 책이다. 따라서 피드백을 잘 받아들이는 데 도움이 되는 방법을 이해해야 나딘이라는 퍼즐을 풀 수 있다. 클레이는 이전에는 생각도 하지 못했던 방식으로 나딘에게 다가갔다. 클레이는 나딘에게 충고를 구했다.

"나딘의 집에서 저녁식사를 하던 중이었어요. 그러다가 저의 사생활에 대한 이야기가 시작됐어요. 우울증을 앓고 있다는 사실을 처음으로 이야기했어요. 나딘이 항우울제에 대해서 제법 잘 알고 있다는 사실을 알게 됐어요. 대화는 매우 유익했습니다. 나에 대한 이야기를 하던 중 느닷없이 나딘이 브라이언에 대한 이야기를 시작했습니다. 나딘은 최근에 어떤 일이 일어났는지 이야기했습니다. 나딘의 이야기를 들은 후 나는 브라이언이 왜 그런 행동을 하는 것인지 제 나름대로의 생각을 이야기했습니다. 나딘은 제 이야기에 귀를 기울였습니다. 브라이언에 대해서 제대로 논의를 한 건 처음이었습니다. 나딘은 마치 스펀지처럼 제 이야

　　　　　　　　　　　　　　　　　　　　성공적인 대화의 기술

기를 모두 흡수했습니다."

이 이야기가 어떻게 끝이 났는지 궁금한가? 그렇다면 클레이의 설명을 들어보자.

"그 후 우리는 충고를 받아들이는 문제에 대해 대화를 했습니다. 저는 깜짝 놀랐습니다. 나딘은 제가 우울증을 앓고 있을지도 모른다고 생각해왔더군요. 어쩌면 자신이 알고 있는 것들이 내게 도움이 될지도 모른다고 생각했답니다. 하지만 제가 그런 이야기를 꺼린다고 생각했던 겁니다. 결국 제가 그랬듯 나딘도 제가 도움을 원치 않는다고 느꼈던 거지요. 다른 사람의 이야기를 듣고 싶어 하지 않는다고 생각했던 겁니다."

재미있는 결말이다.

완벽한 피오나를 위한 완벽한 피드백

피오나는 케냐에서 직접 보건소를 짓고 운영 중이다. 피오나는 지난 10년 동안 파트너 관계를 확대하고, 서비스를 늘리고, 새로운 직원들을 훈련시키느라 쉴 새 없이 일했다. 피오나는 지역 주민들로부터 사랑받고 존경받는 유명인사다. 피오나가 개발한 지역사회 지원 모델을 배우기 위해 아프리카 전역에서 많은 사람들이 피오나를 찾아온다.

최근 들어 피오나는 불안감을 느끼기 시작했다. 새로운 기회가 찾아오자 피오나는 전혀 예상치 못했던 문제가 있다는 사실을 깨달았다. 그동안 직원들을 훈련시키기 위해 많은 노력을 기울였지만 자신이 떠난 후에 자신을 대신해 조직을 이끌 만한 인재를 양성하지 못한 것이다.

계획에 차질이 있다는 사실을 깨달은 피오나는 여느 때처럼 능숙하게 문제 해결 방안을 찾기 시작했다. 피오나는 자신을 대신해 조직을 이끌 사람이 어떤 능력을 갖춰야 할지 일목요연하게 목록을 만든 다음 기존 직원들이 이런 능력을 익히는 데 도움이 되는 전략을 구상하기 시작했다. 뿐만 아니라 피오나는 이미 필요한 능력을 모두 갖춘 직원을 새로 뽑으려면 어떻게 해야 할지도 탐색하기 시작했다.

그러던 중 다른 보건소에서 일하는 친구가 피오나에게 물었다.

"네가 하는 행동 중 어떤 것이 직원들의 학습을 방해하는 걸까?"

친구의 질문 속에 숨어 있는 뜻은 명확했다. 10년이라는 오랜 세월 동안 보건소를 운영할 만한 노하우를 갖춘 인재를 적어도 두어 명 쯤은 양성했어야 마땅하다는 뜻이었다. 불쾌해진 피오나가 물었다.

"직원들의 학습을 '방해하다'니? 농담하는 거야?"

피오나는 그동안 직원들을 훈련하고 가르치기 위해 얼마나 많은 노력을 해왔는지 하나하나 이야기했다.

하지만 친구가 던진 질문이 뇌리에 남아 피오나의 신경을 건드렸다. 피오나는 유능하고 관찰력이 뛰어난 일선 직원을 찾아갔다. 피오나는 자신이 직원들의 학습을 방해하는지 묻지 않고 이렇게 질문했다.

"나의 어떤 행동이 직원들의 학습에 방해가 된다고 생각해?"

직원은 수많은 기업가들이 그렇듯 피오나 역시 모든 일에 개입하는 경향이 있다고 설명했다. 초창기에는 이런 방식이 품질 관리와 일관성 있는 메시지 전달에 도움이 됐다. 하지만 조직의 규모가 커진 후에도 피오나는 계속해서 모든 것을 직접 감독하고 지시하고 관리하려 들었다. 그런 탓에 피오나의 허락 없이는 그 누구도 결정을 내릴 수가 없었다. 직원들이 자신의 판단대로 잘못된 결정을 내리는 일 따위는 없었다. 직원들은 주도적으로 일을 진행하거나 자신의 판단을 신뢰하는 법을 배우지 못했다.

친구의 피드백을 계기로 피오나는 자신의 모습을 돌아보고 조직 내의 많은 사람들과 대화를 나눴다. 이런 노력은 세 가지 결과로 이어졌다.

첫째, 피오나는 한 걸음 물러서서 직원들에게 좀더 많은 책임을 넘기고 직원들을 신뢰하는 법을 배웠다. 둘째, 직원들을 쉽게 신뢰할 수 있을 정도로 직원들과 피오나의 관계가 돈독해졌다. 마지막으로, 피오나는 자신을 비롯한 그 누구도 완벽하지 않다는 사실을 몸소 증명해보였다. 그러자 모두가 긴장을 풀고, 좀더 적극적으로 업무에 임하고, 실수를 통해 교훈을 얻기를 주저하지 않게 됐다.

에이미의 변화하는 거울

에이미는 방금 전 회의 중에 상사에게 꾸지람을 들었다. 많은 사람들이 지켜보는 가운데 또다시 꾸지람을 들은 것이다.

에이미는 전화를 끊고서 곧장 행크에게 전화를 걸었다. 행크는 식료품 매장에서 야간 관리자로 함께 근무하던 시절부터 친분을 쌓아온 가장 친한 친구다. 에이미는 현재 행크가 일하는 슈퍼마켓과 경쟁 관계에 놓여 있는 슈퍼마켓의 관리자를 맡고 있다. 행크는 전에 함께 일했던 식료품 체인점에 계속 근무하고 있으며 유능한 홍보 담당자로 신뢰받고 있다. 지난 몇 달 동안 행크는 에이미가 관리하는 매장이 속해 있는 관할 구역을 책임지는 에이미의 새로운 상사이자 에이미를 무척 싫어하는 이반이라는 사람에 대해서 많은 소문을 들었다.

에이미로부터 가장 최근에 들은 소식은 이랬다. 이반은 배송 업체 교체 문제를 논의하기 위해 관할 구역에서 일하는 매장 관리자들과 아침 일찍 전화 회의를 하기로 했다. 에이미는 예정된 시간보다 몇 분 늦게 전화 회의에 참여했다. 전화가 연결되는 순간 에이미는 "에이미는 여느 때처럼 지각이군요"라는 이반의 말을 듣고 말았다.

에이미가 행크에게 이야기한다. "이반은 나한테 그저 앙심을 품고 있는 거야. 상사라는 사람이 그러면 안 되지. 무려 열여덟 명이 전화선 너머로 이반이 나를 깔아뭉개는 말을 들었어."

같은 날, 전화 회의가 계속되는 도중에 두 사람은 또다시 충돌했다. 농산물을 수령한 후 권한을 갖고 있는 담당자가 서명을 해야 한다는 운송업체의 요구에 대한 이반의 설명 때문이었다. 에이미는 다른 농산물 공급자들도 이미 서명을 요구하고 있다고 지적했다. 하지만 이반은 에이미의 말에 반박했다.

"그렇지 않죠. 지금까지는 그렇지 않았죠. 하지만 지금부터는 서명이 필요합니다. 모두가 농산물을 배송 받을 때 서명을 해야 합니다."

에이미는 계속해서 행크에게 이야기를 한다.

"그래서 이반한테 서명하고 있는 사람들의 목록을 전송하겠다고 이야기했지. 서명이 이미 이뤄지고 있다는 사실을 명확하게 알리고 싶었거든. 그러자 마치 내 말이 들리지 않는 것처럼 이반이 이야기하더군. '에이미가 정말로 문제를 바로잡고 싶어 하는 것 같군요.' 자제가 안 되는 것 같았어. 이반은 지금껏 내가 만나본 모든 사람 중에 가장 방어적인 사람이야. 하지만 다른 사람을 불쾌하게 만드는 문제에 대해서는 두 번 생각하지 않지."

행크는 에이미의 이야기에 친절하게 귀를 기울이며 이따금씩 '응'이나 '와'하는 감탄사를 내뱉는다.

전화를 끊은 행크는 에이미가 피드백에 귀를 기울이도록 도울 방법이 없을지 고민한다.

에이미는 비난을 받은 후 기분이 상한 사람들이 흔히 하는 행동 패턴을 보이고 있다. 지지를 얻기 위해 손을 내밀고 있는 것이다. 감정을 분출하는 것은 자연스러운 행위다. 고통 받았던 순간에 대한 이야기를 친구와 동료들에게 들려주면 다른 사람들과 좀더 친밀한 관계를 쌓고 균형을 되찾는 데 도움이 된다.

하지만 여기서 멈추는 경우가 너무나 많다. 우리는 친구들에게 응원의 거울이 돼줄 것을 요구한다. 그래야 다시 중심을 잡고 불편한 기분에서 벗어날 수 있기 때문이다. 하지만 여기서 멈추면 피드백 가운데 도움이 될 만한 내용을 찾을 수 있도록 도와달라고 부탁할 기회를 놓치게 된다.

물론 에이미의 관점에서 보면 이반의 행동은 피드백이 아니었다. 이반이 그저 바보처럼 군 것뿐이다. 하지만 친구의 도움을 받으면 누군가의 바보 같은 행동 속에서 피드백을 찾아낼 수 있다.

그날 오후 에이미는 행크에게 다시 전화를 건다. 에이미는 먼저 행크에게 자신을 응원해줘서 고맙다고 이야기한 다음 한 가지 부탁을 한다.

"나는 대개 사람들이 무슨 생각을 하는지 잘 알아채는 편이야. 하지만 이반은 달라. 내가 모르는 뭔가가 있는 것 같아. 내가 이반을 자극하는 건지 이반이 모든 사람을 그런 식으로 대하는 건지 모르겠어. 네가 날 좀 도와주면 좋겠어."

에이미는 행크가 응원의 거울에서 솔직한 거울로 바뀌기를 바란다. 에이미의 본능이 옳았다. 행크는 에이미와 이반이 겪고 있는 갈등의 양쪽 측면을 모두 이해한다. 행크는 에이미가 이반의 말에 자극을 받는 이유가 무엇인지 알고 있다. 하지만 그간의 경험을 통해 에이미가 모든 문제를 정확하게 짚고 넘어가려 한다는 사실도 잘 알고 있다. 행크는 어쩌면 에이미가 이런 사실을 모를 수도 있다고 생각한다. 이반이 까다로운 사람이라고 해서 에이미는 그런 사람이 아니라고 볼 수는 없다.

행크는 에이미와 이반이 이전에도 '누가 옳은가'를 두고 충돌한 적이 있다는 사실을 잘 알고 있다. 행크는 패턴을 꿰뚫어보고 있다. 비단 이반만 에이미를 자극하는 것이 아니다. 에이미 역시 이반을 자극하고 있다. 에이미가 인정한다.

"네 말이 옳아. 하지만 이반이 잘못된 이야기를 하는데 이반의 말이 옳은 것처럼 굴 수는 없어. 다른 사람들 앞에서 내가 틀렸다는 이야기를 하는 경우에는 특히 그래."

에이미는 잠깐 말을 멈추었다가 다시 덧붙인다.

"사실 내가 말하지 않은 게 하나 있어."

전화 회의 도중에 이반이 "에이미는 여느 때처럼 지각이군요"라고 이야기하는 것을 듣고도 에이미는 예의 바르게 행동했다. 하지만 운송과 서명 문제에 대해 화상 회의가 지속되는 동안 에이미는 참지 못하고 이반에게 지각과 관련한 문자 메시지를 보내고 말았다.

에이미	지각이라니요? 고작 2분 늦었을 뿐이에요.
이반	5분입니다.
에이미	고객의 불만사항에 응대하느라 어쩔 수 없었습니다.
이반	상관없습니다. 무조건 늦지 마세요.
에이미	2분, 아니면 3분이었어요.

다시 전화 회의로 되돌아온 이반과 에이미는 각자 하던 이야기를 이어갔다. 이번에는 서명과 농산물 배송 관행에 관한 이야기였다. 이번에도 에이미는 논쟁을 멈춰야 할 때가 언제인지 제대로 감지하지 못했다.

행크는 어쩌면 최종 발언을 하고 싶어 하는 에이미의 성향이 두 사람 간의 갈등을 부채질하는 것인지도 모른다고 이야기한다(물론 행크와 대화를 나눌 때도 이와 같은 에이미의 본능이 모습을 드러낸다. 전화를 끊기 직전 에이미는

성공적인 대화의 기술

"하지만 정확하게 말하면 나는 딱 2분 늦었을 뿐이야"라는 말을 덧붙였다).

대화가 엉뚱한 방향으로 흘러가지 않도록 하는 두 개의 목록

솔직한 거울이 돼달라는 부탁을 받은 행크는 두 개의 목록을 만드는 방법을 제안한다. 첫번째 목록은 피드백의 문제점을 나열한 목록이고, 두번째 목록은 피드백의 어떤 부분이 옳거나 유용한지 나열한 목록이다 (7장에서 설명한 억제 도표의 개념을 활용한 것이다). 행크는 이반이 활용하는 접근 방법의 문제점을 지적하고 싶거나 방어적인 기분이 들 때마다 '피드백의 문제점' 란에 해당 내용을 기록하라고 이야기한다. 행크는 그런 다음 옳을지도 모르는 피드백에 대처하는 방법을 설명한다.

다음은 에이미가 냅킨에 기록한 메모 중 일부를 발췌한 것이다.

피드백	피드백의 문제점	옳을지도 모르는 내용
"에이미가 정말로 문제를 바로잡고 싶어 하는 것 같군요."	우리가 중학생이야? 모든 사람들이 듣고 있는 전화 회의 도중에 그런 이야기를 하는 것은 정말로 적절하지 않아. 그런 이야기를 하려면 나를 따로 불러서 일대일로 이야기해야지.	그다지 중요하지 않은 사소한 내용을 두고 언쟁을 벌이고 있어. 사실 농산물과 관련된 이야기는 그리 중요하지 않아.
"또 지각이군요."		모든 사람들이 듣고 있는 상황에서 내 말이 틀렸다는 이야기를 듣는 게 싫었어. 내 말이 옳을 때는 더욱 그래.
"무조건 늦지 마세요."	이반이 옳지 않은 이야기를 할 때조차 이반의 이야기가 옳은 것처럼 굴어야 해?	내가 최종 발언을 할 필요가 있을까? 음, 늘 최종 발언을 하려던 아빠처럼 굴고 있는 걸까?
	난 딱 2분 늦었어. 하지만 어떤 부분도 놓치지 않았어. 이반이 필요 이상으로 민감하게 반응하는 거야.	전화 회의에 몇 번 늦긴 했지. 이제 다른 사람들은 늦지 않는다는 걸 알겠어. 이런 상황을 바꿀 방법이 있을까? 2분 늦었건 5분 늦었건 결국 이반이 알아차렸다는 사실이 중요해. 항상 제 시간에 회의에 참석하는 편이 좋아.

피드백에 어떤 문제가 있는지 기록하고 피드백의 문제점에 대해 논의하자 에이미는 어떤 부분이 옳거나 타당하거나 합리적일 수 있는지 이해할 수 있게 됐다. 목록의 양측을 비교해 합계를 낼 필요는 없다. 목록에 적힌 내용을 토대로 이반과의 상호 작용에 대한 원대한 결론을 내리거나 누가 좀더 옳거나 좀더 커다란 비난을 감수해야 하는지 결정할 필요도 없다. 에이미가 이와 같은 목록을 작성하는 것은 자기 자신에 대해서 좀더 많은 사실을 깨닫고 자신과 이반과의 관계에 대해서 교훈을 얻기 위해서다. 이런 식으로 이반에게 접근하면 당면한 상황을 좀더 균형 잡힌 시각으로 바라보고 어떤 방법이 상황을 개선하는 데 도움이 될지 정확하게 파악할 수 있다.

· · ·

비단 충고의 질이나 평가의 정확성에 대해서만 피드백을 주고받는 것은 아니다. 관계의 질, 다시 말해서 당신이 모든 것을 알아내지는 못했다는 사실을 있는 그대로 드러내보이고 당신의 모든 자아(결점과 불확실성을 비롯해 자신과 관련된 모든 부분)를 관계에 쏟아부으려는 의지 역시 피드백의 주제가 될 수 있다.

성공적인 대화의 기술

12

성공적인 조직을 위한
피드백 시스템

판금 회사에서 공급망 관리자로 일하는 에버렛은 데이터를 좋아한다.

그런 탓에 360도 피드백 평가 자료에 자신이 데이터를 좋아하지 않는다는 사실을 보여주는 다량의 데이터가 포함돼 있는 것을 보고 깜짝 놀랐다. 에버렛은 당혹스러웠다. 360도 피드백 평가 자료에 기록된 결과는 에버렛이 생각하는 스스로의 모습과 전혀 일치하지 않았다. 에버렛은 방어적인 태도를 보였다. 도처에 존재하는 제대로 된 데이터에 미뤄봤을 때 360도 피드백 평가가 잘못됐다고 생각했다. 에버렛은 자신의 이야기에 귀를 기울이는 모든 사람을 붙들고, 피드백을 수집하기 위한 노력 자체에 애당초 문제가 있었으며 평가 결과가 무의미하다고 이야기했다.

그러던 어느 날, 에버렛은 중요한 사실을 깨달았다.

"피드백이 옳다는 사실을 깨달았습니다. 나 자신을 갑작스레 새로운 시각으로 바라보게 됐습니다. 그러자 많은 것들이 설명되더군요. "이런 태도' 때문에 내가 그동안 힘들었던 거군. 이런 부분에서 내가 잘못했군. 이런 행동 때문에 결혼 생활에 문제가 있었군. 이런 부분을 바꾸면 되겠어.'라는 생각이 들었습니다."

에버렛은 마치 개종한 사람처럼 열정적으로 360도 피드백 평가 방식을 지지한다.

"나처럼 사회에서 성공했지만 고집스럽기 짝이 없는 사람들이 자신의 모습을 제대로 이해하려면 360도 피드백 평가를 활용하는 수밖에 없습니다."

하지만 에버렛의 동료 중 상당수는 그렇게 생각하지 않는다. 어떤 사람들은 360도 피드백 평가가 유용하긴 하지만 놀라울 정도로 많은 사실을 일깨워주지는 않는다고 생각했다. 또다른 사람들은 360도 피드백 평가가 아예 유용하지 않다고 생각했다. 심지어 360도 피드백 평가가 파괴적이라고 생각하는 사람도 있었다. 에버렛은 동료들의 이런 태도를 안타깝게 생각한다.

"어떤 성과 관리 시스템도 완벽하지 않습니다. 하지만 우리 회사의 성과 관리 시스템은 꽤 훌륭한 편입니다. 우리 회사의 우수 인재들 가운데에는 현실에 안주하려는 사람들이 너무나 많습니다. 어쩌면 성장을 위해 노력하기를 두려워하는지도 모르지요."

피에르 역시 '자신이 경영하는' 회사의 성과 관리 시스템을 바로잡기 위해 노력 중이다. 소매 의류 체인 사장인 피에르는 자사의 성과 관리 시스템이 직원들에게 어떤 영향을 미치는지 조사했다. 피에르는 조사를 통해 성과 관리 시스템 때문에 너무 많은 시간이 낭비되고 있다는 사실을 깨달았다. 뿐만 아니라 직원들은 의욕을 잃었으며 부당한 대우를 받고 있다고 생각했다.

"우리 회사에서 일하는 직원들은 대부분 훌륭한 사람들입니다. 하지만 시스템이 제 기능을 하지 못했습니다. 모두가 성과 관리 시스템 때문에 스트레스를 받았습니다. 게다가 해결돼야 할 성과 문제는 여전히 해결되지 않았습니다. 좀더 나은 방법을 찾기 위해 노력하고 있습니다. 하지만 아직 그런 방법을 찾지 못했습니다."

피에르는 결국 업무 평가 시스템을 전면 폐지했다. 시스템 자체를 내던져버린 셈이다. 피에르는 직원들은 훌륭하지만 시스템에 문제가 있다고 생각한다. 에버렛은 시스템은 훌륭하지만 사람들에게 문제가 있다고 생각한다.

완벽한 피드백 시스템은 없다

먼저 '문제가 있는 사람'에 대해서 짚고 넘어가자면, 앞서 총 열한 장에 걸쳐 완벽한 학습자가 되기가 얼마나 힘든지를 설명했다. 인간의 특성상 스스로를 명확하게 이해하고, 감정 반응을 관리하고, 오랜 습관을 바꾸려면 평생 동안 노력해야만 한다. 사람들은 교훈을 얻고 바뀔 수 있을까? 물론이다. 교훈을 얻고 변화하는 것이 모두에게 힘든 일일까? 물론이다.

완벽하게 학습을 해내는 사람이 없듯 완벽한 조직 피드백 시스템도 없다. 특정한 조직의 요구사항에 부합하는 좀더 나은 시스템이 있고 상대적으로 덜 어울리는 좀더 나쁜 시스템이 있을 뿐이다. 하지만 특정한 시스템을 선택하고 실행하는 사람은 시스템으로 인해 발생하는 불가피한 긴장과 균형에 효과적으로 대처하기 위해 노력해야 한다.

예컨대, 구성원의 숫자가 제법 많은 조직은 어떤 시스템을 적용하건 조직 구성원 개개인이 갖고 있는 기질의 차이로 인해 문제가 생길 수밖에 없다. 조직에서 채택한 시스템이 어떤 사람에게는 적당히 어울리고 또다른 사람에게는 정말 잘 맞다 하더라도 최소한 소수의 조직 구성원들에게는 맞지 않을 수밖에 없다. 뿐만 아니라 시스템을 실행하는 관리자 중에는 피드백을 주는 데 상대적으로 뛰어난 사람도 있지만 그렇지 않은 사람도 있다. 따라서 이상적인 방식으로 실행하거나 모든 조직 구성원으로부터 전적인 동의를 얻는 일은 있을 수 없다. 또한 직원들의 지지를 얻기 위해 애쓰는 과정에서 악순환의 고리가 강화될 수도 있다. 조직 내에 '저 사람은 전혀 노력하지 않는데 내가 왜 노력해야 하지?'라는 사고가 확산될 가능성이 있다.

조직 내에 어떤 시스템이 있건 피드백 제공자가 '시스템을 활용하면 비용은 지나치게 높은 반면 이익은 거의 없어'라고 생각하는 경우가 너무도 많다. 약학 연구소에서 일하는 루신다는 이런 부분을 명확하게 언급한다. "피드백 시스템 때문에 주요 업무에 할애해야 할 시간을 빼앗기곤 합니다. 피드백 문제를 잘 처리한다고 해서 보상이 주어지거나 인정을 받는 일 같은 건 없습니다."

루신다는 부하 직원들을 어떻게 평가해야 할지 자신이 없다. 루신다는 모두가 최고의 인재는 아니라는 사실을 잘 알고 있다. 하지만 부정적인 평가가 사기를 떨어뜨릴지도 모른다고 걱정한다.

"조직의 요구에 따라 엄격한 잣대로 평가하면 많은 직원들이 낙담하게 될 겁니다. 요즘처럼 인재를 구하기 힘든 때에 인재를 놓쳐서는 안 됩니다. 성과를 갉아먹는 일이 있어서도 안 되지요. 그러니 직원들의 성과를 냉혹하게 구분할 것을 강요하는 시스템이 조직 전반적으로 공정하다

성공적인 대화의 기술

할지라도 나와 우리 팀의 입장에서는 정말 별로입니다. 게다가 제가 듣기로는 다른 관리자들은 이런 평가 방식에 관심도 쏟지 않는다더군요. 만일 제가 이 평가 방식을 사용하면 제가 관리하는 팀에 있는 사람들이 결국 불이익을 당하게 됩니다."

짐은 루신다와는 다른 이유로 공원 서비스 부서의 성과 시스템에 불만을 갖고 있다. 수색구조팀의 성과는 생존과 직결된다. 짐의 설명을 들어보자.

"최고의 인재를 채용하고 선발하기 위해 시간을 투자해왔습니다. 눈보라 속에서 수색구조 작업을 할 사람을 뽑아야 하는데 엉뚱한 사람을 채용하면 모두에게 위험한 상황이 벌어집니다. 저는 최고의 인재만을 뽑습니다. 함께 일하는 다른 동료 관리자들과 달리 저는 이미 기꺼이 불편한 대화를 나누고 까다롭게 결정하는 일을 잘해내고 있습니다. 팀원들의 성과를 무조건 여러 등급으로 나누라고 강요하는 건 팀을 잘 관리한 대가로 저를 벌하는 것과 다르지 않습니다."

그런 식으로는 못 살아, 그것 없이는 못살아

짐과 루신다는 피드백 시스템에 커다란 문제가 있다고 생각한다. 개별 관리자가 전적으로 정직한 피드백을 주는 것은 위험한 일이라는 것이다. 피드백을 주는 사람이나 받는 사람이 제대로 대처하지 못하면 이런 대화가 신뢰와 업무 관계를 훼손하고, 동기를 약화시키고, 팀의 응집력을 무너뜨릴 수 있다.

하지만 정직한 피드백을 주지 '않는' 것 역시 위험하다. 문제가 심각해지고, 관리자와 시스템은 신뢰성을 잃고, 팀의 성과는 떨어지고, 우수한 인재들은 제 성과를 내지 못하는 직원들이 맡은 역할을 충분히 이행하지 않고 있어도 어떤 불이익도 당하지 않는다고 분개한다.

관리자는 진퇴양난의 상황에 처한 듯한 기분에 빠지고, 조직 곳곳에서 피드백을 회피하려는 움직임이 관찰된다. 설문조사에 참여한 경영자 중 무려 63퍼센트가 관리자들이 용기가 부족한 탓에 성과를 주제로 하는 까다로운 대화를 나누지 못하는 것이 효과적인 성과 관리를 방해하는 가장 큰 걸림돌이라고 이야기한다.[1] 이런 부류의 관리자들은 보통 수준의 직원들에게도 업무 평가 점수를 높게 준다. 평범한 직원에게 높은 점수를 주면 성과 문제를 해결하고 의사 결정을 돕기 위해 고안된 인사고과 시스템의 효력이 약화된다. 어느 조직에서는 전체 직원 중 무려 96퍼센트가 최고점을 받았다.[2] 브렌 브라운 박사는 의미 있는 피드백의 부재가 능력 있는 인재들이 조직을 떠나는 가장 큰 이유라고 지적한다.[3]

시스템과 시스템을 사용하는 사람들을 비난하기는 쉽다. 하지만 어떤 방식이 도움이 될지 찾아내기는 쉽지 않다. 성과 시스템이 달성하고자 하는 목표가 매우 다양하기 때문이다. 흔히 언급되는 성과 시스템의 몇 가지 목표를 살펴보자.

- 여러 역할과 기능 부문, 지역에 적용 가능한 일관성 있는 평가 기준 제시
- 공정한 보상과 이익 분배
- 긍정적인 행동 유도 및 부정적인 행동 징계
- 명확한 기대치 전달
- 책임감 강화
- 조직 구성원 개개인이 조직의 목표와 비전을 받아들일 수 있도록 지원
- 개인 성과 및 팀 성과를 강화하고 개인 및 팀을 코치
- 적임자를 직재적소에 배치하고 유지하도록 지원

성공적인 대화의 기술

- 경영진 내 주요 직위에 앉힐 인재를 양성하기 위한 계승 계획 지원
- 직업 만족도 개선 및 사기 진작
- 제 시간(업무 진행 기간, 매분기, 매년)에 완수

하나의 시스템만으로는 이 모든 목표를 달성할 수 없다. 여러 시스템을 함께 활용한다 하더라도 이 모든 목표를 달성하기는 힘들다.

최근에는 관련 시스템을 중앙집중화하고 표준화하는 추세가 강화되고 있다. 다시 말해서 직원, 기능 부문, 지역, 시장에 대한 각종 지표를 정한 다음 데이터를 수집하는 것이다. 이런 방식이 도움이 될 수도 있다. 하지만 피드백이라는 것은 결국 관계와 판단을 기반으로 하는 프로세스다. 딕 그로테가 「성과 지표에 대한 근거 없는 믿음The Myth of Performance Metrics」라는 글을 통해 설명했듯이 '번역한 페이지 수를 기준으로 번역가의 성과를 평가할 수는 없다.'[4] 번역가의 성과를 평가하려면 번역의 질을 판단해야 한다. 원문의 어감과 의미, 어조를 잘 살렸는지 평가해야 한다. 또한 앞서 살펴봤듯이 피드백이 제 기능을 하려면 피드백을 주는 사람과 받는 사람이 서로 신뢰하고 바람직한 관계를 유지하며 능숙하게 의사소통해야 한다. 그렇지 않으면 피드백의 효과가 사라진다.

간단하게 답하기는 힘들다. 하지만 우리는 시스템이란 항상 불완전하다고 생각한다. 시스템을 개선하기 위해서는 항상 노력해야 한다. 하지만 그 뿐이다. 시스템 내에 속한 사람들이 좀더 효과적으로 의사소통할 수 있도록 돕는 방법이 가장 효과적이다. 또한 피드백을 받는 사람의 능력이 피드백 대화에 가장 큰 영향을 미친다. 피드백을 받는 사람들이 끌어당기는 능력을 갖출 필요가 있다. 다시 말해서 피드백을 받는 사람들이 학습을 위해 노력하고, 응원의 거울과 더불어 솔직한 거울을 찾고,

추가적으로 인정이나 조언이 필요하거나 자신이 어디쯤 서 있는지 혼란스러울 때 거리낌 없이 이야기할 수 있는 능력을 갖춰야 한다. 피드백을 받는 사람이 좀더 능숙하게 피드백을 받을 수 있게 되면(끌어당기는 힘을 갖게 되면) 조직 전체가 한결 능숙하게 피드백에 대처할 수 있게 된다. 우리 모두 '함께 끌어당기게 된다.'

지금부터는 불완전한 시스템 내에서 활동하는 불완전한 사람들에 대해서 살펴보고 서로 다른 세 개의 조직적 관점(경영진과 인사 담당자의 관점, 팀장과 코치의 관점, 피드백을 받는 사람의 관점)에서 개선을 위한 아이디어를 제시할 것이다.

경영진과 인사 담당자의 역할

경영진과 인사 담당자는 성과 관리의 문제점을 해결하기 위해 '무언가를 할 수 있는' 사람들이다. 그러므로 경영진과 인사 담당자에서부터 출발해보자. 물론 오직 경영진과 인사 담당자만이 성과 관리에 영향을 미치는 것은 아니다. 하지만 이들은 가장 눈에 띄는 존재며 성과 관리 시스템을 개발하는 과정에 참여할 가능성이 가장 높다. 경영진과 인사 담당자가 할 수 있는 세 가지 일을 살펴보자.

시스템의 장점 홍보에만 열을 올리지 말고 장단점을 설명하라

성과 관리 시스템을 실행하고 옹호하는 것은 대개 인사팀의 역할이다.[5] 이 시스템은 비난의 대상이 되는 경우가 무척 많다. 따라서 인사 부문 책임자들은 인사 관리 시스템의 긍정적인 측면을 알리기 위해 노력한다. "금요일에 집중 근무하는 시스템이나 수요일에 좀더 열심히 일하는 시스템보다 더 나은 시스템이 있을까요? 여기 바로 새로운 성과 시스템이 있습니다!" 하지만 이런 방식으로 성과 관리 시스템을 옹호하면 예상치 못한 결과가 생길 수 있다. 성과 시스템을 둘러싼 논의에서 역할이 고정되는 것이다. 다시 말해서 인사팀과 고위급 경영진은 성과 관리 시스템을 응원하는 치어리더의 역할을 맡게 되고 나머지 사람들은 모두 성과 관리 시스템을 조롱하게 된다. 인사 담당자가 좀더 긍정적인 메시지를 보내면 나머지 사람들은 좀더 부정적인 메시지를 전달하고픈 욕구를 느낀다.

물론 인사 담당자와 고위급 경영진은 어떤 문제가 있는지 잘 알고 있다. 고위급 인사 담당자들이 참여한 포럼 중 비공개로 실시된 설문조사에서 자사의 성과 관리 시스템에 A를 준 사람은 3퍼센트에 불과했으며 무려 58퍼센트가 C나 D, F를 줬다.[6] 경영진과 인사 담당자들은 성과 관리 시스템의 문제점을 누구보다 잘 알고 있다. 하지만 성과 관리 시스템의 문제점을 공개적으로 이야기하는 것은 이들의 역할이 아니다.

경영진과 인사 담당자들은 성과 관리 시스템의 장점을 홍보하는 데만 열을 올리지 말고 어떤 장점이 있고 어떤 단점이 있는지 설명해야 한다. 우리가 몇 년 전에 만났던 클라이언트를 통해서 성과 관리 시스템의 장점과 단점을 두루 설명하는 것이 왜 중요한지 살펴보자. 새로 채용된 인사팀 팀장 제인은 성과 관리 시스템의 문제를 바로잡을 것을 요구받았다. 제인의 전임자는 새로운 시스템을 도입하려고 노력했다. 1년 동안 열심히 노력했지만 집행 위원회는 제인의 전임자가 새로 개발한 시스템을 승인하지 않았고 제인의 전임자는 결국 조직을 떠났다.

새로 채용된 제인은 자신의 전임자가 어떤 계획을 갖고 있었는지 살펴봤다. 제인은 단순히 새로운 성과 평가 시스템을 도입하기보다 전임자가 제안했으나 집행 위원회가 거부한 바로 그 시스템을 도입하기로 마음먹었다. 제인의 비서는 굳이 그렇게 힘든 길을 택하는 이유가 무엇인지 물었다.

"해고당하고 싶으시다면 페이스북에 문제가 되는 사진을 올려두면 되지 않나요? 그게 좀더 쉽고 훨씬 재미있을 걸요."

하지만 제인에게는 계획이 있었다. 제인은 집행 위원회를 소집해 프레젠테이션을 진행했다. 제인은 집행 위원회에 지난해에 거부한 시스템을 재고해줄 것을 요청했다. 그 누구도 제인의 제안을 환영하지 않았다. 하지만 제인은 덧붙였다.

"이 시스템의 문제점을 정리한 목록을 만들고 싶습니다."

적어도 흥미로운 시간이 될 가능성이 있었다.

집행 위원회는 제인의 전임자가 제안한 시스템을 비평하기 시작했다. 문제점 목록은 계속 늘어났다. 제인도 자신이 발견한 몇 가지 문제점을 추가했다. 목록이 완성되자 제인은 각 항목을 큰 소리로 읽은 다음 감탄사를 내뱉었다. 제인은 잠깐 동안 말을 멈추었다가 다시 입을 열었다.

"심각한 문제점들이 있군요. 이 시스템을 부결시키신 건 당연합니다."

제인의 말이 끝나자 불평이 쏟아졌다.

"지금까지 이 계획에 많은 문제가 있다는 사실을 몰랐다는 겁니까? 문제 해결을 위해 고용한 사람이 고작 이 정도입니까?"

제인이 다시 입을 열었다.

"그럼 이번에는 이 시스템의 장점을 나열해보죠."

처음에는 속도가 느렸다. 하지만 곧이어 탄력이 붙었다. 제인은 다시

한 번 큰 소리로 각 항목을 읽었다. 제인은 전임자가 제안한 새로운 시스템의 장점으로 꼽힌 여러 가지 특징을 현재 사용 중인 시스템이나 집행 위원회가 알고 있는 다른 시스템과 비교 설명했다. 제인은 잠시 뜸을 들였다가 말했다.

"심각한 문제점도 '있고' 중요한 장점도 있군요."

제인은 말을 덧붙였다.

"우리는 여러 성과 관리 시스템을 살펴봤습니다. 모든 시스템에는 단점이 있습니다. 우리가 지금 고려하고 있는 시스템은 그나마 단점이 가장 적습니다. 또한 우리의 목표와 우리가 당면한 상황을 고려하면 가장 중요한 장점도 있습니다. 우리는 이 시스템을 도입해야 합니다. 지금까지 나온 여러 대안과 비교했을 때 우리와 가장 잘 맞기 때문입니다. 좀더 나은 시스템이 있으면 언제든 그 시스템을 도입할 것을 약속드립니다."

집행 위원회는 만장일치로 제인의 의견에 찬성했다. 이런 대화를 진행하는 데 총 45분이 걸렸다. 집행 위원회가 지난해와 다른 결정을 내린 이유를 묻자 어느 위원이 답했다.

"작년에는 이 시스템의 장점에 대한 이야기만 들었습니다. 올해는 단점에 대해서도 논의했지요."

웃기는 논리라는 생각이 들 수도 있다. 하지만 이 집행 위원의 말이 옳다. 사람들은 자신이 걱정하는 주제에 대해 선택하라는 요청을 받았을 때 오직 장점에 대한 정보만 주어지면 직접 단점을 생각해낸다. 그중에는 실제적인 단점도 있고 실제 단점과 무관한 가상의 단점도 있다. 그러고 나면 사람들은 가상의 탈출구를 만들어낸다. '단점이 없는 계획이 있을지도 모르는데 이토록 단점이 많은 계획을 받아들여야 할 이유가 있을까? 단점이 없는 계획을 활용하자.'

제인은 집행 위원들이 내면의 목소리(두려움과 염려)를 밖으로 끄집어내 하나하나 따져보고 평가할 수 있도록 했다. 이런 과정을 거친 끝에 장점보다 단점이 많다는 사실을 발견하게 될 수도 있다. 하지만 적어도 사람들이 실제로 존재하는 선택 방안을 평가할 수 있다. 다시 말해서 누군가가 제안한 계획과 아직 발견되지도 않은 가상의 계획을 놓고 고민하는 것이 아니라 각기 다른 장점과 단점을 갖고 있는 여러 계획을 놓고 비교할 수 있다.

인사 담당자와 고위급 리더들은 조직 시스템을 선택하거나 실행할 때 직급을 막론한 모든 직원들에게 시스템의 다양한 목표에 대해 명확하게 설명하고, 다른 시스템이 아니라 이 시스템을 선택한 이유를 설명하고, 장점과 잠재 비용을 투명하게 공개하고, 열정 없는 참여가 어떤 비용을 초래하는지 정확하게 짚고 넘어가고, 지속적으로 논의에 참여해 제안과 피드백을 꾸준히 내놓을 것을 요청해야 한다.

시스템에 관한 불만이나 우려에 대응할 때는 귀를 기울이고 인정해야 한다. 시스템 개선에 도움이 되는 구체적인 제안을 요구해야 한다. 누군가가 제안한 아이디어를 거절하기로 결정한다면 이유를 설명해야 한다. "오랫동안 논의해보았습니다. 이런 부분에서 문제를 해결하는 데 도움이 되는 것 같더군요. 하지만 다른 부분에서 문제를 초래하는 것으로 밝혀졌습니다. 여러 가지 요소를 감안해 제안해주신 프로그램을 실행하지 않기로 결정했습니다." 이유를 설명하지 않으면 사람들은 당신이 계획의 장점을 제대로 이해하지 못했다고 가정한다. 혹은 당신이 형식적으로 의견을 요청했다고 생각할 수도 있고, 당신이 자신들의 염려나 행복에 관심을 기울이지 않는다고 여길 수도 있다.

인사팀이 관련 프로세스를 간소화할 수도 있다. 하지만 결국에는 피드백을 주고받는 과정에서 발생하는 딜레마와 시간 부족 문제는 인사팀의 문제가 아니라 '모두의 문제'다. 모두가 문제를 공유하면 새로운 아이디어가 등장할 수도 있다. 뿐만 아니라 모두의 문제라는 사실을 인식하면 한쪽은 억압하고 한쪽은 피해를 입는 일반적인 역학 관계에서 벗어나 문제 해결을 위해 함께 노력하는 관계로 발전할 수 있다.

회사 내에서 피드백이 제대로 교환되지 않는 상황에 신물이 난 이스마일은 '딜레마를 공유'하기로 마음먹었다. 이스마일은 회의를 소집해 솔직하게 이야기했다.

"사람들이 피드백을 충분히 받지 못한다고 불만을 털어놓곤 합니다. 또한 피드백이 마음에 들지 않는다고 투덜대기도 하지요. 직원들은 관리자를 비난합니다. 관리자들은 직원들을 비난합니다. 모두가 인사팀을 비난합니다. 우리는 평가와 멘토링에 가장 도움이 되는 최고의 시스템을 도입했습니다. 하지만 솔직하게 이야기해보죠. 이런 시스템들은 완벽하지 않습니다. 앞으로도 그럴 겁니다. 그 어떤 시스템도 학습을 하도록 강요할 수 없습니다. 하지만 그 어떤 시스템도 학습을 하지 못하도록 방해하지 않습니다. 그러니 우리가 스스로에게 '나는 어떤 부류의 학습자가 되고 싶은가? 나는 어떤 부류의 멘토가 되고 싶은가?'라고 질문을 던지는 것이 가장 좋은 방법입니다. 우리는 모두 한 배를 타고 있습니다. 여러분이 나의 학습을 돕는다면 나도 여러분의 학습을 돕게 되지요."

이스마일이 상황을 솔직하게 설명하자 사람들은 자신들의 불만이 행정적인 문제가 아니라 사람으로 인해 발생하는 문제라는 사실을 깨달았다. 이스마일은 사람들의 참여와 대화를 유도했다. 비단 당면한 도전 과제에 대해 이야기를 꺼냈을 뿐 아니라 스스로 학습할 수 있도록 책임감을 갖고 도움이 되는 해결 방안을 생각해내도록 격려했다.

물론 피드백 시스템을 설계하고 실행하는 과정에 모든 조직 구성원을 참여시킬 수는 없다. 그러나 공식적인 방식과 비공식적인 방식을 총동원해 참여를 유도할 수 있다. 성과 시스템에 가장 반발하는 사람들을 설계 과정에 참여시키는 방법이 도움이 되는 경우가 많다. 이들의 관점과 아이디어를 활용할 수 있을 뿐 아니라 이들이 갖고 있는 불만에 건설적으로 접근하는 방법을 찾아낼 수 있기 때문이다.

인정과 조언, 평가를 구분하라

하나의 성과 관리 시스템만으로는 세 가지 유형의 피드백을 효과적으로 전달하기 힘들다. 각 피드백을 효과적으로 전달하려면 각기 다른 특징과 환경이 갖춰져야 한다.

평가는 공정하고 일관성 있으며 명확하고 예측 가능해야 한다. 여러 사람과 팀, 부서에 이런 원칙이 일관되게 적용돼야 한다. 누가 누구를 평가할지, 어떤 기준으로 성공과 발전을 평가할지 잘 알고 있어야 한다. 문제가 발생할 때 적절히 대처할 수 있도록, 평가를 하는 사람과 평가를 받는 사람이 1년 내내 목표와 진척 상황에 대해 깊이 있는 대화를 나눠야한다. 평가 시스템은 공정성과 일관성이 유지될 수 있을 정도로 엄격해야 하는 동시에 역할과 상황에 따른 개인의 차이를 감안할 수 있을 정도로 탄력적이어야 한다. 이 중 어떤 것도 새롭지 않을 뿐 아니라 어떤 것도 쉽지 않다.

훌륭한 조언을 위해서는 다른 변수가 필요하다. 지속적으로 발전하기 위해서는 실시간에 가까운 조언을 자주 얻어야 한다. 뿐만 아니라 사소한 수정 방안이나 개선 방안을 실천할 기회가 필요하다. '1년에 한 차례씩 20개의 제안을 내놓기 위한 원대한 조언 회의'나 '1년에 두 차례씩

성공적인 대화의 기술

한 번에 10개의 제안을 내놓는 조언 회의'는 도움이 되지 않을 가능성이 크다. '조언의 본질은 회의가 아니라 관계이기 때문이다.' 코치와 코치를 받는 사람은 조직이 필요로 하는 개인의 역량을 고려해 코치를 받는 사람이 어떤 부분에서 노력을 기울여야 하는지 지속적으로 논의를 해야 한다. 자신의 부족한 부분을 냉철하게 보기 위해서는 솔직한 거울의 도움이 필요하고, 좀더 나은 사람이 될 수 있다는 확신을 얻기 위해서는 응원의 거울이 필요하다.

앞서 설명했듯이 조언과 평가를 뒤섞으면 최소한 두 가지 문제가 발생한다. 먼저, 피드백을 받는 사람이 평가에 관심을 쏟는 탓에 조언에 귀를 기울이지 못한다. 예컨대 이미 가족에게 보너스를 받게 될 것이라고 호언장담했는데 막상 보너스를 받지 못하게 됐다는 사실을 알게 되면 상대가 제안하는 파워포인트 슬라이드 수정 방안이 귀에 들어오지 않는다. 둘째, 자신이 안전하다고 생각하는 사람만이 조언에 귀를 기울일 수 있다.[7] 실수나 약점을 인정하더라도 직업 안정성이나 경력 발전에 문제가 되지 않을 것임이 확실해야 실수나 약점을 인정할 수 있다. 조언을 위한 대화에 개방적인 태도로 임하더라도 나에 대한 평가가 부정적인 영향을 받지 않는다는 확신이 필요한 것이다.

마지막으로, 앞서 언급했듯 조직 구성원들이 서로에게 인정의 말을 하지 않는 경우가 매우 많다. 가장 높은 수준의 만족감을 느끼는 사람들조차 업무에 많은 노력을 쏟고 그 과정에서 엄청난 고난을 견뎌냄에도 불구하고 이따금씩 제대로 인정받지 못한다고 느끼곤 한다. 물론 공식적인 인정 프로그램이 도움이 된다. 하지만 우리는 직급이 훨씬 높은 사람들로부터 공식적으로 노고를 인정받는 것보다 함께 일하는 동료와 상관들이 들려주는 진심 어린 인정의 말을 더욱 소중하게 여긴다. 기계적인 감사 인사의 효과는 빨리 사라진다. 하지만 누군가의 입에서 나온 "자네가 복잡한 문제를 잘 처리하는 걸 보니 이런 문제를 해결하기 위해 내가 사용해 온 접근 방식을 재고하게 되는군"이라는 진심 어린 칭찬의 말은 그 어떤 기념패나 상품권보다 의미 있다.

사람들이 인정의 말을 듣는 방식은 저마다 다르다.[8] 급여에서 인정의 말을 찾는 사람도 있다. 이런 부류의 사람들은 다른 사람들이 급여 이상의 무언가가 주어져야만 인정받는다고 느낀다는 사실에 당혹스러워한다. 개인적인 인정의 말이나 감사의 뜻이 적혀 있는 메모, 멘토가 특정한 기술에 대해 다시 한 번 언급하며 보여주는 인내심, 자신에게 배정된 흥미진진한 과제 등을 통해서 인정받는다고 느끼는 사람들도 있다. 요점은 '인정 시스템'을 마련해야 한다는 것이 아니다. 그보다는 모든 조직 구성원을 바람직한 방향으로 이끌어갈 수 있도록 인정과 관련된 문화적 규범을 마련하는 것이 중요하다. 문화적 규범이 마련되면 모든 구성원들이 다른 사람들이 처리하는 업무에서 진정하고 특별한 장점을 찾아내고, 팀원 개개인이 무엇을 통해 자신이 인정받는다고 느끼고 동기를 얻는지 알아내 각자에게 가장 적합한 형태로 인정의 뜻을 전달할 수 있게 된다.

피드백을 제공하는 사람과 받는 사람 모두가 세 가지 유형의 피드백과 관련해 적절한 균형을 유지할 책임을 갖고 있다. 1년차 컨설턴트 사라는 수차례에 걸쳐 직설적인 조언을 받았다. 하지만 자신의 위치가 어떤지 도무지 알 수 없었다. 그 이유가 무엇일까? 사라가 조언을 평가로 듣지 않기 위해 노력했기 때문이다. "내가 궤도에 제대로 올라 있는지 가늠할 수 없었습니다. 그런 탓에 프로젝트가 한창 진행 중인 상황에서 파트너들이 조언을 들려줄 때마다 총살을 집행하는 사람들 앞에 서 있는 기분이 들었습니다. 그래서 질문을 던져보기로 마음먹었습니다. 파트너에게 물었습니다. '저한테 조언을 하시기 전에 제 업무에 대해 어떻게 생각하시는지 이야기해주실 수 있을까요? 이쯤 됐을 때 마땅히 이뤄놓았어야 하는 성과를 기준으로 삼았을 때 제가 일을 제대로 하고 있는 건가요?' 파트너가 깜짝 놀라 이야기했습니다. '사라, 자네는 정말 일을 훌륭하게 잘하고 있어! 우리 회사에서 자네의 미래는 정말 밝아. 그걸 몰랐단말이야?' 전 몰랐습니다. 하지만 파트너로부터 그 말을 듣는 순간 마음이 편해지더군요. 파트너의 조언에 집중할 수 있었어요. 그제야 비로소 파트너의 조언을 조언으로 들을 수 있었습니다. 매우 유익했습니다."

학습을 권장하는 문화를 장려하라

모든 조직에는 어떤 행동이 (실제로) 높은 평가를 받고 어떤 행동에 (실제로) 보상이 주어지는지에 관한 명확하고 암묵적인 메시지가 존재한다. 이런 메시지는 나날이 진화한다. '학습'이 높은 평가를 받기 바란다면 존경의 마음을 담아 학습에 관한 이야기를 하고, 실전에 관한 이야기를 하면서 학습의 중요성을 강조하고, 두드러지는 프로젝트와 중요한 승진에서 학습이 중요하다는 사실을 부각시켜야 한다.

학습 문화를 장려하는 데 도움이 되는 다섯 가지 아이디어를 소개하면 다음과 같다.

학습에 도움이 되는 이야기를 강조하라   수많은 조직에서 가장 눈에 띄는 유능한 인재는 천부적인 재능을 토대로 훌륭한 결과물을 꾸준히 내놓고, 약간의 운과 적절한 인간관계가 뒷받침될 때 단기간에 승진하는 슈퍼스타다. 하지만 현실은 그렇지 않은 경우가 많다. 이런 슈퍼스타 중 상당수가 실제로 학습에 매우 뛰어난 경우가 많다.

시지아의 동료들은 시지아가 천부적인 재능을 타고났다고 이야기한다. 시지아는 매력적이고 똑똑한 데다 많은 사람들로부터 호감을 사는 사람이다. 게다가 시지아는 언제나 최고의 프로젝트에 배정되며 조만간 좀더 직급이 높은 사람들만 참여하는 회의에 투입될 예정이다. 시지아의 동료들은 시지아가 재능을 타고난 데다 정치 게임을 능숙하게 해낸 덕에 빠른 속도로 승진한다고 생각한다.

하지만 시지아의 동료들은 중요한 부분을 놓치고 있다. 시지아의 동료들은 시지아가 적극적인 자세로 학습에 임한다는 사실을 깨닫지 못한다. 시지아는 자신이 이해하지 못한 부분에 관심을 기울이고 질문을 던진다. 시지아는 고객을 좀더 잘 이해하는 데 도움이 되는 회의에 참석해도 좋을지 질문한다. 시지아는 이런 노력을 통해 자신보다 직급이 높은 사람들이 주어진 역할을 어떻게 수행하는지 직접 관찰한다. 시지아는 조언에도 개방적인 태도를 보인다. 시지아는 완벽한 사람인 체하지 않는다. 사실 시지아는 자신의 실수와 실수를 통해 얻은 교훈을 재빨리 인정한다. 그 누구도 시지아가 정답을 모두 알고 있을 것이라고 생각하지 않는다. 하지만 경영진은 시지아가 가장 어려운 난관을 헤쳐나가는 데 도움이 되는 신뢰할 만한 파트너라고 여긴다.

안타깝게도 시지아가 소속된 조직은 시지아의 학습 능력을 충분히 활용하지 못하고 있다. 시지아가 승진을 했지만 시지아에게 학습 비법을 공유할 것을 권장하는 사람은 없다. 경영진들 역시 마찬가지다. 따라서 시지아의 동료들과 시지아보다 어린 직원들은 시지아가 운이 좋은 데다 아첨을 잘해서 성공했다고 생각한다. 시지아가 갖고 있는 가장 뛰어난 단 하나의 자산을 알아채는(혹은 모방하는) 사람은 없다.

조직문화를 정의하는 요소는 다양하다. 조직문화에 대한 이야기와 신화(불가능한 도전에 직면했을 때 드러나는 용기나 천재성, 인내심)도 그중 일부다. 이런 이야기들은 우리가 어떤 곳에서 일하고 있는지, 우리에게 무엇이 기대되는지 들려준다. 결국 '우리가 학습한 내용'으로 귀결되는 '실수담'은 너무도 많다. 성공 가도를 달리는 모든 직원과 팀에게 실수담이 있을 정도다. 하지만 실수담이 공유되는 경우는 매우 드물다.

성장형 정체성을 길러라 사람들이 고정형 정체성에서 벗어나 성장형 정체성을 받아들이기를 바라는가? 그렇다면 다음과 같은 두 가지 방법이 도움이 된다. 먼저, 성장형 정체성이 어떤 것인지 가르쳐야 한다. 대부분의 사람들은 '성장형 정체성'에 관한 이야기를 듣기 전까지 성장형 정체성의 개념을 깨닫지 못한다. 사람들을 모아 놓고 성장형 정체성과 고정형 정체성의 차이에 대해서 설명해야 한다. 그런 다음 이 주제에 대해 토론을 하고 질문을 하고, 의문을 표현할 수 있는 기회를 주어야 한다. 사람들이 긍정적인 피드백과 부정적인 피드백을 받아들이는 방식에 어떤 차이가 있으며, 이와 같은 차이가 팀 내에서 서로를 코치하는 데 어떤 영향을 미치는지 이야기해야 한다. 솔직한 거울과 응원의 거울이라는 개념을 소개하고 사람들 사이에 떠도는 풍문을 단순한 소문 이상으로 발전시켜야 한다. 다시 말해서 조직 구성원들이 서로 도움을 주고받으며 자신의 사각지대를 보고, 단순히 잘못된 점에 대해 이야기를 하는 차원을 넘어서 올바른 부분에 대한 피드백을 주고받을 수 있도록 지원해야 한다. 사람들의 레이더망에 이런 아이디어가 포착될 수 있도록 아이디어를 퍼뜨려야 한다.

둘째, 피드백 대화 도중에 '끌어당기는(우리를 자극하는 요인을 이해하고 학습을 위한 방안을 찾아내려면 끌어당기는 피드백이 필요하다)' 문제에 관한 논의가 이뤄지도록 해야 한다. 피드백을 끌어당기는 솜씨는 훈련을 할수록 개선

된다. 또한 대화에 참여하는 양측이 피드백의 어려움을 이해하면 좀더 생산적인 방식으로 훈련할 수 있다. 피드백을 둘러싼 반응, 혼란, 방어적인 태도, 사각지대, 피드백이 어디에서 오고 어디로 가는지에 대한 해석 등의 이야기를 업무를 잘 처리하는 데 도움이 되는 방법을 찾기 위한 일상적인 대화에 포함시켜야 한다.

하지만 피드백을 제공하는 사람이 대화를 손쉽게 풀어나가기 위해 '성장형 정체성'의 개념을 악용해서는 안 된다. "자네가 내 피드백을 받아들이지 않는 건 성장형 정체성이 없기 때문이야"라는 식의 표현은 금물이다. 성장형 정체성을 갖는다는 것은 항상 피드백을 받아들인다는 뜻이 아니다. 성장형 정체성은 피드백을 듣는 데 도움이 되는 한 가지 방법을 제시할 뿐이다.

제2의 점수에 대해 논하라　앞서 8장에서 까다로운 피드백에 대처하는 방식을 일컫는 제2의 점수를 끌어올리는 방법을 살펴봤다. 당신에 대한 평가가 만족스럽지 않을 수도 있고, 당신이 참여한 프로젝트가 실패했을 수도 있다. 하지만 이런 경험에 어떻게 대처했는가가 훨씬 중요하다. 당신이 유쾌하지 않은 상황에 대처하는 방식을 토대로, 도전 과제가 점점 어려워지고 헤쳐나가야 할 환경이 점차 복잡해질 때 당신이 어떤 역량을 발휘할 수 있을지를 예측할 수 있다.

다른 사람들에게 실제로 공식적인 제2의 점수를 '주는' 방법은 바람직하지 않다(첫번째 평가에 대한 제 반응을 어떻게 평가하실지 걱정되는군요). 그보다는 제2의 점수라는 또다른 도전 과제와 제2의 점수의 중요성에 대해서 이야기를 나누는 편이 좋다. 피드백 제공자가 피드백을 받는 사람에게 피드백 자체뿐 아니라 자신이 피드백을 받아들이는 방식을 되돌아보도록 권하는 것도 좋다. 다시 말해서 제2의 점수를 높이는 방법을 고민하도록 장려하는 것이 좋다.

멀티트랙 피드백을 활용하라 외교 분야에서 사용되는 멀티트랙 외교 multitrack diplomacy란 다양한 부류의 사람들이 체계적인 변화를 만들고 평화를 일구는 데 참여하는 방식을 일컫는다. 예컨대, 공식적인 정부 경로가 첫번째 트랙(협상, 정상회담, 제재, 조약 등에 개입)이 되고 정부 관계자 이외의 사람들(지역사회 구성원, 민간 조직 등)이 수행하는 비공식적이지만 중요한 업무가 두번째 트랙이 되는 식이다.[9]

멀티트랙 외교의 개념을 빌려서 조직이 개개인의 학습을 돕기 위해 활용 가능한 두 개의 트랙에 대해 설명하고자 한다. 먼저 평가와 멘토링을 지원하는 첫번째 트랙 구조를 갖춰야 한다. 성과 관리 시스템, 멘토링 프로그램, 교육 프로그램 등이 첫번째 트랙 구조에 포함된다.

하지만 여러 가지 측면에서 두번째 트랙과 관련된 활동이 학습에 더욱 중요한 영향을 미친다. 친구와 동료, 멘토들이 주고받는 비공식적인 조언, 성공과 실패에 관한 이야기, 모범 관행과 유익한(혹은 유익하지 않은) 기술에 대한 논의, 좋아하는 서적에 대한 대화 등은 모두 두번째 트랙에 포함된다. 친구들과 점심 식사를 하며 사회적인 교류를 즐기는 동시에 서로의 학습을 도울 수도 있다. 식사를 함께하면서 솔직한 거울의 역할과 응원의 거울 역할을 두루 맡으면 커다란 도움이 된다.

두번째 트랙의 개념을 활용하면 이와 같은 비공식적이지만 중요한 상호 작용에 공식적인 이름을 붙일 수 있다. 공식적인 이름이 정해지면 이런 상호작용에 대해서 대화를 나누기가 수월해지며 상호작용을 좀더 의식적으로 조직문화에 반영할 수 있다.

긍정적인 사회적 규범을 활용하라 성과 관리에 참여하는 모든 사람들은 '성가시게 잔소리를 하고 잔소리를 듣는' 단계를 가장 싫어한다. 목표를 세우고 조언을 하고 평가하는 일은 대개 더 긴급한 업무와 동시에 진행된다. 그런 탓에 좀더 긴박한 상황에 직면했을 때 이런 일들이 가장 먼저 미뤄지는 경우가 많다. 따라서 잔소리는 인사 부서나 팀장의 몫이 되고 관리자와 직원들은 잔소리를 듣는 입장에 놓이곤 한다.

로버트 치알디니는 우리가 이 모든 과정에 대처하는 방식에 문제가 있을지도 모른다고 설명한다. 설득 전문가인 치알디니는 부정적인 행동을 자주 언급하면 해당 행동이 사회적 규범으로 발전하는 예상치 못한 결과가 초래될 가능성이 크다고 주장한다. 평과 결과를 늦게 제출한다는 책망이 담긴 이메일을 받은 관리자는 두 가지 반응을 보인다. 첫째, 주어진 업무를 열심히 처리하느라 평가 결과 제출이 늦어졌는데도 열심히 일하고 있다는 사실을 인정받지 못한다는 느낌에 사로잡힌다. '나는 (널찍한) 업무 공간에서 탁구를 하며 노닥거리는 게 아니야. 회사가 시킨 수많은 프로젝트를 처리하느라 다른 일을 할 수가 없어!'

하지만 그와 동시에 성가신 잔소리가 담긴 이메일의 어조를 토대로 평가 자료를 늦게 제출하는 사람이 또 있을 것이라고 결론짓는다. 관리자는 자신과 비슷한 사람이 있다는 사실을 깨닫는다. 자신의 나쁜 행동이 사회 규범이라면, 평가 결과를 빨리 제출하라는 인사 부서의 재촉을 지나치게 심각하게 받아들일 필요가 없다고 생각하게 된다. 관리자는 다른 사람들과 함께 일주일쯤 시간이 흐른 후에 또다시 재촉의 내용이 담긴 이메일을 받을 것이라고 판단한다. 곳곳에서 이런 현상이 관찰된다. 흥미롭게도 재촉성 이메일이 더이상 날아들지 않으면 사람들은 그제야 유예기간이 모두 끝나버렸을지도 모른다는 우려에 빠진다.

치알디니의 연구는 나쁜 규범을 지적하는 것보다 좋은 규범을 강조하는 방법이 바람직하지 않은 행동을 변화시키는 데 한층 큰 도움이 된다고 설명한다. '31퍼센트가 아직 업무 평가 자료를 제출하지 않았습니다'라는 비난 가득한 메시지를 전달하는 것보다 '69퍼센트가 업무 평가 자료를 제출했습니다. 감사합니다'라는 메시지를 전달하는 편이 훨씬 효과적이다. 후자의 경우, 업무 평가 자료를 모두 제출한 사람들은 자신의 노력이 높이 평가되고 인정받는다고 생각한다. 뿐만 아니라 업무 평가 자료를 미처 제출하지 못한 사람들은 자신이 동료들과 다르게 행동하고 있다는 사실을 깨닫게 된다.[10]

팀장과 코치의 역할

관리자나 팀장은 조직문화를 개선하기 위해 무엇을 할 수 있을까?

조직문화는 여러 하위문화의 집합이다. 이러한 하위문화는 관리자와 팀, 부서에 따라 급격한 차이를 보인다. 우리는 모두 자신의 하위문화와 팀 동료들에게 지대한 영향을 미칠 수 있다. 뿐만 아니라 주변 사람들에게 동참을 요구할 수도 있다. 도움이 되는 세 가지 방법을 살펴보자.

학습의 모범을 보이고 조언을 구하라

적극적으로 학습에 임하는 사람이 되었을 때 얻을 수 있는 장점을 설파하는 방법과 바람직한 학습 태도를 몸소 보여주는 방법은 비교가 되지 않는다. 여러 측면에서 관리자는 곧 문화다. 관리자가 학습을 위해 노력하면 학습하는 문화가 형성된다.

물론 학습의 모범을 보이려면 먼저 훌륭한 학습자가 돼야 한다. 실제로 훌륭한 학습자가 되는 것은 가장 힘든 일이기도 하다. 첫 단계와 비교하면 두번째 단계는 쉬운 편이다. 하지만 상대적으로 쉽게 잊힌다. 두번째 단계는 배우려는 노력을 명확하게 드러내는 것이다. 당신의 사각지대에 관한 이야기에 사람들을 끌어들여야 한다. 비난으로 가득한 대화를 중단하고 양측 모두가 문제에 어떤 기여를 했는지 이야기를 나눠야 한다. 물론 당신이 문제에 어떤 기여를 했는지 묻는 데서부터 대화를 시작해야 한다. 어떤 식으로 문제에 대한 책임을 질지 몸소 보여주고 다른 사람들 역시 문제에 대한 책임을 지도록 해야 한다. 업무를 평가할 때는 조직 구성원들이 시스템과 시스템 속에서 자신이 맡고 있는 역할을 이해할 수 있도록 도움을 주어야 한다. 또한 변화를 위해 적극적으로 참여하고 노력했다는 사실을 높이 평가해야 한다. 피드백을 받을 때 어떤 부분이 힘들게 느껴지는지 솔직하게 털어놓아야 한다. 당신보다 직급이 높은 사람들뿐 아니라 직급이 같거나 낮은 사람들에게도 조언과 도움을 요청해야 한다. 위 내용들은 이미 앞에서 언급한 것들이다. 그럼에도 다시 한번 언급한 이유는 한 명의 리더로서 조직문화를 개선시키고자 할 때 모범을 보이는 방법이 가장 효과적이기 때문이다.

피드백 제공자의 입장에서 마음가짐과 정체성을 관리하라

재니스의 경우를 살펴보자. 뛰어난 능력을 갖고 있는 재니스에 대한 평가 내용은 칭찬 일색이다. 하지만 재니스는 번번이 경영진으로 승진하지 못하고 있다. 재니스는 혼란스럽다. 시간이 흐르자 분한 마음이 들기까지 한다. 재니스는 왜 이토록 부당한 대우를 받고 있을까? 직장 내의 정치 상황이 터무니없게 돌아가고 있다.

재니스의 상사인 리키는 재니스가 부당한 대우를 받고 있지 '않다는' 사실을 잘 알고 있다. 재니스는 그저 경영진으로 승진하기 위해 반드시 갖춰야 할 능력을 갖추지 못했을 뿐이다. 재니스가 승진하지 못하는 것은 재니스의 직원 관리 능력에 대한 염려 때문이다. 리키를 비롯한 여러 사람들은 재니스가 직원들을 잘 다루지 못한다는 사실을 이미 여러 차례 확인했다. 하지만 리키는 재니스가 속상해 할지도 모른다는 생각 때문에 재니스에게 직접적으로 이러한 피드백을 전달한 적이 없다. 자신이 미처 깨닫지 못하는 문제를 고칠 수는 없다고 생각한다. 그러나 재니스의 마음이 상하지 않도록 보호하려는 리키의 선의가 오히려 재니스에게 상처를 주고 있을 뿐 아니라 재니스의 승진을 막고 있다. 리키의 이런 태도가 바로 재니스를 부당하게 대우하는 것이다.

리키는 관리자들이 직원들만큼이나 피드백 대화를 두려워하는 이유가 무엇인지 다시금 일깨워준다. 피드백 제공자가 자기 자신의 정체성 문제와 씨름할 수도 있다.

"난 피드백을 주는 데 능숙한 사람이 아니야. 피드백을 주려고 시도할 때마다 그런 사실이 명백하게 드러나고 말아."

"상대방이 찬성하지 않거나 내게 화를 낸다면 나는 훌륭한 관리자가 될 수 없어."

"직원들은 나를 좋아하지 않을 거야."

"다른 사람들이 내가 통제하려든다거나 '업무 방식을 일일이 알려주려든다'라고 생각하지 않았으면 좋겠어(물론 그럴 수밖에 없는 사람이 있기는 하지만 말이야)."

"난 좋은 사람이야. 나는 직원들의 마음을 상하게 하고 싶지 않아. 직원들에게 그들을 존중하지 않는 사람이라는 인상을 주고 싶지도 않아."

아마도 마지막 문장에 가장 많은 사람들이 염려하는 내용이 함축돼 있을 것이다. 다시 말해서, 사람들은 어떤 의도를 갖고 있건 상대방에게 상처를 입히는 자신의 모습이 착하고 친절한 사람, 혹은 직원들을 지지 하는 리더라는 자아상과 위배된다고 생각한다. 상대방이 피드백을 필요 로 하는 것은 사실이다. 상대는 지루하게 말을 늘어놓거나, 다른 사람의 말에 반응을 보이지 않는다. 혹은 거드름을 피우거나 악취를 풍긴다. 하 지만 대부분의 사람들은 이런 문제를 언급하기를 주저한다. 주어진 역할 때문에 어쩔 수 없이 이야기를 해야 하는 상황이라 하더라도 다른 사람 들에게 상처를 입히거나 다른 사람들의 마음을 상하게 해야 한다는 사 실 자체를 끔찍하게 느낀다. 그런 탓에 우리는 가능한 한 이런 상황을 피 하려고 노력한다.

하지만 단기적으로 상대에게 상처를 주는 행동이 장기적으로는 도움 이 될 수도 있다는 사실을 기억해야 한다. 또한 고통스럽다는 이유로(피 드백을 주는 나와 피드백을 받는 상대방 모두가) 중요한 피드백을 주지 않으면 오 히려 상대가 실질적인 피해를 입을 수도 있다는 사실도 기억해야 한다. 우리는 누구나 공감과 격려, 즉 응원의 거울을 필요로 한다. 하지만 그와 동시에 명확하고 정확한 정보, 즉 솔직한 거울도 필요로 한다. 상황을 엉 망으로 만들고 있거나 스스로에게 해가 되는 일을 하고 있을 때 우리는 누군가가 우리에게 그 사실을 일깨워주기를 바란다. 하지만 정작 다른 사람들에게 그런 이야기를 해주기는 꺼린다. 피드백을 줘야 할지 말아야 할지, 어떤 식으로 피드백을 줘야 할지 고민 중이라면 지금 당장 당신의 정체성을 불편하게 만드는 감정뿐 아니라 피드백을 받는 사람이 겪게 될 장기적인 결과도 함께 고려하기 바란다.

조직 내에서 개개인의 차이가 어떤 식으로 충돌하는지 파악하라

조직 내에서 피드백을 주고받기가 쉽지 않은 이유 중 하나로 개개인의 기질과 뇌 배선이 다르다는 점을 들 수 있다. 기준점과 흔들림, 유지 및 회복 등은 사람마다 다르다. 간단하게 설명하면, 어떤 조직이든 전체 직원 중 약 절반은 6장에 등장하는 크리스타처럼 긍정적인 성격을 갖고 있으며 회복도 빠른 편이다. 반면 나머지 절반은 알리타처럼 부정적인 피드백을 받았을 때 흔들림의 폭이 넓은 데다 회복하는 시간이 오래 걸린다.

재미 삼아 서로 정반대되는 성질을 갖고 있는 두 사람을 한 팀으로 묶어 서로에게 피드백을 제공할 것을 요청해보자. 피드백에 대한 민감도는 피드백을 받아들이는 방식 뿐 아니라 피드백을 주는 방식에도 영향을 미친다. 부정적인 피드백을 매우 민감하게 받아들이는 관리자는 다른 사람에게 부정적인 피드백을 주는 것을 불편하게 여길 수도 있다. 이런 부류의 관리자는 자신으로부터 부정적인 피드백을 받은 직원들이 자신과 마찬가지로 필요 이상으로 고통스러운 반응을 보일 것이라고 가정한다.

이런 가정이 옳을 수도 있다. 하지만 그렇지 않을 수도 있다. 비판적인 피드백을 싫어하는 알리타와 같은 부류의 직원과 극단적일 정도로 명확해지기 전까지는 상대의 말이 비판적인 피드백이라는 사실조차 깨닫지 못하는 크리스타와 같은 부류의 직원을 짝 지어두면 의사소통이 전혀 되지 않을 수도 있다. 알리타는 크리스타에게 상처를 줄지도 모른다는 두려움 때문에 직접적인 피드백을 주기보다 넌지시 암시를 줄 가능성이 크다. 하지만 이런 피드백은 크리스타가 상처받지 않도록 도와주기는커녕 오히려 크리스타에게 좌절감만 준다. 크리스타는 상대가 명료한 피드백을 줄 때 가장 만족한다. 크리스타의 전상사는 "다시는 이런 식으로 일을 처리하지 마"라는 식의 직설적인 말로 문제를 해결하곤 했다. 크리스타는 이런 방식을 매우 좋아했다. 상사의 말을 있는 그대로 받아들였다. 상사의 말에 전혀 상처를 입지 않았으며 많은 도움이 된다고 생각했다.

이번에는 크리스타와 같은 유형의 사람들이 알리타와 같은 유형의 사람들에게 비판적인 피드백을 제공하면 어떤 일이 일어날지 생각해보자. 크리스타는 알리타가 얼마나 예민한지 깨닫지 못할 수도 있다. 알리타가 좀더 발전할 수 있도록 돕기 위해 크리스타가 쏟아내는 거칠고 직설적인 피드백(이 세 가지? 다시는 이런 식으로 하지 마!)은 오히려 알리타에게 커다란 상처가 될 수 있다. 알리타의 성장에 도움이 되기는커녕 알리타에게 좌절감을 안겨줄 가능성이 크다. 크리스타는 자신의 직설적인 접근 방법이 그저 충고를 위한 것일 뿐 아무런 문제가 되지 않는다고 생각한다. 하지만 알리타는 이런 피드백이 위협적이라고 생각한다. 이런 피드백은 알리타에게 아무런 도움도 되지 않고 그저 해를 끼칠 뿐이다.

알리타가 크리스타에게 이런 피드백이 얼마나 속상한지 이야기하면 다음 대화에서도 두 사람의 성향이 반복적으로 드러나게 된다. 알리타는 크리스타의 가혹한 피드백으로 인해 얼마나 커다란 상처를 입었는지 설명하는 과정에서 머뭇거리며 모호한 표현을 사용할 가능성이 크다. 하지만 크리스타는 알리타의 모호한 말 속에 담겨 있는 의미를 제대로 이해하지 못한 채 "힘 내!"라거나 "개인적으로 유감이 있어서 그런 말을 한건 아니야"라거나 "미안한데 무슨 말을 하려는 거야?"라는 식으로 되받아칠 가능성이 크다. 크리스타는 무엇이 문제인지 깨닫지 못한 채 마음을 놓고 있다가 6개월이 흐른 후 알리타가 경쟁 조직으로 옮겨가면 충격에 빠진다. "하지만 나는 알리타가 발전할 수 있도록 많은 투자를 했단 말이야!"

개개인의 성향은 피드백을 제공하는 방식에 다양한 영향을 미친다. 걱정이 많은 사람은 주변 환경을 제대로 통제하고 있다는 안정감을 얻기 위해 많은 피드백을 쏟아낸다. 자기 자신에게 도달할 수 없을 정도로 높은 기준을 적용하는 사람들은 다른 사람들에게도 도달할 수 없을 정도로 높은 기준을 들이댈 가능성이 크다. 그 결과 끊임없이 조언을 하고 부정적인 평가를 내놓으며 상대를 인정하는 말은 아낀다. 충동을 잘 억제하지 못하는 사람들은 '직설적'으로 구는 경우가 많다. 이들의 직설적인 태도가 도움이 될 때도 있지만 도움이 되지 않을 때도 있다. 피드백을 받아들이는 방식의 차이로 인해 피드백을 줄 때는 둔감하게 굴면서 피드백을 받을 때는 극도로 예민하게 반응하는 뜻밖의 조합이 탄생하기도 한다. 바로 이런 이유 때문에 피드백을 주는 입장에 있을 때 피드백을 받는 상대에게 당신의 코치가 돼줄 것을 부탁해야 한다.

결국 가장 중요한 것은 당신 자신이다

우리가 속한 조직, 지역사회, 가족에 적응하고자 할 때 피드백을 받는 입장에서 어떤 노력을 기울여야 할지 몇 가지 사항을 마지막으로 살펴보자. 첫째, 어떤 상황에서 어떤 사람과 대화를 나누건 학습 과정에서 가장 중요한 사람은 바로 당신 자신이다. 당신이 속한 조직이나 팀 혹은 상사가 피드백을 지지할 수도 있고 억압할 수도 있다. 어느 쪽이든 이들이 새로운 교훈을 얻지 못하도록 막을 수 없다. 매년 진행되는 업무 평가와 멘토링에 대한 상사의 의지에 전적으로 의존할 필요는 없다. 얼마든지 관찰하고, 질문을 던지고, 동료와 고객, 파트너, 친구들의 의견을 구할 수 있다. 누군가가 나타나 좀더 많은 신발을 파는 방법을 가르쳐주기를 기다릴 필요는 없다. 가장 신발을 많이 판매하는 사람을 지켜보고 이들이 어떤 남다른 행동을 하는지 찾아내기 바란다. 그리고 그들에게 당신의 행동을 유심히 관찰해줄 것을 부탁해보자. 그들이 무엇을 제안하건 무조건 시도해보기 바란다. 상대방의 충고가 적절한지 실험을 해보자. 실험 후에 충고가 적절하다고 판단되면 충고를 따르면 된다. 당신이 조직 내에서 하는 일이 무엇이든(신발을 팔든 영혼을 구원하든) 당신은 당신에게 교훈을 줄 수 있는 수많은 사람들에게 둘러싸여 있다.

. . .

우리 개개인이 학습과 수용 사이에서 갈등하듯이 조직 내에서 피드백이 오갈 때도 갈등이 존재할 수밖에 없다. 12장을 비롯해 이 책에 소개된 수많은 아이디어를 활용하면 이런 갈등을 관리하고 다른 사람들과 효과적으로 피드백을 주고받는 데 도움을 얻을 것이다.

학습은 공동의 책임이다. 하지만 결국 학습에서 가장 중요한 것은 당신 자신이다.

감사의 말

주변 사람들로부터 비판이 섞인 조언을 좀 더 많이 받고 싶다면 사람들에게 피드백을 받아들이는 방법에 대한 책을 쓰고 있다고 이야기를 해보기 바란다.

많은 사람들이 쉴라에게 이런 이야기를 했다.

"재미있네. 네 결혼식 날 생각 나?"

'물론이다. 20년 전 이야기를 하려는 것일까?'

"어쨌든, 난 항상 그날 입었던 네 드레스가 말이야…."

더글러스에게 돌아온 피드백은 이런 식이었다.

"그래? 피드백을 받는 방법에 관한 책을 쓴다고? 약간 아이러니한데. 그렇게 생각하지 않아?"

'그렇다. 어느 정도 수긍한다. 물론이다.'

우리는 많은 사람들에게 감사의 말을 전하고 싶다.

첫째, 우리에게 다양한 이야기와 경험을 들려준 모든 분들에게 감사드린다. 이 책에 소개된 사례들은 클라이언트, 동료, 이웃, 친구, 가족 등 많은 사람들이 실제로 경험한 일화들을 바탕으로 한다. 개인 정보를 보호하기 위해 세부사항은 수정했다. 필요에 따라 이야기를 재구성한 경우도 있다. 하지만 각 이야기에 담겨 있는 감정적인 진실성을 유지하기 위해 노력했다.

오랜 기간 동안 로저 피셔와 함께 하버드 협상 프로젝트를 진행할 수 있어서 영광스럽다. 로저는 갈등 관리 분야의 권위자이며, 가장 열정적으로 갈등 관리를 실천하는 사람이기도 하다. 로저는 윌리엄 유리, 브루스 패튼과 함께 집필한 저서 《YES를 이끌어내는 협상법》을 통해 '이익을 기반으로 하는 협상interest-based negotiation'이라는 표현을 소개했다. 1981년에 출판된 이 책은 가히 걸작이라 할 만하다. 차이에 대처하는 인간의 방식을 설명하는 최고의 서적으로 분류하기에 모자람이 없다. 로저는 2012년 8월 25일 90세의 나이로 생을 마감했다. 추도식에서 어느 친구가 내게 이런 이야기를 했다. "이제 우리의 몫이야." 정말 그렇다.

우리와 함께 《대화의 심리학》을 공동 집필한 브루스 패튼은 매일 로저의 유산을 몸소 실천하며 살아간다. 패튼은 모든 것을 철저하게 분석하는 엄격한 태도와 지치지 않는 낙관주의를 토대로 세상에서 가장 해결하기 어려운 갈등에 접근한다. 패튼은 협상과 관련된 이론과 관행, 교육법에 지대한 공헌을 하고 있다. 또한 20년이 넘는 기간 동안 패튼이 쌓아 온 폭넓은 동료 관계는 그 무엇보다 귀중하다.

크리스 아지리스, 도널드 쇤, 다이애나 맥레인 스미스, 밥 퍼트넘, 필 맥아더의 연구 또한 필자들의 사고에서 한 축을 차지한다. 우리는 이 책에서 '추론의 사다리ladder of inference'라는 표현을 사용하지 않았다. 하지만 '추론의 사다리'라는 개념은 2장 집필에 많은 도움을 주었다. 기여와 방어적인 태도에 대한 아이디어는 우리가 생각을 풀어나가는 데 중요한 역할을 했다. 크리스가 남긴 필생의 업적과 단 한 번의 생에 모두 남겼다고는 믿기 어려울 만큼 훌륭한 수많은 아이디어에 무한한 감사를 표현한다.

MIT 슬론 경영대학원에서 학생들을 가르치는 협상 이론가 겸 교육 전문가 존 리처드슨에게도 무한한 감사를 보낸다. 우리에게 인정과 조언, 평가의 근본적인 차이를 알려주신 분이 바로 존이다. 존은 로저 피셔, 앨런 샤프와 함께 집필한 저서 《완성Getting It Done》에서 이 아이디어를 처음으로 소개했다. 《완성》은 의사소통 분야의 숨은 보석과 같은 책이다.

하버드 로스쿨의 밥 누킨 교수는 지난 20년 간 우리의 멘토에서(약간은 위협적인 멘토에서) 가까운 동료 겸 친구로 변신했다. 밥과 더불어 에리카 에어리얼 팍스, 케이시 홀럽, 알랭 렘퍼러, 린다 넷쉬, 프랭크 샌더, 알랭 로랑 베르베케와 함께 강단에 섰던 경험은 우리가 살아오면서 겪었던 가장 만족스러운 순간 중 하나였다.

협상 프로그램을 함께 운영한 수잔 해클리, 제임스 커윈, 제시카 맥도날드, 짐 세베니우스, 댄 샤피로, 스티븐 소넨베르크, 구한 섭라마니언, 윌리엄 유리와 더불어 오랜 기간 동안 조교로 활동하며 우리에게 많은 도움을 준 재능 있는 학생들에게 감사의 말을 전한다. 단번에 이 책의 제목을 생각해낸 하버드 경영대학원의 마이클 윌러에게 특히 무한한 감사를 전한다.

심리학 및 조직 행동 분야에서는 애런 벡, 캐롤 드웩, 에이미 데이먼슨, 댄 길버트, 마샬 골드스키스, 존 고트먼, 리 로스, 마틴 셀리그먼의 연구와 글이 큰 도움이 됐다. 관계 역학에 대한 비범한 통찰력을 나눠준 제프리 커, 릭 리, 샐리앤 로스, 조디 샤이어에게도 깊은 감사를 전한다. 이

감사의 말

분들이 나눠준 아이디어는 이 책 곳곳에 소개돼 있다.

우리가 신경과학 및 행동에 관한 내용을 언급할 수 있었던 것은 모두 리처드 데이비슨과 케이트 포르니에르, 조너선 하이트, 스티븐 존슨, 소피 스캇의 덕이다. 신경과학자 케이트는 아슬아슬하게 균형을 유지하며 (그랬기를 바란다) 최대한 단순하게 신경과학과 관련된 내용을 전달할 수 있도록 도움을 주었다.

우리의 친구이자 심리학자인 로빈 웨더릴은 예리한 의견과 다양한 이야기, 충고, 아이디어를 제안하며 이 책을 쓰는 내내 우리와 함께했다. 기꺼이 솔직한 거울이 되어주고 숱한 금요일 저녁 식사를 우리와 함께하며 다양한 대화에 참여해준 로빈에게 진심 어린 감사를 전한다. 로빈은 자신이 생각하는 것보다 훨씬 다양한 방식으로 우리에게 커다란 도움을 주었다.

많은 사람들이 바쁘게 일한다. 하지만 우리의 친구 애덤 그랜트는 '더없이' 바쁘다. 학계에서 가장 열심히 일하는 사람임에 틀림없는 애덤은 자신의 훌륭한 저서 《기브 앤 테이크》를 알리기 위한 여정을 소화하는 도중에 우리가 작성한 원고 초안을 읽었다. 초안을 모두 읽은 애덤은 우리가 놓친 연구와 생각, 아이디어를 소개해줬다.

콜로라도 대학교 스캇 페럿은 우아하면서도 정확하고 위트 넘치는 태도로 피드백을 전달했다. 우리는 어쩌면 페럿이 우리를 놀리고 있는 것인지도 모른다고 생각했다. 모두가 이런 태도로 접근하면 좋을 것 같다. 오리건 대학교 로스쿨 학장 마이클 모펏은 우리가 처음으로 원고 초안을 보여드린 분이다. 마이클이 글을 좀 더 간소하고 짧게 써야 한다고 지적했으므로 우리는 노력했다. 하버드 로스쿨의 밥 보르도네 교수는 이 책의 전반부를 읽고 매우 유용한 피드백을 주었다. 그러므로 중간 부분부터 책의 내용이 나빠지는 것 같다면 그것은 모두 우리의 책임이다.

롭 리칠리아노와 주디 로젠블럼, 린다 부스 스위니는 시스템 사고를 이해하며 필자들이 좋아하는 사람들을 그린 벤다이어그램의 교차 지점에 서 있는 유일한 인물들이다. 교차 지점이 매우 좁다는 점을 감안하면 이들이 결코 서로 만난 적이 없다는 사실이 이상하게 느껴진다. 꼼꼼하게 글을 읽고 제안을 해준 세 분 모두에게 감사의 말씀을 드린다.

에리카 에어리얼 팍스는 저서 《안으로부터의 승리Winning from Within》를 집필하느라 도움을 줄 시간이 없었다. 혹은 우리가 너무 바빠서 도움을 주지 못했던 것일까? 어쨌든, 서로 도움을 주지도 받지도 못했다. 하지만 같은 시기에 책을 쓰는 가까운 친구가 있다는 사실은 분에 넘치는 행복감을 준다. 에리카가 보여준 사랑과 격려에 무한한 감사를 전한다.

자신들의 이야기를 들려주고, 편집을 위해 노력해주고, 지치지 않고 수많은 아이디어를 놓고 함께 토론을 벌여준 제니퍼 알바네제, 데이비드 앨트슐러, 라나 프록터 밴베리, 스티븐슨 카를바흐, 사라 클라크, 낸 카크런, 앤 가리도, 마이커 가리도, 질 그레넌, 잭 힌, 조이스 힌, 바바라 호프먼, 말라드 호프먼, 케이시 홀럽, 스테이시 레넌, 로리 밴 루, 수잔 린치, 첼레스트 밀러, 레아 엘러마이어 네스빗, 앤드류 리처드슨, 수잔 리처드슨, 밥 리처드슨, 톰 샤우브, 앤젤리크 스쿨러스, 안나 허커비 털, 짐 털, 카렌 바소에게 감사를 전한다.

창의적이고 근면하며 여러 방면에서 뛰어난 재능을 갖고 있는 사라 세민스카, 경이로운 정보와 인간애로 클라이언트들을 감동시켜 맛있게 구운 빵과 과자들을 우편으로 보낼 수밖에 없도록 만드는 엘라인 린, 트라이애드의 심장이자 영혼이며 자신을 제외한 모든 사람이 분별력을 잃지 않을 수 있도록 도와주고 디페쉬 모드를 향한 무서울 정도의 집념에도 불구하고 거의 정상처럼 보이는 헤더 술레이만 등 트라이애드의 모든 동료들에게 깊은 감사를 전한다.

우리가 알고 있는 모든 사람 중 가장 많은 사람들로부터 사랑받는 우리의 파트너 데비 골드스타인에게도 감사를 전한다. 인생의 흥망성쇠를 함께 겪어내며 오랫동안 우리 곁에 있어줄 사람으로 데비 외의 다른 사람을 상상할 수 없다(그건 그렇고, 테일러에게 조젯을 찾았다는 이야기를 꼭 전하고 싶다. 조젯은 사무실에 있었다).

2013년에 개최된 트라이애드 캠프에서 통찰력과 아이디어를 나눠준 에밀리 엡스타인, 샤론 그레디, 미쉘 그라벨, 샘 브라운, 피터 히더마, 오브리 리, 라이언 톰슨, 쥴리언 토드, 롭 윌킨슨에게 감사의 말씀을 전한다. 리사 베이커, 에릭 바커, 크리스 벤코, 리처드 버케, 로빈 블래스, 다운 버클류, 세실 카르, 로라 체이신, 딕 체이신 등 여러 방면으로 필자들에게 많은 도움을 준 동료들과 친구들, 자레드 커한, 존 대너스, 필 데이비스, 앨런 에히튼캠프, 잭 푸리, 에이미 팍스, 마이크 가리도, 에릭 헨리, 데이비드 호프먼, 베르나르 홀트럽, 테드 존슨, 디 조이너, 이스마일 콜라, 수잔 맥카퍼티, 리즈 맥클린턱, 제이미 모핏, 모니카 파커, 브렌다 펠레, 젠 레이놀즈, 그레이스 루벤스타인, 대니 루빈, 루이스 루빈, 가브리엘라 살바토레, 존 스칼렛, 메리 핑크, 제프 세울, 올가 쉬바옛스카야, 린다 실버, 힐 스넬링스, 스캇 스타인커히너, 라일라 스틱페위치, 우즈텍 술레이만, 돈 톰슨, 조슈아 와이스 등 공개 대화 프로젝트에 참여해준 동료들께도 감사의 말씀 전한다. 아이오와 작가 워크숍의 BK 로렌과 2012년 여름에 함께 수업을 들었던 학우들은 프로젝트가 진행되는 동안 말할 수 없이 귀중한 조언을 주고 뜨거운 동료애를 보여주었다. 앤젤리크 스쿨라스는 감사하게도 막바지 작업이 한창일 때 케임브리지에 위치한 그녀의 고요한 은신처 한 귀퉁이를 내어주었다. 시어머니 수잔 리처드슨과 남편 존 리처드슨은 편안한 마음으로 집에서 쉴 수 있도록 기꺼이 도움을 주었다. 칼라일 공립 도서관 직원들은 '다시 와줘서 반갑다'라는 태도와 '방해하지 않겠다'라는 태도를 변함없이 보여줬다.

우리는 10년이 넘는 기간 동안 듀크 기업 교육 센터 직원들과 협력했다. 세계적인 도전 과제와 변화에 직면한 경영자들과 조직에게 도움이 되는 방법을 시험하는 데 이들은 더없이 큰 도움이 됐다. 홀리 아나스타시오, 데니스 발츨리, 조너선 베서, 로리 베일, 크리스티나 보티, 제인 보스윅, 카프리, 네드라 브래드셔, 신디 캠벨, 마이크 캐닝, 신디 엠리히, 피트 게런드, 모니카 힐, 리어 어드, 로빈 이스턴 어빙, 낸시 키샨, 팀 래스트, 메리 케이 리, 팻 롱쇼어, 스티브 마할리, 존 말리토리스, 리즈 멜론, 모린 먼로, 캐리 페인터, 밥 라인하이머, 주디 로젠블럼, 마이클 세리노, 블레어 쉐퍼드, 체릴 스톡스는 동료 겸 믿을 수 있는 친구가 되어주었다.

에이전트 에스터 뉴버그와 ICM의 담당팀에게도 깊은 감사를 전한다. ICM은 우리가 아무것도 모르는 애송이일 때 우리를 믿어줬다. 오랜 세월 동안 이들의 재능과 지혜, 지원을 감사하게 여기는 우리의 마음이 나날이 깊어져만 가고 있다.

이 책은 바이킹 펭귄과 함께 진행하는 두 번째 프로젝트다. 이번에도 무척 만족스러운 경험을 하고 있다. 수잔 피터슨 케네디와 클레어 페라로는 처음부터 전폭적인 지원을 아끼지 않았다. 필자들을 향해 무한한 신뢰를 보여준 두 분께 깊이 감사드린다. 표지 디자이너 닉 미사니는 첫 타석에서 홈런을 날렸다. 출판 업계 시상식에서 수락 연설을 하게 되거든 우리를 꼭 기억해주기 바란다. 카를라 볼테는 참신하고 매력적인 디자인을 생각해냈다. 홍보팀(캐롤린 콜번, 크리스틴 매트젠, 메디스 버크스)과 마케팅팀(낸시 쉐퍼드, 폴 램, 위니 드 모야)은 이 책이 비즈니스 서적이자 심리학 서적이라는 필자들의 신념을 지지해주었다. 뿐만 아니라 조직과 개별 독자 모두에게 이 책을 소개할 수 있도록 훌륭한 아이디어를 내놓았다. 닉 브룸리는 모든 일이 제대로 흘러가고 모든 사람이 일정에 맞춰 일을 진행할 수 있도록 많은 노력을 기울였다.

우리는 이 책의 편집을 맡아준 릭 콧의 노고를 치하하기 위해 여러 문단을 작성했다. 하지만 콧은 관련 내용을 통째로 지운 다음 '릭은 굉장했다. 끝.'이라는 말을 집어넣었다. 거기에다 한마디를 덧붙이고 싶다. 릭의 냉철한 질문과 현명한(그리고 끝없는) 편집 실력 덕에 이 책이 훨씬 나은 책으로 거듭났다. 또한 릭이 남겨 놓은 메모 속에 숨은 유머 덕에 우리는 큰 소리로 실컷 웃었다. 릭을 위해서라면 피로 물든 가시밭길도 걸어갈 수 있다. 물론 그런 일이 없기를 바라지만 그래야 할 일이 생긴다면 언제든 우리에게 전화하기 바란다.

더글러스는 돈, 실, 케이트, 애니, 엠마, 지미, 루이사, 수잔나, 앨리슨, 윈, 필리스, 소피아, 알렉사, 나디아, 매트, 루안, 포크스, 홀리, 블로스, 마누엘라, 크라우즌 가족 등 흔들림 없이 자신의 뜻을 지지해준 가장 가까운 친구들에게 감사의 마음을 전한다. 스포츠 반과 멍키 다운에서 만난 친구들에게도 감사의 뜻을 전한다. 이유가 무엇인지는 모르겠지만 나는 우정 복권에 당첨된 것이 틀림없다. 내가 얼마나 행운아인지 잘 알고 있다.

그리고 가족에게도 감사드린다. 이토록 보기 좋은 우리 가족. 어린 시절 나는 랜드가 슈퍼맨이라고 생각했다. 물론 지금도 그렇다. 로비는 주변에 있는 모든 사람들에게 안전하고 행복하다는 생각을 안겨주는 놀라운 능력을 갖고 있다(어렸을 때 수돗물을 팔려고 했던 일은 무척 미안하게 생각한다). 줄리는 내가 알고 있는 모든 사람 중 가장 재빠르고 재미있는 사람이다. 물론 나를 포함해서 하는 이야기다. 랜드와 로비, 줄리를 사랑해주고 정말로 멋진 장인과 장모가 되어준 데니스와 앨러나, 데이비드에게 감사드린다. 내게 가장 큰 선물인 조카들, 앤디, 찰리, 캐롤라인, 콜린, 대니얼, 루크, 매티에게도 감사의 마음을 전한다. 어머니와 아버지에게는 별도의 자리를 빌려 감사의 인사를 전할 생각이다.

쉴라는 고맙다는 말이나 감사하다는 말로는 마음을 모두 표현하기 어려울 정도로 남편 존 리처드슨과 세 자녀 벤과 피티, 애디에게 무한한 고마움을 느끼고 있다. 모두가 오랜 기간 동안 이 프로젝트를 잘 견뎌주었으며 내게 베푼 친절을 하나하나 기록해 소파 뒤에 숨겨두고 있다는 사실을 일절 티 내지 않았다. 나의 멋진 부모님 잭과 조이스는 자신에 대한 다른 사람들의 의견에 건강한 방식으로 회의론을 적용하거나, 이런 의견을 받아들이고 인정하는 방법을 알려주셨다(물론 이런 점은 좋기도 하고 나쁘기도 하다). 이 프로젝트를 진행하던 중 105세의 나이로 작고하신 할머니 크리스틴은 매일 스스로를 놀림거리로 삼는 놀라운 능력을 보여주었다. 로버트와 수잔, 질과 제이슨, 스테이시와 댄, 짐과 수잔, 프레드와 제시카, 앤드류와 아만다는 모두 질문을 해야 할 때가 언제인지, 용기를 북돋워줘야 할 때가 언제인지 잘 알고 있는 듯했다. 이들이 내게 준 피드백 하나하나는 나의 자아에 무엇보다 중요하다. 또한 이 친구들은 항상 매우 관대하게 군다.

문법과 이름에 대해서 몇 가지 말을 하고 싶다. '그'나 '그녀'라는 표현 대신 중립적으로 '그들(혹은 사람들이나 상대방)'이라는 표현을 사용한 경우가 많다. 문법적으로 틀릴지라도 우리에게 피드백을 제공하는 사람들을 '그들'로 묘사하는 것이 간단하고 명확하다. 바이킹 펭귄에 이러한 부분을 지적하는 서신을 보내지 않을 독자들에게 미리 감사의 말씀을 드리고 싶다. 이런 불만 사항이 접수되면 바이킹 펭귄 측은 필자들을 찾아와 "우리가 그럴 거라고 얘기했잖아요"라고 말할 빌미를 하나 더 얻게 된다.

등장인물들의 이름에는 다양한 문화와 전통이 담겨 있다. 하지만 문화에 대해서는 간접적으로 언급했을 뿐이다. 물론 문화는 우리가 피드백을 주고받는 방식에 지대한 영향을 미친다. 그렇긴 하지만 우리는 피드백을 받는 사람이 느끼는 두려움과 좌절감, 자극으로 인해 나타나는 반응은 매우 인간적이고 보편적이라는 사실을 연구를 통해 깨달았다.

마지막으로 지금껏 우리가 만나온 사람들과 앞으로 만날 사람들, 피드백이 가장 중요한 순간에 기꺼이 피드백을 구하고 받아들일 만한 용기와 호기심, 열정을 갖고 있는 사람들에게 진심 어린 감사를 전한다.

들어가는 말

1. 모든 학생들이 무려 300건에 달하는 과제와 보고서, 시험을 처리한다. 6세에
서 17세 사이의 미국 학생들은 매일 평균 3시간 58분을 숙제에 할애한다(www.
smithsonianmag.com/arts-culture/Do-Kids-Have-Too-Much-Homework.html). 평균 수업 일
수는 180일이다(www.nces.ed.gov/surveys/pss/tables/table_15.asp). 매일 처리해야 하는 한두
개의 과제에다 학기말 리포트, 쪽지시험, 중간고사, 기말고사, 정기고사 등을 모두
더하면 300건을 웃돌 가능성이 크다. 고등학생들은 특히 그렇다.

수백만 명의 아이들이 원하는 팀에 들어가거나 교내 연극 무대에 서기 위해 오디션
을 치르며 평가를 받는다. 미국에서는 매년 3,500만 명의 어린이가 조직화된 스포
츠 활동에 참여한다(www.statisticbrain.com/youthsports-statistics). 미국에는 9만 8,817개의
공립학교가 있으며(www.nces.ed.gov/fastfacts/display.asp?id=84) 이 중 19퍼센트(1만 8,775개)
가 연극 프로그램을 운영한다(www.nces.ed.gov/surveys/frss/publications/2002131/index.asp?
sectionid=3). 3만 3,366개의 사립학교 중 상당수도 연극 프로그램을 운영한다.

거의 200만 명에 달하는 학생들이 SAT 점수를 받고(www.press.collegeboard.org/sat/faq)
좋건 나쁘건 대학의 결정에 직면한다(www.statisticbrain.com/college-enrollment-statistics).
약 4,000만 명이 온라인상에서 연애 상대를 찾기 위해 서로를 평가하며 이 중 71퍼
센트는 첫눈에 사랑을 판단할 수 있다고 확신한다(www.statisticbrain.com/online-dating-
statistics).

25만 건의 결혼식이 취소되고(www.skybride.com/about) 87만 7,000명의 배우자가 이
혼을 신청한다(www.cdc.gov/nchs/nvss/marriage_divorce_tables.htm). 미 질병 관리 센터가
집계한 수치에는 혼인 무료 건수가 포함돼 있다. 반면 캘리포니아, 조지아, 하와
이, 인디애나, 루이지애나, 미네소타의 이혼 건수는 포함돼 있지 않다. 미 통계국
의 기록에 의하면 연간 이혼 건수가 약 110만 건에 달한다고 한다(www.census.gov/
compendia/statab/2012/tables/12s0132.pdf).

2. 120만 명이 일자리를 잃게 될 것이다. 미 통계국 데이터에 의하면 2010년에 민간
부문에서 1,264만 5,000개의 일자리가 사라졌다고 한다. 이 수치에는 비영리 부문
과 자영업 부문에서 사라진 일자리의 숫자는 포함돼 있지 않다.

50만 명이 넘는 기업가들이 처음으로 사업을 시작하고 약 60만 명이 사업의 뜻을
완전히 접을 것이다. 중소기업청이 수집한 자료에 의하면 2009년부터 2010년 사
이에 53만 3,945개의 중소기업이 생겨난 반면 59만 3,347개의 중소기업이 사라졌

다고 한다(www.sba.gov/advocacy/849/12162).

3. 50~90퍼센트의 근로자가 올해 업무 평가를 받게 될 것이다. 모든 기업 중 51 퍼센트가 매년 공식적인 업무 평가를 실시한다는 CEB의 통계 자료(www. westchestermagazine.com/914-INC/Q2-2013/Improving-Performance-Review-Policiesfor- Managers-and-Employees)에서부터 설문조사에 응한 인사 전문가 중 91퍼센트가 자사 조직에 공식적인 성과 관리 프로그램이 있다고 답했다는 자료(www.worldatwork.org/ waw/adimLink?id=44473)에 이르기까지 통계 범위는 매우 넓은 편이다. 인사 부문을 별도로 운영하는 조직은 공식적인 성과 관리 시스템을 갖고 있을 가능성이 크다. 그렇지 않은 조직은 비공식적인 성과 관리 관행을 갖고 있을 가능성이 크다.

    업무 평가를 준비하고 업무 평가를 진행하는 데 8억 2,500만 시간이 소요된다. 국제 노동 연구소의 LABORSTA 데이터베이스에 의하면 전 세계 노동 인구는 약 33억 명 에 달한다고 한다(www.laborsta.ilo.org/applv8/data/EAPEP/eapep_E.html). 이 중 절반이 업무 평가를 받고 평가를 준비하고 실행하는 데 30분이 걸린다고 치면 업무 평가에 걸리 는 누적 시간이 무려 9만 4,178년에 달한다. 물론 업무 평가를 하는 관리자들은 여 러 근로자를 평가한다. 따라서 실제로는 이보다 더 많은 시간이 걸릴 가능성이 크다.

4. *Merriam-Webster's Collegiate Dictionary* , *9th ed.* (1986).

5. 55퍼센트가 자신에 대한 업무 평가가 부당하거나 정확하지 않다고 생각한다.《글 로보포스》의 2011년 설문조사 자료(www.bizjournals.com/boston/news/2011/04/29/ survey-majorityhate-performance.html).

    코너스톤 온 디맨드가 실시한 설문조사에서는 이 수치가 51퍼센트로 나타났다 (www.getworksimple.com/blog/2012/01/20/4-statistics-that-prove-performance-reviews-don' t-work-for-the-modern-worker).

    근로자 4명 중 1명은 업무 평가를 두려워한다. 앞서 언급한 2011년《글로보포스》 설문조사를 참고하기 바란다.

6. 2010년에 실시된 성과 관리 실태 조사 결과(2010년 가을 십슨 컨설팅과 월드 앳 워크가 750명의 인사 전문가를 대상으로 설문조사를 진행했다), 기업 성과가 저조할 때 직원 개개 인에 대한 평가가 내려간다고 답한 응답자는 20퍼센트에 불과했다. 이는 곧 개 인의 성과와 조직의 성과 간에 상관관계가 약하다는 뜻이다. 또한 자사 리더들 이 직속 부하들을 평가하고 코치하는 과정에서 바람직한 성과 관리 태도를 몸소 실천한다고 답한 응답자는 40퍼센트에 불과했다(http:// www.sibson.com/publications/

surveysandstudies/2010SPM.pdf).

7. 피드백을 좇는 행동에 관한 전반적인 내용이 궁금하다면 다음을 참고하기 바란다. Michiel Crommelinck and Frederick Anseel, "Understanding and Encouraging Feedback-Seeking Behavior: A Literature Review" *Medical Education* 2013: 47: 232-241, doi:10.1111/medu.12075. 부정적인 피드백을 좇는 행동과 업무 평가의 관계가 궁금하다면 다음을 참고하기 바란다. Chen ZG, Lam W, Zhong JA, "Leader-Member Exchange and Member Performance: A New Look at Individual-Level Negative Feedback-Seeking Behaviour and Team-Level Empowerment Climate," *J Appl Psychol* 2007;92(1):202-12, Ashford SJ, Tsui AS, "Self-Regulation for Managerial Effectiveness—the Role of Active Feedback Seeking," *Acad Manage J* 1991;34 (2):251- 80. 피드백을 좇는 행동과 창의성의 관계를 설명하는 연구가 궁금하다면 다음을 참고하기 바란다. Zhou J, "Promoting Creativity Through Feedback," in J. Zhou, CE Shalley, eds *Handbook of Organizational Creativity*. New York, NY: Lawrence Erlbaum Associates 2008: 125-46, DEM De Stobbeleir, SJ Ashford, and D. Buyens, "Self-Regulation of Creativity at Work: The Role of Feedback-Seeking Behavior in Creative Performance," *Acad Manage J* 2011;54 (4):811- 31. 피드백을 좇는 태도와 적응의 관계가 궁금하다면 다음을 참고하기 바란다. EW Morrison, "Longitudinal Study of the Effects of Information Seeking on Newcomer Socialization," *J Appl Psychol* 1993;78 (2):173-83; CR Wanberg and JD Kammeyer-Mueller, "Predictors and Outcomes of Proactivity in the Socialization Process," *J Appl Psychol* 2000;85 (3):373-85; EW Morrison, "Newcomer Information-Seeking-Exploring Types, Modes, Sources, and Outcomes," Acad Manage J 1993;36 (3):557-89.

8. S. Carrere, et al. "Predicting Marital Stability and Divorce in Newlywed Couples," *Journal of Family Psychology* 14(1)(2000): 42-58. 전반적인 내용이 궁금하다면 www.gottman.com에서 확인하기 바란다. 고트먼은 아내의 의견을 개방적으로 받아들이는 남편의 태도와 결혼의 건전성의 상관관계를 자세히 살핀다. 고트먼이 찾아낸 연구 결과가 무엇이든 상대방의 의견을 개방적으로 받아들일 경우 관계의 건전성이 개선될 가능성이 크다는 것은 필자들의 견해다.

9. Thomas Friedman, "It's a 401(k) World," *New York Times*, May 1, 2013.

01 | 나는 어떤 피드백을 원하고 있는가

1. 존 리처드슨이 인정과 조언, 평가의 차이점을 소개해주었다. 리처드슨이 로저 피셔, 앨런 샤프와 함께 집필한 저서 *Getting It Done: How to Lead When You're Not in Charge* (HarperBusiness, 1999)에 관련 내용이 묘사돼 있다.
2. 마커스 버킹엄, 커트 코프만,《유능한 관리자》, 21세기북스, 2006년.
3. 게리 채프먼,《5가지 사랑의 언어》, 생명의말씀사, 2010년.

02 | 상대방은 어떤 피드백을 주고 있는가

1. 이 도표와 아래에 소개된 개념은 크리스 아지리스와 도널드 쇤이 개발한 도구인 '추론의 사다리'를 토대로 한다.
2. Roger Schank: http:// www. rogerschank. com/ artificialintelligence. html. 다음도 함께 참고하기 바란다. Roger Schank, *Tell Me a Story: Narrative and Intelligence* (Northwestern University Press, 1995).
3. 확증 편향confirmation bias이란 우리가 갖고 있는 기존의 생각과 일치하는 정보를 좀 더 쉽게 알아채는 성향을 일컫는다. 다음을 참고하기 바란다. Raymond S. Nickerson, "Confirmation Bias: A Ubiquitous Phenomenon in Many Guises," *Review of General Psychology* (Educational Publishing Foundation) 2(2) (1998): 175 – 220.
4. 자기 고양적 편향self-serving bias이란 성공은 자신의 능력 탓으로, 실패는 외적 요인 탓으로 돌리는 성향을 일컫는다. 자기 고양적 편향 때문에 다른 사람들의 능력에 비해 자신의 능력을 과대평가하게 될 가능성이 있다. 관련 사례가 궁금하다면 다음을 참고하기 바란다. O. Svenson, "Are We All Less Risky and More Skillful Than Our Fellow Drivers?" *Acta Psychologica* 47(2) (Feb. 1981): 143 – 48.《비즈니스위크》가 2007년에 2,000명의 미국 경영자들을 대상으로 실시한 설문조사를 통해 관리자들이 자신의 성과를 과대평가한다는 사실이 드러났다(www.businessweek.com/ stories/2007-08-19/ten-years-from-now-and).
5. David Foster Wallace, *This Is Water: Some Thoughts, Delivered on a Significant Occasion, about Living a Compassionate Life* (Little, Brown and Company, 2009).

03 | 사각지대를 찾아라

1. Steven Johnson, *Mind Wide Open: Your Brain and the Neuroscience of Everyday Life* (Scribner, 2004), 31-32. 인간의 홍채 크기와 협력의 진화에 대한 흥미로운 논의가 궁금하다면 다음을 참고하기 바란다. Michael Tomasello, "For Human Eyes Only," , January 13, 2007.

2. 마음 이론에 관한 전반적인 내용이 궁금하다면 다음을 참고하기 바란다. Alvin I. Goldman, "Theory of Mind," in *Oxford Handbook of Philosophy and Cognitive Science*, ed. Eric Margolis, Richard Samuels, and Stephen Stich (Oxford University Press, 2012), 402.

3. 다음 글을 살펴보기 바란다. Simon Baron-Cohen, Alan M. Leslie, Uta Frith, "Does the Autistic Child Have a 'Theory of Mind'?" *Cognition* 21 (1985) 37-46.

4. Johnson, Open, 31-32.

5. Albert Mehrabian, *Nonverbal Communication* (Aldine Transaction, 2007). U.C.L.A. 명예교수 메라비언은 말투가 메시지의 38퍼센트를 차지하며 보디랭귀지가 55퍼센트를 차지하는 반면 실제로 사용된 단어 자체가 메시지에서 차지하는 비중은 7퍼센트에 불과하다고 주장한다.

6. Jon Hamilton, "Infants Recognize Voices, Emotions by 7 Months," National Public Radio, March 24, 2010: http://www.wbur.org/npr/125123354/infants-recognize-voices-emotions-by-7-months. Also, Annett Schirmer and Sonja Kotz, "Beyond the Right Hemisphere: Brain Mechanisms Mediating Vocal Emotional Processing," in *Trends in Cognitive Sciences* 10(1) (Jan. 2006): 24-30.

7. Atul Gawande, "Personal Best," *New Yorker*, October 3, 2011.

8. Sophie Scott, Institute of Cognitive Neuroscience, University College, London, interview on *Science Friday* with Ira Flatow, May 29, 2009: http://m.npr.org/story/104708408.

9. 다음을 참고하기 바란다. Paul Ekman, *Emotions Revealed: Recognizing Faces and Feelings to Improve Communication and Emotional Life* (Holt Paperbacks, 2007). 에크만은 얼굴의 일부 근육이 불수의 운동을 하기 때문에 사람은 생각만큼 감정을 잘 숨기지 못한다고 주장한다.

10. 이런 현상은 행위자-관찰자 비대칭(actor-observer asymmetry, Jones and Nisbett, 1971)이

라 불린다. 행위자는 자신의 행동을 상황 탓으로 돌리는 경향이 있고 관찰자는 행위자의 행동을 행위자의 성격 탓으로 돌리는 경향이 있다. 관련 있는 개념으로 근본적인 귀인 오류(fundamental attribution error, Lee Ross, 1967)를 들 수 있다. 근본적인 귀인 오류란 다른 사람의 행동을 묘사할 때 성격적인 면을 지나치게 강조하는 반면 상황적인 요소를 과소평가하는 태도를 뜻한다.

11. Robert I. Sutton, *Good Boss, Bad Boss: How to Be the Best . . . and Learn from the Worst* (Business Plus, 2010), 211.

12. Alex Pentland, *Honest Signals: How They Shape Our World* (MIT Press, 2008). 관련 연구와 활용 사례가 궁금하다면 다음을 참고하기 바란다. Pentland, "To Signal Is Human," 98 (May – June 2010), http://web.media.mit.edu/~sandy/2010-05Pentland.pdf.

13. 팀 크라이더는 2013년 6월 15일자 《뉴욕타임스》에 실린 글 「나는 당신이 나에 대해 어떻게 생각하는지 알고 있다」에서 A라는 친구가 B라는 친구에게 보낼 생각으로 자신에 관한 내용이 담긴 이메일을 작성한 후 실수로 B가 아닌 자신에게 보냈을 때 얼마나 부정적인 영향이 발생하는지 설명했다. '군이나 금융을 겨냥한 공격이 아니라 모든 이메일과 문자 메시지를 동시에 모두에게 공개하는 것이 가장 치명적인 사이버 공격이라는 생각이 든다. 이런 일이 벌어지면 우리 사회를 떠받치는 기본 구조들이 즉시 사라져버릴 것이다. 다른 사람들이 갖고 있는 당신에 대한 생각을 가감 없이 전해들으면 모든 사람들이 항상 당신의 편에 서서 모든 상황을 감안해줄 것이라는 당신의 바람과 달리 모든 사람이 너그러운 시선으로 당신을 바라보지는 않는다는 불쾌한 사실을 깨닫게 된다.'

04 | 피드백과 사람을 분리하라

1. "Flowers for Kim," *Lucky Louie*, Episode 6 (2006). 길이를 조절하고 적절한 어휘를 사용하기 위해 대화를 약간 편집했다.

2. 리 로스가 1977년에 근본적인 귀인 오류fundamental attribution error라는 말을 만들어냈다. L. Ross, "The Intuitive Psychologist and His Shortcomings: Distortions in the Attribution Process," in L. Berkowitz, *Advances in Experimental Social Psychology*

(1977).

3. 사람들은 자신을 좋아하는 사람, 그리고 자신과 비슷한 사람을 좋아한다. 다음을 참고하기 바란다. Robert Cialdini, *Influence: The Psychology of Persuasion* (HarperBusiness, 2006), especially chapter 5, "Liking: The Friendly Thief."

4. 협상 시의 자율성에 관해 좀 더 많은 내용이 궁금하다면 다음을 참고하기 바란다. Roger Fisher and Daniel Shapiro, *Beyond Reason: Using Emotions as You Negotiate* (Penguin, 2006).

05 | 해결책은 양쪽 모두에게 있다

1. 2001년에 랜들 C. 와이어트가 존 고트먼을 상대로 진행한 인터뷰. psychotherapy. net에서 관련 내용을 확인할 수 있다(http://www.psychotherapy.net/interview/john-gottman).

2. 비즈니스 부문의 관계 시스템에 관한 사례가 궁금하다면 다음을 참고하기 바란다. Diana McLain Smith, *The Elephant in the Room: How Relationships Make or Break the Success of Leaders and Organizations* (Jossey-Bass, 2011).

3. Peter M. Senge, *Fifth Discipline Fieldbook: Strategies and Tools for Building a Learning Organization*. Crown Business; 1 edition (1994). '우발적 적'이라는 표현은 제니퍼 케메니가 1980년대에 발표한 글(145-48쪽)에서 발췌한 것이다.

4. 로버트 리칠리아노는 갈등이 발생했을 때 시스템 관점이 얼마나 도움이 되는지 연구했다. 다음을 참고하기 바란다. Robert Ricigliano, *Making Peace Last: A Toolbox for Sustainable Peacebuilding* (Paradigm Publishers, 2012).

5. Daniel Kim, Michael Goodman, Charlotte Roberts, Jennifer Kemeny, "Archetype 1: 'Fixes That Backfire,' " in Peter M. Senge, *The Fifth Discipline Fieldbook: Strategies and Tools for Building a Learning Organization* (Doubleday, 1994).

1. 관련 자료를 확인해준 신경 심리학자 케이트 포티에르와 통찰력과 전반적인 견해를 전해준 로빈 웨더힐 박사에게 깊은 감사를 표한다.

2. 적응 능력과 주관적인 행복의 개념을 소개한 대표적인 글이 궁금하다면 다음을 확인하기 바란다. P. Brickman and D. T. Campbell, "Hedonic Relativism and Planning the Good Society," in *Adaptation-Level Theory*, ed. M. H. AppleyNew York: Academic Press, 1971, 287 – 305. 이 글에서 적응 능력은 '세트 포인트 이론set point theory', '쾌락의 쳇바퀴hedonistic treadmill', '적응 가능성 이론adaptability theory'으로도 묘사된다.

3. D. Lykken and A. Tellegen, "Happiness Is a Stochastic Phenomenon," *Psychological Science* 7 (1996): 186 – 89. 리켄은 50~80퍼센트가 유전에 의해 결정될 가능성이 있다고 설명한다. 다른 연구에서는 유전에 의해서 결정되는 비율이 50퍼센트에 가까운 것으로 밝혀졌다. 다음을 참고하기 바란다. S. Lyubomirsky, K. Sheldon, and D. Schkade, "Pursuing Happiness: The Architecture of Sustainable Change," *Review of General Psychology* 9(2) (2005): 111 – 31.

4. 복권 당첨자와 척수가 손상된 사람의 행복을 비교한 연구. P. Brickman, D. Coates, and R. Janoff-Bulman, "Lottery Winners and Accident Victims: Is Happiness Relative?" *Journal of Personality and Social Psychology* 36 (1978): 917 – 27.

5. 다수의 연구자들이 행복한 사람은 유쾌한 자극에 좀 더 강하게 반응하고 불행한 사람은 불쾌한 자극에 좀 더 강하게 반응한다고 설명했다. 다음을 참고하기 바란다. R. J. Larsen and T. Ketelaar, "Personality and Susceptibility to Positive and Negative Emotional States," Journal of Personality and Social Psychology 61 (1991): 132 – 40.

6. 제롬 케이건의 연구 내용을 전반적으로 살펴보고 싶다면 다음을 참고하기 바란다. Robin Marantz Henig, "Understanding the Anxious Mind," *New York Times*, September 29, 2009. 다음 자료도 확인해보기 바란다. Jerome Kagan and Nancy Snidman, *The Long Shadow of Temperament* (Belknap Press, 2009).

7. C. E. Schwartz, et al., ※Structural Differences in Adult Orbital and Ventromedial Prefrontal Cortex Predicted by Infant Temperament at 4 Months of Age,§ *Archives of General Psychiatry* 67(1) (Jan. 2010), 78-84.

8. 조너선 하이트, 《행복의 가설》, 물푸레, 2010년.
9. 변연계는 1억 년도 더 된 오랜 옛날부터 최초의 포유동물과 함께 진화를 시작한 것으로 알려져 있다. 뇌의 진화에 대한 전반적인 내용이 궁금하다면 다음을 참고하기 바란다. "The Evolutionary Layers of the Human Brain," http://thebrain.mcgill.ca/flash/d/d_05/d_05_cr/d_05_cr_her/d_05_cr_her.html.
10. Richard J. Davidson with Sharon Begley, *The Emotional Life of Your Brain: How Its Unique Patterns Affect the Way You Think, Feel, and Live—and How You Can Change Them* (Hudson Street Press, 2002), 41 and 69.
11. 상동, 24 – 39.
12. 2012년에, 1990년부터 2007년 사이에 진행된 기능적 자기공명영상fMRI과 PET 스캔에 대한 여러 연구를 별도로 검토한 끝에 뇌의 각기 다른 부분에서 각기 다른 감정을 처리한다는 '입지locational'론보다는 뇌의 여러 부위가 감정과 사건을 통합한다는 '개념conceptual'론이 좀 더 많은 지지를 받는 것으로 밝혀졌다. K. Lindquist, et al., "The Brain Basis of Emotion: A Meta-Analytic Review," *Behavioral Brain Sciences* 35 (2012): 121 – 43.
13. 두 개의 1차 연구를 소개하면 다음과 같다. R. J. Davidson, "What Does the Prefrontal Cortex 'Do' in Affect: Perspectives in Frontal EEG Asymmetry Research," Biological Psychology 67 (2004): 219 – 34. 백질의 차이에 대한 연구는 다음을 참고하기 바란다. M. J. Kim and P. J. Whalen, "The Structural Integrity of an Amygdala-Prefrontal Pathway Predicts Trait Anxiety," *Journal of Neuroscience* 29 (2009): 11614 – 18.
14. 캐런 레이비치와 앤드류 샤테는 저서 《회복력의 7가지 법칙》에서 회복력의 네 가지 역할을 소개한다. 레이비치와 샤테는 회복력이 1)유년기에 장애물을 극복하고 2)일상적인 좌절감을 헤쳐 나가고 3)중대한 실패를 경험한 후 다시 회복하고 4) 손을 뻗어 가능한 모든 것을 이뤄내는 데 도움이 된다고 설명한다. 필자들은 이 부분에서 회복력을 생물학적인 개념으로 설명했다. 하지만 회복력은 모든 부분에 영향을 미친다. 이 책 곳곳에 이런 내용이 언급돼 있다.
15. Davidson with Begley, *Emotional Life of Your Brain*, 83 – 85.
16. 리처드 데이비슨은 부정적인 감정에서 회복하는 데 걸리는 시간과 긍정적인 감정을 유지하는 능력을 직접 평가할 수 있도록 질문지를 개발했다. 다음을 참고하기

바란다. Davidson and Begley, *Emotional Life of Your Brain*, 46−49.

17. 다음을 참고하기 바란다. S. Lyubomirsky, K. Sheldon, and D. Schkade, "Pursuing Happiness: The Architecture of Sustainable Change," *Review of General Psychology* 9(2) (2005): 111−31. 함께 참고하기 바란다. Martin E. P. Seligman, *Flourish: A Visionary New Understanding of Happiness and Well-being* (Atria Books, 2012), 157 and 159.

18. 리처드 J. 데이비드슨, 샤론 베글리, 《너무 다른 사람들》, 알키, 2012년.

19. 마틴 셀리그먼, 《마틴 셀리그먼의 플로리시》, 물푸레, 2011년.

20. 미하이 칙센트미하이, 《몰입》, 한울림, 2004년.

21. '통제할 수 없을 정도로 심각해지는' 현상을 최악의 상황을 상상하는 태도라고 표현할 수도 있다. 다음을 참고하기 바란다. David D. Burns, *Feeling Good. Harper* (reprint edition 2009), p. 42. 크리스 아지리스는 《하버드 비즈니스 리뷰》 1991년 5-6월 호(104쪽)에 실린 「똑똑한 사람들에게 학습 방법을 가르치려면Teaching Smart People How to Learn」에서 이런 현상을 '파멸 확대doom zoom'라 표현했다.

07 | 피드백이 왜곡되는 이유

1. 인지 치료와 이야기 치료 분야에서 발표된 연구를 토대로 생각과 느낌, 이야기의 관계와 '피드백을 억제'하는 방법에 관한 아이디어를 발전시켰다. 다음을 참고하기 바란다. Martin E. P. Seligman, *Authentic Happiness: Using the New Positive Psychology to Realize Your Potential for Lasting Fulfillment* (Atria Books, 2004); Aaron T. Beck, *Love Is Never Enough: How Couples Can Overcome Misunderstandings, Resolve Conflicts, and Solve Relationship Problems Through Cognitive Therapy* (Harper Perennial, 1989); and Michael White and David Epstein, *Narrative Means to Therapeutic Ends* (W. W. Norton & Company, 1990).

2. 대니얼 길버트, 《행복에 걸려 비틀거리다》, 김영사, 2006년.

3. 다른 사람들이 자신에게 관심을 보이는 정도를 과대평가하는 성향을 '조명 효과 spotlight effect', 혹은 자기 중심성egocentrism이라 부른다. 조명 효과에 대해 좀 더 많은 정보가 궁금하다면 다음을 참고하기 바란다. Thomas Gilovich and Kenneth Savitsky, "The Spotlight Effect and the Illusion of Transparency: Egocentric

Assessments of How We Are Seen by Others," *Current Directions in Psychological Science* 8(6) (Dec. 1999).

08 | 피드백을 통해 성장하는 법

1. 서양 문화(미국과 유럽)에서는 자신을 표현할 때 관념적인 특성을 나타내는 용어(나는 정직해, 나는 똑똑해)를 사용하는 반면 아시아 문화(중국, 한국, 인도)에서는 자신을 묘사할 때 주변 상황이나 관계를 명시하는 용어(나는 학생이야, 나는 형이야)를 사용하는 경향이 있다는 근거가 있다. 문화에 따른 자아 개념과 성격 차이에 대해 좀 더 많은 정보가 궁금하다면 다음을 참고하기 바란다. Incheol Choi, Richard E. Nisbett, and Ara Norenzayan, "Causal Attribution Across Cultures: Variation and Universality," *Psychological Bulletin* 125(1) (1999): 47 – 63.
2. 레온 페스팅거가 처음으로 인간이 동료를 기준으로 자신을 평가한다고 주장했다. 이 주장은 '사회적 비교 이론social comparison theory'이라 불린다. 다음을 참고하기 바란다. L. Festinger, "A Theory of Social Comparison Processes," *Human Relations* 7 (1954): 117 – 40.
3. 대화를 나누던 중 필자들의 동료 제프리 커가 이 같은 사실을 발견했다.
4. 캐롤 드웍, 《마인드셋》, 스몰빅라이프, 2017년. 5. 상동, 4.
6. 상동.
7. Dweck, Mindset, 11, 조이스 에링거와 함께 진행한 연구 내용이 설명돼 있다.
8. Jennifer A. Mangels, Brady Butterfield, Justin Lamb, Catherine Good, and Carol S. Dweck, "Why Do Beliefs About Intelligence Influence Learning Success? A Social Cognitive Neuroscience Model," *Soc Cogn Affect Neurosci.* 2006 September; 1(2): 75 – 86.
9. Carol Dweck, "Brainology: Transforming Students' Motivation to Learn," *NAIS Independent Schools Magazine*, Winter 2008, www.nais.org/Magazines–Newsletters/ ISMagazine/Pages/Brainology.aspx, 2013년 9월 18일에 접속. 힘든 일이나 실패에 대처할 때 관찰되는 고정형 사고방식과 성장형 사고방식에 대한 핵심 연구 자료가 요약돼 있다.

10. 정체성 도표는 드웩의 저서 《성공의 새로운 심리학》에 포함돼 있는 도표를 수정한 것이다.
11. 사정과 판단을 구분하는 능력은 고정형 정체성을 가진 사람이 자신의 능력을 심각하리만치 제대로 평가하지 못하는 이유를 설명하는 데 도움이 된다. 성장형 정체성을 갖고 있는 사람들은 현재 자신이 갖고 있는 능력을 좀 더 정확하게 평가한다. 상황에 따라 자신의 위치를 다르게 평가하기 때문인지도 모른다. 성장형 정체성의 소유자들은 자신의 현위치가 도달하고자 하는 최종 목적지로 이어지는 여정에 포함된 일시적인 기착지에 불과하다고 생각한다.

09 | 모든 피드백을 받아들일 필요는 없다

1. 앤 라모트, 《쓰기의 감각》, 웅진지식하우스, 2018년.
2. 효과적으로 거절하는 방법이 궁금하다면 다음을 참고하기 바란다. William Ury, *The Power of a Positive No: Save the Deal, Save the Relationship and Still Say No* (Bantam, 2007).

10 | 대화의 흐름을 이끌어라

1. 컴퓨터 애니메이션과 키프레이밍 방식을 활용한 최초의 단편 영화는 1974년에 발표된 〈굶주림Hunger〉이었다('인비트위닝'과 마찬가지로 '키프레이밍' 역시 한 단어로 사용된다). 컴퓨터 애니메이션이 어떻게 제작되는지 직접 시범을 보여준 '리듬 앤 휴즈'의 존 휴즈와 폴린 초에게 감사를 전한다.
2. Jared R. Curhan and Alex Pentland, "Thin Slices of Negotiation: Predicting Outcomes from Conversational Dynamics Within the First 5 Minutes," *Journal of Applied Psychology* 92(3) (2007): 802–11.
3. 존 가트맨, 낸 실버, 《행복한 결혼을 위한 7원칙》, 문학사상사, 2017년.
4. T. Singer, et al., "Empathy for Pain Involves the Affective but Not Sensory Components of Pain," *Science* 33(5661) (Feb. 20, 2004): 1157–62. 다른 사람의 고통

을 목격한다고 해서 '고통 매트릭스' 전체가 활성화되지는 않는다. 뇌의 여러 부분 중 정서와 관련된 부분(양측 전측뇌섬엽, 문측 전측대상피질, 뇌간, 소뇌)만 활성화될 뿐 감각과 관련된 부분(후측뇌섬엽 및 이차체감각피질, 감각운동피질, 미측전두대상피질)은 활성화되지 않는다. 다른 사람이 고통 받는 모습을 본다고 해서 물리적인 통증을 느끼는 것은 아니다. 하지만 물리적인 통증과 상관관계가 있는 감정을 느낀다. 두 개의 공감 설문지에서 높은 점수를 받은 사람들이 좀 더 강력한 거울 뉴런 뇌 활동을 보였다.

5. T. Singer, et al., "Empathic Neural Responses Are Modulated by the Perceived Fairness of Others," *Nature* 439 (Jan. 26, 2006): 466 – 69. 흥미롭게도 복수 반응을 보인 사람들은 대부분 남성이었다. 여러 연구에서 이런 특성이 관찰됐는지 본 연구에서 살펴본 특정한 집단에서만 이런 현상이 관찰됐는지 아직 확실하지 않다.

6. 문화에 따라 말을 가로막는 행동에 대한 해석이 달라진다. 상대방(예를 들어 상사나 연장자)의 말을 끊는 것을 바람직하지 않게 여기는 암묵적인(혹은 명확한) 규칙이 존재하는 문화권에서 거주 중이라면 상대방의 이야기를 들으면서 요점과 질문을 기록하는 편이 낫다. 이런 태도를 보이면 상대에게 상대방의 말을 가장 잘 이해하기 위해 메모를 하고 있다는 사실을 알릴 수 있다. 상대가 말을 끝내면 적절한 시기에, 적절한 장소에서 질문을 던질 수 있다. 상대에 대한 존경을 표시하고 적극적인 참여 의사를 표현하며 상대와의 협력을 통해 상대의 피드백을 명확하게 이해하는 것이 목표다. 언어학자 데보라 태넌은 문화와 상대방의 말을 끊고 말을 하는 태도를 주제로 흥미로운 글을 썼다. 다음을 확인하기 바란다. *Conversational Style: Analyzing Talk Among Friends* (Oxford University Press, 2005).

7. 윌리엄 유리, 브루스 패튼, 로저 피셔, 《YES를 이끌어내는 협상법》, 장락, 2014년.

11 | 성공적인 대화를 위한 5가지 원칙

1. 최초의 연구에 관한 내용이 궁금하다면 다음을 확인하기 바란다. R. F. Baumeister, et al., "Ego Depletion: Is the Active Self a Limited Resource?" *Journal of Personality and Social Psychology* 74(5) (1998): 1252 – 65. 쿠키를 먹지 말라는 요구를 받은 참가자들에게 쿠키 대신 무를 먹을 것을 요청했다. 쿠키를 먹은 참가자들은 평균 18.9

분 동안 34.29회 시도한 반면 무를 먹은 참가자들은 평균 8.35분 동안 19.4회 시도하는 데 그쳤다. 설탕 섭취량의 차이와 이에 따른 혈당 수치의 차이로 인해 쿠키를 먹은 참가자가 무를 먹은 참가자에 비해 좀 더 많은 에너지를 얻은 것이 아닌지 의문을 제기하는 것은 타당하다. 하지만 연구진은 혈당량과 의지력 간의 상관관계를 발견하지 못했다. 인간의 의지력에 관한 내용이 궁금하다면 다음을 참고하기 바란다. Roy Baumeister and John Tierney, *Willpower: Rediscovering the Greatest Human Strength* (Penguin, 2012).

2. Atul Gawande, "Personal Best," *New Yorker*, October. 3, 2011.

3. Chuck Leddy, "Coaching Tips from Gawande: Surgeon-Author Sees Gain for Teachers in On-the-Job Guidance," *Harvard Gazette*, October. 25, 2012.

4. T. C. Schelling, "Egonomics, or the Art of Self-Management," *American Economic Review*, 68 (1978), 290-294. 함께 참고하기 바란다. Thomas C. Schelling, Strategy of Conflict (Harvard University Press, 1981).

5. Nick Paumgarten, "Master of Play," *New Yorker*, December. 20, 2010.

6. 닉 펠링이 2002년에 '게임화'라는 표현을 처음 고안했다. 기업들이 고객 참여도와 충성도를 높이기 위해 게임화 접근 방법을 활용하고, 위키피디아가 사용자들의 참여를 늘리기 위해(64퍼센트) 게임화 방법을 도입했으며, 교육 부문에서 학생들의 학습 참여를 높이기 위해 게임화 원칙을 응용하기 시작한 2010년경부터 게임화라는 개념과 접근 방법이 주류가 됐다. 게임화 바람을 소리 높여 비판하는 사람들도 있다. 다음을 참고하기 바란다. http:// www.astd.org/ Publications/Blogs/Learning-Technologies-Blog/2013/03/Gamification-Meet-Gamefulness. 좀 더 보편적인 논평이 궁금하다면 다음을 참고하기 바란다. Alfie Kohn, *Punished by Rewards: The Trouble with Gold Stars, A's, Praise and Other Bribes* (Mariner Books, 1999).

7. 이와 관련해 조금 다른 견해가 궁금하다면 다음을 참고하기 바란다. Seth Godin, *The Dip: A Little Book That Teaches You When to Quit* (and When to Stick) (Portfolio Hardcover, 2007).

8. 피드백을 구하는 행동에 대한 전반적인 내용이 궁금하다면 다음을 참고하기 바란다. Michiel Crommelinck and Frederick Anseel, "Understanding and Encouraging Feedback-Seeking Behavior: A Literature Review" in *Medical Education* 2013; 47: 232-41, doi:10.1111/medu.12075. 부정적인 피드백을 좇는 태도와 업무 평가

관계에 대해 좀 더 자세히 알고 싶다면 다음을 참고하기 바란다. Z. G. Chen, W. Lam, and J. A. Zhong, "Leader- Member Exchange and Member Performance: A New Look at Individual-Level Negative Feedback-Seeking Behaviour and Team-Level Empowerment Climate," *J Appl Psychol* 2007;92 (1):202 - 12; and in Ashford SJ, Tsui AS, "Self- Regulation for Managerial Effectiveness—The Role of Active Feedback Seeking," *Acad Manage J* 1991;34 (2): 251 - 80.

12 | 성공적인 조직을 위한 피드백 시스템

1. 2010년에 실시된 성과 관리 실태 조사 결과. 2010년 가을 십슨 컨설팅과 월드 앳 워크가 750명의 인사 전문가를 대상으로 설문조사를 진행했다. 기업 성과가 저조 할 때 직원 개개인에 대한 평가가 내려간다고 답한 응답자는 20퍼센트에 불과했 다. 이는 곧 개인의 성과와 조직의 성과 간에 상관관계가 약하다는 뜻이다. 또한 자 사 리더들이 직속 부하들을 평가하고 코치하는 과정에서 바람직한 성과 관리 태도 를 몸소 실천한다고 답한 응답자는 40퍼센트에 불과했다. http://www.sibson.com/publications/surveysandstudies/2010SPM.pdf.

2. Susan Heathfield, "Performance Appraisals Don't Work," *Human Resources*, 다음에 서 확인할 수 있다. www.humanresources.about.com/od/performanceevals/a/perf_appraisal.html. 2013년 2월에 접속.

3. Brene Brown, October 2012, 다음 컨퍼런스에서 발표한 내용이다. Linkage Global Institute for Leadership Development Conference, Palm Desert, CA.

4. Dick Grote, 12:17PM September 12, 2011, "The Myth of Performance Metrics," Harvard Business Review blog post, at www.blogs.hbr.org/cs/2011/09/the_myth_ of_performance_metric.html?cm_sp=blog_flyout-_-cs-_-the_myth_of_performance_metric. 그로테는 《훌륭하게 성과 평가를 해내는 방법(How to Be Good at Performance Appraisals: Simple, Effective, Done Right, 하버드 비즈니스 리뷰 출판부, 2011)》의 저자다.

5. 2010년에 실시된 성과 관리 실태 조사 결과(2010년 가을). 4. 성과 관리 시스템을 가 장 적극적으로 옹호하는 사람이 누구인지 물었을 때 73퍼센트가 인사 담당 최고

경영자라고 답했으며 30퍼센트가 CEO라고 답했다(복수 선택을 허용했기 때문에 합이 100퍼센트를 넘는다).

6. 상동.
7. 직장 내에서의 정신적인 안정성에 대한 심층적인 연구가 궁금하다면 다음을 확인하기 바란다. Amy Edmondson, *Teaming: How Organizations Learn, Innovate, and Compete in the Knowledge Economy* (Jossey-Bass, 2012).
8. 직장 내에서의 인정에 관한 분석과 충고가 필요하다면 다음을 참고하기 바란다. Gary Chapman and Paul White, *The 5 Languages of Appreciation in the Workplace: Empowering Organizations by Encouraging People* (Northfield Publishing, 2011).
9. 멀티트랙 외교의 개념이 궁금하다면 다음을 확인하기 바란다. William D. Davidson and Joseph V. Montville, "Foreign Policy According to Freud," *Foreign Policy* 45 (Winter 1981–82): 145–57. 이와 같은 원칙들은 존 W. 맥도널드와 루이스 다이아몬드가 설립한 멀티트랙 외교 연구소가 진행 중인 연구의 철학적 핵심이다.
10. 로버트 치알디니, 《설득의 심리학 1》, 21세기북스, 2019년.

하버드 로스쿨 협상연구소

1979년에 하버드 협상 프로젝트Harvard Negotiation Project, HNP를 시작할 당시 로저 피셔와 윌리엄 유리, 브루스 패튼은 협상 분야가 얼마나 빠른 속도로 성장할지 전혀 예측하지 못했다. 1983년에는 하버드 협상 프로젝트가 협상 프로그램Program of Negotiation, PON으로 발전했다. PON은 협상과 명상, 분쟁 시스템, 갈등 해결 등에 주목하는 대학 간 컨소시엄이자 통솔 조직이다. 현재, 다양한 분야에서 활동 중인 연구자와 실무 담당자들이 PON에 참여하고 있다. 뿐만 아니라 HNP와 그 외 아홉 개에 달하는 프로젝트(이론 확립, 사회학 연구, 교수 및 임상 교육 발전에 주목하는 프로젝트)를 진행 중이다.

하버드 협상 프로젝트 HNP

책임 교수 제임스 세베니우스의 지도 아래 현재 진행 중인 HNP 프로젝트로는 위대한 협상가 연구 계획Great Negotiator Study Initiative, 중국 협상 계획China Negotiation Initiative 등이 있다. 이전에 진행했던 프로젝트로는 1978년에 체결된 캠프데이비드 협정에 도움을 준 과정에 대한 연구 프로젝트, 남아프리카공화국의 인종차별정책을 종결시키는 역할을 한 헌법 회담이 열리기 전에 협상에 참여하는 모든 당사자를 대상으로 진행한 교육 회담, 미국과 소련 외교관들이 참여하는 공동 워크숍 등이

있다. HNP는 아마도 1981년에 처음 출간된 《YES를 이끌어내는 협상
법》에 소개된 '원칙 기반 협상principled negotiation' 이론을 개발한 것으로
가장 잘 알려져 있는 듯하다. HNP 팀이 집필한 또 다른 책으로는 《대화
의 심리학》, 《고집불통의 NO를 YES로 바꾸는 협상 전략》, 《완성(하퍼 비
즈니스, 1998)》, 《원하는 것이 있다면 감정을 흔들어라》, 《3D 협상(하버드 비
즈니스 리뷰 출판부, 2006)》 등이 있다.

협상 프로그램 PON

로버트 누킨 교수와 수잔 해클리 이사가 지휘하는 PON은 차세대 협
상 교사 및 학자 양성을 목표로 한다. PON 구성원들은 법학, 비즈니스,
행정, 심리학, 경제학, 인류학, 미술, 교육 등 다양한 시각을 통해 갈등의
원인을 조명하고, 노련하고 효율적으로 갈등을 관리하는 데 도움이 되는
조언을 제공하기 위해 노력한다. 두 기업 모두에게 도움이 될 것이라 여
겼던 계약이 실패로 돌아가는 이유가 무엇일까? 어떤 나라는 평화롭게
차이를 해결하는 반면 또 다른 나라는 숱한 피를 뿌리며 내전을 벌이는
이유가 무엇일까? 어떤 사람들은 원만하게 이혼을 하는데 또 다른 사람
들은 많은 비용을 치러가며 이혼 문제를 법정까지 고통스럽게 끌고 가
는 이유가 무엇일까? PON은 협상 이론을 한층 발달시키고 협상 능력을
전 세계에 널리 퍼뜨리기 위해 노력 중이다.

정보 센터

PON은 갈등 관리 및 협상 교육을 위한 노력의 일환으로 다양한 협
상 시뮬레이션과 강의 노트, 실연 장면을 녹화한 동영상, 쌍방향 비디오,
전자 강의 자료를 개발했다. PON 정보 센터Clearinghouse와 하버드 경영

대학원 출판부Harvard Business School Publishing를 통해서 확인 가능하다.

경영자 교육 세미나

HNP는 하버드 로스쿨에서 협상 워크숍을 시작했으며, HNP와 PON은 하버드 협상연구소Harvard Negotiation Institute, HNI와 PON 경영자 세미나 시리즈를 통해서 경영자를 위한 교육을 실시한다. 쉴라 힌, 브루스 패튼, 더글러스 스톤은 HNI와 PON 경영자 교육 시리즈를 통해서 어려운 비즈니스 대화를 주제로 하는 고급 강좌를 진행한다. 자세한 내용이 궁금하다면 www.pon.harvard.edu를 참고하기 바란다.

트라이애드 컨설팅 그룹

더글러스 스톤과 쉴라 힌이 설립한 트라이애드는 매사추세츠 케임브리지 하버드 광장에 위치한 세계적인 컨설팅 및 기업 교육 기업이다.

중요한 변화 계획을 진행할 계획이거나 고위급 경영자들의 일상적인 경영 능력을 개선시킬 생각이라면 트라이애드가 커다란 도움이 될 수 있다. 트라이애드는 클라이언트와 함께 개인과 조직의 역량을 강화하기 위해 많은 노력을 기울이고 있다. 트라이애드가 활동 중인 영역은 다음과 같다.

- 어려운 대화
- 협상과 문제 해결
- 영향 방정식

- 팀의 업무 효율을 높이는 방법
- 시스템 관행을 통해 좀 더 긍정적인 영향을 미치는 방법
- 피드백과 학습

대표적인 컨설팅 과정에는 1)많은 것이 걸려 있고, 이해관계자들이 분열돼 있을 때 효과적으로 기능할 수 있도록 경영팀을 가르치는 과정 2)각 기능 부문 내에서, 그리고 여러 기능 부문들이 원활하게 협력이 이뤄질 수 있도록 돕는 과정 3)자원을 적절하게 배치하고 주요 계획의 영향을 최적화하는 데 도움이 되는 시스템을 활용하는 과정 등이 있다.

트라이애드는 경영자를 위한 조언, 팀 조정, 명상, 간소화, 기조 발표, 휴식 활동 등의 서비스를 제공한다. 트라이애드는 적절하고 현실적인 접근 방법을 제시하기 위해 고객과의 협력을 토대로 각 고객이 직면한 상황과 도전 과제에 걸맞은 프로그램을 설계한다. 트라이애드는 유대감과 유머를 활용해 고위급 경영자들이 자신들이 어떤 문제를 겪고 있는지 자신과 서로에게 솔직해질 수 있도록 돕는다. 트라이애드는 이 모든 일들이 쉽지 않다는 사실을 잘 알고 있다. 트라이애드가 여기에 서서 여러분들을 도울 것이다.

트라이애드의 고객들은 여섯 개 대륙, 10여 개의 산업에서 활동 중이다. 트라이애드의 고객 중 일부를 소개하면 BAE, BHP, 캐피털원, 캡제미니, 씨티그룹, ETS, 연방준비은행, 젠자임, 헤스, 혼다, HSBC, 존슨앤드존슨, 매사추세츠 종합병원, 머크, 메트라이프, 노바티스, 프루덴셜, PwC, 쉘, 타임워너, 유니레버, 버라이즌 등이 있다.

공공 부문에서 활동하는 고객으로는 백악관, 싱가포르 대법원, 에티오피아 의회, 유엔 에이즈계획, 국제자연보호협회, 북극지역조합, 뉴잉

글랜드 장기기증 은행 등이 있다. 트라이애드는 그동안 남아프리카공화국, 중동, 카슈미르, 이라크, 아프가니스탄, 키프로스 등에서 교육 및 중재 활동을 해왔다. 트라이애드 컨설턴트들은 하버드 로스쿨, 조지타운 로스쿨, 다트머스 대학 턱 경영대학원, 터프츠 대학 플레처 국제대학원, 터프츠 대학 의과대학원, 보스턴 칼리지, 위스콘신 대학교, MIT 슬론 경영대학원 등에서 학생들을 가르치고 있다. 또한 트라이애드 컨설턴트들은 협상 분야에서 수십 권의 대중 서적과 학술 도서, 각종 글을 집필했다.

궁금한 점이 있다면 아래로 연락하기 바란다.

이메일 주소 info@diffcon.com

전화번호 +1 (617) 547-1728

트라이애드 홈페이지 www.triadconsultinggroup.com

모든 것은 대화에서 시작된다.

이 책을 한창 번역하던 중 친구에게 "피드백에 관한 책을 번역하고 있다"고 이야기한 적이 있다. 친구의 대답은 "피드백이 뭐야?"였다. 이 책을 집어든 독자 중 많은 분들이 똑같은 질문을 던질 수도 있다고 생각한다. 그렇다면, 피드백이 뭘까? 가장 쉽고 간단하게 이야기하면 피드백은 '나에 대한 다른 사람들의 의견'이다. 상사로부터 업무 평가 점수를 받아본 적이 있는가? 옷을 단정하게 입으라는 엄마의 잔소리를 들어본 적이 있는가? 연인의 눈에서 당신을 향한 사랑을 발견한 적이 있는가? 신발을 가지런히 놓으라는 당신의 말을 듣고도 아이들이 아무런 반응을 보이지 않아 머리끝까지 화가 난 적이 있는가? 이 모든 것이 피드백이다. 피드백은 말로 표현될 수도 있고 몸짓이나 눈빛으로 표현될 수도 있다. 혹은 상대방의 무반응이 피드백일 수도 있다.

자, 피드백을 받았을 때 기분이 어땠는지 떠올려보자. 물론 상대로부터 칭찬을 듣거나 인정을 받고서 기분이 한껏 들뜬 적도 있을 것이다. 하지만 피드백을 받았던 순간을 찬찬히 돌아보면 즐거웠던 기억보다 불쾌하거나 우울했던 기억이 대부분일 것이다. 저자들은 인간은 누구나 학습의 욕구와 있는 모습 그대로 인정받으려는 욕구를 모두 갖고 있기 때문에 피드백을 받아들이기가 힘들다고 설명한다. 대부분의 피드백은 우리에게 변화를 요구하기 때문이다. "자네는 좀 더 적극적인 자세로 고객을 맞이할 필요가 있어." "당신은 정말 멋진 사람이야. 하지만 내 말에 좀 더 귀를 기울여주면 좋겠어." "넌 무슨 말을 그렇게 하니? 넌 내가 어떤 상황에 놓여 있는지 제대로 알지도 못하잖아." 우리는 이와 같은 상대방의 말 속에 지금의 내 모습을 인정할 수 없다는 함의와 나를 변화시키려는 의도가 반영돼 있다고 생각한다.

바로 이런 이유 때문에 피드백 대화의 효과를 높이기 위해서는 피드백을 주는 사람보다 피드백을 받는 사람을 가르쳐야 한다. 지금껏 기업들은 효과적인 피드백 대화를 위해 많은 돈을 쏟아부었다. 하지만 대부분의 프로그램은 피드백을 주는 사람에 집중돼 있다. 어디 그뿐인가? 효과적인 대화 방법을 주제로 하는 수많은 책이 출간됐지만 대부분 어떻게 하면 피드백을 좀 더 효과적으로 전달할 수 있는지 설명할 뿐이다. 하지만 이제 방법을 달리 해야 할 때가 됐다. 상대가 기분 나쁜 피드백을 주건, 사실과 다른 피드백을 주건, 내 기분 따위는 무시한 채 하고 싶은 말을 마구 쏟아 내건 피드백에서 도움이 될 만한 교훈을 찾아내는 건 결국 당신의 몫이다.

그렇다면, 피드백이 터무니없고 부당하고 제대로 전달되지도 않는데다 솔직히 말해서 피드백을 받아들일 만한 기분이 아닐 때조차 피드백을 잘 받아들이려면 어떻게 해야 할까? 먼저, 상대방의 피드백이 어

옮긴이의 말

떤 생물학적 원리로 우리의 뇌를 자극하는지 정확하게 이해할 수 있도록 인간의 뇌를 연구해야 한다. 그런 다음, 그동안 살아오면서 피드백을 받았던 순간을 하나도 빠짐없이 모조리 떠올려가며 '내가 왜 그 때 화가 났는지', '내가 왜 그 때 마음이 상했는지', '내가 왜 그 때 섭섭했는지' 분석을 해야 한다. 마지막으로, 피드백을 받은 후 당신이 느꼈던 부정적인 감정을 누그러뜨리기 위한 여러 가지 방법을 생각해낸 다음 시행착오를 통해 진짜 효과가 있는 방법을 찾아내야 한다.

너무 복잡하다고 생각하는가? 그렇다면, 이 책을 펼쳐들기 바란다. 어쩌면 보는 순간 '책이 너무 두껍다'라는 생각이 들지도 모른다. 하지만 당신을 위압하는 '책의 두께'에 짓눌리지 말고 과감하게 첫 장을 펼쳐보기 바란다. 두 저자는 재치 넘치는 표현과 다양한 사례를 적절히 버무려 당신을 재미있는 피드백의 세계로 인도할 것이다. 그리고 이 책을 읽고 나면 당신의 눈앞에 새로운 세상이 펼쳐질 것이다.

김현정

KI신서 8974

일의 99%는 피드백이다

2판 1쇄 발행 2021년 6월 11일
2판 4쇄 발행 2024년 5월 24일

지은이 더글러스 스톤, 쉴라 힌
옮긴이 김현정
펴낸이 김영곤
펴낸곳 (주)북이십일 21세기북스

디자인 김은영
출판마케팅영업본부 본부장 한충희
출판영업팀 최명열 김다운 권채영 김도연
제작팀 이영민 권경민

출판등록 2000년 5월 6일 제406-2003-061호
주소 (10881) 경기도 파주시 회동길 201 (문발동)
대표전화 031-955-2100 **팩스** 031-955-2151 **이메일** book21@book21.co.kr

(주)북이십일 경계를 허무는 콘텐츠 리더

21세기북스 채널에서 도서 정보와 다양한 영상자료, 이벤트를 만나세요!
페이스북 facebook.com/jiinpill21 **포스트** post.naver.com/21c_editors
인스타그램 instagram.com/jiinpill21 **홈페이지** www.book21.com
유튜브 www.youtube.com/book21pub

서울대 가지 않아도 들을 수 있는 명강의! 〈서가명강〉
유튜브, 네이버, 팟캐스트에서 '서가명강'을 검색해보세요!

ISBN 978-89-509-8656-8 03320